디자인사고와 애자일로 푸는 공공서비스 혁명

배유일

도서출판 대영문화사

| 머리말 |

지금은 경영대학원 등에서 사례연구 주제로도 쓰이는 싱가포르경영대(Singapore Management University)에서 9년 간 재직하는 동안 가장 도전이 되었던 일은 새로 만든 공공관리 및 공공정책 전공 학부생들을 위해 캡스톤(Capstone) 세미나 프로그램을 만드는 것이었다. 당시 책임을 맡아서 여러 학교의 사례를 연구했고, 프린스턴(Princeton)대 정책대학원의 '정책 태스크포스(Policy Task Force)'나 서던캘리포니아대(USC)의 '국경 없는 여권(Passport without Borders)' 등의 프로그램이 여러 사회 문제들을 해결하기 위해 실제로 학생들이 현장에 들어가 몸으로 느끼고, 체험한 뒤 문제를 좀 더 정확하게 이해한 후 해결책을 모색하는 것임을 알게 되었다. 이에 동기부여가 되어서 싱가포르경영대에서도 현실 혹은 가상의 의뢰인(client)을 대상으로 어떤 문제에 대하여 한 학기 동안 학생과 교수가 함께 연구하고 보고서를 제출하는 방식의 캡스톤을 운영하기 시작하였다. 이 프로그램은 나중에 싱가포르경영대가 학교 간판 프로그램인 'SMU-X'로 확대 개편되는 계기가 되었다. 이 당시에는 이것이 디자인사고에 기반한 것인지 솔직히 몰랐지만, 몇 년 후 저자는 이 경험을 토대로 디자인사고에 관심을 갖게 되는 계기가 되었다.

또 저자는 베트남의 풀브라이트대(Fulbright University Vietnam) 정책대학원에서 학생들에게 조별 과제로 고객이나 의뢰인에게 공감하기 위해 디자인사고에서 많이 사용하는 방법인 페르소나(persona)를 주변인을 관찰, 인터뷰, 혹은 체험을 통해서 작성해 올 것을 요구하였다. 어느 조 학생들이 페르소나 사례를 발표하는 데 수년이 지났는데도 아직도 뇌리에 남아 있다. 자신들은 어느 건설 현장에서 매일 막노동하는 중년 아주

머니를 조사했다는 것이다. 발표 주제를 듣고는 마음속에 크게 배울 것은 없겠다는 편견으로 듣기 시작하였는데, 시간이 지날수록 빠져들게 되었다. 발표 내용인즉슨, 남편은 몸이 좋지 않아 집에 누워 있고 자신이 가계를 책임지는 처지인데, 매일 같이 건설현장에서 허드렛일하고 벌어오는 푼돈으로 생계를 유지하고, 남편에게 있는 빚을 갚는 생활을 반복적으로 해오고 있다는 것이었다. 이 여인은 매일 현장에서 주는 생수 두 병조차도 아꼈다가 시장에서 팔고 달걀 두 개로 바꿔 가계에 보탬을 주려고 애썼다. 그동안 잘 알 수 없었던 사람들에 대한 매우 상세한 페르소나 발표에도 감명받았지만, 이런 어려운 환경에 처한 분이 흔쾌히 인터뷰했다는 점도 마음을 뜨겁게 했다. 우리가 늘 국민을 섬기고 시민의 행복과 복리를 위해 일한다고 하지만, 누가 이런 문제에 처한 시민에게 눈을 돌리고 사정을 들어줄 것인가, 정부가 과연 신경이나 쓸까에 생각이 미쳤다. 우리는 왜 학문을 하고 국가는 왜 존재하는지, 그리고 '어떻게 하면' 이런 문제를 해결할 수 있을지 고민하게 된 것이 이때였다.

재미있게도, 이 책을 저술하게 된 직접적인 계기는 코로나바이러스 때문이었다. 당시 개발도상국에서 교편을 잡고 있던 저자가 보기에 코로나바이러스로 인하여 저소득층 주민들이 겪는 고통은 이루 말할 수 없었고, 평소에도 이 개발도상국을 어떻게 하면 발전시킬 수 있을까 고민하던 차에 디자인사고를 접하게 된 것이다. 우연히 재직 중인 학교에 전문가를 초빙하여 학부생을 대상으로 워크숍을 했다는 동료의 말을 듣고 디자인사고가 무엇인지 그때서야 찾아보게 되었다. 초창기에는 한 주를 정해서 디자인사고는 이런 것이다라고 소개하는 수준에 그쳤지만, 점차 디자인사고가 소위 '게임 체인저(game changer)'가 될 수 있겠다는 생각이 들기 시작했다. 늘 하향식의 명령과 지시에 익숙해 있는 우리에게 참여를 중시하고 아이디어의 무한한 발상을 요구하는 디자인사고는 분명 매력이 있었다. 이에 점차 학생들에게 흔한 디자인사고 방법인 페르소나를 조별 과제로 내주기도 하고, 저자 자신도 디자인사고로 코로나바이러스 대응 사례를 논문으로 발전시키기도 하였다. 또 디자인사고로 학위논문을 쓴 제자도 배출하게 되었다.

민간부문에서는 디자인사고에 관한 관심이 1960년대로 거슬러 가지만, 행정학이나 정책학 등 공공부문을 다루는 학문에서도 사실 디자인 (혹은 '설계'라고 번역하기도 한다) 개념이 낯선 것만은 아니다. 아주 오래전부터 국가 정책의 결정과 집행은 결국 설계에 관한 것이었다. 그러나 아무리 좋은 정책이라도 늘 정책에 의하여 영향을 받는 집단의 바람과는 거리가 있었는데, 결국 그 부분은 디자인사고에서 강조하는 고객, 시민의 참여를 통해 반영되어야 한다. 행정학, 정책학에서 디자인이 낯선 개념이 아니더라도 디자인 과정에 관해서 관심을 두게 된 것은 최근의 일이다.

디자인사고를 공부하다 보면 어느 순간 굉장히 '사회과학적'이라는 생각을 한다. 반대로 특별한 것이 아니라는 생각도 하게 된다. 왜냐하면 디자인사고는 결국 '왜', '어떻게' 등의 질문을 던져서 문제를 더욱 깊숙이 이해하고 해결책을 찾아가는 방법이기 때문이다. 질문을 하거나 받는 데 능숙하지 않은 우리의 문화를 생각할 때, 결국 문화부터 바뀌어야 한다는 생각에 이 책을 쓰게 되었다. 사실은 이 책을 저술하는 2023년에도 디자인사고에 관한 책은 계속 나오고 있지만, 민간과 공공부문에서의 디자인사고를 체계적으로 설명하는 책이 필요하다는 생각이 들었다. 대학에서는 교재로, 실무에서는 참고 서적으로 쓰일 수 있도록 풍부한 민간과 공공부문의 사례를 덧붙였다. 또한 저자가 행정학과에서 근무하고 있음에도 불구하고 의도적으로 민간-공공부문을 크게 구분하지 않고 집필하였으며, 민간은 물론이고 공공부문에서 디자인사고와 애자일 등을 도입하는 경우 발생할 수 있는 장애요인 등을 한 장(제8장)에 할애하여 논의하였다.

디자인사고를 공부하면 좋은 점이 삶의 주변에서 일어나는 일을 디자인의 시각에서 바라보게 된다는 것이다. 이 책이 나오기까지 저자의 실험대상이 된 싱가포르경영대 사회과학부 학생들, 풀브라이트 정책대학원 학생들, KDI 국제정책대학원에서 KOICA 프로그램으로 저자의 강의를 수강한 필리핀 공무원들, 그리고 동아대학교 학생들에게 우선 감사의 말을 전한다. 어떻게 보면 생뚱맞은 초창기 생각들에 호응해준 KDI 국제정책대학원의 주유민 교수님, 한국행정연구원의 원소연 박사님께도 고마움을 표한다. 초고를 읽고 교정과 함께 지지를 보내며 용기를 준 동아대 박소연 박사에게도 감사하다. 멋진 삽화로 이 책의 질을 높여준 동아대 행정학과 최지원 학생에게도 특별히 감사의 마음을 전한다. 무엇보다도 어려운 시기에 출간을 허락해 주시고 편집과 교정으로 도와주신 대영문화사 임춘환 사장님과 임현준 부장님, 장선옥 선생님께 고마움을 표시하지 않을 수 없다. 특이하게도 이 책을 저술하는 가운데 평소 디자인사고에 관심이 많던 아내 김희선과의 대화가 많은 도움이 되었다. 이 책에서 다룬 사례 상당수가 아내와의 대화에서 아이디어를 공급받은 것이다. 가끔은 두 자녀, 주은, 주현과의 일상적 대화에서도 아이디어를 얻기도 했다. 때마다 아이디어를 공급하여 주시는 하나님께 감사드리며, 이 책이 인간과 조직을 바꾸고 사회문제를 창의적으로 해결하는 데 도움이 되길 바라고, 부족한 점은 모두 저자의 책임임을 밝혀둔다.

2023년 6월

부민동 연구실에서

배유일

차례

CHAPTER

01

디자인사고의 물결

1. 디자인사고의 등장과 의미
2. 디자인사고의 필요성과 유용성
3. 이 책의 구성

최근 디자인사고(디자인씽킹, design thinking)를 주제로 한 도서가 홍수다.[1] 사실 디자인사고가 하나의 사고 방법 혹은 마음가짐(마인드셋, mindset)으로 본격적으로 받아들여지기 시작한 것은 그리 오래되지 않았다. 그러나 최근 기존의 문제에 대한 접근방식과 아이디어로는 해결하기 어려운 난제(難題)들이 등장하기 시작하면서 좀 더 참신하고 창의적인 문제 해결책을 고안하기 위한 방책의 하나로 디자인사고가 관심을 끌기 시작하였다. 흔히 알려진 대로 민간부문, 즉 전통적 디자인 분야에서 시작된 방법론이 경영학 분야에서, 그리고 지금은 공공부문에서도 고객과 국민의 눈높이와 선호에 맞는 재화와 서비스를 제공하기 위해 활용되기 시작하였다. 심지어 우리나라 정부에서는 행정자치부(현 행정안전부)에서 '정부 3.0 국민디자인단'을 2014년 출범하고 운영 매뉴얼을 마련하여 공개적으로 훈련 프로그램을 제공하기에 이르렀다.

이 책에서 논의하겠지만 디자인사고는 어떻게 보면 아주 새로운 개념이 아니다. 흔히 디자인사고는 사용자의 필요에 깊이 공감하고, 기존의 가정에 도전하여 문제를 새롭게 정의하여, 문제를 해결하기 위한 아이디어를 발상하고 테스트하는 과정을 반복적으로 시도하여 궁극적으로는 문제를 창의적으로 해결하는 과정으로 정의된다(Brown, 2020; Martin, 2009). 그러나 우리는 정작 디자인사고라는 용어만 쓰지 않았을 뿐, 디자인사고에서 말하는 방법대로 사고하고 있는지도 모른다. 예를 들어, 최근 주목을 받는 행동경제학(behavioral economics)에서 자유주의적 개입을 통해 행동의 변화를 유발하는 의미의 '넛지(팔꿈치로 쿡 찌르다라는 의미, nudge)'의 사례로 흔히 네덜란드 암스테르담 공항 화장실에서 있었던 사례를 생각해보자. 남자 화장실은 조준을 잘못해서 소변기 주변이 늘 지저분하고 더러워져 청소의 효율성이 떨어졌다. 청소원들의 고충이 이만지만이 아니었다. 그러자 화장실 관리자는 이 문제를 오랫동안 관찰하고 고심한 끝에 소변기에 파리 한 마리 그려 넣는 행동을 하게 되었고, 그 결과 소변기의 파리에 조준하여 볼일을 보는 남성들 덕분에 바닥에 흘리는 소변량의 80%가 줄었다고 한다(강준만, 2018). 행동의 변화를 유도하는 방식으로 개입하여 변화를 끌어낸 넛지(nudge)의 전형적 사례다. 그러나 우리의 초점을 화장실 관리자가 청소원의 '고충을 관찰하고 고

1) 국내 도서 및 번역서에 따르면 디자인씽킹, 디자인사고 골고루 사용되고 있으나, 이 책에서는 우리말을 사용하여 디자인사고로 표현하기로 한다.

심했다'라는 부분에 더 중점을 둔다면, 이 사례는 고객의 문제와 필요를 관찰하고 깊게 이해하여 문제 해결을 하려는 디자인사고의 사례로도 해석될 수 있다. "문제를 해결하고자 하는 사람이라면 누구나 디자인을 하고 있다"는 미국 카네기멜론대(Carnegie Mellon University) 허버트 A. 사이먼(Herbert A. Simon) 교수의 말처럼 어떤 문제 자체 혹은 문제를 가진 사람의 고충을 관찰하고, 공감하며, 해결책을 생각하는 사람이라면 이미 디자인사고의 첫 출발을 한 사람으로 볼 수 있다는 것이다(Simon, 1969).2)

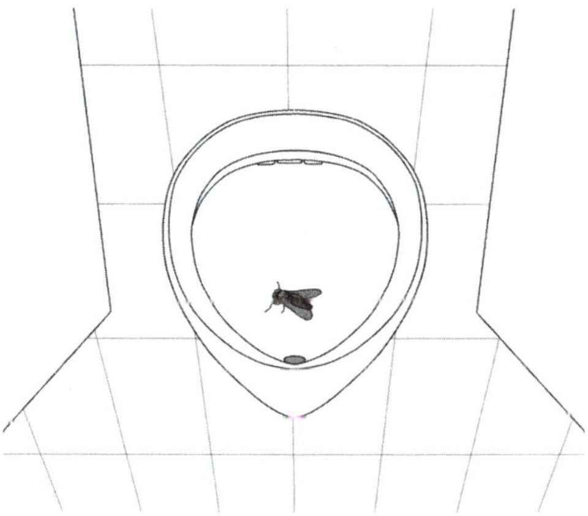

[그림 1-1] 남자 화장실 변기의 파리 그림

이처럼 이름만 붙이지 않았을 뿐이지 사실은 디자인사고의 방법론을 따른 사례를 일상생활에서 쉽게 접할 수 있다. 지난 몇 년 동안 인류의 일상생활에 큰 불편을 초래한 코로나-19 같은 경우는 오히려 문제를 해결하기 위해 많은 창의적 방법이 쏟아져 나온 계기로 작용했다. 일본 굴지의 항공사인 ANA(All Nippon Airways, 전일본공수)는 손으로 손잡이를 여닫는 항공기 화장실 잠금장치를 팔꿈치로 여닫을 수 있도록 개조하여 손 접촉을 통한 감염 확산을 차단하였다. 우리나라에서도 지하철 에스컬레이터 핸드레일이 작동할 때 자외선 소독장치(UVC)를 부착하여 감염원과 접촉을 차단하고자 하였고, 코로나-19 감염병 여부를 자동차를 탄 상태에서 받을 수 있도록 드라이브 스루(drive-thru) 방식을 도입한 것 등도 감염병 확산을 막기 위해 사람들의 필요와 행동을 관찰함으로써 나오게 된 창의적 해결책이었다. 이뿐만이 아니다. 정부에서는 최근 고독사하는 독거노인들의 사례를 줄이고자 노인 거주 주택에 소위 '똑똑한 TV'를 설치, 지방자치단체로 연

2) 미국의 정치학자이면서도 행정학, 정책학, 컴퓨터과학, 인공지능, 인지심리학 등에 지대한 영향을 끼친 허버트 A. 사이먼은 인간이 제한된 합리성으로 만족하는 수준에서 의사결정을 하게 된다는 만족모형으로 노벨 경제학상을 수상하였다(1978). 보통 정책학에서 사이먼의 만족모형(satisfying model)을 소개하는 데 그치지만, '만족'으로 가는 과정은 디자인사고의 과정과 큰 차이가 있다. 후술 참조.

출처: 머니투데이, 2023년 1월 25일자.

[그림 1-2] 독거노인을 위한 똑똑한 TV

결된 TV에서 노인들의 텔레비전 시청 행태를 인지하여 독거노인 안녕을 점검하는 정책도 시행하고 있고, 사회복지사들이 신문이나 우유배달이나, TV시청 소리를 통해 현황을 파악하는 방법도 시행되고 있다. 요약하자면, 디자인사고라는 우리가 낯설어하는 용어 자체보다 디자인 기반의 사고방식은 훨씬 우리 삶에 가까이 있다는 것이다.

또 다른 한편, 디자인사고는 매우 특별하다. 인간은 대개 하루에 5천여 건에 달하는 아이디어를 생각한다고 알려져 있다(송동주 외, 2017: 32). 그 중의 대다수는 밖으로 표출되지 않거나 실현되지 않는 공상(空想)에 불과하다. 기발하고 창의적인 아이디어라도 그것이 실체적인 것으로 보이거나 만져지지 않는다면 문제의 해결이나 인류의 발전에 도움이 되지 않는다. 그러나 디자인사고는 이러한 머릿속의 생각 수준에 머물러 있는 것을 '잡히는(tangible)' 형태로 빠르게 만들고 시험하여 고객의 필요에 맞게 내놓는다는 강점이 있다. 토머스 에디슨(Thomas Edison)은 생애 동안 엄청난 발명으로 인류의 생활에 큰 영향을 끼쳤으나, 그 중에서도 특히 전구의 발명은 인류의 밤을 송두리째 바꾸어놓았다. 그러나 생각해보라. 전기가 없다면 그의 발명은 아무 쓸모가 없는 것이었다. 에디슨은 이를 정확하게 인지하고 있었으며, 그냥 흥미로 한 발명이 아니라 어떻게 하면 사람들이 (잠재적 고객) 자신의 발명품을 실제로 사용하게 될 것인가를 늘 상상하면서 발명을 했다는 것이다.[3] 이처럼 디자인사고는 아이디어 수준에 머물러 있는 것을 실제로 탐색하고(explore) 실행하게(implement) 하는 방법론이다. 물론 그 핵심에는 고객인 사용자(user)의 만족을 극대화하는 데 있다.

3) 디자인사고를 대중적으로 보급하는 데 큰 공헌을 해 온 IDEO사(社)의 팀 브라운(Tim Brown)의 원어 표현 그대로 하자면, "How people would want to use what he made, and he engineered toward that insight"이다(Brown, 2020: 1).

물론 디자인사고가 인류가 처한 난제들을 푸는 데 큰 가능성을 제시하고 있기는 하지만 만병통치약 수준으로 받아들여지는 것도 바람직하지 않다. 구글, 아마존, 애플, 제너럴 일렉트릭(General Electric: GE), 삼성 등 굴지의 세계적 기업들이 디자인사고를 통해 혁신을 경험하였고, 특별히 전문가나 최첨단의 수단이 없어도 다양한 이해관계자의 광범위한 참여를 통해 성공을 이루었다. 그러나 최근 쏟아져나오는 디자인사고에 관한 책과 글에도 불구하고 디자인사고가 추상적이라거나 모호하다는 비판, 그리고 결과물 예측이 어렵다는 비판도 존재한다. 무엇보다, "그런 아이디어가 되겠어?", "우리와는 맞지 않아", "우리가 전문가인데 우리가 잘 알지"와 같은 디자인사고에 대한 회의적 태도 혹은 편견도 존재한다(송동주 외, 2017).

그런데도 디자인사고에 대한 표준적 절차와 성공적인 사례들은 이제 어느 정도 체계를 잡아가고 있고, 스탠포드(Stanford)대나 메사추세츠 공대(MIT), 캐나다의 토론토(Toronto)대, 프랑스의 INSEAD 등 굴지의 비즈니스 대학 등에서 독립된 프로그램으로 제공되어 디자인사고 전문가를 양성하고 있다. 글로벌 기업인 프록터 앤드 갬블(Procter & Gamble: P&G), IBM, 지멘스(Siemens) 등에서도 디자인사고를 혁신 방안으로 훈련하고 있다. 공공부문에서도 노르웨이 명문대학인 베르겐(Bergen)대학에서는 9개월 과정으로 공무원, 기업 임원 등을 대상으로 훈련 프로그램을 제공하며, 싱가포르, 일본 등에서도 비슷한 실정이다. 우리나라에서도 산업공학이나 디자인 대학에서 디자인사고를 공부할 수 있는 환경이 조성되었고, 중앙정부 및 지방자치단체 정부에서도 서비스디자인을 통해 창의적으로 문제를 해결하기 위한 매뉴얼을 만들기 시작하였다.

이 책은 불확실성과 복잡성이 높고 변화하는 환경에 대비하여 전혀 새로운 문제 해결책과 서비스 프로세스를 제공하는 데 필요한 전략과 창의적 사고 방법을 체계적으로 제시하고자 기획되었다. 과거의 데이터를 기반으로 한 분석적 사고와 성공 사례 위주의 분석도 물론 필요하지만, 기존의 접근법을 벗어나 안전히 틀을 바꿀 것이 요구되는 시대에 살고 있기 때문이다. 디자인사고의 정의와 등장, 역사 등을 다룬 후, 이 책은 첫째, 디자인사고에서 표준적으로 제시되는 '공감-문제 정의-아이디어 발상-프로토타입-테스트'라는 다섯 가지 절차와 각 절차에 요구되는 마인드셋과 방법론을 다루고, 둘째, 디자인사고와 조직, 리더십, 그리고 혁신과의 관계를 사례와 더불어 제시하며, 셋째, 디자인사고와 매우 유사하지만 '민첩성'이라는 요소가 덧붙여진 애자일(agile) 사고와의 비교를 시도한다. 그리고 넷째, 디자인사고 도입에 있어서 유의할 점과 미래 전망을 논할 예정이다.

1 디자인사고의 등장과 의미

레고(LEGO)사는 덴마크에 뿌리를 둔 장난감 블록(block) 제조회사이다.[4] 이 회사는 연령대별로 어린이들이 놀 수 있는 블록을 시장에 출시하여 많은 인기를 끌었다. 그 종류도 얼마나 많은지 최근에는 인기 있는 영화나 만화, 드라마 캐릭터를 활용하여 시리즈 상품을 내놓기 시작하였다. 스타워즈(Starwars)나 디즈니(Disney) 영화의 캐릭터 등을 활용한 상품이 그것이다. 이 회사는 어떻게 다양한 시리즈를 생산하고 꾸준하게 인기를 끌 수 있었을까? 레고가 원래부터 다양한 블록을 내놓을 수 있었던 것은 아니다.

이전의 상품 제작 과정이라면 다른 회사와 크게 다르지 않았고, 상품 아이디어가 기획되면 엔지니어들이 제작, 그리고 소비자에게 전달되는 선형적 구조로 되어 있었다. 아마도 기업과 조직 대부분이 이러한 접근법을 택했을 것이다. 해결하기 어려운 복잡한 문제가 등장해도 조직 대다수는 지금까지 해왔던 방식과 비슷하게 대처하면서 상품이나 기술을 지금보다 더 많이 개선하고, 개량하는 방식으로 대처해왔다는 것이다. 이런 접근 방식은 적어도 해답이 조직이 정한 범위 내에 있을 때만 유효하다. 레고도 회사에 어떤 위기가 닥치기 전에는 기존의 제품개발과 경영전략을 유지하였을 것이다.[5]

1) 디자인과 디자인사고의 의미

기아자동차가 고객의 호평을 받는 디자인을 앞세워 형님에 해당하는 현대자동차를

---

4) 레고(LEGO)사는 세계 6대 장난감 업체이며, 1932년 덴마크 창업주에 의하여 설립된 이후 성장을 멈춘 적이 없는 글로벌 회사다. 제품 보관용 창고만도 전 세계적으로 1만 2천여 개, 공급업체는 1만 1천여 개에 이를 정도의 규모를 자랑한다.

5) 후술하겠지만, 1932년 설립 이후, 레고는 적어도 1993년까지 성장세를 유지하였다. 관련 스토리는 웹사이트 https://story.pxd.co.kr/964를 참조할 것.

북미 시장에서 앞섰다는 기사가 나온다. 북미, 유럽, 심지어 국내에서도 선전하고 있다. 특히 미국에서 인기 있는 모델인 텔루라이드(Telluride)는 대형 SUV 시장에서 품질이 좋다고 소문이 나 있을 정도다.6) 그런데 기아자동차가 재미있는 협업을 시도한 기사가 나왔다. 미국 유명 여가수인 레이디 가가(Lady Gaga)의 전직 스타일리스트였던 디자이너 브랜든 맥스웰(Brandon Maxwell)과 협업하여 텔루라이드의 내관과 외관을 디자인하였다는 것이다. 맥스웰의 전시회에서 영감을 얻어 협업이 이루어진 것이다.7) 삼성전자, 애플을 포함한 글로벌 IT업계에서도 최근 유명 디자이너들과 협업하여 텔레비전, 스마트폰 등 전자기기를 생산하는 것이 하나의 추세이다. 왜 이런 것이 유행되었을까?

디자인은 일상적으로 패션, 자동차, 상품 디자인 같은 분야에서 특정 대상에 아름다움을 덧붙여 그 가치를 증대시키는 일련의 행위와 그 결과물로 인식되었다. 원래 현재의 모습보다 나은 상태로 바꾸어 부가가치를 더하는, 어떻게 보면 본실석인 가치와는 거리가 있는 것들을 더하는 의미로 디자인이라는 용어가 사용되었다는 것이다. 즉, 제품의 포장이나 광고를 보고 사람들이 어떻게 매력을 느끼는지, 미적으로 어떻게 어필하는지와 같은 제한된 의미를 지녔다. 디자인하면 흔히 예술가(artist) 혹은 크리에이터(creator) 같은 이미지를 떠올리는 것은 이 때문이다.

물론 디자인사고가 디자이너 특유의 사고방식이나 문제 해결 방식을 중심으로 디자이너 사이에서 먼저 사용되기 시작한 것은 사실이지만, 의미는 사뭇 다르다. 중점이 디자인이 아니라 '사고'에 있기 때문이다. 디자인에 대한 사회적 인식은 서서히 변화하기 시작하면서 부가가치가 더해진 결과물로 인식하기보다는 본질적인 문제를 해결하는 일련의 과정으로 인식되기 시작하였다. 디자인사고는 서비스디자인, 개인을 대상으로 하는 경험 디자인, 일하는 사람들이 모여서 혁신적으로 활동하게 만드는 조직 디자인, 우리가 살아가는 공간을 창조하는 사회 디자인 등 거의 모든 분야가 디자인의 대상이 되고 있다. 콜코(Kolko, 2015)는 과거에 제품을 매혹적으로 만드는 데 적용되었던 원칙들이 이제는 하나의 문화로 스며들고 있다고 표현하며, 그것은 심미적(aesthetic)인 것이 아니라 사람들이 일하는 방식에 관한 것이라고 기술한다.

---

6) 한경, "웃돈 많이 붙어 비싸도 산다", "… 미국서 '인기 폭발'한 한국차." 2022년 9월 28일자.
7) 데일리 카, "기아차 텔루라이드, 뉴욕 패션위크서 공개 … 미 디자이너와 협업." 2018년 9월 10일자.

앞서 밝힌 대로 디자인사고는 사용자(user, 혹은 고객)의 필요를 깊이 이해하고 공감하며, 기존의 접근법에 의한 가정에 도전하면서 새로운 대안과 전략, 그리고 해결책을 찾기 위해 계속적으로 반복되는(iterate) 과정으로 표현될 수 있다. 특히 디자인사고는 사용자 혹은 고객 스스로도 잘 모를 수 있는 부분까지 깊은 공감(empathize)을 통해 문제를 정의하고 해결하는 '인간 중심적(human-centered)' 접근법이다. 복잡한 문제에 대한 기존의 접근법은 예를 들어 기업이나 공공조직의 구성원들이 자기 중심적으로 사고하고 문제를 정의하여 해결책을 하향식(top-down)으로 제시하지만, 디자인사고는 다양한 구성원의 참여와 협의를 통해 좀 더 나은 아이디어를 제시하려는 민주적인 접근법인 것이다. 디자인사고는 이제 마인드셋(mindset)뿐만 아니라 혁신과 창의적 문제해결을 위한 하나의 전략으로 받아들여지고 있다.

출처: 연합뉴스, 어르신들 무단횡단 막는 '장수의자' 등장, 2019년 4월 21일자.

[그림 1-3] 무단횡단 막는 장수의자

디자인사고를 통해 제대로 정의된 문제는 해결책을 원래 의도했던 목적에 가깝게 다가갈 수 있게 만든다. 최근 우리 삶을 둘러싼 여러 문제는 복잡성, 불확실성 때문에 잘 정의된(well-defined) 문제에서 출발하지 않으며, 사용자인 고객, 시민이 참여하고 이들의 관점에서 점차 문제를 명확하게 만들어나간다. 예를 들어, 노년층의 교통사고가 잦은 관내 횡단보도가 있다고 가정해보자. 기존의 방식대로 접근한다면 운전자의 부주의나 난폭운전으로 인해 사고가 자주 발생하므로 운전자에 대한 안내와 홍보를 강화하고 캠페인을 진행하였을 것이다. 그런데도 노년층의 교통사고가 줄어들지 않는다면 무슨 의미인가? 아마 문제 원인에 대한 이해가 부족한 것이기 때문일 것이다. 이것은 실제로 한 경찰관이 신호등 옆에 의자를 설치하여 노인이나 몸이 불편한 사람들이 신호등을 기다리며 쉴 수 있는 시설을 만들게 된 '장수의자' 사례인데, 앞서의 캠페인이나 안내에도 불구하고 사고가 줄어들지 않자 문제의 원인을 다시금 살펴본 것이 창의적 해결책을 제시하게 된 계기가 된 것이었다. 이 경찰관이 사건기록을 살펴보니 난폭운전 등이 원인이 아니라 노년층의 무단횡단 때문이라는 것을 알게 되었고, 노년층을 대상으로 인터뷰를 해보고 관찰도 해보니 몸이 불편하여 횡단보도 앞에서 기다리기 힘들다거나, 신호가 길다거나 하는 등의 피드백이 나온 것이었다. 이렇게 사용자인 노년층을 중심으로 생각하다 나온 것이 장수의자였다는 것이다.[8] 이처럼 공공부문에서도 새로운 디자인 정향은 정책과 행정서비스로 영향을 받는 고객인 시민들이 선도함으로써 정책 설계자와 수혜자의 틈새를 줄이고 있다.

결국 산업 디자인 부문에서 출발하여 혁신을 추구하는 전략으로 발전되어 온 디자인사고는 사용자인 고객의 필요를 깊게 이해하고, 문제에 대한 기존의 가정에 도전하여 문제를 재정의하며, 제품이나 서비스의 빠른 프로토타입(prototype) 생산과 테스트의 반복적인 과정을 통해 혁신적 대안과 전략을 개발하려는 하나의 사고방식의 전환이기도 하다. 비록 민간부문에서 시작하여 먼저 발달했지만, 이제는 정부의 행정과 정책과정으로도 확대되고 있다. 공공부문에서 행정과 정책의 효과적, 효율적 집행을 위한 디자인에 관한 관심은 매우 최근의 현상이다(Howlett, 2010). 이 과정에서 디자인사고는 적극적 참여를 중요시하며, 사용자-디자이너-조직이 협업하도록 반복적으로 과정을 진행하게 된다.

2) 디자인사고의 전개와 발전과정

그러면 디자인사고는 어떻게 등장하게 되었는가? 디자인사고가 등장하고 발달하는데 영향을 준 모든 요소를 추적하기란 불가능하지만, 창의성(creativity)과 혁신(innovation)에 대한 끊임없는 관심이 디자인사고의 핵심적 등장 배경이라고 할 수 있다. 기업가, 엔지니어, 과학자, 그리고 창의적 개인 등은 현대사에서 혁신을 위한 방법을 수십 년 동안 갈고 닦아 왔으며, 초기의 디자인사고는 이런 맥락에서 1950~1960년대까지 거

8) 한국일보, "노인 무단횡단 막는 '장수의자' … 동네 파출소장 아이디어였다." 2019년 4월 2일자. 이 동네 파출소장의 접이식 의자 아이디어는 노인들을 관찰하고 인터뷰하는 과정 가운데 나오게 되었고, 실제 의자를 3개월 동안 빠르게 만들어보고 테스트를 거친 후 제작되어 설치되었다. 매우 디자인사고적인 방법으로 제공된 공공서비스였다. 위 사례는 장수연 외(2022)에서 재구성.

슬러 올라갈 수 있다. 제2차 세계대전 이후 복잡한 문제들과 급변하는 환경의 등장은 이에 대응하기 위해서 전략적으로 사고하고, 새로운 방법을 찾아내는 사고방식에 관심을 기울이도록 도왔다. 또한 현대사회에서 조직의 관리방식(management), 생산방식(production), 그리고 산업 디자인 등의 영역에서 큰 진전이 있었다.

사실 그동안 창의적 문제 해결 전략과 혁신에 관해서 연구해 왔지만, 디자인사고와 더욱 밀접한 관계가 있는 역사를 추적해 본다면 [그림 1-4]에 나타난 것처럼 디자인사고의 등장과 발달의 역사를 간단하게 시기별로 분류할 수 있다. 1960~1970년대에는 점차 우리 사회에 매우 불확실하고 풀기 어려운, 극도로 복잡한 문제가 등장하기 시작했고, 디자인사고가 소위 '고약한(wicked)' 문제를 푸는 데 어떻게 도움이 될지 고민하기 시작하였다. 후술하겠지만, 난제(難題)로도 번역되는 복잡한 문제들은 다면적이고 복잡하며, 협업 전략이 필요하므로 디자인사고를 통해서 문제를 깊숙이 이해하는 것이 필수적이다(배유일, 2022).

비슷한 시기에 허버트 A. 사이먼(Simon, 1969)은 『*The Sciences of the Artificial*』이라는 저서에서 디자인사고의 몇몇 핵심 원리들을 제시하기 시작하였다. 프로토타입 만들기(prototyping)와 시험(test) 같은 원리는 디자인사고의 표준적 절차에 해당하는 것이다. 특히 사이먼이 수행한 인공지능(Artifical Intelligence)에 대한 선구적 연구는 인공지능과 인간의 사고방식(way of thining)이 싱크로(syncronized)될 수 있는 가능성에 초점을 맞추었는데, 이것은 오늘날 디자인사고 연구에서 매우 활성화되고 있는 주제라고 볼 수 있다. 맥킴(McKim, 1973) 같은 학자는 문제를 더 잘 해결하는 방법으로 좌뇌와 우뇌의 사고 방법을 통합하는 방안을 연구하면서 시각화(visualization)를 통한 사고와 문세 해결 능력을 상소하였다.[9] 이처럼 이 시기는 복잡하면서도 다면적인 문제들이 수면 위로 올라오면서 이를 해결하기 위해 인간의 필요에 관한 깊은 공감을 하기 위한 디자인사고가 싹트는 시기였다.

디자인사고는 이제 1980년대로 들어서면서 문제에 대한 솔루션을 고안하는 방법에

9) Interaction Design Foundation 웹사이트에서 인용, "The History of Design Thinking", https://www.interaction-design.org/literature/article/design-thinking-get-a-quick-overview-of-the-history(2022.12.17. 접근).

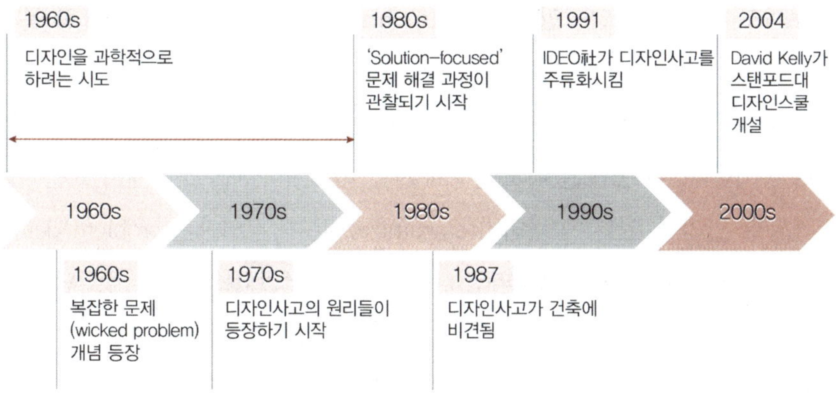

[그림 1-4] 디자인사고의 발달과 약사(略史)10)

더욱 초점이 맞추어지기 시작했다. 디자인사고가 하나의 건축에 비견되면서 일상생활에서 디자인으로 문제를 해결하는 방식과 그렇지 않은 방식 간의 차이에 주목하기 시작한 것이다. 예컨대, 영국 세필드(Sheffield)내 건축학부의 브라이언 로슨(Brayn Lawson) 명예교수는 전공이 다른 두 집단의 대학원 학생에게 이미 정해진 일정한 규칙에 따라서 색깔이 입혀진 블록을 배열하도록 실험하였다. 그 결과, 두 집단은 문제에 매우 다르게 접근하였는데, 과학자 그룹에 속하는 학생들은 매우 체계적으로 블록을 배치할 수 있는 가급적 모든 가능성을 탐색하고, 기본 규칙에 대한 가정을 형성하여 최적의 배열 방법을 강구하였다. 반면, 디자이너에 속하는 건축학 전공자들은 먼저 재빠르게 컬러 블록을 여러 방법으로 배열해 보고는 그 배열이 규칙에 어긋나지 않는지 시험하는 모습을 보였다(Lawson, 2005). 과학자 그룹이 문제에 초점을 맞추고 있는 반면, 디자이너들은 솔루션에 더 큰 초점을 맞추고 있었다는 것이다. 먼저 솔루션 여러 개를 고안해 놓고 작동하지 않을 것 같은 솔루션을 제거해 나가는 접근이었던 것이다. 이것이 바로 아이디어를 발상하고, 여러 프로토타입(솔루션)을 테스트하여 해결책을 찾아가는 디자인사고의 핵심적 시고법인 것이다. 이는 사이먼이 말한 것처럼 합리성에 기반한 최적화(optimal)보다는 '만족할 만한(satisfying)' 수준의 솔루션을 빠르게 생산하여 테스트를 수행하는 방식이다.

10) 위의 웹사이트에서 인용.

무엇보다도 디자인사고가 '인간 중심의(human-centered)' 사고 방법으로 문제를 해결하는 방법론 내지 마인드셋으로 널리 보급된 것은 1991년 미국 캘리포니아의 팔로알토(Palo Alto)에 설립된 디자인 및 컨설팅 회사 IDEO의 전면 등장이라고 보는 시각에 대체로 동의한다. 현재 많은 디자인사고 관련 서적이나 프로그램에서 표준적인 디자인사고 절차로 알려져 있는 '공감하기(empathize)-문제 정의하기(problem definition)-아이디어 발상하기(ideate)-프로토타입(prototype)-테스트(test)'의 다섯 단계 모형은 IDEO에서 시작한 것이다. 이들은 설립자 중 하나인 팀 브라운(Tim Brown) 등의 리더십으로 디자인사고가 제대로 교육되지 않은 시기부터 고객 중심의 용어와 과정, 방법 등을 디자인사고를 접해 보지 않은 사람도 쉽게 접근할 수 있도록 보급하여 인간 중심적 접근으로 현실 세계의 문제에 접근할 수 있도록 유도한 공헌이 크다.

IDEO사는 1999년 미국 유수의 방송사인 ABC의 간판 뉴스쇼인 나이트라인(Nightline)에서 4일 동안 쇼핑 행태, 어린이 안전, 유지비 등을 고려한 혁신적인 쇼핑카트 개발 프로젝트를 맡은 것이 방송되며 더욱 명성을 얻게 되었다.[11] 이 뉴스쇼는 IDEO의 디자인 과정을 집중적으로 취재하며 다방면에 전문성을 가진 디자인팀이 브레인스토밍(brainstorming)하는 모습, 연구하고 프로토타입 만드는 모습, 그리고 모여서 사용자의 피드백을 받는 모습을 세상에 알리게 되었다는 것이다. 이후 카네기멜론대의 리처드 뷰캐넌(Richard Buchanan) 교수도 디자인사고가 매우 전문화된 지식을 통합하는 수단이며, 오늘날 우리가 맞이하고 있는 난세들을 종합적(holistic) 시각에서 볼 수 있는 것이라고 규정하였다(Buchanan, 1992). 2004년에는 스탠포드대 데이비드 켈리(David Kelley) 교수가 하소 디자인스쿨

출처: IDEO사 홈페이지(https://ideo.com).

[그림 1-5] IDEO사의 회의 모습

11) IDEO사 홈페이지 참조, https://www.ideo.com/post/reimagining-the-shopping-cart(2023년 1월 7일 접근).

(The Hasso Design Institute of Desing, 약칭 d.school)을 설립하여 오늘날까지 전 세계 디자인사고자에게 많은 영감을 주고 있다. 이제는 디자인사고를 훈련하는 기관조차 전 세계로 확산되고 있다.

☛ 디자인사고 전도사: IDEO

미국 스탠포드대가 위치한 캘리포니아주 팔로 알토(Palo Alto)에 위치한 디자인회사이자 컨설팅을 하고 있는 회사이며, 1991년 창립자인 데이비드 켈리(David Kelley), 빌 모그릿지(Bill Moggridge), 마이크 누털(Mike Nuttall)이 각각 이끌던 디자인회사가 합병되어 탄생하였다. 디자인사고를 사용하여 상품, 서비스 등에 접근하는 회사로써 원래 애플사의 첫 컴퓨터 마우스, 칫솔, 치약 등 소비재 디자인으로 시작하였으나 사용자의 경험과 서비스에 초점을 맞추며 확장하기 시작하였다.

조직의 문화는 대체로 혁신적 기업이 그렇듯이 계층제가 아닌 플랫(flat)한 프로젝트 팀 위주로 구성되어 있으며, 개인적 자율성과 창의성, 협업이 특징이다. 행동과학, 비즈니스 디자인, 커뮤니케이션 디자인, 교육, 전자공학, 산업 디자인 등 다양한 전공을 가진 700여 명의 직원들로 구성된 회사다. 현재는 OpenIDEO를 설립하여 디자인사고 과정을 위한 오픈된 협업 플랫폼을 운영하고 있으며(2010년), IDEO U라는 온라인 교육 프로그램을 2015년 개설하여 참가자들에게 인간 중심의 디자인사고를 보급하고 있다.

출처: en.wikipedia.org/wiki/IDEO

2 디자인사고의 필요성과 유용성

앞서 논의한 바 있는 레고사(社) 사례를 다시 한번 생각해보자. 덴마크어로 '재미있게 놀다(play well)'라는 단어에서 이름을 따온 레고는 1932년 창립 이래 1993년까지 한 번도 성장을 멈추지 않은 성장세를 유지하기 위해 더 다양한 장난감을 만들어 공급하고, 이전과 비교할 때 세 배에 달하는 신제품을 개발하여 거의 모든 상점에 자사 상품이 들어설 만큼 전성기를 유지하였다. 그러나 1993년부터 판매량이 고정되기 시작하였고, 개발과 공급은 늘어난 대신 판매는 제자리걸음이라 수익률이 급격히 낮아져서, 결국 1998년에는 첫 번째 적자를 기록하게 되었다. 이에 회사는 1천여 명의 직원을 징리해고하고, 설립자의 손자인 회장(CEO)도 일선에서 물러나게 되었다.

2004년 새로운 리더십을 영입하고 레고사의 위기를 분석해보니 몇 가지 문제가 발견되었는데, 레고의 주 소비층인 어린이들이 나이에 비해 성숙해지고 있었고, 레고보다는 장난감 종합 판매업체인 토이저러스(Toys R Us)나 대형마트인 월마트(Walmart) 등이 좀 더 섬세하고 세련된 마켓 파워를 가진 것으로 드러났다. 결정적으로 많은 장난감 회사들이 제조 공장을 중국 등으로 이전하여 더는 가격 경쟁력을 유지하기 어려워졌고, 덴마크 화폐인 크로나(kroner)의 달러 대비 가치 증가로 덴마크 생산을 고집하던 레고의 재정이 취약해졌다.[12] 이런 위기 상황 속에서 할 수 있는 일은 무엇이 있었을까?

다른 기업 대부분과 마찬가지로, 레고사가 취했던 초기 대책은 역시 사업 다각화 등 확산 전략이었다. 앞서 논의한 대로 영화사 등과 합작하여 스타워즈나 해리 포터(Harry Porter) 시리즈 등을 생산하여 잠시 매출이 증가하였지만, 영화 상영 기간이 끝나면 다시 원위치로 복귀하였다. 결국 회사의 본질인 블록 자체가 아니라 영화 캐릭터에 이끌려 소비자가 구매를 하였기 때문이고, 테마성 제품은 단기적 성과에 치중한 것이었기 때문이다. 테마성 제품은 오히려 오리지널 레고 블록의 판매를 잠식하여 더 큰 위기를 맞이하게 되었고, 결국 기존의 접근법으로는 문제의 근본 원인을 제거하기 어렵다는 것이 드러났다.

이에 레고사는 '아이들은 어떻게 놀고, 어떤 장난감을 좋아할까?'라는 본래의 질문으로 돌아가 아이들의 놀이 패턴을 다시 살펴보기로 하였고, 이는 곧 디자인사고의 활용을 의미하였다. 레고는 조사팀을 미국, 독일 등의 가정에 보내 몇 달에 걸쳐서 부모를 면담하고, 아동 발달 전문가와 상담을 진행하였으며, 아이들을 관찰한 자료를 수집하여 선호를 알아내고자 하였다. 이 과정을 거쳐서 놀이 속에 숨겨진 아이들의 진정한, 깊은 욕망을 알고자 한 것이었다. 결국 이 과정을 거쳐 알게 된 레고 위기에 대한 디자인사고의 결론은 어른들-즉, 엔지니어적 사고-생각처럼 어린이들이 자극적인 것을 좋아해서, 혹은 시간이 없어서 전자기기 게임으로 옮겨간 것이 아니라는 것이다. 어린

12) Knowledge at Wharton, "How LEGO Stopped Thinking Outside the Box and Innovated Inside the Brick" 참조. https://knowledge.wharton.upenn.edu/article/how-lego-stopped-thinking-outside-the-box-and-innovated-inside-the-brick/, 2022.1.11. 접근.

이들은 어른들의 감시에서 벗어나 자기만의 세상을 찾고자 하였고, 어떤 것을 완전하게 습득하여 나름의 사회적 역할극(role playing)을 놀이 가운데 한다는 것을 이해하게 되었다. 이런 문제 해결 과정을 거쳐서 결국 레고사는 다시 오리지널 블록 상자 자체에 집중하게 되었고, 전통적 자동차 경주, 경찰서, 학교 등과 같은 테마로 돌아오게 되었다. 이 상품은 계속해서 응용, 재사용이 가능하였고, 새로운 셋트를 구매하면 이전 세트에 추가하여 놀이를 계속할 수 있었다. 고객인 어린이들의 요구를 깊숙한 부분에서 찾아낸 레고는 결국 2005년 6.5%, 2006년 11% 성장하며 계속해서 디자인과 창의성을 중시하는 '비즈니스를 위한 디자인(design for business)' 비전을 선포하게 되었다.[13]

결국 디자인사고는 불확실성과 복잡성이 커서 더는 기존의 사고 방법으로 해결되기 어려운 문제가 있을 때 필요하다. 오늘날 기술격차가 줄어들고 글로벌 경쟁이 심화하는 가운데 생존하는 방법은 결국 혁신으로 귀결되는데, 다양한 분야에서 전문적 지식을 가진 개인이 팀으로 모여 문제 해결을 위해 서로 아이디어를 발상하고 테스트하여 해결책을 찾아나가는 방법은 곧 혁신으로 연결된다는 것이다. 정부 정책도 좋은 정책은 엘리트 정치인 혹은 관료가 아니라 정책에 의해 영향을 받을 사람의 관점을 반영해야 한다(Shergold, 2015). 이러한 점을 종합해 볼 때, 다음과 같은 조직은 디자인사고를 도입할 필요가 있다고 볼 수 있으며, 민간이나 공공부문에 한정되지 아니한다:

- 문제에 대해 인식은 하고 있으나 뚜렷한 방책이나 해결책을 찾지 못하는 경우
- 새로운 상품, 정책 혹은 서비스(민간-공공)를 개발하여 제공하려는 경우
- 새로운 사업이나 프로젝트를 시작하려는 경우
- 고객들의 선호나 필요, 근본 원인에 대한 정보 부족으로 문제 해결이 요원한 경우

결국 고객에 대한 깊은 공감을 통해 문제를 이해 및 정의하고, 창의와 혁신을 추구하는 방법으로 발전되어 온 디자인사고는 전략이자 사고방식의 전환을 의미한다. 특히 문제가 잘 정의되어 있지 않은 비선형적 문제의 경우, 인간 중심적 접근을 통해 창의적으로 해결해 나가는 절차이며, 다양한 행위자들의 참여를 독려하여 민주적인 성격을 가

13) 위의 웹사이트 참조.

졌다. 특히 디자인사고를 통해 성공적으로 수행된 프로젝트에는 공감을 통해 감정 이입을 하여 고객을 관찰, 인터뷰하여 고객조차 잘 모르는 숨겨진 필요까지 끌어내는 과정이 있었고, 다양한 방법의 관찰과 통찰로 문제를 정의하고 해결책을 모색하는 과정이 있었다. 또한 새로운 가능성을 타진하기 위해 빠르고, 개략적이지만 사람들이 보고 반응할 만한 초기 모형(프로토타입)을 만들어 제시한 것을 테스트하는 과정을 반복, 최종적으로 고객에게 전달하는 과정을 포함한다(송동주 외, 2017).

혁신을 추구하는 전문가 집단, 사회를 위해서 새로운 가치를 창조하고 혁신을 추구하는 기업가 집단, 시민에게 좀 더 나은 서비스를 제공하고자 하는 공공조직이라면 이제 디자인사고의 절차에 익숙해질 것이 요구된다(송동주 외, 2017). 즉, 거의 모든 조직에 디자인사고가 필요하다는 것이다. 오늘날 기업, 대학, 병원, 사회단체, 지방자치단체 등 조직은 더는 잘 정의된 문제와 잘 정돈된 관할 구역에 의존할 수 없는 환경이 되어가고 있기 때문이다. 디자인사고로 훈련된 개개인으로서의 조직 구성원들도 이전과는 다른 방식으로 문제와 사람을 바라보게 되어 좀 더 나은 서비스를 제공할 수 있게 된다.

☛ 디자인사고로 무장한 공무원: 달동네 문고리 좀 달아주세요

어느 지방자치단체 공무원이 시장님과 함께 관할 구역 내에 있는 소위 '달동네'를 자주 방문하게 되었다. 지금은 거의 사라졌지만 예전 서민 밀집 지역의 대명사였던 달동네는 1960~1970년대 주거형 형태에 의존한 열악한 생활환경에 노출되어 있었고, 가정마다 화장실조차 없어서 동네에 설치된 간이식 공용화장실에 아침마다 온 동네 주민들이 불편을 겪어야 했다. 이 공무원이 어느 날 꼼짝없이 달동네 화장실을 사용하게 되었는데, 열악한 화장실 환경은 물론이고 문고리조차 없어서 누구 하나 마음 편히 볼일을 볼 수 없다는 것을 깨닫게 되었다. 화장실의 옛말이 해우소(解憂所), 즉 일을 볼 때만이라도 근심을 덜어보자는 곳인데, 그렇지 못한 환경 때문에 주민들이 겪는 불편에 깊이 공감하게 되었고 결국 달동네마다 문고리를 다는 조치를 취하게 되었다는 것이다.

출처: 박수영(2015), 『달동네 화장실 문고리 좀 달아주세요』

3 이 책의 구성

이 책은 다음과 같이 구성되었다. 앞서 디자인사고의 등장과 배경에 관해서 설명하였듯이, 디자인사고의 등장 배경 중 하나는 복잡하고 다면적인 문제의 등장이다. 따라서 제2장에서는 고약한 문제로 정의될 수 있는 '위키드(wicked)' 문제의 속성과 디자인사고가 요구되는 이유와 특징, 그리고 혁신과의 관계에 대해서 논의한다. 제3장에서는 IDEO사와 스탠포드대 디자인 스쿨에서 제시하는 표준적 절차를 시작하며 첫 단계인 공감하기(empathize)와 문제 정의하기(defining)의 의미를 살펴보고, 공감과 문제 정의를 잘하기 위해 개발되어 온 여러 가지 실용적 방법들을 논의한다. 실제로 공감하기와 문제 정의하기는 어떤 것일까를 탐색한다. 제4장과 제5장에서는 계속해서 디자인사고 5단계 중 아이디어의 발상과 프로토타입, 그리고 테스트 과정을 다루며, 특히 실제 하는 방법을 사례와 함께 자세하게 기록하였다.

디자인사고의 표준 단계에 대한 논의가 끝나면 제6장에서는 현재 공공부문-민간부문을 가리지 않고 확산되고 있는 디자인사고의 혁신 사례들을 살펴본다. 제7장에서는 원래 소프트웨어 개발 분야에서 시작되어 정부부문까지 활발하게 논의되고 있는 애자일(agile)을 논의하며 문제 해결을 위한 민첩한 행동을 강조하였고, 디자인사고와 유사점도 논의하였다. 제8장은 디자인사고와 애자일이 비록 각광을 받고 있기는 하지만, 실제 조직에 도입하는 과정에서 있을 수 있는 장애요인과 극복방안에 대하여 논의하였으며, 마지막 장인 제9장에서 제4차 산업혁명의 급속한 도래로 인한 디지털 전환 속에서 디자인사고와 애자일이 나아가야 할 방향을 정리하였다.

CHAPTER

02

위키드 문제와 디자인사고, 그리고 혁신

1. 위키드, 공공 난제의 등장
2. 디자인사고와 문제 해결 가능성
3. 디자인사고와 혁신

디자인사고가 주목을 받게 된 것은 결국 불확실성과 복잡성이 커져서 기존의 접근 방법으로는 해결하기 어려운 문제가 등장하고 있기 때문이다. 오늘날의 시대는 빈곤의 문제부터 시작하여 기후변화, 저출산과 노령화 등 이전에 겪어보지 못했던 복잡한 문제들을 인류가 맞이하게 되었기 때문이다. 또한 급격한 기술의 진보와 제4차 산업혁명은 매우 빠른 속도로 광범위한 영향을 우리 삶에 주고 있다. 이런 문제들은 문제의 정의가 어려운 것은 물론이고, 그에 대한 정확한 정보도 존재하지 않으며, 언제 어느 때 정부가 개입해야 하는지, 어떤 해결책이 있는지 등에 대한 합의조차 부족하다. 다음 전 미국 국방장관이던 럼즈펠드(D. Rumsfeld)의 2002년 국방성 뉴스 브리핑 발언은 유명한 이야기다. 우리는 '모른다는 것조차 모르는' 시대에 살고 있다는 것이다.

> "어떤 일이 일어나지 않았다고 하는 보고서는 항상 나에게 흥미롭다. 왜냐하면 주지하다시피 이미 알려진 것들이 있기 때문이다(known knowns). 우리가 알고 있다고 생각하는 것들도 있다(we know we know). 우리는 또한 알려지지 않은 것들이 있다는 것을 안다(known unknown). 즉, 우리가 모르는 것들이 있다는 것을 안다. 하지만 알려지지 않은 것들도 있으며(unknown unknown), 그것은 우리가 모른다는 것조차 모르는 것들이다"(we don't know we don't know).[1)]

문제를 정의하기 어려운데 어떻게 해결책을 찾을 수 있을까? 오늘날 민간과 공공부문을 둘러싼 환경은 매우 휘발성이 강하고, 복잡하며, 불확실성과 애매 모호함(volatile, complex, uncertain, and ambiguous: VUCA)이라는 특성이 있고, 이런 경우 문제를 정확하게 이해하기도 어렵고 해결책을 찾기도 매우 어렵다. 기존의, 알려진 접근 방법으로 문제 해결이 어려울 것은 자명하다. 이런 가운데 "잘 정의된 문제는 벌써 절반 이상 문제를 해결한 것이다"라는 유명한 인용구처럼, 디자인사고는 문제를 잘 정의하고 솔루션을 제공하는 데 매우 유용하다.

다음에서는 먼저 복잡한 문제, 해결하기 어려운 문제를 위키드로 정의하고, 위키드 문제가 어떤 특성이 있는지를 먼저 살펴본다. 또한 디자인사고가 위키드 문제의 해결을 위해 어떤 부분을 보완할 수 있는지, 어떻게 문제 해결책을 모색하는지 디자인사고의

1) 이 브리핑은 이라크 정부의 대량살상무기 공급과 테러리스트 집단 간의 연관성에 대한 증거가 부족하다는 사실에 관한 것이었다. 출처: https://en.wikipedia.org/wiki/There_are_unknown_unknowns

핵심 절차를 다룬다. 결국 이 모든 과정은 창의적, 혁신적인 방법을 찾는 과정이기 때문에 디자인사고를 통한 창의적 문제 해결이 어떻게 혁신으로 발전하는지 알아본다.

1 위키드, 공공 난제의 등장

문제를 알고 있는 경우에도 문제 해결을 위해 행동하지 않으면 실패할 수밖에 없다. 필름 카메라 시장을 석권하던 코닥(Kodak)의 경우 미래의 카메라 시장이 '디지털'로 갈 것임을 머리로는 이해하고 있었으나 개혁을 위한 실행을 하지 못했고, 결국 일본 회사에 주도권을 내주고 사양길로 접어들게 되었다. 1975년 스티브 새슨(Steve Sasson)이라는 코닥의 엔지니어가 디지털카메라를 처음 개발했음에도 내부 경영진의 반응은 '그거 괜찮구만. 하지만 누구에게도 이것에 관해 이야기하지 말게'였다. 코닥은 정보 부족이 아니라 통찰(insight)을 효과적으로 행동으로 전환하지 못해 기회를 놓친 것이다.[2] 스티브 잡스(Steve Jobs)가 검은 터틀넥과 청바지를 입고, '이것이 아이폰이다('This is IPhone)'를 외치며 나타나기 전까지 전 세계 휴대폰 시장을 주름잡으며, 핀란드의 국민 기업으로 역할했던 노키아(Nokia)의 경우도 마찬가지다. 1996년부터 2000년까지 500%가 넘는 수익상승률을 기록했던 노키아는 성장에 도취되어 연구 및 개발(R&D) 분야조차 단기적 성과에 집착하게 되었고, 심지어 내부의 노키아 벤처 팀(Nokia Venture Organization)에서 사물 인터넷(Internet of Things)이라는 기술을 일찌감치 배양하는 데 성공하여 터치스크린과 인터넷 기반의 휴대폰 시장이 열릴 것을 예상했음에도 실행에 옮기지 않아 위상이 추락하고 말았다.[3]

그런데 알면서도 실행에 옮기지 않은 것과 문제를 정확하게 정의하지 못하거나 문제의 존재 자체를 인지하지 못하는 경우는 다른 차원의 문제다. 앞서 이야기한 대로 최근 극도로 복잡하고 불확실하며, 모호함을 동반한 여러 문제의 등장은 문제의 정의조차

2) 코닥의 사례에 관해서 자세한 내용은 *Forbes*, "How Kodak Failed." 2012년 1월 18일자 참조 https://www.forbes.com/sites/chunkamui/2012/01/18/how-kodak-failed/?sh=30482f5f6f27

3) INSEAD 경영대학원, "The Strategic Decisions that Caused Nokia's Failure," 2017년 11월 23일자, https://knowledge.insead.edu/strategy/strategic-decisions-caused-nokias-failure

어렵고, 설사 알게 된다고 하더라도 문제 해결에 관한 합의된 대책을 도출하기 어렵게 만들고 있다. 이는 곧 막스 베버(Max Weber) 이후의 관료제적 접근이나 하향식(top-down) 의사결정 체제로는 문제 해결이 요원함을 의미한다.

사회과학에서 해결하기 어려운 '고약함'을 의미하는 위키드(wicked) 문제는 우리 삶에 어떤 영향과 결과를 가져오는지 예측조차 어려우며, 단지 좀 더 나은 혹은 좀 더 나쁜 해결책만 있을 뿐이다(Head & Alford, 2015; McConnell, 2018; Rittel & Webber, 1973). 국내 학계에서는 '(공공)난제(難題)'로 보통 번역되고 있으며(배유일, 2022; 송희준, 2008; 윤영근, 2013), 심지어 코로나바이러스의 확산 같은 문제는 시간적 촉박함, 중앙의 콘트롤 타워의 부재, 원인과 해결책의 불명확함, 그리고 정책선택의 비합리성을 근거로 '수퍼난제(super wicked)'로 표현된다(Auld et al., 2021: 709-712).[4] 리텔과 웨버(Rittel & Webber, 1973)는 보통 어떤 위키드 문제가 다른 위키드 문제의 증상에 해당하기도 하기 때문에 문제를 종식하기 위한 합의에 이르기가 어렵다고 주장한다. 예를 들면, 고령화는 그 자체로 위키드 문제인데, 국민연금 고갈 같은 또 다른 위키드 문제의 원인이 되기도 한다는 것이다. [그림 2-1]에 보는 바와 같이 우리가 어떤 문제에 대해 t시점에서 정책적 수단을 써서 효과를 기대하고 문제를 해결할 수 있었던 것은

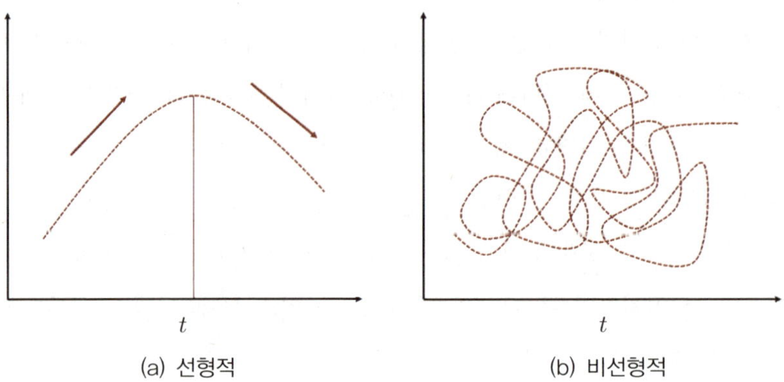

[그림 2-1] 선형적 문제와 비선형적 위키드 문제

4) 정책선택의 비합리성이라는 것은 결국 팬더믹 확산 방지를 위해 현재 시점에서 어쩔 수 없이 선택하는 정책수단이 미래의 시점에서 볼 때는 경제적으로 정당화되기 어려운 선택일 수 있다는 것이다(Auld et al., 2021).

선형적인 것에 해당하는 반면, 위키드 문제는 문제의 시작과 끝을 알기 어려울 정도로 복잡성이 높다.

그렇다면 점차 상시적인 환경으로 우리의 삶을 지배하기 시작한 난제들은 어떻게 해결해야 하는가? 이미 여러 학자들이나 전문가들은 여러 문헌에서 위키드 문제의 심각성을 인지하고 완전한 문제 해결은 불가능하더라도 심각성을 경감하고 불확실성을 해소할 방안을 제시해왔다. 특히 위키드 문제는 매우 다양한 이해관계자(multi-stake-holder)를 포괄하고, 초국가-국가-로컬 수준을 가리지 않는 다층(multi-level)에서 일어날 수 있으며, 그리고 공공-민간-비영리 부문(multi-sectoral)을 넘나드는 복합적 성격이 있어서 상황에 따른 협업(contingent collaboration)을 통해 문제의 심각성을 개선해 나가는 것이 제시되고 있다(Ansell, 2011; Lagreid & Rykkja, 2015). 협업(協業)은 기존에 유사한 개념으로 제시되어 온 네트워크 등과 달리 좀 더 명확하고 구체적인 형태의 몰입과 의미 있는 결과 창출을 위해 일시적이 아닌 공식적이면서도 장기적인 참여를 요구한다(Ansell & Gash, 2008; Mattesich et al., 2001). 이 밖에도 난제 해결을 위해 지식을 공유할 수 있는 지식 컨설팅(knowledge consulting)이나 위키드 문제가 지속하는 때를 대비한 변화적응적(adaptive) 태도가 제시되기도 하였다(McConnell, 2018).

위키드 문제에 대응하는 데 있어서 효과적인 협업이 요구되는 보다 근본적인 이유는 베버가 예찬한 효율적인 현대 관료제의 명령-통솔의 계층성과 분업체제로는 위키드 문제를 성공적으로 '관리'하기 어렵기 때문이다(O'Flynn et al., 2011). 난제는 전통적 계층조직과 부서 간 칸막이를 넘나들 뿐만 아니라 공공-민간부문 간 구분이 무의미하며, 모든 조직과 지식공동체, 시민 사이의 효과적인 네트워크를 통해 협력할 필요가 있기 때문이다(Grint, 2010). 이는 곧 기존 정부 조직을 넘어 새로운 조직 구성이 필요하고, 초기 단계부터 종합적이면서도 협력적인 기획과정을 위해 다차원적 정보교환과 참여가 요구되며, 자원 및 책임의 공유가 필요하다는 것이다. 예컨대, 코로나바이러스의 확산 문제는 단순히 질병관리청 수준에서 해결할 수 있는 문제가 아니라 외교, 경제, 보건, 국방, 교육 등 여러 부처뿐만 아니라 의료, 시민단체, 그리고 개개인의 국민에 이르기까지 전 사회적인 일치된 참여와 협력이 필요하다(배유일, 2022).

만약 기존에 해오던 대로 조직의 관리자와 리더들이 문제를 정의하고 해결책을 결정하여 하달, 하부조직에서 집행하도록 한다면 어떤 일이 벌어졌을까? 코로나바이러스 시국 초기 수많은 방역 전문가들은 메르스(MERS) 같은 경험에서 학습하여 '1년 안에 종식 가능', '국가 간 교류를 통해서 통제 가능' 등의 의견을 내었으나 맞는 것은 거의 없었다. 백신을 개발하면 종식될 것으로 예상되었으나 오미크론(Omicron), 스텔스 오미크론(Omicron stealth) 등 다양한 변이들을 예측하지 못했다. 난제가 진화하는 것을 알지 못했기 때문이다(장수연 외, 2022). 그렇다면 오히려 문제 진단부터 다양한 인재가 모여 함께하는 것이 낫지 않을까? 이는 곧 참여를 통한 공감과 문제의 정확한 정의부터 시작하는 디자인사고를 필요로 하는 부분이라고 볼 수 있다.

2 디자인사고와 문제 해결 가능성

이제 위키드 문제는 오늘날 쉽게 접할 수 있는 문제이며, 더이상 기존의 관료적 접근법으로는 해결이 요원하다. 어떤 방식으로든 난제를 해결할 수 있는 혁신이 필요하다는 것이다. 불명확한 난제가 무엇인지 알아차린 후 어떻게 해결할 것인지에 대한 고민이 차례로 따라오게 되는데, 기존에 존재하는 것보다 효과적이고 효율적인, 그리고 지속적인 참신한 방식으로 해결하는 것이 혁신이고, 그 수혜자는 결국 사회 전체가 된다. 해결 방법을 모를 때가 바로 디자인사고를 적용하기 적합한 상황이다.

앞서 코로나바이러스 사례에서 볼 수 있듯이, 극소수의 이해관계자들이 모여 과거의 경험과 지식에 근거하여 단편적 해결책을 찾기보다는 개인과 팀, 그리고 다양한 이해관계자가 서로 어우러져 참여하여 생각을 공유하고, 기회를 찾아가는 과정이 필요하다고 볼 수 있다. 물론 디자인사고가 모든 것을 해결해주는 것은 아니지만, 새로운 목소리들이 참여함으로써 문제 해결의 창(窓)이 열리는 것이다. 이미 글로벌 대기업의 경우 비즈니스에서 혁신을 지속하지 않으면 살아남기 어려운 초경쟁 시대에 돌입해 있으며, 인터넷과 정보통신 기술의 발달은 누구나 참여하여 크리에이터(creator)가 될 수 있는 환경을 제공하였다. 이에 더하여 인공지능(Artifical Intelligence: AI)에 기반한 기계의 발달과 인간의 직업이 잠식당하는 시대에 창조성을 요구하는 직업에 관한 관심이 증가하였고, 개성을 통한 자기다움의 강조, 개인적 행복 등을 더 중시하는 시대가 되었다. 이러한 시대적 변화로 관료주의적 계층제와 상의하달에 기반한 하향식 문제 해결 과정은 더 이상 환영받지 못하는 방식이 되었다는 것이다.

1) 디자인사고의 공통적 특징

최근의 공공 및 민간부문을 가리지 않는 디자인에 대한 관심은 이전과는 질적으로 다르다고 볼 수 있다. 예컨대, 전통적인 정책과정이 기술관료(technocrats)에 의하여 주도되었다고 한다면, 새로운 서비스디자인에 관한 관심은 문제 해결을 위하여 좀 더 폭넓은 참여를 추구한다는 것이다(Howlett, 2014). [그림 2-2]에 나타난 것은 IDEO사와 스탠포드 디자인스쿨에서 제시하고 있는 디자인사고의 표준적 절차에 해당하는데, 결국 문제에 대한 이해와 해결책이 잘 알려지지 않은 가운데, 폭넓은 참여를 통해 고객(시민)의 처지에서 문제를 재정의하여 문제에 대한 좀 더 깊은 이해를 촉진하여 고객과 디자이너가 협업하도록 반복적 과정을 되풀이하는 것이 디자인사고의 절차이다. 어느 과정에나 참여자의 피드백은 필수적이며, 반복적 과정을 통해 좀 더 나은 해결책으로 진화하게 된다는 것이다(Dorst & Cross, 2001).

이미 문제 해결을 위하여 광범위하게 적용되고 있는 디자인사고는 세계 각국의 유수 기업과 대학 등에서 훈련 프로그램으로 제공되고 있을 정도다. [그림 2-2]에서 제시된 절차는 그야말로 표준적인 절차일 뿐 구체적인 과정은 각 조직의 상황에 따라 자유롭게 적용 가능하며, 어느 단계에서 시작해도 무리가 없다. 다만, 디자인사고는 공통적으로 몇 가지 특징을 가지고 있는데, 무엇보다도 인간 중심적, 고객 중심적이라는 특징이 있다. 미국 뉴욕의 레이먼드 로위 인터내셔널(Raymond Loewy International)에 입사한 산업 디자이너 패트리샤 무어(Patricia Moore)가 신체활동이 떨어지는 노인 문제를 체험하기 위하여 26세 때 85살의 노인으로 분장하여 1979년부터 2년여 간 미국과 캐나다의 100여 개 도시에서 생활한 것은 매우 유명한 고객 체험 사례다.[5)]

디자인사고는 기존의 관료적 접근 방식과 달리 실험적 요소가 강하다. 즉, 기존의

5) 무어의 사례는 https://en.wikipedia.org/wiki/Patricia_Moore 참조.

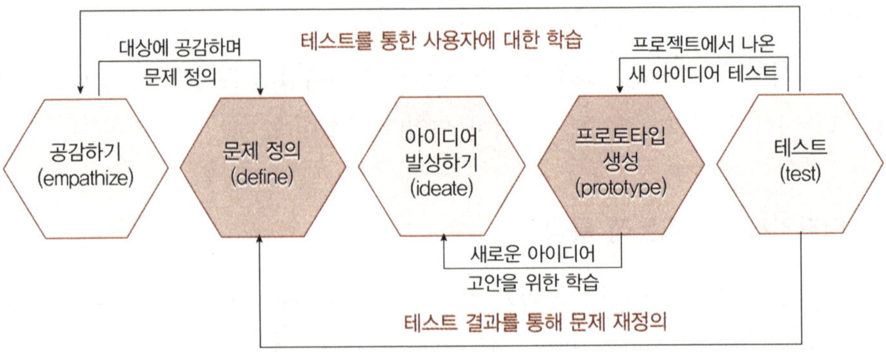

[그림 2-2] 디자인사고의 표준적 절차

접근 방법이 폭포수(waterfall)처럼 문제 정의부터 최종 서비스 전달까지 합리적이고, 분석적인 대안 탐색과 결정의 과정을 거치는 것과 달리 주변에서 얻기 쉬운 박스, A4 용지, 신문지 등을 활용하여 저렴하게 최소한의 모양만 갖추었지만, 만족스러운 수준의 제품이나 서비스(일명 최소기능제품, minimum-viable-product)를 빠르게 만들어 고객과 조직 구성원에게 테스트하는 과정을 거친다. 저렴한 방법이지만 여러 차례 반복이 가능하고, 궁극적으로는 고객이 원하는 최종 산물에 가장 가깝게 진화하는 과정을 거치게 되면서 결국은 매몰비용(sunk cost)을 절감하는 효과를 얻게 된다는 것이다. 오히려 조기에 발견할 수 있는 실패 사례들은 조직 구성원에게 효과적인 학습의 기회를 제공하며, 혁신적으로 사고하는 사람들은 주저 없는 실행을 통해 경험의 데이터베이스를 구축하게 된다. 이러한 훈련과 경험의 축적은 자신의 능력치가 현재보다 훨씬 더 나아질 수 있을 것이라는 창조적 자신감과 직결된다.

디자인사고의 이런 실험적 성격은 단지 민간부문에만 국한된 것은 아니다. 본래 공공부문의 관료적 정책과정이라면 강력한 증거(evidence)에 기반하여 정의된 문제를 대안 탐색과 비용편익 분석을 통해 관 주도로 집행하는 절차일 것이다. 물론 이 과정에 고객인 시민의 관점을 반영하지 않는 것은 아니지만, 모든 절차에 걸쳐 다양한 이해관계자의 목소리가 반영되기는 어렵다는 것이다. 공공부문에서 복잡한 위키드 문제와 환경의 증가는 결과적으로 부처 간 협업은 물론, 다양한 이해관계자, 정책 전문가, 수요자가 참여하여 공동의 목표의 수립과 집행, 그리고 평가에 이르기까지 진행할 필요성이 커지게 되었다. 영국, 미국, 덴마크 등 주요 선진국에서 정책학 스쿨이 새롭게 설립되기 시작하였고, 2000년대 들어서 정책을 하나의 실험의 장(場)으로 인식하는 트렌드가 정착되고 있다. 이것이 정책랩(policy lab)이며, 다양한 정책 관련 행위자들이 복잡한 환경변화 속에서 문제를 공동으로 인식하고 최적의 해결책을 찾아내기 위하여 실험하고 피드백을 통해서 수정해 나가는 방식으로 도입되고 있다(Hinrichs-Krapels et al., 2020). 영국의 경우 2010년에 설립된 옥스퍼드(Oxford)대의 블라바트닉(Blavatnik) 정책대학원이 영국 정부와 합작으로 정책랩(The Government Outcome Lab)을 2016년에 설립하고, 다양한 범주의 민간 및 사회부문 조직들과 파트너십을 통해 문제 해결에 힘쓰고 있다. 프랑스의 시앙스포(Sciences Po), 미국의 예일(Yale), 브라운(Brown) 대학 등 많은 대학들이 정책랩을 파트너십을 통해 운영하고 있는 현실이다.

우리나라도 이러한 세계적 트렌드에서 예외는 아니다. 민간부문에서 2018년 재단법인으로 출범한 LAB2050과 같은 정책랩은 민간-공공 부문을 넘나들며 기본소득과 같은 어젠다를 다루고 있다. 공공조직에서도 우선순위가 높은 정책 문제에 대한 해결책을 모색하기 위해 프로토타입을 만들고, 실험을 통해 혁신적 정책 솔루션을 생산하는 것을 목표로 운영되기 시작하였다. 조세현 외(2019)의 보고에 따르면 우리나라 정부 조직에서는 정책랩을 하나의 정부혁신 수단으로 사용하기 시작했으며, 행정안전부의 경우, 혁신적 아이디어 제안자가 부서장으로 리더십을 발휘하여 업무를 수행할 수 있도록 하였고, 대체로 벤처형 조직으로 운용되고 있다. 이처럼 민간-공공 부문 모두에서 디자인사고의 방법을 도입한 과정과 조직 형태가 강화되는 추세라는 것이다.

2) 디자인사고 마인드셋

디자인사고는 고객의 필요를 찾아내고 문제 해결을 참여적으로 도모한다는 점에서 전략이나 방법론으로 볼 수 있지만, 또 다른 특징 중 하나는 마음가짐 혹은 마인드셋(mindset)으로 볼 수 있다. 영어에 'put oneself in someone else's shoes'라는 표현이 있는데, 직역하면 다른 사람의 신발을 신어본다는 의미이지만, 다른 사람의 입장이 되어본다는 의미다. 비록 디자인사고가 앞서 제시된 표준적 절차 등을 통해서 다양한 사람들이 참여하고 해결책을 논의하여 문제를 정의하게 되지만, 진정으로 상대방의 입장에서 생각하는 태도를 갖고 있지 않다면 아무리 공감의 과정을 강조해도 그동안 혁신을 위해서 도입된 수십 혹은 수백 개의 전략과 방법론 중 하나에 불과할 뿐, 고객의 깊은 욕구까지 이해하기 어렵다는 것이다. 그러므로 디자인사고는 그 구성원의 세계관까지 바꿀 것을 요구한다. [그림 2-3]은 IDEO사가 제시하는 디자인사고 마인드셋이며, 디자인사고의 과정 가운데 녹아들어 있는 세계관이 드러나 있다. 디자인사고는 문제 해결책을 찾기보다는 먼저 공감하는 데 중점을 두고 있으며, 일단 행동으로 옮겨 만족할 만한 모형을 만들어 실험하고, 일찍 실패하여 학습하는 것이 낫다는 자세다. 그리하여 반복을 통해서 고객이 원하는 방향으로 가까이 가는 것이다.

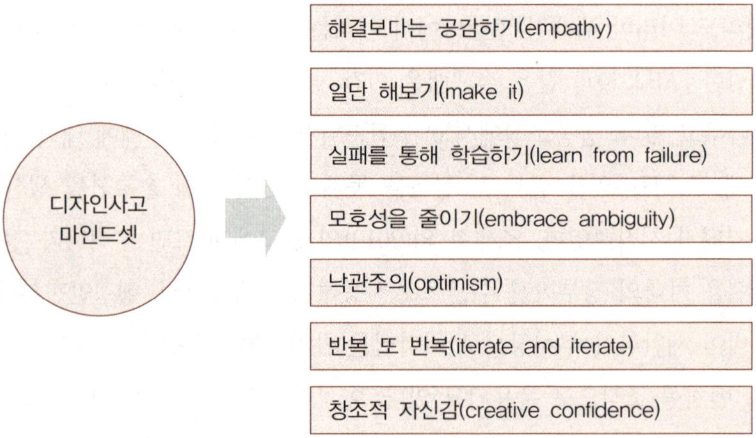

출처: IDEO(2015), 『*Design Kit: The Course for Human-Centered Design*』.

[그림 2-3] 디자인사고 마인드셋: IDEO사의 경우

단지 디자인사고만 고객을 생각하는 것은 아니다. 그러나 디자인사고의 세계관은 마치 정부청사의 공무원이나 은행 창구의 직원이 문제를 가진 시민이나 고객에게 '안녕하십니까? 무엇이 필요하십니까?'라고 묻는 것과는 차원이 다른 문제이다. 먼저 고객에게 관심을 보이고, 이해하며, 때로는 앞서 패트리샤 무어의 사례처럼 체험도 해봐야 비로소 진짜 문제를 발견할 수 있다는 것이다. 아무리 아이디어가 풍부하고, 프로토타입을 잘 만들어 테스트하여 좋은 서비스나 제품을 생산하는 능력에 자신감을 가져도 그 중심에 인간의 가치가 없다면 기존의 접근법과 큰 차이가 없다는 것이다.

이와 관련하여 최근의 경제학 분야에서 주목받는 개념이 '경험경제(experience economy)'이다. 즉, 경험경제란 기업이 상품이나 서비스를 판매하고 제공하는 데서 그치는 것이 아니라 소비자인 고객이 어떤 기억할 만한 경험을 판매하는 것이다. 그리고 그 '경험'은 하나의 상품으로 등장하고 있다는 것이다.[6] 예를 들면, 밀레니엄 세대와 Z세대 고객들은 상품이나 서비스에서 오는 직접적인 효용보다는 어떤 경험을 얻는지가 더 중요한 가치로 여긴다. 얼마나 매력적인 경험을 제공하느냐가 기업이나 조직이 살아남는 시대가 되었다는 것이다.[7] 상품 자체보다는 자신의 소셜 네트워크 서비스에 사진 올리는 것이 MZ세대에게는 훨씬 더 기억에 남을 만한 가치를 제공한다. 어떤 기업은 온갖 복잡한 레시피를 보고 따라 해야 하는 번거로움을 없애고 물에 섞어 굽기만 하면 되는 케이크 믹스를 출시했는데, 아무리 베이킹을 어려워하는 소비자들이 쉽게 케이크를 구울 수 있는 편리한 상품이라 하더라도 쉽게 물만 넣고 만들 수 있는 것보다는 적어도 계란 하나라도 넣는 노력을 고객이 하도록 고안한 상품이 훨씬 더 좋은 평가를 받는다는 것이다. 이런 측면에서 본다면 고객의 깊은 필요까지 이해하는 디자인사고의 마인드셋이 경험경제에도 반영되어 있다고 볼 수 있다.

세계적인 가구 분야 공룡기업인 스웨덴의 이케아(IKEA)는 고객이 원하는 바가 무엇인지 꿰뚫어 보고 경험을 극대화하여 이윤을 창출하고 있는 기업이라고 볼 수 있다. 가구를 구입한다고 해보자. 이미 완성되어 전시장에 배열된 가구와 부품이 든 박스를 사서 스스로 조립해야 하는 가구 중 어떤 것을 사겠는가? 이케아는 고객이 직접 조립하게 가구를 디자인하여 원가를 절감하고, 품질에 비해 싸게 느껴지는 가격을 책정하여 전 세계 수백 개의 매장을 시작하고 대성공을 거둔 세계 최대의 가구회사가 되었다. 제품 구매에서 조립 및 사용까지 고객이 직접 많은 노력을 기울여야 함에도 인기가 높다. 왜 그럴까?

하버드 경영대학원의 마이클 노튼(Michael Norton)과 동료들은 고객이 스스로 제작한 상품에 가치를 훨씬 더 매긴다는 사실을 밝혀내었다. 자신들이 아마추어의 손길로

---

6) Wikipedia, https://en.wikipedia.org/wiki/Experience_Economy 참조.
7) 머니투데이, '경험경제 시대! 어떤 경험을 주느냐가 기업의 실력이다.' 2019년 8월 23일자.

만든 가구를 전문가가 직접 만든 것과 동일시하게 된다는 것이다. 이를 '이케아 효과(IKEA effect)'라고 명명하였다.[8] 이 때문에 개인적 수준에서는 고객 스스로 노동이라는 노력을 해야 함에도 불구하고 그 경험에 기꺼이 돈을 더 지불하는 경향을 보였다고 한다. 반대로 수익을 높이려는 기업으로서는 고객이 직접 조립 '비용(노동)'을 부담하더라도 불필요하게 높은 가격을 부과할 수 있게 된다(Norton et al., 2020).

이케아는 고객의 경험에 대한 가치를 매장의 구조와 배치까지 적용하여 마케팅에 활용하였다. 이케아는 대개 엄청난 규모의 전시장과 매장을 갖추고 있기 때문에 대개 도심 밖에 위치한 경우가 많다. 이케아 매장을 방문하면 고객은 하나의 미로(labyrinth)와 같이 설계된 쇼룸(showroom)을 거쳐 마켓 홀(market hall)에서 구매를 결정한 후, 누구나 운반이 가능하도록 박스로 포장된 상품을 픽업한다. [그림 2-4]와 같이 고객은 시계 반대방향으로 설계된 쇼룸을 거쳐 결제하는 데까지 1km가 넘는 거리를 이동하면서 다양한 가구를 경험한다. 고객으로서는 제품의 구매가 이러한 거리와 미로를 헤쳐 나오는 노력에 대한 보상인 것이고, 그만큼 제품에 대한 가치를 높게 느끼게 된다. 이케아의 디자인 과정은 조립, 기능, 지속성, 품질, 그리고 상대적 저가(low price)의 원칙에 근거하여 스스로 '민주적 디자인(democratic design)'이라고 명명하였다.[9]

민간부문은 수익창출이라는 목표가 있기 때문에 고객의 경험에 대한 고려가 마케팅 전략상 당연하고 공공부문은 그렇게 할 유인(誘引)이 없지 않을까 고민할 수 있다. 그러나 이미 공공부문에서도 시민을 고객(customer)으로 설정하고 '수요자 중심'으로 공공서비스 제공을 고려하는 것은 신공공관리론(New Public Management)에서 주장된 것이다.[10] 하버드대 마크 무어(Mark Moore) 교수의 저서 『*Creating Public Value*』

8) 이케아 효과의 정의는 사람들이 직접 물건을 조립할 때, 무엇인가 만들기 위해 노력을 기울였을 때 그것을 더 좋아하고 가치를 매기는 경향이 있다는 효과이다. 이러한 자기 효능감(self-efficacy)은 자신감 등을 불어넣어주는 효과 이외에도 깊은 심리적 욕구를 충족시켜준다는 것이다. 자세한 것은 The Decision Lab, "Why do We Place Disproportionately High Value on Things We Helped to Create?", https://thedecisionlab.com/biases/ikea-effect, 2022.12.18. 접근.

9) 이케아의 디자인은 여기서 그치지 않는다. 물건을 실제 느끼고 경험할 수 있다는 점과 충분한 시간을 두고 누구의 간섭도 받지 않고 매장을 즐길 수 있다는 점, 괜찮은 가격의 식사와 어린이집이 제공된다는 점, 이로 인해 가족 전체가 매우 바쁜 시간을 매장에서 보낼 수 있다는 점, 누구나 쉽게 평평한 형태의 박스로 상품을 운반하고, 간단한 설명서를 보고 조립할 수 있다는 점 등 다양하다.

10) 신공공관리론은 1970년대 말 이후 영국과 미국을 중심으로 추진한 행정개혁에서 뿌리를 찾을 수

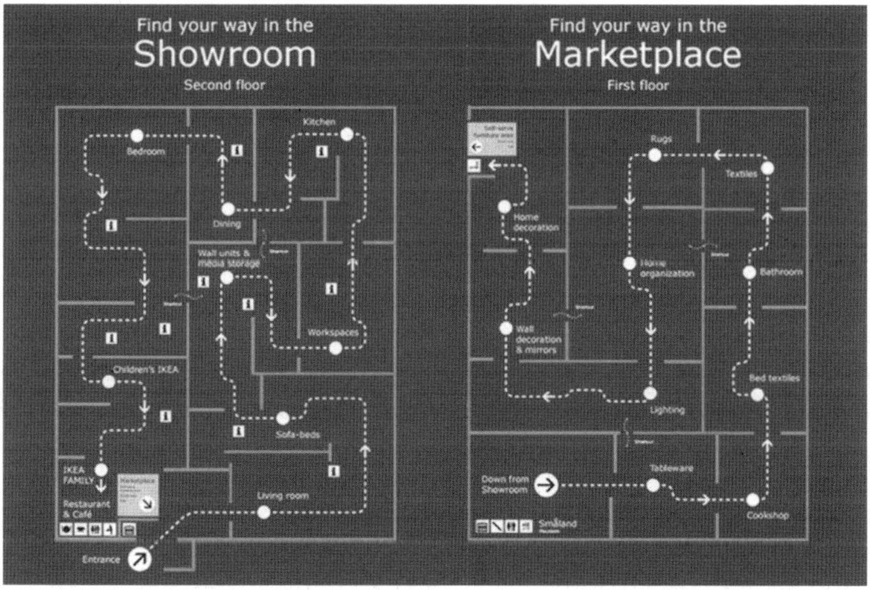

출처: Busienss Insider Nordic, https://www.businessinsider.com/former-ikea-boss-reveals-the-trick-to-going-through-a-store-in-5-minutes-2016-6

[그림 2-4] 이케아의 민주적 디자인: 쇼룸과 마켓 홀

(1995)에 언급된 한 사례를 살펴보자. 한 공공 도서관 사서가 방과 후 혼자 남겨진 맞벌이 부부의 아이들(latchkey)이 오후 3시 이후만 되면 도서관에 자주 놀러 오게 되자, 기존의 도서관 사용자들이 느낄지 모르는 불편함에 대한 걱정과 함께, 이 아이들을 위해 따로 도서관 구조나 서비스를 변경하는 아이디어를 생각해내지만, 현실적으로 존재하는 공공기관의 예산과 규칙이라는 제약 사이에서 고민하는 장면이 나온다. 미국 캘리포니아(California)주의 푸드 스탬프(food stamp) 프로그램인 'GetCalFresh'는 연방정부에서 정한 일정한 소득 이하의 저소득층 가정에 건강식과 영양있는 식단을 지원하기 위한 '숭고한' 목적을 지녔지만, 이 프로그램에 지원하기 위해서는 사용자가 평균 1시간이 넘는 시간 동안 50페이지가 걸쳐 있는 100여 개의 질문을 답한 후에야 혜택을 받을

있으나 학자마다 개념을 다르게 사용하고 있다. 다만, 기존 관료제체에 대한 불신에서 출발하여, 시장의 효율성을 중시하고, 번문욕례(繁文縟禮), 즉 불필요한 절차와 규칙을 제거하며, '고객'을 최우선으로 하고자 한 앨 고어(Al Gore) 부통령이 국가성과평가(National Peformance Review) 프로그램에서 영향을 많이 받았다고 볼 수 있다(임도빈, 2000).

수 있었다. 이 때문에 작성 중 중도포기하는 사람들이 많았고, 당연히 GetCalFresh 이용률도 떨어졌다. 이에 캘리포니아 정부는 팩스나 우편이 아닌 휴대폰 사진으로 관련 문서를 사진 찍어 보낼 수 있도록 하였고, 사용자인 시민의 편의를 고려한 이런 조치는 곧장 획기적인 이용률 상승과 지원시간의 절감(10분 내외)이라는 결과로 이어졌다.[11)] 이는 다음의 싱가포르 노동부 사례와 함께 공공부문도 충분히 고객의 경험을 중시하는 방식으로 디자인할 수 있다는 것을 보여준다.

☛ 고객을 생각하는 싱가포르 노동부(Ministry of Manpower)[12)]

싱가포르는 정부기관이 적극적으로 디자인사고를 적용하여 공공서비스를 개선하고 있는 교과서적 사례다. 싱가포르 노동부(Ministry of Power)는 2009년 비자 서비스 프로세스를 디자인사고를 활용하여 개편하였다. 디자인 컨설팅으로 세계적인 명성을 떨치고 있는 IDEO사와 협력하여 비자 신청에서부터 센터 방문, 그리고 발급에 이르는 전반적 절차를 단순화하기로 한 것이다. 그 과정에서 소비자가 사용하는 온라인서비스, 센터 공간 및 직원 서비스 등을 고객 친화적으로 새롭게 디자인하였다. 그 결과, 비자 서비스 센터 방문객이 비자를 발급받는 데까지 걸리는 시간이 평균 4시간에서 15분 내외로 대폭 단축되었다. 이 뿐만이 아니다. 외국인 부모가 비자발급 업무를 보는 동안 자녀들이 놀면서 기다릴 수 있는 공간도 내부에 마련되었다. '경험'을 중시한 공공부문 디자인이라고 볼 수 있는 것이다.

디자인사고로 혁신을 경험한 노동부는 조직 내부에 디자인을 좀 더 체계적으로 활용할 필요성을 느끼고 '행동디자인 유닛(Behavioral Design Unit)'을 신설하였다. 행동경제학과 디자인을 결합한 혁신 모델로 어떻게 사람들의 행동을 변화시킬 수 있을까를 포착하고, 적합한 형태로 구현하는 데 디자인을 활용하기로 한 것이다. 디자인으로 새로운 정책이나 서비스 아이디어를 고안하면 행동경제학적 방법으로 테스트 한 후 수치적으로 효과를 입증하는 방식이다. 외국인 노동자 서비스, 노동현장 안전문제, 은퇴 후 일자리 창출 등에 대한 새로운 해결안이 이런 방식으로 제시되었다. 이후 행동디자인 유닛(BDU)은 데이터 사이언스(data science)를 접목하면서 'Co-Lab'이라는 조직으로 거듭나게 되었고, 공무원 교육 커리큘럼에도 디자인사고를 사용하고 있다.

11) Harvard Ash Center 사례 참조, https://medium.com/innovations-in-government/designthinking-for-better-government-services-cceb99d8cdf9

12) 이미지 및 내용 출처: https://thisisdesignthinking.net/2015/06/re-designing-employment-pass-application-in-singapore 참조.

새롭게 디자인된 싱가포르 노동부 비자 발급 센터 모습

앞서 [그림 2-3]에 기반하여 결론을 내리자면, 디자인사고의 마인드셋은 다음과 같이 요약할 수 있다. 무엇보다 고객을 생각하는 인간 중심적 사고가 필요하며, 고객의 숨겨진 필요까지 인지하고 말로 설명하는 것보다 실제 경험으로 보여줄 것이 요구된다. 누구를 위하여, 어떻게, 무엇을, 언제, 누구와 함께 디자인사고를 진행할 것인지 명료하게 밝혀야 하며, 다른 참여자들과 함께 협업할 것이 필요하다.

마지막으로, 디자인사고 마인드셋은 '이게 될까?'라는 반응이 아니라 내가 세상을 바꾸어보겠다는 신념이 필요하다. IDEO사의 전 대표이사이자 스탠포드 디자인스쿨 창립자 데이비드 켈리(David Kelley)와 형제 관계인 톰 켈리(Tom Kelley)는 이런 신념을 창조적 자신감(creative confidence)이라고 표현한다. 혁신을 추구하고 새로운 사업을 시도하는 가운데 필요한 것은 "내가 이 세상을 바꾸어보겠다"라는 신념이라는 것이다. 토머스 에디슨(Thomas Edison)이 수백 번 전구 개발에 실패하면서 포기하고 말았다면 어떻게 되었을까? 창조적 자신감은 문제의 상황 속에서 뭔가를 만들어 해결하고 말겠다는 구체적 자기 효능감(self-efficacy)에 기반하고 있다.[13] 본질적으로 무엇이 가능한지를 낙관적인 시각으로 바라보는 것이 디자인사고에 필요하다는 것이다.

이런 측면에서 본다면 최근 공직사회에서 요구되고 있는 적극행정은 공무원의 부

13) 톰 켈리와 데이비드 켈리 형제의 창조적 자신감에 관한 내용은 다음의 글 참조. https://lifeclub.org/books/creative-confidence-tom-and-david-kelley-review-summary

작위(不作爲)나 직무태만으로 오는 국민 권익의 침해나 국가 재정상 손실을 방지하고, 공익을 위해 공무원이 창의성과 전문성을 바탕으로 적극적으로 업무를 처리하도록 장려하고 있다는 점에서 디자인사고의 마인드셋과 일맥상통한다고 볼 수 있다. 현재 정부에서 운영 중인 「적극행정 운영규정」과 「지방공무원 적극행정 운영규정」 등에 의하면 공무원이 문제를 해결하기 위해 수행한 적극적인 행위로 얻는 결과에 따라 평가받는 것이 아니라 적극적 행위 그 자체를 지지한다는 것이다. 물론 아직도 공직사회에 책임에 대한 두려움 때문에, 조직 분위기 때문에 한계가 있지만,[14] 디자인사고를 위한 공직사회 분위기도 바뀌고 있는 것으로 볼 수 있다.[15]

☛ 더그 디예츠(Doug Dietz)의 창조적 자신감[16]

제너럴 일렉트릭(General Electric: GE)의 헬스케어 부분 산업 디자이너인 더그 디예츠는 어린이들이 자기공명장치(MRI) 안에 들어가는 것을 극도로 두려워하는 것을 보고 어드벤처 시리즈를 개발한 장본인이다. 이 프로젝트가 성공적으로 완수된 후 디예츠에게 만족감을 가져다 준 것은 GE 헬스케어 부문의 긍정적 재정 수치에 있었던 것이 아니었다. 어느날 그가 개발한 해적선 테마의 MRI 검사를 방금 마치고 나온 6살짜리 여아가 엄마에게 나오자 마자 한 이야기 때문이었다. "엄마 우리 내일 다시 올 수 있어요?" 이 프로젝트를 수행하고 난 후 경험하게 된 어린이와 부모들의 반응은 디예츠의 창조적 자신감을 더욱 키워주었고, GE 헬스케어는 그를 조직 구성원의 생각을 가이드하는 리더십 포지션으로 이동시켰다.

출처: IDEO U

14) 2019년 감사연구원의 『적극행정 활성화 장애요인 분석』 조사에 의하면 적극행정의 장애요인으로 경직적 조직문화 등 환경적 요인이 33.7%, 현실에 맞지 않는 제도 등 제도적 요인이 26.2%, 책임의식과 처벌에 대한 두려움 등 개인적 요인이 20.9% 정도로 나타났다.

15) 한국행정연구원의 『2019년 공직생활 실태 조사』에 의하면 "우리 기관은 창의성-혁신성-도전을 강조"한다는 질문에 대해 42.8%가 그렇다고 대답한 반면, "우리 기관은 혁신을 위한 위험 감수를 용인한다"는 질문에는 30.1%가 부정적으로 대답하였다(긍정은 22.2%). 그럼에도 상명대학교 산학협력단에서 수행한 『적극행정에 대한 인식조사 및 추진방안 연구』(2019)에 의하면 과반이 넘는 공무원들이 적극적으로 행정 처리하는 방향으로 인식과 행태가 바뀌고 있다고 대답하여(60%), 적극행정으로 인한 자기 효능감은 대체로 높은 것으로 보인다.

16) 이 사례는 제3장에서 자세히 다룰 예정이다. 출처: https://www.ideou.com/blogs/inspiration/from-design-thinking-to-creative-confidence.

3 디자인사고와 혁신

"대부분의 사람은 디자인을 눈에 보이는 겉치레 정도로 착각한다. 그래서 디자이너에게 완성된 상자를 주면서 "예쁘게 만들어봐"라고 말한다. 그러나 이것은 우리가 생각하는 디자인이 아니다. 디자인은 단지 어떻게 보이느냐도 아니고 어떻게 느껴지느냐도 아니다."

—Steve Jobs, 2003년 11월 30일[17)]

VUCA 환경에서는 이미 다 알고 있는 보편화된 지식에만 의존하는 방식을 고집한다면 급변하는 세상에서 생존이 불확실하다. 경영, 경제, 정치, 행정, 사회복지 등 거의 모든 분야에서 당면한 복잡한 문제들을 해결하기 위한 혁신적이고 창의적 발상이 필요하다는 것이다. "더이상 새로운 아이디어 없는가?(Any brighter idea?)"라는 질문을 끊임없이 던져야 한다. 오늘날 모든 조직의 주요 목표는 혁신이 되었기 때문이다.

이런 가운데 최근의 움직임은 디자인사고를 통한 혁신의 가능성을 확인하고 적극적으로 비즈니스나 서비스 제공에 활용하고자 하는 조직이 증가하고 있다. 원래 디자인은 그야말로 수십 년의 세월에 걸쳐 습득한 디자이너(designer)의 전문 영역이다. 사실은 패션 디자인도 인간 중심적(고객 중심) 시각에서 옷을 디자인한다. 그러나 디자인사고는 디자인 이후의 단계를 강조하면서 자신을 디자이너라고 생각해본 적이 없는 고객의 손에 유용한 도구를 주고 보다 광범위한 문제를 해결하도록 직접 뒷받침하는 것이다. 수퍼마켓 점원, 창고 관리자, 사무실 직원, 운동선수, 마케팅 임원 등 누구나 얼마든지 디자인사고를 통한 혁신 프로세스에 동참할 수 있는 것이다.

한 연구에 따르면 디자인사고를 적용하여 혁신을 경험한 회사들은 성공률이 매우 높다고 보고되었다. 애플, 펩시(Pepsi Co.), IBM, 나이키, P&G, SAP 등은 새로운 가치를 창조하며 매우 성공적인 경영실적을 거두었다.[18)] 이런 성공적인 기업의 리더는 대부분

17) *The New York Times*, 2003년 11월 30일 로브 워커(Rob Walker)의 스티브 잡스의 인터뷰에서 인용, https://www.nytimes.com/2003/11/30/magazine/the-guts-of-a-new-machine.html, 여러 인터뷰에서 스티브 잡스는 디자인은 겉 포장에 관한 것이 아니라 제품의 본질을 제대로 이해해야만 디자인을 잘할 수 있다고 믿는다고 밝혔다.

18) 출처: https://www.creativityatwork.com/design-thinking-strategy-for-innovation/

오늘날의 환경에서 혁신적인 문화가 기업 경쟁력을 키우는 비결임을 인지하고 있으며, 조직 자체를 디자인사고를 위하여 재구조화하는 데도 관심이 높다. 즉, 과거에는 첨단 기술과 제조 능력이 신제품이나 서비스 개발 프로젝트의 대부분을 주도했지만, 이제는 고객의 수요와 욕구에 초점을 맞추는 것에서부터 혁신이 시작된다고 보기 때문에 인간 중심의 디자인사고는 혁신과 밀접한 관계를 하고 있다는 것이다.

1) 혁신을 위한 디자인사고 DNA

궁극적인 질문은 어떻게해야 혁신에 적합한 디자인사고를 할 수 있는가이다. 디자인사고에 관한 이론적 권위자인 토론토(Toronto)대의 로저 마틴(Roger Martin, 2009) 교수는 디자인사고가 분석적(analytical) 사고의 숙련성과 직관적(intuitive) 사고의 창조성이 역동적으로 균형을 이루는 통합적 사고라고 정의한다. 즉, 어떻게 만드는가와 무엇을 왜 만들어야 하는가 사이의 절묘한 균형이 필요하다는 것이다. 어떻게 만드는가는 제품과 시스템의 기능을 개선하는 기술과 비즈니스 모형이 있어야 하는 반면, 무엇을 왜 만들어야 하는가는 개인의 살아가는 방식, 라이프 스타일, 개인 간 상호작용까지 고려해야 한다. 분석적 사고는 과거의 데이터와 사례 중심의 사고방식이며, 직관적 사고는 일어날 가능성이 있는 미래에 관점을 두고 행동을 결정하는 사고다. [그림 2-5]에 나타난 것처럼 마틴 교수는 혁신이 과거의 데이터와 경험에 의존하는 분석적 사고에서만 일어나지 않으며, 익숙한 과거의 분석을 통해 효율성과 효과성을 유지하면서, 앞으

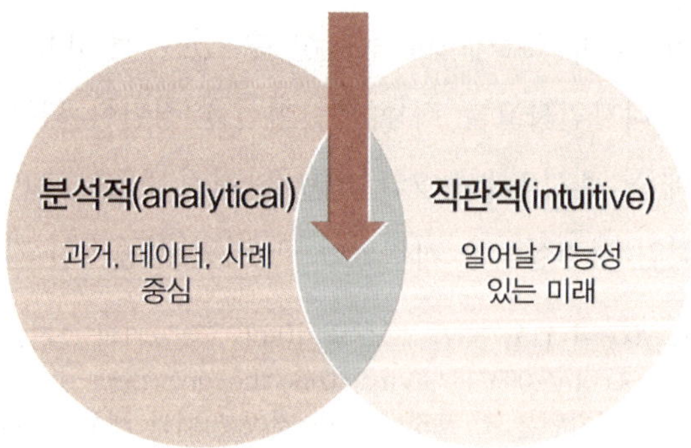

[그림 2-5] 분석과 직관의 균형을 이루는 디자인사고

로 다가올 미래를 준비하는 직관적 사이에 균형을 취해야 한다고 주장한다(Martin, 2009).

많은 조직이 디자인사고를 다양한 방법으로 적용하려고 노력하지만, 급속도로 디자인사고에 기반한 조직으로 변화하기는 어렵다. 어떤 조직은 모든 구성원이 팀원으로 참여하는 프로젝트팀이 디자인사고를 기반으로 문제 해결을 위해 강도 높은 워크숍 등을 진행하기도 한다. 딥 다이브(Deep Dive) 같은 방법으로 문제 해결이나 아이디어 발상을 위한 분위기를 급격히 조성하여 고객 관점에서 과업에 몰입하기도 한다(Brown, 2009). 기업이나 정부 조직이 디자인을 받아들이는 흔한 과정이란 위와 같이 워크숍을 통해 디자인사고를 '맛보기' 하는 형식으로 진행하거나 외부 디자인사고 전문가를 초청하고 구성원들이 고객의 필요를 이해하도록 돕는 과정을 밟는 것이다. '맛보기' 단계가 끝난 조직이라면 디자인사고의 가능성을 확인하고 본격적으로 활용하기로 한 후, IDEO 같은 디자인사고 컨설팅 업체, 전문기업 등과 협업하여 짧게는 몇 개월, 길게는 몇 년 단위의 디자인 프로젝트를 시행하는 것이다(Martin, 2009).

그러나 이런 단발성, 이벤트성의 디자인사고 교육으로는 조직의 DNA까지 바꾸기 어렵다. 단기성 교육으로는 사용자에 대한 공감부터 통찰력 발견까지 한계가 있고, 교육을 통해 배운 디자인 방법을 빠르게 돌아가는 실제 업무에 활용하는 데도 많은 제약이 있다는 것이다. 『*The Design of Business*』의 저자인 마틴 교수는 조직이 디자인사고를 활용하는 궁극적인 목적은 프로젝트 단위의 혁신, 즉 특정 문제의 해결에만 있는 것이 아니라 조직 문화 자체를 고객 중심적, 혁신적, 창의적으로 바꿔야 한다고 주장하였

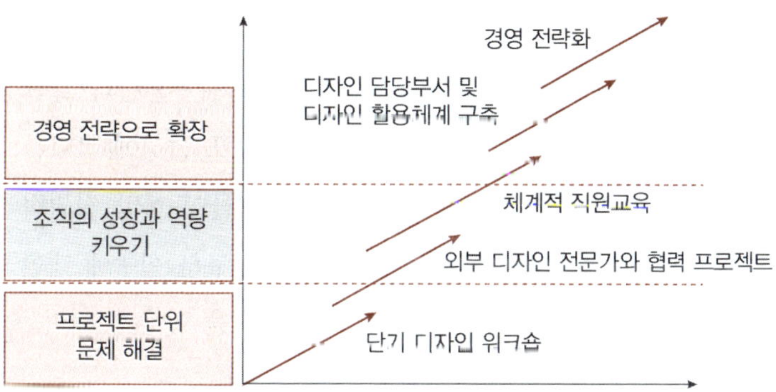

[그림 2-6] 조직에서 디자인사고 활용의 단계

다(Martin, 2009). 디자인사고를 조직에 좀 더 전략적으로 활용할 방안이 필요하다. [그림 2-6]은 조직에서 디자인사고를 활용하는 단계를 시각화한 것이다.

조직에 디자인사고 DNA를 심는 것은 여러 단계에 걸쳐 가능하다. 초창기에는 개별 프로젝트 혹은 문제 해결을 위해 단기적 디자인 워크숍 등을 통해 기법을 배우고 문제를 해결해 나간다면, 최근의 경향 중 하나는 조직의 성장과 역량을 키우기 위해 디자인사고를 적극적으로 활용한다는 것이다. 이를 위해 외부 디자인 전문가 혹은 컨설팅 회사와 협력하여 프로젝트를 수행하거나 체계적인 조직 구성원 교육이 시행된다. 싱가포르는 앞서 노동부 사례처럼 개별 프로젝트에서 IDEO 같은 회사와 협업을 하는 것에서 발전하여 싱가포르 정부가 후원하는 미래 인력양성 프로그램인 'SkillsFuture'를 통해 디자인사고 교육을 원하는 국민들을 지원하며, 공무원 교육기관인 싱가포르 공무원대학(Civil Service Collge)에서도 디자인사고를 전문적으로 가르치기 시작했다. 조금 더 발전하면 조직의 경영전략의 일환으로 디자인 전문가(전략 디자이너)를 채용하고, 조직 내에서 디자인 혁신부서를 별도로 운영하여 기업이나 정부 조직에서 새로운 제품이나 서비스 개발 시 전략을 세우거나 조직의 혁신을 담당하게 된다. 세계 최대 식음료 기업인 펩시코(Pepsi Co.)의 경우, 3M사에서 디자인 혁신을 이룩한 마우로 포르치니(Mauro Porcini)를 수석 디자인 담당관(Chief Design Officer)으로 임명하여 조직 내 디자인 관련 개편을 담당하게 하였고, 얼마 후 최대 라이벌 코카콜라를 제치는 쾌거를 이루게 되었다.[19]

물론 이런 과정을 거쳐 조직이 디자인사고를 중심으로 운영된다고 해도 현실적인 도전과 과제는 여전히 실존한다. 혁신과정에서 불확실성은 여전히 피하기 어려운 문제이며, 다양한 관심을 가진 조직 구성원의 혁신에의 참여는 혼란과 일관성 부족을 야기할 수 있고, 단기적 성취(short-term gain)와 분기별 목표 달성에 목마른 조직 관리자들은 효율성, 합리성을 포기하기 어려운 문제가 있다. 이들이 중앙 집권적 통제를 한다고 해서 비난하기 어렵다는 것이다. 조직에서의 인간은 대부분 실수에 대한 두려움 때문에 기회를 포착하기보다는 실수를 방지하게 되는 데 초점을 맞추게 되며, 이는 곧 관료제

19) 펩시코의 디자인 혁명 사례는 제6장에서 자세히 기술한다.

의 병폐(pathology)에 해당한다.

민간부문과 달리 공공부문은 디자인사고 조직으로 탈바꿈하는 데 추가적 장애요인이 있다. 디자인사고를 통해 수행한 프로젝트에서 직접적으로 성과가 드러나거나 성과 측정이 어려운 경우 정부예산 배정 등에서 장애요인으로 작용할 수 있다. 또한 정부부문은 상대적으로 지속적인 혁신이나 경쟁에서 자유로운 편이며, 디자인은 정부 조직의 운영을 거들 뿐, 핵심은 아니라는 인식이 있다. 결국 공공부문 전체가 디자인사고의 마인드셋으로 무장하고 적절한 방법론을 사용하여 조직 문화와 핵심역량으로 디자인사고가 침투해야 혁신이 가능하다고 볼 수 있다.[20]

디자인사고의 성공 조건에서 심도 있게 논의해야 할 문제지만 조직에서 디자인사고를 향한 지향은 이런 장애물과 인간의 역효과, 편견 등을 제거하는 사회적 기술이 필요하다. 위의 현실적 제약 때문에 디자인사고가 정착될 때까지 일정 부분 구조화되고 조직화된 디자인 프로세스가 필요하다. 용기가 부족한 구성원들을 위해 리더십이 보호할 필요도 있다. 그러나 디자인사고에서 행동 없는 혁신은 없으므로 어느 정도 조직화되고 구조화된 디자인사고의 과정은 심리적인 안정을 제공해주는 도구일 뿐 혁신으로 갈 수 있도록 지원해야 한다.

2) 디자인사고를 위한 환경과 문화

디자인사고에 기반한 프로젝트가 성공하고 하나의 지배적 조직 문화로 자리잡기 위해서는 디자인사고에 호의적인 환경이 필요하다. 앞서 디자인사고가 조직에 자리를 잡아가는 여러 단계에 의하면 단기적인 워크숍 등을 제외하고는 디자인사고의 전담팀 구성이 필수적이라고 볼 수 있고, 팀 구성원이 조직의 전략과 연계하여 협업을 반복하도록 분위기를 조성할 필요가 있다. 팀을 어떻게 구성하느냐가 중요하며, 이 다양성을 기준으로 구성된 디자인사고 팀을 통하여 놀랄 만한 통찰이나 문제 해결의 돌파구를 기대할 수 있다.

---

20) 출처: https://thisisdesignthinking.net/2015/06/re-designing-employment-pass-application-in-singapore/

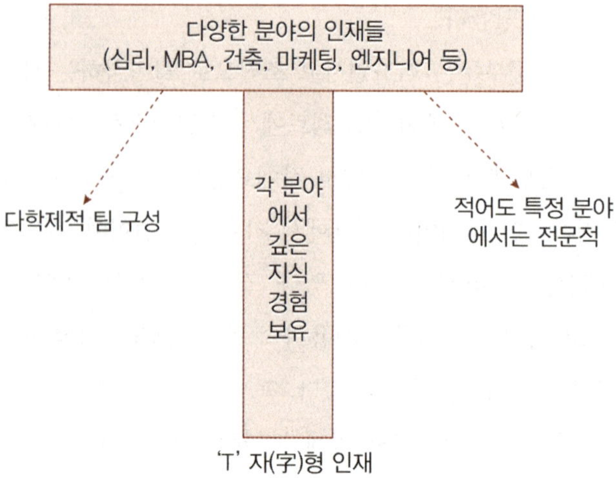

출처: Brown(2009)에서 재구성.

[그림 2-7] 디자인사고팀의 T자형 인재

디자인사고팀은 대개 별도의 팀 리더 없이 역할과 책임을 구성원 가운데 골고루 분산하여 수평적 관계에 기초한 팀워크를 형성하는 것이 제시된다. 5~6명으로 구성된 소그룹의 형태를 대체로 띠고 있고, [그림 2-7]처럼 'T'자형 인재, 즉 다양한 배경과 재능을 가진 팀원이 멤버로 조직되어 창의성을 자유롭게 펼칠 수 있도록 멤버로 구성되는 한편, 다학제적 배경을 가진 팀원들이 적어도 특정 분야에서는 깊은 전문지식을 보유한 'T'자형 인재로 구성되는 것이 바람직하다는 것이다. 낙관적이고 협동심이 강한 디자인 씽커(thinker)로 구성된 팀은 매우 강력한 능력을 발휘할 수 있다(Brown, 2009).

물론 이런 팀을 꾸린다고 디자인사고를 통한 혁신이 완성되는 것은 아니다. 디자인사고에 적합한 환경과 문화 노한 필요하다. 공간환경의 경우, 디자인사고에 적합한 다양한 사고 전략과 물리적 환경-디지털 환경, 공식적-비공식적 관계, 교수-학습, 개인-집단이 함께할 수 있는 공간이 필요하다. 싱가포르의 경우, 정부에서 '스마트 국가 Smart Nation)' 정책을 추진하면서 정부 내 인하우스(in-house) 기술개발 그룹을 활용하기 위해 정부기술개발청(GovTech)을 2017년 설립하고, 마치 빅테크 기업인 구글과 같은 작업환경을 구축하여 열린 공간에서 부처 간 벽을 넘어 협업이 활발하게 이루어지도록 공간환경을 디자인하였다([그림 2-8] 참조). 첨단 기업처럼 여가를 즐기는 탁구

대, 카페, 열린 회의실 등이 구비되어 이상적인 사무실 환경을 조성하였다. 또한 프로젝트에 맞는 공간을 구성하고 최소한의 장식을 활용해서 프로토타입 등을 자유롭게 제작할 수 있는 환경도 필요하다(송동주 외, 2017: 51).

출처: TechinAsia, https://www.techinasia.com/ida-hive-govtech-singapore

[그림 2-8] 싱가포르 정부기술개발청(GovTech)의 하이브(Hive)

문화적 측면에서도 조직 리더십의 선호로 하향식으로 디자인사고가 조직에 도입되는 경우, 나중에 양해를 구하고 미리 행동하기보다는 미리 허가를 요청해야 하는 문화, 성공에 대한 보상과 성과평가를 중시하는 문화 등은 디자인사고에 적합한 문화적 환경이라고 보기 어렵고, 신선한 아이디어 구상에 장애물로 작용할 수 있다. 또한 디자인사고는 개인의 창의성을 짓누르지 않는다는 점에서 집단적 사고(collective thinking)와도 구별된다(Brown, 2009). 창의성과 혁신을 강조하는 조직들은 변화 적응적(adaptive)인 태도를 통해 지속적 혁신을 강조한다. 이들은 모두 디자인사고의 성공 조건으로 볼 수 있다.

이제 디자인사고를 들어보지 못한 경영인이나 조직 리더는 많지 않을 것이다. 문제와 실험을 재구성하고 참여에 기반을 둔 연구를 통해 문제를 해결하는 디자인사고가 조직의 혁신과 연결되어 생존에 영향을 줄 수 있다는 점도 많이 알려졌다. 그러나 아직 현상 유지(status quo) 본능 때문에 전통적 행동 규범을 고수하거나 방관자적 태도를 고수하기도 한다. 이러한 디자인사고의 잠재적 장애요인은 디자인사고의 표준적 절차를 거쳐 제거되고, 결국 조직의 목표를 달성하게 된다.

☛ IDEO사의 쇼핑카트 혁신 프로젝트

1999년 IDEO사의 디자인사고 과정을 공중파 방송인 ABC 간판 쇼인 Nightline Report에서 컴퓨터 마우스, 하이테크 의료기기, 스키용 고글 등 우리가 매일 쓰는 제품의 개발에 공헌한 회사라며 소개하였다. 목적은 일정 시간 동안 디자인사고를 통해서 쇼핑카트를 디자인하는 과정을 취재하기 위함이었다. 디자인사고의 다섯 가지 표준적 절차가 소개되었다기보다는 팀원들이 회의하고 실험하는 장면들이 소개되었는데 Nightline 취재진은 몇 가지 결론을 내리게 되었다. ① 디자인 팀원들이 제품개발 전문가(엔지니어)가 아니라 디자인 과정 전문가였다는 점; ② 프로젝트 리더는 팀과 함께 일할 능력이 있는 사람이 선택되었다는 것; ③ 디자인팀 멤버들이 굉장히 다채로운 분야에서 선택되었고, 그 결과 문제를 해결하기 위해 매우 다양한 의견들이 제시되었다는 것; ⑤ 어떤 계층적인 조직구조가 보이지 않았다는 것; ⑥ 더 빠른 성공을 위해 실패를 두려워하지 않는다는 것 등이다. 이 중 ③번과 관련해서 이 팀은 전형적인 T자형 조직이었는데 멤버들의 직업(전문분야)은 마케팅, 디자인, 심리학, 생물학 등 다양했고, 이 중 26살의 생물학 전공자는 의대 입학허가를 받아놓고도 IDEO에서 하는 디자인사고 일이 너무 재미있어서 입학을 미루고 있었다. 이들의 회의 방식은 한번에 한 발언씩 진행되었고, 토픽에 집중하였으며, 무르익지 않은 아이디어도 환영받았고, 판단은 뒤로 미루는 경향을 보였다. 가끔 상대방의 아이디어를 수정하거나 덧붙이기도 하였다. 이런 팀워크와 문화가 결국 혁신으로 진행되는 원동력이었다.

출처: davidleeedtech.org

CHAPTER

03

디자인사고의 과정: 공감과 문제 정의

1. 공감하기 단계
2. 공감의 기법들
3. 문제 정의의 단계
4. 결어

디자인사고는 문제를 겪고 있는 사람과 상황에 대한 깊은 공감을 통해 문제를 정의하고, 문제 해결을 위해 참여적 방법을 통해 혁신 아이디어를 생산하며, 직관과 분석적 사고의 활용을 통해 문제를 효과적으로 해결할 수 있는 아이디어를 빠르고 반복적으로 테스트하여 창의적인 해결책을 찾는 방법이다. 모든 조직에 동일한 방식으로 적용되지는 않지만, 표준으로 여겨지는 디자인사고의 모범적 절차는 제시되어 있으며, 앞서 [그림 2-2]에서 제시된 바와 같이 '공감-문제 정의-아이디어 발상-프로토타입-테스트' 5단계가 가장 많이 알려진 절차이다.

다섯 단계는 얼핏 보면 매우 간단한 것처럼 보이지만 각 단계는 순서대로 오지 않으며, 비선형적 과정이다. 다섯 단계를 간단히 살펴보면 첫째, 공감하기(empathize)는 인간 중심적인 디자인사고 접근법의 핵심 부분에 해당하며, 실제로 내가 제공할 상품 또는 서비스를 사용할 사람(사용자, user)과 공감하는 단계에 해당한다. 디자인사고의 중심은 바로 고객을 이해하는 데 있기 때문이며, 공공부문도 최근 시민을 '고객'으로 보는 경향이 강하다. 둘째, 문제 정의하기(define) 단계이며, 공감 단계에서 얻어진 객관적 혹은 주관적 정보를 바탕으로 문제를 해석하고 정의하여 실질적인 문제를 찾아내는 단계이다. 셋째, 아이디어 발상하기는 문제 정의 단계에서 찾아낸 문제를 해결할 수 있는 다양한 아이디어들을 만드는 단계이며, 최대한 다양한 관점에서 빠른 시간 내에 대량의 아이디어를 만들어 내는 것이 특징이다. 넷째, 도출된 아이디어를 빠르게, 개략적으로 프로토타입을 만드는 단계가 있으며, 만지고 느낄 수 있는(tangible) 시제품을 만들어 보는 것이 핵심이다. 다섯째, 이때 주변에 이용 가능한 저렴한 재료와 방식으로 만들어 간단하지만, 꽤 쓸 만한 프로토타입을 만들고 테스트하여 피드백을 받고 수정하는 과정을 거치게 된다.

디자인사고의 절차를 막상 시작하면 상당한 어려움을 느끼게 된다. 식당에서 무엇을 먹을지 고민한 적이 있는가? 본인의 선호도 정확하게 알기 어려운 경우가 많은데 타인인 고객이 명시적으로 표현하지 않은 필요(needs)까지 파악하기란 말처럼 쉽지 않기 때문이다. 다른 사람의 관점에서 보는 것과 같은 마음('Put yourself in someone's shoes'), 역지사지(易地思之)의 마음으로 고객을 대한다고 해도 고객의 인지적, 감성적 문제를 파악하기 어려우므로 다양한 디자인사고 방법을 동원할 필요가 있다. 또한 성공적으로 공감을 했다고 해서 문제가 명확하게 정의되는 것도 아니다. 이 장에서는 공감과 문제 정의 단계와 함께 어떻게 하면 공감 및 정의를 할 수 있는지 방법론을 다룬다.

1 공감하기 단계

1) 공감의 중요성

IDEO사는 어린아이들이 쓸 만한 칫솔을 개발해 달라는 요청을 받았을 때, 어른들이 쓰는 칫솔을 크기만 축소하면 쉽게 개발할 수 있다고 보았다. 그러나 이는 어린이의 실제 필요를 공감하지 못한 상태에서 나온 판단이다. 프로젝트 시작 전, IDEO사의 구성원들은 어린이의 칫솔은 어떻게 생겼는지 살펴보았고, 어린이들이 칫솔을 사용할 때 어떤 특이점이 있는지 발견하기 위해 관찰을 하게 되었다. 그 결과, 어린아이들의 눈과 손의 동작 연계 가운데, 미세 근육 미발달과 손 운동 기술 부족으로 인해 어른 것을 축소해 놓은 형태의 칫솔은 쉽게 미끄러져 잡고 사용하는 데 어려움이 있다는 것을 발견하였다. 결국 IDEO사는 칫솔을 놓쳐 쉽게 칫솔질에 좌절하는 어린이들의 필요에 공감하여 손잡이가 어른 것보다 뭉툭한 칫솔을 개발하고, 색깔도 다양한 것을 써서 어린이들의 기억에 칫솔질이 즐거운 경험으로 남을 수 있도록 디자인하였다.[1] 또한 매번 치

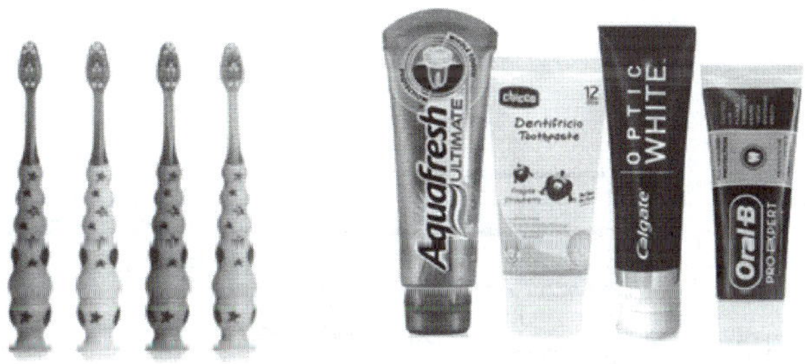

[그림 3-1] IDEO사의 디자인 제품: 칫솔과 치약[2]

1) 출처: https://www.singlestoneconsulting.com/blog/understand-design-thinking-under-five-minutes/
2) 칫솔 이미지 출처는 위의 링크 참조. 치약 이미지 출처. https://alainhunkins.com/2017-07-how-toothpaste-will-make-you-a-better-leader/ 인용.

약이 남아서 튜브를 이리저리 쥐어짜던 고객들의 경험을 기반으로 거꾸로 세워놓고 남은 치약이 입구로 천천히 내려오도록 하는 튜브형 치약을 개발했는데, 이 경우도 시제품부터 만들지 않고 사람의 필요를 관찰하는 데서부터 시작하였다([그림 3-1] 참조).

예전에는 기업들이 신상품 아이디어를 생각해내면 마케팅과 광고 전문가들을 모아놓고 어떻게 하면 소비자에게 팔 수 있을지를 회의하였을 것이지만, 이런 모습은 점차 변해가고 있다. 소비자들의 삶에 직접 들어가 관찰하고, 함께 경험하고, 지켜보면서 얻게 된 통찰을 바탕으로 아이디어를 얻게 된다. 앞서 IDEO사를 전국적으로 알려지게 만든 ABC 프로그램의 내용 중 쇼핑카트의 개선 사례를 생각해보자. 학자들이라면 이론을 시험하거나 가설을 검증하려는 태도를 보이지만 그것은 학자의 역할이지 디자인사고의 방법이 아니다(Brown, 2009). IDEO사는 마트의 쇼핑카트에 어떤 불편함이 있는지 편견 없이 고객의 입장에서 생각할 수 있는 디자인 팀원이 필요하였고, 디자인사고의 절차에 따라 비전문가들로 구성된 팀이 쇼핑카트를 둘러싸고 관련된 질문들을 가감 없이 쏟아내었다. 보통의 경우라면 기계공학자나 산업 디자인 전문가가 동원되었겠지만, 평범한 경영대학원생, 언어학자, 마케팅 직원, 의대 진학을 미룬 생물학 전공자들이 동원되었다는 것이다. 이러한 디자인사고의 절차를 통해 결국 [그림 3-2]에 나타나는 것처럼 고객이 느꼈을 법한 많은 질문들을 만들어 낼 수 있었다.

이러한 문제의 발견은 디자인사고를 하는 사람들이 동료, 의뢰인, 최종 사용자, 그리고 고객의 처지에서 다양한 시각으로 바라봄으로써 가능하다. 즉, 디자인사고는 사람

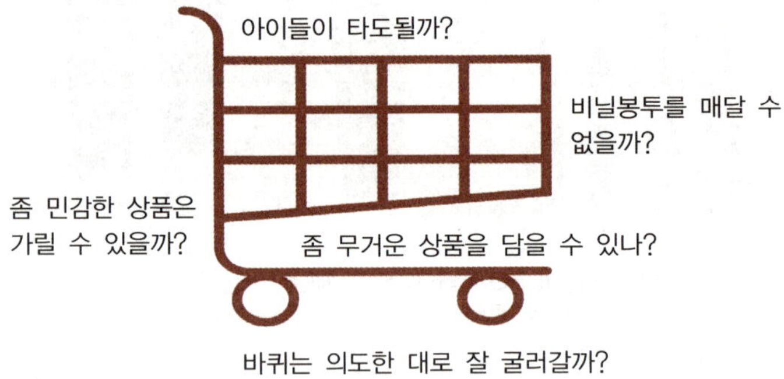

[그림 3-2] IDEO의 쇼핑카트 개선 구상

(고객)이 진정으로 원하는 것을 깊게 공감(empathize)하지 않으면 시작하기 어렵다는 것이다. 인간 중심적 접근법을 취함으로써 디자인 씽커들은 고객의 명시적, 암묵적 필요에 맞고 이상적인 해결책을 찾아낼 수 있다는 것이다. 팀 브라운(Brown, 2020)은 디자인 씽커들은 세상을 분초 단위로 볼 수 있는 사람들이고, 남들이 보지 못하는 것을 보고 통찰을 얻어 결국 혁신에 이르게 하는 사람들로 정의한다. 문제는 결국 고객의 욕구 혹은 필요(needs)가 해결되지 않은 상태를 의미하기 때문에 실제 혁신은 잠재적인 필요를 공감해 냈을 때 올 가능성이 크다. 흔히 [그림 3-3]처럼 빙산의 모습에서 디자인사고를 할 때 공감해야 하는 필요는 크게 두 가지로 나누어 볼 수 있는데, 바닷물 위에 떠 있는 빙산의 모습은 명시적 필요(explicit needs)를 나타내며, '무엇이 필요합니까?'라는 질문에 곧장 대답이 가능한 경우다. 즉, 고객 스스로도 잘 안다는 것이다. 그러나 '빙산의 일각(一角)'이라는 한자 표현처럼 95%의 빙하는 바다 밑에 잠겨 있으며, 적절한 어휘로 설명이 되지 않는 욕구, 표출하기 어려운 욕구를 의미한다. 즉, 잠재적 필요(implicit needs)라는 것이다. 이처럼 공감의 단계는 고객 자신조차 인지하지 못할 가능성이 있는 잠재적 필요까지 파악하는 것이 목표가 되어야 한다.

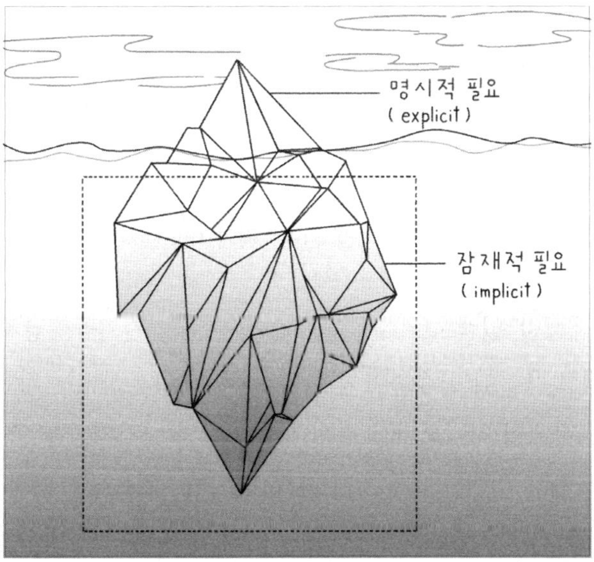

[그림 3-3] 명시적, 잠재적 필요

디자인사고는 사용자인 고객을 이해하고 기존 가정에 도전하며, 비록 초기에는 받아들여지지 않더라도 새로운 대안을 위한 전략과 해결책을 발견하기 위한 계속적인 과정이므로, 공감하는 단계가 디자인사고의 출발점이자 핵심이다. 20세기 가장 많이 인용된 심리학자 중 하나인 에이브러햄 머슬로(Abraham Maslow)가 1943년 인간 욕구의 다섯 단계를 규정한 욕구의 계층(hierarchy of needs)이론을 발표하여 인간이 가진 기본적 필요를 밝혀낸 이후, 인류는 인간의 심리와 욕구에 관해서 끊임없는 연구를 해왔고, 심리학자 수 만큼이나 욕구에 대해서는 다양한 설명이 제시되어 왔다. 그러나 디자인 씽커에게 답은 간단하다. 욕구가 해소되지 않은 상태는 '문제'이고, 그 문제를 해결하고자 하는 것이 디자인사고이다.

출처: GE Healthcare 웹페이지, https://www.gehealthcare.com/products/clinical-accessories/adventure-series-for-nuclear-medicine/nuclear-medicine-jungle-adventure

[그림 3-4] 제너럴 일렉트릭의 어드벤쳐 MRI

앞서 언급한 제너럴 일렉트릭(GE) 헬스케어 부문의 자기공명장치(MRI) 사례는 고객의 명시적, 잠재적 욕구에 공감하여 혁신에 이른 사례다. MRI는 강한 자기장 내에 들어가 있는 환자의 신체에 라디오파를 투사해서 반사되는 자기장을 측정해 질병을 진단하는 인류 역사상 가장 위대한 의료기기 중 하나이며, 개발자가 노벨상을 받은 발명품이다. 그러나 원통형 기기 안에서 장시간 움직이지 않고 진단을 받아야 하는 많은 환자에게는 폐쇄로 인한 공포심을 일으켜 다시는 경험하고 싶지 않은 기억으로 남을 가능성도 있다. 어른도 공포를 느낄 수 있는데 어린이라면 어떨까? 제너럴 일렉트릭(GE)의 산업 디자이너인 더그 디예츠(Doug Dietz)는 어느 날 MRI에 들어가기 싫어 울부짖는 여자 아이를 보고 충격을 받았다. 그동안 엔지니어들은 기계의 성능 개선에만 집착했을 뿐, 환자들이 느낄 수 있는 답답하고, 시끄러운 공간을 생각해보지 못했다. 그래서 어린이들도 좋아할 수 있는 MRI 머신을 고안할 수 없을까 고민하게 된 것이다. 마침 디예츠는 스탠포드 디자인스쿨에서 디자인사고로 훈련을 받았기에 그 경험을 바탕으로 사용자와의 공감을 중시하는 사고방식을 활용하여 어린이 병원 의사, 간호사, 교사 등과 토론하는 등 디자인사고의 방식대로 협업을 하였고, 결국 어드벤처(adventure)를 주제로 하는 보물선, 우주선 모양을 한 새로운 MRI 시리즈를 개발하게 되었다. 결과는 어떠했을까? 호기심 많은 어린이들이 폭발적 관심을 보였고, MRI 머신이 기피 대상에서 호기심의 대상으로 바뀌게 되었다. 환자의 만족도가 엄청나게 향상된 것이다([그림 3-4] 참조).3)

2) 통찰(insight)

그렇다면 고객의 명시적, 잠재적 필요를 알아내기 위해 그동안 사용해온 방법은 무엇일까? 전통적인 접근 방법에서도 당연히 고객이 필요로 하는 것을 알아내기 위해 여러 가지 방법을 사용하였다. 예를 들어서, 마케팅 분야에서 기존 고객의 필요를 알아내기 위해 사용하는 흔한 방법의 하나인 포커스 그룹(focus group)은 각 계층을 대표하도록 뽑은 소수의 사람들로 이루어진 집단을 인터뷰하거나 관찰하는 방식이며, 설문조사(survey)는 잠재적 고객인 다수의 대중을 상대로 사람들이 원하는 것이 무엇인지 단도직입적으로 묻는 데 그치는 경우가 대부분이다.

물론 전통적인 접근법이 효과가 전혀 없는 것은 아니지만 이런 방법으로는 피상적으로 고객을 이해할 수 있을 뿐이다. 미국 미시간주립대(Michigan State University)-시

3) 비슷한 사례로 LEGO사는 직원인 에릭 스타이어(Eric Staehr)의 아이디어로 병원에서 MRI 이용할 때 어려움을 겪는 어린 환자들을 위해 MRI 머신을 주제로 한 MRI 블록을 전 세계 방사선 병원에 기증해오고 있다. 출처: https://www.lego.com/en-sa/aboutus/news/2022/february/lego-foundation-donation-mri

카고대(Chicago University)-인디애나대(Indiana University) 공동으로 비교문화심리학에 게재한 글에 따르면 전 세계 63개국 10만여 명을 조사했더니 한국인의 공감 능력이 상대적으로 높게 나타났다고 한다.[4] 여러분은 주변의 사람들에게 잘 공감한다고 생각하는가? 상당수의 사람들은 질문에 대답할 때 상세한 부분까지 말하지 않는다. 보이지 않는 내면에서의 불신, 두려움으로 쉽사리 마음의 문을 열지 않을 수도 있으며, 일부는 추상적이고 애매한 표현으로 대신한다. 따라서 숨겨진 의미를 찾아야 하는 데 쉽지 않다는 것이다.

그래서 디자인사고의 공감 단계에서 통찰(insight)이 필요하다. 통찰의 사전적 의미는 '예리한 관찰력으로 사물을 꿰뚫어 보는 것'이다. 사람이 숨겨진 욕구나 필요를 쉽게 드러내지 않기 때문에 같은 것을 관찰하더라도 의미를 발견해야 한다는 것이다. 사람들이 무엇을 하고 그들이 둘러싸인 환경과 어떻게 상호작용하는지 관찰하는 것은 그들이 생각하고 느끼는 것에 대한 단서를 준다. 그것은 또한 그들이 필요로 하는 것에 대해서 배울 수 있도록 도와주는 역할을 한다. 사람을 관찰함으로써, 우리는 그들이 무엇을 하고 말하는지에 대한 경험의 물리적 표현을 포착할 수 있다는 것이다. 이 과정은 그러한 경험에서 어떤 보이지 않는 의미를 추론하여 통찰을 얻을 수 있게 할 것이고, 그런 통찰은 곧 혁신적인 해결책으로 연결된다. 최고의 해결책은 인간의 행동에 대한 통찰력에서 나오기 때문이다. 인기 있는 TV 프로그램 중 〈세상에 나쁜 개는 없다〉에서는 유명 반려견 훈련사가 나와 문제가 있는 반려견의 행동 교정을 신청한 의뢰인에게 찾아가지만 절대로 의뢰인의 의견만 듣고 해결책을 내지 않는다. 매우 주의하여 반려견의 행동 하나하나를 관찰한 후에야 그 행동의 의미를 깨닫고 해결책을 내놓는다. 정신건강의학 전문의가 출연하여 육아에 어려움을 겪는 가정을 상담해주는 프로그램도 부모가 진술하는 것은 참고만 할 뿐 차분히 아이가 노는 장면, 가족과의 관계 등을 관찰하는 모습이 나온다. 행동을 관찰하여 통찰을 얻을 수 있기 때문이다.

따라서 통찰은 디자인사고의 핵심 요소다. 우리가 이미 아는 것을 측정하거나, 있는 것을 말해주는 양적으로 표시된 데이터도 중요하지만, 출퇴근하는 사람들, 스키 타는

4) 서울신문, '[달콤한 사이언스] "한국 공감능력 63개국 중 6위."' 2016년 10월 16일자. https://www.seoul.co.kr/news/newsView.php?id=20161017009023

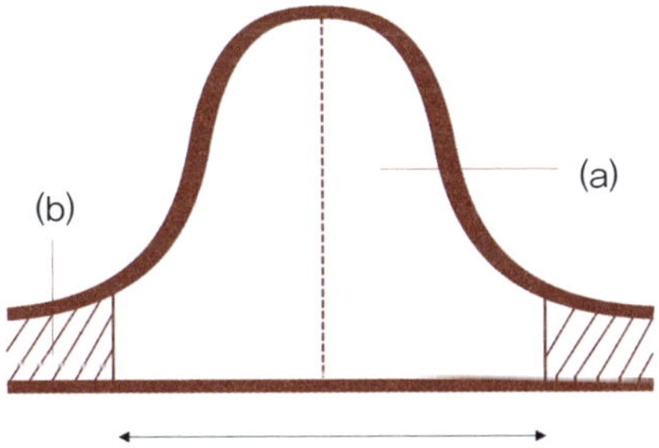

[그림 3-5] 극단적 사용자와 통찰

사람들, 간호사의 일상 등 사람이 실제로 어떤 여정을 헤쳐나가는지 유심히 살펴야 한다는 것이다. [그림 3-5]의 정규분포의 모습에서 우리는 보통 통계적으로 (a)부분에 초점을 맞추고 (b)는 극단의 경우라 의미가 없다고 생각한다. 그러나 (a)부분에만 초점을 맞춘다면 디자인 씽커는 새롭고 놀라운 사실을 습득하기보다는 이미 알고 있는 것을 재확인하는 수준에 그칠 가능성이 있다. (b)부분을 '극단적 사용자(extreme user)'라고 명명할 수 있는데, 이들에게 초점을 확대하면 정형화된 해결책을 버리고 오히려 극단적 사용자를 포함한 사용자 대부분을 수용하는 대책을 발견할 여지가 생긴다.

이것은 인적 요인(human factor)으로서, 사람들이 날마다 행하는 의미 없고 생각 없는 행위 속에서 통찰을 발견할 수 있다. 매일 지나다니는 길가에 있는 가게의 주인이 출입문 버팀목으로 망치를 사용하는 것, 사무실 책상에 온갖 뒤엉켜 있는 전선들에 이름을 붙이는 회사원을 관찰하는 것 등 평범한 일상 속의 행위들을 관찰하는 것이 인적 요인이다. 공공부문이나 민간부문의 고객이 무엇을 해야 할지 구체적으로 알려주지 않기 때문에, 인적 요인들은 디자인사고팀에 귀중한 자료를 제공하는 것이다. 아디다스(Adidas)사는 그동안 나이키(Nike)사에 밀려 2인자의 자리에 머물러야 했으나 2000년대 이후 역전의 발판을 마련하게 되었다. 그 동력은 소비자의 행동과 습관을 유심히 관찰하고 통찰을 통해 변화를 추구했기 때문이다. 여성 조깅화를 개발하는 과정에서 여성 고객 30여 명을 몇 개월에 걸쳐 관찰한 후 여성 고객들을 목표로 운동 편의성보다는 디자인에 더 초점을 맞춘 제품을 출시하게 되었다. 여성들이 심미적 측면에 훨씬 관심이 많았기 때문이다.[5] 세계적 첨단산업 클러스터인 실리콘밸리(Sillicon Valley)의 반도체 칩(chip) 메이커들은 주요 선진국의 시장에만 관심이 있을까? 이들 반도체 메이커들은 현재 첨단기기나 반도체 수요가 많은 지역이 아닌, 동유럽이나 서아프리카에서도 사람들을 끊임없이 관찰하고 그들의 관습을 연구하고 있다. 현재 지구 전체 인구의 50%만이 첨단 네트워크로 운영되는 통신 수단을 쓰고 있으며, 이들을 주요 비즈니스 목표로 설정할 수 있지만, 인텔(Intel) 같은 회사는 나머지 50%도 '언젠가는' 온라인에 접속할 것으로 기대하며 만반의 준비를 하고 있다는 것이다.

디자인사고에서 결국 통찰은 고객, 사용자의 삶을 통해 특정의 상황을 반복해서 종합적인 시각에서 바라보게 되면 어느 순간 과거의 경험과 다른 새로운 방식으로 문제를 발견하게 된다는 것이다. 관찰과 학습을 하는 과정 가운데 특정 맥락 내에서 특정 원인과 효과를 이해하게 되는 통찰은 흔히 '아하'하는 순간('a-ha' moment)을 의미한다. 디자인사고뿐 아니라 마케팅 등 많은 분야에서 사람을 이해하기 위한 많은 연구와 노력을 하지만, 주요 관심사는 '데이터'를 모으는 데 초점이 있다는 데 문제가 있다. 관찰, 서베이, 포커스 그룹, 인터뷰 등을 통해 고객에 대해 학습의 결과가 행동으로 연결될 때 의미가 있는데, 그 연결은 통찰을 통해서 가능하다. 이런 데이터는 마치 '하늘은 푸르다', '여름은 덥다'와 같이 아무런 판단(judgement) 없이 표현된 '사실(fact)'에 해당한다. 통찰은 더 깊은 해석과 이해를 바탕으로 '그 사실이 중요하다'라는 것을 이해하는 데 도움을 준다. 통찰은 우리가 관찰한 것에 대한 의미가 하나의 줄거리로써 맞아떨어지게 – 영어로는 'make sense(그거 말되네!)' – 만들어 준다.

[표 3-1]에서 관찰된 것과 통찰의 예시를 비교해보자. 스마트폰 사용자가 하루 평균 14번 SNS를 확인한다는 관찰(보노)은 매우 흥미롭기는 하지만 그 자체로는 우리에게 어떤 행동을 하거나 변화하도록 유도하지 않는다.[6] 개발도상국에서 아이를 가진 엄마들을 관찰하면 열악한 보건 및 위생환경으로 건강이 최우선의 걱정임을 관찰할 수 있다. 1955년 천 명당 183명에서 2020년 47명으로 영유아 사망률(mortality rate)이 상당

5) 한국강사신문, 2019년 7월 1일자, https://www.lecturernews.com/news/articleView.html?idxno=21340
6) NBC News, 2013년 3월 29일자 참조, https://www.nbcnews.com/technology/smartphone-users-check-facebook-14-times-day-study-says-1C9125315

히 개선되었으나 여전히 높은 수치다.7) 이러한 관찰된 사실들을 하나의 점(dot)으로 가정한다면, 통찰의 과정은 연구 주제에 맞추어 점과 점을 이어보는 노력, 혹은 다른 점들과 연결하고 대조하는 노력을 반복하다 어느 순간 어떤 패턴이나 특이점을 발견할 수 있게 된다. '시행착오를 거치면서 갑자기 발견'이라는 부분만 본다면 '우연 또는 운'과 같은 영역에 속하는 것처럼 보이지만, 특정한 맥락, 시행착오, 새로운 방식, 다른 연관된 문제나 해결책으로 연상과 같은 표현을 보면, 우리가 의도를 가지고 실천할 수 있는 여지가 있다는 것이다. 관찰 사실을 새로운 조합이나 방법으로 이어보려는 노력은 결국 좀 더 새로운 도전과 관점을 발견해내는 것으로 이어진다. 통찰력은 새로운 과제와 해결책을 제시하는 데 큰 역할을 하게 되는 것이다. SNS를 자주 체크하는 사람이라면 중요한 정보를 놓치거나 주변 사람들과의 관계에서 외면당하는 것에 대한 두려움을 가진 사람이라고 볼 수 있으며, 개발도상국의 엄마들이 자녀의 건강을 걱정하는 것은 단순히 건강 문제뿐 아니라 가정의 재정석 상황을 고려한 반응이라는 통찰을 얻을 수 있다.

[표 3-1] 관찰과 통찰

관찰(observation)	통찰(insight)
"스마트폰 사용자는 하루 평균 14번 SNS를 확인한다."	사람들은 소셜 미디어에 올라오는 지속적인 업데이트 게시물로 인해 어떤 중요한 일이나 정보를 놓치거나 벗어나 있는 것에 대해 두려움을 가지고 있으며. SNS를 하루 평균 1회에서 평균 14회까지 점검하는 것이 증명한다.
"개발도상국에서는 건강이 가장 중요한 필요고 대부분의 엄마가 최우선으로 생각하는 것이다."	건강은 교육을 받을 수 있는 아이의 능력과 직접적으로 연결되어 사회적, 재정적으로 가족을 더 나아가게 하므로, 개발도상국의 엄마들에게 가장 중요하다.

3) 통찰의 사례: 휴대용 인큐베이터 개발

디자인회사인 IDEO 설립에 관여한 스탠포드내 네이비드 켈리와 톰 켈리가 중심이

7) World Economic Forum, https://www.weforum.org/agenda/2022/04/infant-mortality-africa-safer-future/

되어 학생들이 문제 해결을 위한 창의성을 몸에 익힐 수 있도록 여러 가지 혁신적인 프로그램을 운영해오고 있는데, 그 중 하나가 '극한의 가용성을 위한 디자인(Design for Extreme Affordability)' 프로그램이다. 이 프로그램에 참여한 제인 첸(Jane Chen), 라이너스 리앙(Linus Liang)', 라훌 패니커(Rahul Panicker) 등의 학생들은 수업 시간에 배운 디자인사고 방법을 바탕으로 관찰에서 통찰을, 통찰에서 실제 행동으로 전환하여 혁신적인 문제 해결책을 창안하고 관련 창업까지 이루어낸 사례다. '휴대용 영아체온 유지용 인큐베이터(Embrace Infant Warmer)'를 개발하여 개발도상국 수백만 명의 미숙아의 목숨을 살린 이들은 이 프로젝트를 시행하기 전까지 조숙아나 의료장비 디자인에 전문성이 전혀 없는 경영대학원생, 컴퓨터공학자, 전자공학 엔지니어 등으로 구성되었고, 공중보건 문제에 대해서는 전혀 알지 못했다. 이들은 "개발도상국에서 사용할 수 있는 저비용의 인큐베이터 개발"이라는 과제를 수행하기 위해 2년 동안 네팔과 인도 등지를 돌아다니며, 산모와 조산원, 간호사, 의사, 상인들과 대화를 나누고 관찰을 한 끝에 진짜 문제를 발견하고, 개발도상국 저소득층의 부모들이 감당 가능하면서도 실용적인 휴대용 인큐베이터를 개발하게 된 것이다. 우선, 이 과제에 대해서 흔히 생각할 수 있는 해결책은 개발도상국의 사용자를 위하여 현존하는 인큐베이터의 몇 가지 부분을 줄이거나 저렴한 부품을 사용하여 비용을 줄인 기계를 개발하는 것이다. 엔지니어의 시각에서 즉각적인 해결책 제안이 가능한 것이다. 그러나 이 해결책은 인간 중심적으로 사용자의 필요를 생각하는 디자인 씽커의 입장에서 받아들이기 어려운 것이었다. 그렇다면 이 팀은 어떻게 해결책을 찾아냈을까?

팀 멤버 중 하나인 제인 첸은 2007년 인도를 여행하다가 한 작은 마을에서 두 달 일찍 조수아를 낳은 엄마인 수지티(Sujatha)라는 여인을 만나세 되었다. 이 여인이 마을의 의사를 찾아가자 좀 더 큰 도시의 병원의 인큐베이터에서 아기를 치료하도록 권면을 받게 되었다. 그러나 가장 가까운 도시도 4시간이나 떨어진 곳에 위치하고 있었고, 수지타는 그 도시로 이동하기 위한 경제적인 조건마저도 충분하지 않았다. 제인 첸은 이와 비슷한 많은 사례를 접하게 되었다.[8]

---

8) 제인 첸은 후일 휴대용 영아 인큐베이터를 개발한 'Embrace Global'의 창립자가 되었다. 자세한 스토리는 Embrace Global 웹사이트 참조, https://www.embraceglobal.org/

같은 팀원이자 컴퓨터 사이언스를 전공한 라이너스 리앙 역시 네팔에 있는 어느 도시에 위치한 병원 근처를 방문하게 되었는데, 병원에 기증된 많은 인큐베이터들이 비어 있는 것을 관찰하고는 궁금증이 생겼다. 많은 조숙아들의 생명을 살리기 위해 인큐베이터가 필요한데 왜 비어있는지 의문이 생길 수밖에 없었다는 것이다. 결국 관찰할 수 있었던 것은 인큐베이터 치료가 필요한 아기들은 대개 30마일 이상 떨어져 있는 마을에 있었고, 인큐베이터의 가격이나 품질에 상관없이 생명을 다투는 조숙아들은 산모의 집에서 머무를 수밖에 없었던 것이었다. 심지어 병원에 갈 수 있는 가족이라고 하더라도 병원에 가는 시간 동안 안전하게 조숙아를 보살필 필요가 있었으며, 몇 주 이상 인큐베이터 치료가 필요한 경우라도 영아를 병원에 맡겨놓고 마을로 돌아오기는 쉽지 않은 상황에 처해 있었다(Kelley & Kelley, 2013).

결국 이 프로젝트팀은 개발도상국에서 사용가능한 휴대용 인큐베이터 개발을 위해 인도와 네팔에서 관찰한 결과를 토대로 휴대용 인큐베이터 많이 보급하는 것 자체가 문제가 아니라 비도시지역의 조숙아와 가족을 위한 좀 더 심도 있는 통찰이 필요하다는 것을 알게 되었다. 캘리포니아의 팔로 알토(Palo Alto)에 다시 모인 팀원들은 문제 해결책을 논의하기 시작하였고, 개발도상국의 병원에 보급할 수 있는 저비용 인큐베이터를 개발하기 위해 기술적인 측면에 초점을 맞출 것인지—즉, 기술적으로 보급형 인큐베이터 개발을 시도할 것인지—아니면 시골 산간지역의 조숙아와 부모의 필요에 좀 더 초점을 맞춘 인간 중심적 접근을 시도할 것인지 논쟁이 벌어지게 되었다. 어떤 팀원들은 주어진 기간 내에 프로젝트를 종료하기 위해 첫 번째 접근을 선호하였고, 다른 팀원들은 좀 더 근본적 해결책을 찾아내기 위해 두 번째 접근을 지지하였다. 결국 프로그램 관계자와 대화를 통해 조언을 구하였고, 프로그램 명칭이 '극한의 가용성을 위한 디자인'이라는 것을 다시금 상기하면서 좀 더 도전적인 과제인 인간 중심적 접근을 선택하게 되었다(Kelley & Kelley, 2013).

이러한 노력의 결과, 인도 및 네팔 등 개발도상국의 전기 공급과 교통 문제를 감안하면서도 저소득층의 부모들이 부담 가능한 실용적인 휴대용 인큐베이터(일명 Embrace Portable Incubator)가 탄생하게 되었다([그림 3-6] 참조). 이 휴대용 인큐베이터의 핵심 기술은 전기 공급을 받지 않고도 오랜 시간동안 조숙아 및 영아의 체온을 유지시킬

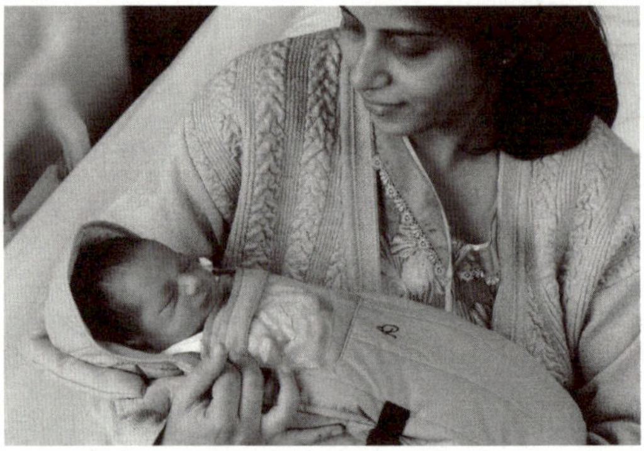

출처: Embrace Global(https://www.embraceglobal.org) 홈페이지.

[그림 3-6] Embrace Global사의 휴대용 인큐베이터

수 있는 것으로, 왁스(wax)와 같은 상변환 물질(phase-change-material)을 원료로 사용하여 특정한 온도에서 고체에서 액체로, 액체에서 기체로 변하면서 열에너지를 조절할 수 있는 파라핀 물질을 내장하여 오랜 시간 온도를 유지할 수 있도록 고안하였다. 이 기술을 기반으로 만들어진 휴대용 인큐베이터는 수천 번 재사용이 가능하며, 마치 캥거루가 새끼를 돌보듯('Kangaroo Care') 아기와 산모가 서로 피부를 맞대며 밀접하게 유대관계를 형성하면서도 전기 공급 없이 일정하게 체온을 최대 4시간 동안 유지하면서 이동이 가능하도록 한 혁신적 제품이다.[9] 2만 달러에 이르는 전통적 인큐베이터에 비하면 매우 낮은 25달러에 불과한 이 휴대용 인큐베이터에는 내장 온도계가 부착되어 있어 부모가 수시로 체온을 체크할 수 있게 고안되었다. 이 발명품은 현재까지 약 45만 명의 영아 목숨을 살렸고, 최근의 러시아-우크라이나 전쟁에서도 생명을 살리는 데 큰 역할을 하고 있다.[10]

여러 차례에 걸쳐 슬리핑 백(sleeping bag) 스타일의 프로토타입을 만들고 테스트를 진행하여 실제 휴대용 제품을 만들기까지 20주가 넘는 시간이 걸렸고, 그 기간 동안 팀에게 "어떻게 하면(how might we) 원거리 마을에서 죽어가는 영아를 살리고자 하는 부모를 도와줄 수 있을까"라는 목표는 하나의 가이드라인 역할을 하였다. 물론 현지에서 아무 주저 없이 받아들여진 것은 아니다. 인도 등지에서는 서구의 의술과 의약이 너무 빨리 들어오고 있다는 문화적 저항감이 있었기 때문이다. 그렇기 때문에 이 팀이 만약 캘리포니아의 실험실에서 머물러 있었다면 모를 수 있었던 문화적 사실을 현지에서 관찰하고 통찰로 연결시킴으로써 현지 주민을 도와줄 수 있는 효과적 해결책을 찾을 수 있었다.

9) 전기 대신 끓는 물에서 몇 분만 넣으면 온도가 충전되도록 고안되었다.
10) 자세한 내용은 https://www.embraceglobal.org/ 참조.

개발도상국에 좀 더 많은 수의 인큐베이터를 보급하는 것 또한 의미있는 일이지만, 보다 근본적인 문제 인식은 디자인사고의 공감과 관찰로부터 통찰에 이르는 과정을 통해 가능하였다. 스탠포드대 디자인스쿨의 한 프로그램으로 시작한 Embrace팀은 2007년 프로그램을 시작하며 활동하였고, 이듬해인 2008년 팀 멤버를 주축으로 하는 Embrace Global이라는 비영리단체 회사로 발전하였으며, 다수의 원년 멤버들이 지금도 활동하고 있다. 이 회사는 휴대용 인큐베이터 발명으로 많은 기관으로부터 혁신에 대한 포상과 인정을 받았으며, 2010년에는 세계보건기구(World Health Organization)로부터 '공중보건을 위한 혁신기술(Innovative Technology for Public Health)'로 공인받았다. 이에

☛ 스탠포드대 디자인스쿨의 '극한의 가용성을 위한 디자인' 강의

'극한의 가용성을 위한 디자인(Design for Extreme Affordability)' 강의는 디자인사고의 선구자격인 스탠포드대 디자인스쿨에서 2011년부터 경영대학원 교수인 짐 파텔(Jim Patel)과 동료 교수팀이 시작한 과정이며, 공식적으로는 ME206a-b/OIT333-334라는 강좌명으로 2학기에 걸쳐서 하소 플래트너(Hasso Plattner) 디자인스쿨에서 주관하고, 경영대학원과 기계공학과에 공식적으로 리스트업(list-up)된 강좌이다. 이는 매우 다학제적(multidisciplinary)이고 프로젝트 기반의 수업으로서, 학생들이 자원이 부족한 공동체의 필요를 해결하는 제품과 서비스를 설계하는 방법을 익힐 수 있는 환경을 조성한다. 학생들은 현실의 문제에 대해서 동료들과 함께 파트터십을 조직하고 협력하여 문제 해결책을 구현해내는 방식으로 설계되어 있다. 현재는 스탠포드대 디자인스쿨에 그치지 않고 전 캠퍼스의 학생들이 파트너 조직과 협력하면서 혁신 프로젝트를 수행하고 있고, 학생들은 인간 중심의 디자인 과정에 참여하여 그들과 함께 하는 공동체와 깊은 공감을 형성하고, 불가능해 보이는 매우 저렴한 해결책을 반복하여 테스트하며 최적의 해결책을 찾아나간다. 첫 학기에는 디자인사고에 초점을 맞추고 있으며, 방학기간 동안 개발도상국 등의 필드를 방문하여 현지조사에 나선다. 두 번째 학기에는 프로토타이핑, 테스팅, 재디자인 등의 절차를 수행하면서 최종 산출물로 제품이나 서비스를 생산하는 비즈니스 모형과 실행 계획을 내놓는 방식으로 이루어진다. 학생들의 산출물은 '사회적 기업 랩(Social Enterprise Lab)'에서 재정적 지원, 공간 지원, 멘토링 지원을 받게 되며, 디자인랩(The Design Lab)에서 될성부른 학생 그룹의 프로젝트를 위한 구체적 실현 계획을 지원받게 된다.

출처: davidleeedtech.org

그치지 않고 미국 시장 등에서는 육아용 제품인 Little Lotus Baby같은 상업용으로도 출시하기 시작하였다. 혁신을 위한 디자인사고의 노력이 실제 우리의 삶을 바꾸는 비영리 활동까지 이어진 사례라고 볼 수 있다.

2 공감의 기법들

공감하기는 고객이나 시민이 명시적으로 표시하는 욕구뿐만 아니라 묵시적으로 표시되는 잠재적 욕구를 파악하는 것이 주된 목표이다. 고객을 위한 디자인을 하기 위해서는 그들이 누구인지(who), 어떤 필요를 가졌는지(what)에 대한 철저한 파악이 필요하다. 앞서의 다양한 예시와 설명에서 알 수 있듯이 이것은 전혀 쉽지 않은 과정이라고 볼 수 있으며, 매우 작은 행동에서도 깊은 통찰을 할 수 있어야 진짜 문제를 파악할 수 있다.

공감은 객관적이고 명시적인 방법을 통해 자신의 생각과 느낌을 배제하면서 다른 사람의 감정과 생각, 그리고 경험을 대리하여 이해 및 경험하려는 행위라고 볼 수 있다. 즉, 어떤 특정한 상황이나 맥락에서 고객의 눈을 통해 세상을 볼 수 있는 능력이라고 할 수 있는 것이다. 보통 사회적 맥락에서 우리가 성공적으로 공감을 할 수 있다면 우리는 어떤 식으로든 상대방을 도울 수밖에 없게 되며, 공감은 곧 '돕는 행위'인 행동으로 연결되는 것이다. 디자인사고를 하는 사람은 공감 능력을 구축하는 과정에서 사용자인 고객을 진정으로 기쁘게 하고 그들의 삶을 더 쉽게 만드는 제품이나 서비스를 고안할 수 있으며, 이러한 공감이 없다면 디자인사고의 성공과 실패를 구별 지을 수 있는 매우 중요한 단계라고 볼 수 있다는 것이다. 만약 카메라 제조사가 디지털 DSLR 카메라를 전문가의 시각에서 생산했다고 가정해보자. 조리개 조절, 셔터 우선, 파노라마 모드 등 사진에 대한 어느 정도의 지식이 없는 사용자라면 아마도 카메라에 달린 모드 다이얼(mode dial) 중 어떤 기능에 설정해 놓고 사용해야 하는지부터 혼란을 겪을 것이다. 대다수 카메라는 이런 경우를 감안하여 완전 자동모드부터 시계방향으로 돌아가며 사용할 수 있도록 디자인해 놓았다. 이처럼 우리가 사용자와 공감하기 위해서는 초심자

(beginner)와 같은 마음으로 공감하는 절차에 임해야 한다.

고객에 대한 공감 과정에서 특히 디자인사고팀이나 관찰자는 가급적 자신이 가진 어떤 가정(assumption)이나 과거의 경험을 뒤로 하고 최대한 객관적으로 공감하려는 태도를 가지는 것이 필요하다. 관찰자들은 나름의 사회화 과정과 교육, 경험과 학습을 거치면서 자신의 태도와 신념을 바탕으로 세상을 바라보려는 경향이 있기 때문이다. 그러나 이러한 태도는 대상자인 고객에 대해 진정으로 이해하는 데 선입견이나 편견을 동원하여 부정적 영향을 끼칠 수 있다. 따라서 마치 고객에 대해서 아무것도 모르는 초보자의 시각에서 객관적으로 파악하고자 하는 태도가 필요하다는 것이다. 다음에서는 구체적으로 관찰, 인터뷰, 참여 등을 통해서 공감하는 방법에 대해서 살펴본다.

1) 공감을 위한 관찰과 인터뷰

디자인사고에서 공감은 사용자의 삶(life)에 대하여 학습하는 것에서 나타난다. 인간 중심적 접근의 기반으로서의 공감은 간단히 이야기하면 사용자들이 '말하는' 그들의 삶(what people say they do)과 실제로 그 사용자들의 삶에서 실제로 관찰되는 '행동(what they do)' 사이의 틈새를 찾아내고 그 부분을 메우려는 노력이 디자인사고가 하는 일이다. 디자인사고팀이 자신의 선험적 경험이나 가정을 버리는 것도 필요하지만 사용자인 고객도 자신을 객관화시키는 데 한계가 있기 마련이다. 따라서 진짜 현실이 어떤지는 현장에 대한 방문과 고객 관찰을 통해서 발견할 수 있다는 것이다. 무엇을(what), 어떻게(how), 왜(why) 같은 질문을 효과적으로 사용하면서 고객의 진정한 필요에 점차 다가갈 수 있게 된다.

위와 같은 질문을 통한 관찰은 사용자인 고객의 삶의 상황에서 객관적으로 고객의 감정과 동기를 보다 집중적으로 관찰할 수 있게 만들어준다. 1983년 설립되어 무선 인슐린 펌프, 리복(Reebok)의 펌프(pump) 운동화 등 혁신적인 제품을 디자인 한 회사인 콘티뉴엄(Continuum)사는 미국 국토안보부(Department of Homeland Security)가 후원한 응급구조사 프로젝트에 참여하게 되었는데, 공감 단계에서 이 회사의 직원들이 구급차, 경찰차, 소방차 등에 같이 탑승하고, 일상적인 정류장부터 시내 주택의 화재, 폭탄 위협, 충격의 영향 등에 이르기까지 여러 상황을 1년 동안 지켜보았다. 특히, 여러 가지 질문을 던지면서 적극적으로 필요를 파악하였다. 과거의 보스톤 마라톤 테러에서 어려웠던 점이나 해킹당한 무인 자동차가 갑자기 빌딩으로 돌진하는 상황에 대한 대응 등을 물었다는 것이다. 언뜻 황당하고 엉뚱할 수 있는 질문들을 통해 이 회사는 증강현실(augmented reality: AR)을 이용한 소방관용 스마트 헬멧, 스마트 섬유(smart fabric)를 사용하여 부상자 분류 후 피해자의 생체 신호를 추적하는 일회용 반창고 같은 스티커 제품 개발에 공헌하였다. 이런 현지에서의 관찰과 인터뷰를 통해 현재 기술 및 시스템의 상황과 미래의 복잡한 환경 사이의 격차(gap)를 파악할 수 있었다.[11)]

공감을 위한 방법은 크게 관찰(observe), 인터뷰(interview), 그리고 몰입(immerse)으로 볼 수 있다. 최근 공감의 초기 단계에서 빅데이터(big data)의 수집과 분석을 통해 얻어낸 정보를 이용하여 고객이 느끼는 감성적인 부분까지 데이터로 편견없는 공감이

☛ 콘티뉴엄(Continuum)사의 혁신적 기술

공중보건, 모빌리티, 사회혁신 등 다양한 분야에서 혁신적 기술을 디자인해 온 콘티뉴엄(Continuum)사는 최근 경찰이나 소방, 구조대의 응급대응 분야에 많은 관심이 있다. 예컨대, 이 회사가 관심을 가지고 있는 증강현실(augmented reality: AR)을 이용한 경찰관용 보안경도 한 사례다. 관광객과 통근자, 학생, 그리고 붐비는 점심시간의 미국 보스턴(Boston)시 거리를 생각해보자. 이 순간 근처 보석가게에서 무장 강도가 군중에 섞여 도주하고 있음을 알리는 경찰용 라디오 경고가 들렸다. 수많은 군중 사이에서 침착하게 도주하고 있는 용의자를 식별하기란 쉽지 않다. 라디오에서는 용의자의 이미지를 전송하고 있는 상황에서 경찰관이 AR 보안경을 작동시키면 경찰관의 안경에서 주변 군중들을 스캔하기 시작하고 얼마 후 전송받은 이미지와 일치하는 용의자를 찾아내게 된다. 소방관, 경찰관, 구급대원들이 사용하고 있는 구식 기술과 시스템으로는 점점 복잡하고 위험한 상황을 효과적으로 관리하기 어렵기 때문에 Continuum사는 이런 미래 상황에 대비하여 '최초 대응자를 위한 2040 툴킷(The Responder Toolkit of 2040)'을 개발하는 데 관심을 가져왔다.

출처: continuuminnovation.com

11) Continuum Innovation 홈페이지 참조, https://www.continuuminnovation.com/zh-CN/how-we-think/media/augmented-reality-glasses

가능하다는 주장이 설득력이 있으나(에이블런, 2023), 관찰과 인터뷰, 그리고 몰입을 통한 공감 단계는 여전히 통찰을 통해 드러나지 않은 고객의 필요를 알아내는 데 기본이 되는 방법이라고 볼 수 있다.

(1) 관찰하기(observe)

관찰자는 되도록 편견과 고정관념을 배제한채순수한 관점에서 사람이나 사물을 관찰할 필요가 있다. 관찰을 통해 디자인사고팀은 지금까지 알지 못했던 고객의 행동과 사고방식, 문화, 가치관, 생활양식에 대해서 정보를 수집하고 통찰을 발견할 기회를 얻게 된다. 관찰을 통해 얻고자 하는 것은 보통 사용자의 필요에 대한 정보를 얻는 것, 직장이나 생활 환경에 대해 이해를 하는 것, 그리고 추가로 얻고자 하는 데이터나 정보에 대한 필요성을 인식하는 것이다. 이 과정을 통해서 공감하기 목적을 달성하고자 하는 것이다. 물론 제품이나 서비스를 디자인하는 팀이라면 사용자가 제품이나 서비스를 이용하는 모습을 관찰하면서 제품과 서비스의 사용 편의성(usability)과 사용자 경험(user experience)을 이해할 수 있는 적절한 방법이기도 하다.

관찰하기는 다른 공감 방법과 비교하면 상대적으로 수행하기 원활하고 큰 기술을 필요로 하지 않는다는 장점이 있다. 관찰 개수나 사용자 인원에 따라 좀 더 빠르게 수행할 수 있기도 하다. 관찰은 이미 심리학과 같은 학문에서 광범위하게 사용되었으며, 사용자나 고객의 연구에 사용되는 관찰도 심리학에서의 방법과 매우 유사하다고 볼 수 있다. 행정학 교과서에서 자주 언급되는 조직 및 산업 심리학자 엘튼 메이요(Elton Mayo) 연구팀은 미국 시카고(Chicago) 교외에 위치한 웨스턴 일렉트릭(Western Electric)사의 호손 웍스(Hawthorne Works) 공장에서 조명, 통풍, 온도 등과 같은 근로조건이 변화하면 생산성에 어떤 영향을 미치는지를 연구하였다(1924~1932년). 원래 가정은 조명도에 변화를 주면 작업능률에도 긍정적 영향을 미칠 것으로 보았으나, 실제로는 생산량의 증가가 조명 같은 물리적 환경에 영향을 받기도 하지만, 근로자 자신이 관찰을 당하고 있다는 의식(being observed)이나 동기(motivation) 같은 사회적, 심리적 요인도 일정 부분 역할을 한 것으로 나타났다는 것이다.[12] 이처럼 관찰은 연구 장소에서 관찰

12) 그러나 결과적으로는 이 실험에서 의미있는 결론을 내리지는 못했으며, 이런 요인들이 단지 짧은

대상의 예상치 못한 반응과 태도까지 이해하는 데 유용하다.

관찰을 위해서는 몇 가지 준비가 필요하다. 관찰 연구를 통해서 무엇을 배울 것인지 목표를 정할 필요가 있다. 사전에 관찰할 것을 나타내는 체크리스트를 준비하는 구조화된 관찰(stuctured observation)과 구조화되지 않은 자연스러운(unstructured) 관찰 모두 가능하다. 목적 달성을 위해서는 훈련된 관찰자나 팀을 영입하는 것이 필요하다. 또한 의미있는 관찰을 위해 사전에 연구 참가자를 모집해야 하며, 적절한 표본 숫자를 정하는 것이 좋다. 사전에 무엇을 관찰할 것인지, 그리고 수집된 정보와 데이터는 어떻게 사용 및 처리될 것인지 고지하는 것도 필요하다.

관찰은 무엇을(what) 이라는 질문을 사용하여 관찰 대상이 무엇을 하는지 편견없이 살펴보고 기록할 것이 요구된다. 또한 고객이 어떻게(how) 행동하는지 살펴보면서 고객이 어떤 느낌으로 하고 있는지(예: 서두르는가?, 즐거워하는가? 등) 관찰하고, 설명할 수 있도록 기록하여야 한다. 또한 고객이 왜(why) 그 행동을 하는지, 왜 특정한 방법으로 하는지를 관찰해야 한다. 물론 이 과정에서 관찰자의 과도한 개입이나 판단, 편견은 최소화할 필요가 있다(송동주 외, 2017).

사용자를 관찰하는 데 사용되는 일반적인 기술은 크게 두 가지이며, 통제된 관찰과 자연 상태에서의 통제되지 않은 관찰이다. 첫째, 통제된 관찰은 실험적 환경에서 이루어지는 경향이 있으며, 양적 및 질적 데이터의 수집이 가능하다. 참가자들에게 관찰의 목적을 설명하여야 하며, 정량적(quantitative) 방법의 경우 반복 연구를 통해 유사한 결과를 쉽게 얻을 수 있다. 이 경우 참가자 모집에 시간이 걸릴 수 있지만, 통제된 관찰을 수행한 연구는 상당히 빠른 속도로 진행할 수 있다. 앞서 작업환경인 조명 밝기를 조절하는 실험을 했던 호손 효과의 경우가 이에 해당하며, 단점으로는 자신이 관찰하는 행위가 참여하는 사용자의 행동에 영향을 줄 수 있다는 것이다.

둘째, 자연주의적으로 통제되지 않은 관찰은 아무런 인위적 조건이 없는 상태에서 사용자를 연구하는 경우이다. 사용자 또는 고객과 함께 시간을 보내고 일상생활에서의 행동을 관찰하며, 그 결과 적합하다고 보여지는 관찰 결과를 기록하게 된다. 실험실에

기간동안 생산성에 영향을 주었을 뿐이다. 이 결과는 결국 실험 대상을 통제하지 않았기 때문으로 여겨지고 있다(uncontrolled experiement). en.wikipedia.org/wiki/Hawthorne_effect 참조.

서 통제된 관찰을 하면서 사용자들이 일련의 지침을 따르도록 하는 것보다 실생활의 무대에서 사용자들이 경험하는 상황을 관찰할 수 있다는 장점이 있고, 정량적 연구에서는 보기 어려운 아이디어 창출에 도움이 된다. 물론 자연주의적 관찰은 비용이 상당히 많이 들고 누구를 관찰해야 하는지 대표 표본을 선정하기가 어려우며, 관찰의 조건을—예컨대 야외 관찰의 경우 날씨—통제하기가 어렵다는 문제가 있다.

관찰하는 동안 관찰자가 해야 할 일은 기록을 하는 것이다. 메모, 녹음, 비디오 녹화 등 자신과 상황에 적합한 기록 방법을 파악하여 기록해야 한다. 관찰자는 사용자가 무엇을 하고 있는지, 예상과 다른 행동은 무엇인지 파악하여야 하며, 제품이나 서비스를 사용하는 데 있어서 사용자가 가진 버릇이나 특이점도 알아낼 필요가 있다. 예를 들어, 편하게 사용하고 있다면서 찡그리는 표정을 짓는 경우와 같이, 말로 표현하는 것과 행동이 다르다면 주목해야 할 특이점에 해당한다. 또한 사용자의 활동을 전체적으로 검토하고, 삶의 흐름과 맥락 내에서 어떻게 사용되는지 살펴볼 필요가 있다. 결론적으로 몇 년이 지난 후에도 실제 일어난 당시의 상황을 생생하게 구현해 낼 수 있는 기록이라면 매우 의미가 크다고 볼 수 있다.

관찰은 상대적으로 쉬운 편에 속하지만 가장 간단한 수준의 관찰을 위해서도 연습과 대상에 대한 깊은 관심이 필요하다. 또한 점차 중요시되고 있는 정량적 관찰, 즉 빅데이터 등을 활용한 데이터 수집은 관찰 단계에서 일정 수준의 분석 능력을 요구하게 되었다. 관찰은 그 자체보다는 관찰 후 인터뷰나 체험 등에서 얻은 정보와 결합하여 무슨 일이 일어나고 있는지, 왜 일어나고 있는지에 대한 추가적 통찰을 얻는 중요한 수단에 해당한다.

(2) 인터뷰

공감을 위한 심층 면접 혹은 인터뷰는 디자인사고에서 공감하기 위한 기본 근간에 해당한다. 인터뷰를 통해서 다양한 고객들이 디자인사고팀이 해결하고자 하는 문제에 대하여 어떻게 느끼고, 자신이 할 수 있었다면 문제를 어떤 방식으로 해결할 것인지를 알 수 있는 중요한 수단이다. 이는 인류학에서 사람과 사람 간의 사회적 상호작용, 그들을 둘러싼 환경, 행동 등을 연구하는 민속지학적(ethnographic) 방법과 유사하다. 민

[표 3-2] 공감을 위한 인터뷰 준비

단계 및 준비사항	핵심질문	고려사항
인터뷰 목적의 설정	인터뷰를 하는 이유가 무엇인가? 문제를 재정의 또는 문제의 근원을 알아내기 위함인가?	• 인터뷰 목적을 명확히 하고, 그 목적을 위해 인터뷰가 최선의 도구인지 결정 • 서베이나 포커스 그룹 등도 툴킷(toolkit)에 남겨두고 목적에 적합한 수단 선정
인터뷰 대상의 설정	누구의 이야기를 들어야 하는가?	• 형평을 위해 그동안 연구에서 제외된 대상들(주로 약자, the marginalized)를 인터뷰 대상자로 고려할 것. 평균적 경험만 수집하면 공감에 큰 도움이 되지 않을 수 있음
공감을 위한 인터뷰 팀의 설정	누가 인터뷰를 수행할 것인가?	인터뷰 팀을 광범위하고 다양한 멤버로 구성 • 인터뷰 대상자와 어느 정도 신뢰 관계가 구축된 팀원 • 인종, 지위, 연령 및 성별을 고려하여 잠재적 위험을 낮출 수 있는 팀원 • 언어: 필요 언어에 따라 구성 • 공동체성: 포용적으로 학생, 가족, 지역사회 구성원들을 포함하여 인터뷰 팀 구성
인터뷰 시기-방법에 대한 계획	언제, 어떻게 인터뷰를 수행할 것인가?	• 인터뷰 숫자는?: 재원 및 자원, 인터뷰 팀의 규모와 역량, 목적 등을 고려하여 설정 • 인터뷰 데이터 관리: 연구윤리를 준수하여 기록물, 녹화, 녹음의 저장 계획 수립 • 언제, 어디서: 인터뷰 대상자가 불편하지 않을 시기와 장소 등을 선정하고 가급적 대면 인터뷰를 추진

출처: learningfoward.org 웹사이트 참조.

속지학적 접근은 디자인사고의 한 접근 방법으로서 사람을 이해하고 그들의 관점에 공감하기 위한 것이며, 관찰 대상자의 문제를 해결하려고 하는 것은 아니다. 민속지학적 방법을 통해 공감하는 가운데, 질적 연구로서 인터뷰 방법은 디자인사고팀이 어떤 문제를 인지하고 해결해야 하는지 영감(inspiration)을 주는 역할을 한다.

공감을 위한 인터뷰는 몇 가지 절차를 통해 진행된다. 첫째, [표 3-2]에 나타난 것처럼 먼저 인터뷰 팀의 목적이 무엇인지 명확히 할 필요가 있다. 문제의 근원을 찾아내는 것이 목표인가? 아니면 문제를 재정의(redefine)하는 것이 목표인가? 이는 반드시 인터뷰로만 성취할 필요는 없으며, 관찰을 비롯하여 자료수집, 서베이 등의 옵션도 동시에 갖추고 있을 필요가 있다. 둘째, 누구를 대상으로 인터뷰할 것인지 결정이 필요하다.

예컨대, '평균(average)' 수준의 사람만을 인터뷰 대상으로 삼을 경우, 가족, 학생 등 역사적으로 소외되어 온 사람들의 목소리는 듣기 어렵게 된다. 셋째, 인터뷰 팀을 구성한다. 이 경우 이미 인터뷰 대상자와 친분이 있는 구성원, 인종, 지위, 나이, 성별 등을 고려할 때 인터뷰에서 생길 수 있는 위험을 줄일 수 있는 구성원, 다양한 언어를 구사하는 인터뷰 대상자를 고려한 구성원, 그리고 이웃, 학생, 그리고 가족 등 지역 공동체의 구성원을 팀 구성원으로 선정한다. 넷째, 언제, 어떻게 인터뷰를 수행할 것인지를 결정한다. 이는 인터뷰 대상자의 숫자, 수집된 데이터의 관리, 그리고 시간과 장소 등에 관한 결정을 포함한다.

공감을 위한 인터뷰는 주로 자신(인터뷰 팀)과 프로젝트의 성격 및 목적을 간단히 설명하는 데서 시작된다. 바로 구체적인 질문으로 시작하기보다는 인터뷰 대상자의 생활, 가치, 습관, 취미 등 일상에 관한 이야기를 자연스러운 상태에서 시작하면서 친밀감(rapport)을 형성하는 것이 바람직하다. 인터뷰에서 가장 큰 부분을 차지하는 것은 사용자 또는 고객의 이야기(스토리)를 듣고 감정을 탐색하는 것이다. 이를 위해 인터뷰 팀은 구체적 자료와 증거를 요구하기보다는 사용자가 스토리를 말하도록 유도하는 것이 바람직하다. 그 가운데 사용자가 인식하고 있는 세계관과 가치, 맥락 등이 드러나게 되며, 단순히 '예 혹은 아니오'로 끝나는 대답보다 훨씬 많은 정보를 제공해준다.

스토리 듣기와 함께 공감을 위한 인터뷰에서 인터뷰 팀이 가장 많이 신경을 써야 하는 부분 중 하나는 인터뷰 진행 중 대상자가 보여주는 언행 불일치나 특이한 행동에 주목하는 것이다. 인터뷰 시 하는 발언과 달리 표정이나 행동이 모순된다면 이것은 인터뷰 팀이 의미있는 통찰을 할 수 있는 기회가 되기 때문이다. 예를 들어, 어떤 제품이나 서비스에 대해서 인터뷰 상으로는 '좋다, 편리하다'라고 말하고 있으면서도 표정으로는 찡그리거나, 힘을 쓰는 모습을 보여준다면 내면 깊은 곳에서 느끼고 있는 감성은 무엇인지 알 필요가 있기 때문이다. 따라서 인터뷰 내용뿐만 아니라 표정, 특이한 행동 등에 주목할 필요가 있다. 인터뷰에서 사전에 유념해야 할 내용은 [표 3-3]과 같다.

공감을 위한 인터뷰는 시간과 인원의 제약이 있으므로 평균 수준의 사용자를 대상으로 할 수 있지만, 만약 [그림 3-5]에 나타난 것처럼 극한의 사용자를 효과적으로 인터뷰할 수 있다면, 또 그들의 필요를 파악할 수 있다면 대다수 사람의 필요나 요구를

[표 3-3] 공감 인터뷰 디자인하기

구성요소	특징	대응
인터뷰 절차에 포함되어야 할 요소	인터뷰의 목적이 무엇인가	이런 요소가 인터뷰에 포함되어 있는가? 아니라면, 다음 절차는 무엇인가?
	데이터 사용처를 밝혔는가	
	비밀유지 서약을 받았는가	
	인터뷰가 자발적임을 주지하고 동의를 받았는가	
공감 인터뷰 내용(질문)에 포함되어야 할 요소	긍정적인 대화로 시작하는가(start with positive)	
	평이한 언어로 구성되었나(전문용어 등 지양)	
	편견으로부터 자유로운가	
	스토리를 주로 요구하는가(해결책 논의 지양)	
	큰 맥락 내에서의 경험을 묻고 있는가	예: 학교에서의 소속감을 물을 때, 다른 조직 등에서의 경험도 같이 질문
	팔로우 업(follow-up) 질문은 준비되어 있는가	예: "조금 더 자세히 말씀해주실 수 있을까요?", "왜요?", "느낌이 어떠셨어요?" 등
공감 인터뷰 중 인터뷰 팀의 태도	적절한 공간(space)을 주고 있는가	대답을 강요하지 말 것, 언제든 중단할 준비를 할 것
	중립적인 태도를 유지하는가	특정 대답으로 유도하는 질문을 하지 말 것
	인터뷰 팀 자체의 편견에 유의할 것	
	노트 기록하기가 인터뷰 대상에 부담을 주는가	친밀감을 유지하면서도 적절한 노트 기록 필요
	필요시 팔로우 업 질문하기	필요시 개입, 질문하기

출처: learningfoward.org 웹사이트 참조.

대표할 수 있는 경우가 있다. 예를 들어, 디자인팀의 연구 목적이 대다수 사람이 편리하게 사용할 수 있는 주방기구를 개발하는 것이 목표라고 가정해보자. 정규분포 내의 사람들뿐 아니라 극한의 사용자인 전문 요리사와 요리를 거의 하지 않는 사람과의 인터뷰를 수행하여 요리 경험에 대한 어떤 통찰을 할 수 있다면, 거의 모든 사람을 만족시킬 수 있는 아이디어를 개발하는 데 도움이 될 수 있다는 것이다. IDEO사의 쇼핑카트 개발 프로젝트의 경우 극단적인 쇼핑카트 사용자는 아마도 카트에 짐을 넘치도록 담는 사람, 어린 자녀들을 카트에 태우는 사람, 카트를 밀 힘이 없어 고통스러운 사람,

공간 감각이 없어서 물건 위치를 잘 못찾는 사람 등 여러 극단적 사용자 유형이 있을 것이다. 이들도 똑같은 형식으로 인터뷰를 하면서 극단적인 포인트를 찾도록 노력해야 하며, 극단적 사용자들이 제시하는 잘 다듬어지지 않은 아이디어를 주목하면 다수의 일반 사용자에게도 큰 도움을 줄 수 있다는 것이다(송동주 외, 2017).[13]

(3) 몰입형 공감을 위한 참여(immersive participation)

관찰이 제삼자의 처지에서 사람이나 사물을 비참여적으로 관찰하는 것이라면, 참여관찰과 체험은 직접 연구자가 연구 대상의 영역에 들어가 가급적 개인의 경험과 편견을 배제하고 자연스러운 상태에서 관찰과 기록을 행하는, 인류학적 민속지학, 문화사회학, 발달 및 사회 심리학 등에서 주로 사용하는 방법이다. 이런 방법은 시간과 비용이 다른 방법에 비해 많이 드는 경우가 많지만, 일반적으로 경험할 수 없는, 특정 사례에 관한 깊은 연구를 통해서 일반화(generalization)가 아닌 보편적으로 적용될 수 있는 의미를 찾아내려는 노력이라고 볼 수 있다(최태현, 2022). 참여관찰을 통한 연구는 분야를 가리지 않고 수행되고 있으며, 교사의 전문성이 어떻게 교실에서 구현되는지(이성은 외, 2004), 정치 시위 현장에서의 유튜버의 역할을 참여적으로 관찰하는 등(이종명, 2021) 활발하게 진행되고 있다.

그러나 몰입을 통한 공감(immersive empathy)은 참여관찰보다 조금 더 깊은 체험을 요구한다. 어느 순간 듣고, 관찰하고, 묻는 것만으로는 이해할 수 없는 것을 특정 상황에서 특정 사람의 관점을 통해 감각적으로 이해해야 할 필요성이 생긴다. 26세의 나이에 2년 간 80대 노인 분장으로 노인의 생활을 직접 체험한 미국 산업 디자이너 패트리샤 무어의 사례는 바로 그 목적을 위한 것이었다. IDEO사는 의료회사와 협력하여 제품과 서비스를 개발하기 위하여 류머티스성 관절염(Rheumatoid Arthritis)을 앓고 있는 노인들이 겪는 고통을 직접 체험하기로 하였고, 참여한 팀원들이 손과 팔다리에 테이핑을 한 채 몰입형 공감 훈련을 수행하였다. 얼마 되지 않아 그들은 류머티스성 관절염을 앓으면서 카페 같은 곳에 가는 것이 얼마나 고통스러운지 깨달았고, 노인들이 가지는

13) 다만, 극단적 사용자를 인터뷰하기 위해서 대상자 찾기가 상대적으로 어렵다는 점, 선정과 인터뷰까지 시간이 오래 걸린다는 점, 극단적 사용자 중 전문가이 있으면 비용이 들 수 있다는 점은 단점으로 지적할 수 있다. https://think.design/user-design-research/extreme-user-interviews 참조.

행동적 제약에 대해서 어느 정도 이해하게 되었다는 것이다. 이런 체험을 통해 이 병을 앓는 노인들이 지속적인 고통으로 인해 우울증도 동반한다는 것을 알게 되었고, 이 우울증이 바로 숨겨져 있는 문제임을 알아내었다.[14)]

몰입형의 체험은 초기에 문제의식을 프레이밍(framing)할 수 있도록 좋은 연습의 장(場)을 마련해준다. 또한 몰입함으로써 어떤 감정적인 이해의 지점에서 사용자인 고객과 연결되는 질문을 할 수 있게 된다. 연기력이 뛰어나다고 정평이 난 배우들의 인터뷰를 읽어보면 몰입의 의미를 간접적으로 느낄 수 있다. 그들은 대본에 전념할 때부터 영화나 연극이 끝날 때까지 완전히 다른 사람이 되어 다른 삶을 사는 경험을 한다. 그들은 매 순간 그 역할로 살아야 한다. 이 배우들이 관찰하는 것, 결정하는 것들은 그들의 몰입한 삶 자체에서 나오는 것이다. 만약 디자인팀이 언젠가 일반인과는 다른 신체적 필요를 가진 사람들을 위한 제품을 만들어야 하는 경우, 공감을 위한 올바른 질문을 하기 위해서는 배우들처럼 연기하는 인물을 경험하는 것과 같은 방식으로 그들의 삶을 경험하기로 다짐해야 한다.

사람들은 자신의 잠재된 욕구와 필요를 표현하기 어려워하는 경우가 많다. 욕구와 필요를 표현할 수 있는 적절한 언어가 없는 예도 있다. 그리고 적절한 언어가 있더라도 자신의 상황이 어떻게 느껴지는지 말할 준비가 되어 있지 않은 경우가 있다. 디자인사고팀이 자신이 디자인하고자 하는 고객이 어떤 경험을 일상에서 하는지 몰입을 통해 경험하게 되면 통찰이 더욱 선명해진다. 사람들이 어떻게 느끼는지, 그들의 감정상태를 엿볼 수 있게 되기 때문이다. 그 결과, 사용자가 느끼는 바를 명확하게 표현하고, 감정적 수준에서 이해받고 느낄 수 있는 질문을 할 수 있게 된다.[15)] 이런 방식을 통해 무의시적으로 일어나는 일을 이해할 기회가 생기게 된다.

여러 방법 중 바디스토밍(bodystorming)은 사용자 환경에 완전히 몰입하기 위해 상황을 물리적으로 경험하는 행위다. 실제 환경에 존재하는 인공창의물(artifact)로 환경을 채워야 하고, 전체적인 분위기나 느낌이 사용자의 설정을 정확하게 묘사해야 하므로 상

14) 내용 참조, https://webdesign.tutsplus.com/articles/how-to-practice-immersive-empathy-in-design-thinking-cms-31217

15) 위의 웹사이트 참조.

당한 계획과 노력이 필요하다. 바디스토밍은 팀이 사용자의 입장이 되어 가장 적합한 솔루션을 찾기 위해 디자이너로서 필요한 공감 능력을 높여주는 역할을 한다. 단순히 관찰을 벗어나 이렇게 몰입을 통해 한 실제 경험은 디자인사고 프로세스가 진행되면서 나중에 '그때 그 경험 기억나는가?', '우리가 사용자였던 때 기억하는가?' 등을 자문하며 생각해낼 수 있는 기준점이 된다.16)

2) 공감을 위한 연구의 종합

관찰과 인터뷰를 진행한 후에는 팀원들과 그 결과를 나누고 공유하여 사용자에 대한 공감을 정리해나가는 과정이 필요하다. 예컨대, 하나의 인터뷰는 미가공상태인 하나의 원시자료(raw data)에 불과하고, 인터뷰 당 최소 2,500단어 이상의 자료이기 때문에 사용자를 인터뷰할 때마다 많은 자료가 쏟아져 나올 뿐만 아니라, 질적 자료의 분석은 시간이 오래 걸리는 문제가 있으므로 효과적으로 자료를 정리할 방법이 필요하다.

인터뷰 후 자료 분석에 있어서 가장 보편적인 방법이 주제별(thematic) 분석 방법이다. 관찰과 인터뷰를 포함한 질적 데이터 분석에서 가장 보편적으로 쓰이며, 인터뷰 자료에서 인터뷰 대상자가 흔히 하는 말을 주제에 따라 패턴을 파악하는 것이다. 인터뷰 팀의 목적이 분명한 경우 유연하고 쉽게 분석이 가능한 장점이 있다. 이 분석을 통해 얻은 증거(evidence)는 다른 사용자들이 인터뷰 팀이 수집한 자료로 어떻게 특정 결론에 도달하게 되었는지 쉽게 이해할 수 있도록 한다. 인터뷰 팀은 각기 수집한 자료를 빠르게 읽고 파악하며, 키워드를 중심으로 인터뷰 노트를 코딩하며, 필요하면 스프레드시트(spreadsheet)를 사용하

출처: condens.io/user-interview-analysis/

[그림 3-7] 공감을 위한 연구 결과의 공유

16) 바디 스토밍은 프로토타입 과정에서 쓰이는 방법이기도 하다.

여 입력할 수 있다. 이는 연구 목적에 맞는 인터뷰 내용을 계속해서 추적할 수 있도록 도와준다. 이 단계를 마친 후 코딩한 자료 중 흥미로운 부분 위주로 범주(category)를 만들고, 유사한 범주끼리는 클러스터(cluster)를 만들어 분류한다. 이때 [그림 3-7]처럼 팀원들이 모여 포스트잇이나 스프레드시트를 공유하면 효과적인 사용자가 왜 그런 말을 했는지, 패턴은 무엇인지 등 문제점을 빠르게 파악할 수 있다.

(1) 스토리 공유 및 포착

공감을 위하여 관찰, 인터뷰, 몰입과 체험 등을 통한 민속지학적 조사를 수행한 이후 정보를 팀원들과 흔히 공유하는 방법이 '스토리 공유 및 포착(story-share-and-capture)' 세션(session)을 여는 것이다. 문자 그대로 스토리를 팀원들과 공유하고 학습할 만한 포인트를 잡아내는 과정이라고 할 수 있다. 이 과정을 통해 팀은 사용자를 이해하는 데 있어 누구 하나 뒤처지지 않고 같은 페이지(on the same page!)에 머무를 수 있다는 것이다. 또한 각자가 보고, 듣고, 관찰한 것에 대해 토론할 수 있어 팀원들이 관찰 이면의 의미를 더 깊이 파고들 수 있다. 구체적인 방법으로는 시간을 내어 현장에서 관찰한 내용을 이야기와 메모 형식으로 한 명씩 공유하고, 팀원이 공유하는 동안 나머지 팀원들은 흥미로운 내용, 놀라운 내용, 인용할 만한 내용을 포스트잇에 적는다. 그 후 [그림 3-7]처럼 벽면이나 화이트보드에 메모가 가득하게 되고, 사용자에게 무슨 일이 일어나고 있는지 공유할 수 있게 된다. 이와 같은 방법으로 팀원들이 현장에서 다른 사람들이 수집한 정보를 빠르게 파악할 수 있으며, 모든 사람이 현장 조사에 참여했더라도 각자가 어떻게 경험했는지 비교하는 것은 가치가 있다는 점을 느끼게 된다. 또한 팀원들은 더 많은 정보를 듣고 조사하는 과정에서 처음에 깨닫지 못했던 뉘앙스와 의미를 끌어내는 경향이 있다. 포스트잇에 적힌 많은 정보들은 위의 클러스터와 카테고리별로 그룹화하여 주제와 패턴을 조명할 수 있게 된다.[17] 이 과정의 마무리 단계에서는 주제별로 길게 늘어서 붙어 있는 포스트잇을 볼 수 있고, 복잡한 문제를 해결하기 위한 통찰과 기회를 포착하고 해결책을 내놓기 위한 상상을 시작하게 된다.[18]

---

17) Product Discovery Method 웹사이트, https://pdmethods.com/story-share-and-capture/
18) Design Kit 홈페이지, https://www.designkit.org/methods/share-inspiring-stories

(2) 공감지도 만들기

공감을 위한 현장 조사를 시행한 후, 특정 유형의 사용자에 대한 정보를 명확하게 표현하는 데 사용하기 위한 협업 시각화 도구중 하나가 공감지도(empathy map) 만들기다. 현장 조사 가운데 고객이 말한 것, 생각했을 법한 것, 느꼈을 법한 것, 그리고 행동한 것을 관찰하고 기록하여 고객의 '진짜 문제'를 파악하고 의사결정에 도움을 받는 방법이다. 사용자는 단순히 끌리거나 원하는 것을 충족하는 제품 혹은 서비스보다는 자신의 필요까지 충족하는 제품을 선택하고 구매할 가능성이 크다. 공감지도는 사용자의 필요를 파악하는 동시에, 그 사용자에 대해서 깊이 이해할 수 있도록 돕는 도구인 셈이다.

디자인팀은 공감지도 작성을 위해 우선 칠판이나 화이트보드를 사분면으로 나누고 현장에서 사용자를 관찰하거나 인터뷰할 때 얻은 사용자의 몇 가지 특성에 따라 색깔별 포스트잇으로 붙이거나 적어 넣는 방법을 사용할 수 있다. 사분면은 사용자가 무엇을 했는지 나타내는 것으로써 말하는 것(says), 행동하는 것(do), 생각했을 법한 것(think),

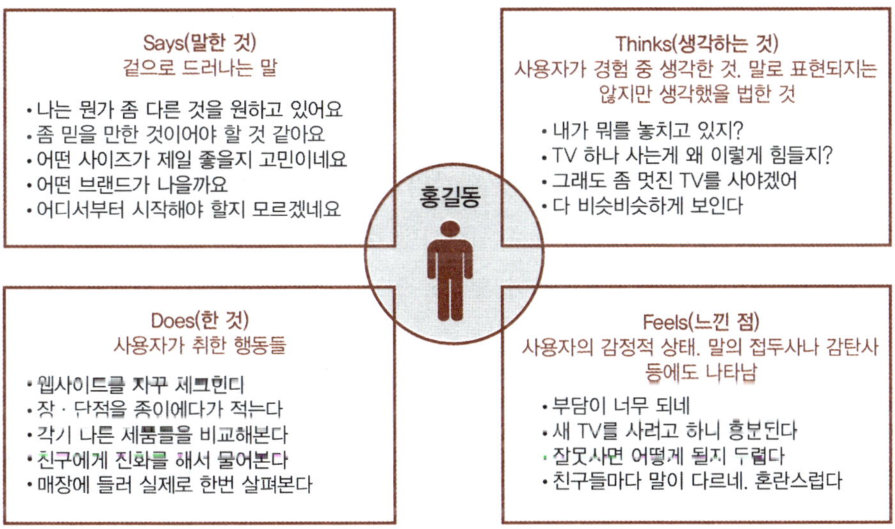

출처: https://www.nngroup.com/articles/empathy-mapping/ 참조.

[그림 3-8] 공감지도의 사례: TV를 구매하려는 고객

그리고 느꼈을 만한 것(feel)을 나타낸다.[19] 말하고 행동하는 것은 겉으로 드러나는 것이기 때문에 비교적 쉽게 알아챌 수 있으나, 생각했을 만한 것과 느꼈을 만한 것은 세심한 관찰과 분석을 위한 세밀한 훈련이 필요하다. [그림 3-8]의 예를 들면, 텔레비전 구매를 고민하는 고객의 인터뷰를 진행하면서 디자인팀은 사분면을 채워나갈 수 있을 것이다. 생각하고 느낄 만한 점은 말하는 것과 행동하는 것에 대한 세밀한 관찰을 통해 유추해 나갈 수 있을 것이다.

공감지도는 팀원의 훈련이 부족한 경우 의미 있는 정보를 얻기 쉽지 않으며, 특히 통찰력이 있어야 한다. 만약 성공적으로 공감지도를 작성할 수 있다면 디자인사고 초기 과정에서 가장 유용하게 쓰일 수 있으며, 누가 사용자인지에 대한 정확한 정보를 제공할 수 있다. 공감지도는 또한 빠르고 소화 가능한 방법으로 사용자의 태도와 행동을 묘사하여 믿을 만하면서도 편견을 줄이고 정보를 쉽게 전달할 수 있게 해준다.

공감지도의 성공적 작성을 위해서는 먼저 범위와 목표를 명확히 하여야 하며, 사전에 화이트보드, 마커(분필), 포스트잇 등을 준비한다. 그리고 필드 연구를 통해 확보한 사용자 인터뷰 및 관찰 보고서, 일지 등을 확보하여 모든 팀원이 보고서와 자료를 읽고 나눈 후, 네개의 공감 영역에 표기해가며 이바지를 하도록 한다.

이 과정이 끝나면 완성된 공감지도를 바탕으로 사용자의 필요를 종합하게 된다. 이는 곧 디자인 과제를 정의, 즉 문제를 정의하는 데 큰 도움이 됨을 의미한다. 심리학자 에이브러햄 머슬로(Abraham Maslow)가 인간의 욕구를 생리적 욕구부터 자아실현 욕구까지 계층적으로 구분하여 피라미드로 시각화한 것처럼, 공감지도를 통해 말하고 행동하는 것의 단절 혹은 모순을 관찰하여 통찰을 찾아야 한다. 이런 과정을 거쳐 현재 직면한 디자인 과제를 해결하는 데 도움이 될 수 있다.

(3) 페르소나(Persona)

민간이나 공공부문에서 제품이나 서비스를 디자인하기 전에 사용자인 시민의 필요를 정확하게 파악하는 것이 필요하며, 페르소나(persona)는 사용자의 에센스를 뽑아내

---

19) 생각하는 것(think)은 인지적 차원에서 주로 작동하고, 느끼는 것(feel)은 좋다 혹은 나쁘다, 기쁘다 혹은 슬프다 같은 감성적 차원이 작동한다.

는 것이다. 페르소나는 원래 그리스어의 '가면'을 의미하는 것으로 외적 인격이나 가면을 쓴 인격을 말하며, 제품이나 서비스의 고객 또는 사용자 유형을 나타내는 가상의 사용자(fictional user)를 의미한다. 이 가상의 캐릭터는 실제 고객과 사용자에 대해 알게 된 내용과 많은 고객이 공통으로 공유하는 주제 또는 특성을 종합하여 만들어진다. 즉, 페르소나는 관찰에 기반하여 데이터를 모델링하는 기법으로서, 잠재적 사용자의 이름, 나이, 직업, 학력, 결혼 여부, 가족 관계, 평소 생각과 신념, 감정, 취미 등의 특성을 간략하게 정리하는 기법이다. 이런 방식을 통하여 고객의 요구와 행동, 경험 및 목표, 주요 가치를 발견하고, 이들이 제품이나 서비스에 관한 관심을 가질 수 있도록 한다는 것이다.

[그림 3-9]는 페르소나를 성공적으로 비즈니스에 활용한 대표적 사례로 흔히 거론된다. 2006년 출범한 스포티파이(Spotify)는 스웨덴에 기원을 둔 세계 최대 음원 스트리밍 서비스 제공자 중 하나이며, 전 세계적으로 4억 9천만 명의 사용자와 2억 명이 넘는 유료 서비스 사용자를 보유한 회사이다. 음악을 듣는 것은 보편적인 취미활동에 해당하

출처: https://www.jesskwan.com/spotify

[그림 3-9] 음원 회사인 Spotify사 디자인팀의 페르소나 예시

기 때문에 이 음원 회사는 모든 사람을 목표로 하는 것처럼 보일 수 있다. 그러나 일반화된 서비스디자인은 결국 모든 사람을 만족시킬 수 없으므로, 이 회사는 2017년 디자인팀을 만들고 기존의 청취자와 잠재적 청취자의 필요를 좀 더 잘 이해하는 방안을 강구하기 시작했다. 이때 디자인팀이 차별화된 서비스를 위해 선택한 방법이 청취자의 이미지를 대표할 수 있는 페르소나이며, 2017년 미국의 교외 지역에 거주하는 청취자에게서 시작하여 인터뷰를 진행하고 관찰하여 음악에 관한 관심과 열정, 취미, 생활양식, 나이, 동료 집단 등 다양한 측면을 연구하고, 분석, 종합하여 [그림 3-9]와 같은 여러 페르소나를 작성해낼 수 있었다.[20] 이 페르소나처럼 실리콘 밸리(Silicon Valley)에 거주하는 20대 중반의 여성으로 대표되는 그룹은 여러 장소에서 모바일 애플리케이션을 이용하여 음원에 접속하며, 애플리케이션에서 추천하는 음악에 주로 의존한다는 점, 그리고 기분에 따라 다른 플레이리스트(playlist)를 구축해 놓는다는 것을 알 수 있었다. 이를 기반으로 이 페르소나의 주인공인 페기(Peggy)와 비슷한 특성을 가진 사용자에 적합한 서비스를 제공하기 위한 아이디어 발상에 들어가게 된다는 것이다.

페르소나의 작성 절차는 앞서 공감의 절차와 유사하다. 먼저 잠재적 사용자나 시민에 대해서 나이, 성별, 교육 수준, 가치관 등을 질문지법과 인터뷰 등을 통해서 수집하게 된다. 인터뷰 대상자를 선정하면 그 대상에 대한 광범위한 자료를 수집한다. 그 후 데이터 분석을 통해 사용자 간 질적인 차이점을 결정짓는 가정을 세워보고, 대상자가 제품이나 서비스를 이용할 만한 상황이나 시나리오를 묘사하고 문제를 극복하는 상황을 생각해본다. 이 모든 과정은 단순히 가정의 상황이 아니라 현실적이어야 하며, 계속적인 수정과 조정을 거치게 된다.[21]

성공적으로 작성된 페르소나는 첫째, 제품이나 서비스를 디자인하는 데 있어서 잠재적 최종 사용자를 이해하고 공감을 형성하여, 사용자와 유사한 관점을 확보할 수 있다. 둘째, 사용자 페르소나는 디자이너가 제품이나 서비스 전략을 수립하고 사용성(usability) 테스트 과정에 참여하는 데 도움이 된다. 사용자의 필요를 깊이 이해하면 사

20) 스포티파이 디자인팀의 페르소나 작업에 대한 스토리는 https://spotify.design/article/the-story-of-spotify-personas를 참조할 것.

21) 자세한 사항은 Adobe사의 웹사이트를 참조, https://xd.adobe.com/ideas/process/user-research/putting-personas-to-work-in-ux-design/

용자 중심의 관점에서 누구를 위해서 제품과 서비스가 만들어지는지 파악하기 용이하다는 것이다. 셋째, 페르소나는 모든 팀원과 함께 제품 및 서비스디자인에 있어서 서로 공감할 수 있는 커뮤니케이션 수단이 될 수 있으며, 현장 연구 결과를 이해하기 쉬운 방식으로 전달하는 데 도움이 된다. 페르소나가 이렇게 사용되기 위해서는 페르소나에 제시된 설명의 모든 측면이 실제 데이터(관찰 및 조사)와 연결되어야 한다.

이처럼 페르소나의 작성은 공감을 위하여 현장에서 관찰, 인터뷰, 체험 등을 통해 축적한 정보와 데이터를 종합하는 역할을 하며, 이를 기반으로 후속 과정이 원활하게 작동할 수 있도록 도와주는 역할을 하게 된다. 특히 제품이나 서비스가 이용되는 맥락(context)을 생각할 때, 마치 초보자와 같이 사전 지식이나 가정을 배제한 채 사용자가 경험하게 될 절차를 디자인팀의 모든 감각과 인식을 동원해 미리 페르소나를 통해 경험하게 되는 것이다(Lewrick et al., 2018: 28). 사용자 페르소나를 제대로 구축하면 디자인 프로세스가 덜 복잡해지고, 아이디어 도출과정을 안내하며, 디자이너가 목표 사용자를 위한 좋은 제품과 서비스를 제공하고자 하는 목표를 달성할 수 있도록 도와준다. 최근에는 페르소나를 만드는 데 도움을 주는 Miro, Uxpressia, Hunspot 같은 애플리케이션이 무료 및 유료로 제공되고 있다.

☛ Nike사의 여성층 어필을 위한 페르소나

나이키(Nike)사는 전통적으로 남성 중심의 이미지가 있었다. 2023년 국내 개봉한 벤 애플랙(Ben Affleck) 감독의 <에어(Air)>가 보여주듯, 나이키는 마이클 조던(Michael Jordan)이나 골프황제 타이거 우즈(Tiger Woods) 등 초특급 남성 스포츠 스타들을 앞세워 시장을 공략해왔다. 그러나 시장의 확장을 위해서는 여성에게도 어필할 만한 상품을 생산하는 것이 필요하였다. 이에 나이키사는 모바일 애플리케이션 사용자의 정보를 수집하여 사용자를 대표할 만한 여성의 페르소나를 형상화하여 이들과 비슷한 필요를 갖고 있는 여성 소비자를 분류하고, 이들에게 최적화된 경험을 제공하려는 노력을 하게 되었다. 나이키는 모바일 앱 데이터를 사용하여 두 명의 여성을 형상화하였는데, 하나는 보스턴(Boston)에 거주하는 30살 여성으로 하프 마라톤에 도전을 앞두고 나이키 러닝 클럽(Nike Running Club) 앱을 사용하여 열심히 훈련 중인 여성 제시(Jessy), 그리고 26살의 로스앤젤레스(Los Angeles) 거주 중인 알렉스(Alex)로 운동뿐만 아니라 일상에서도 패셔너블하고 싶은 여성을 형상화했다. 이 페르소나를 작성하고 이들과 비슷한 필요를 가진 소비자에게 최적의 제품안내를 할 수 있도록 경험과 가치를 디자인하게 되었다. 이 페르소나의 결과 주말 러너(weekend runner)로 분류된 제시라는 여성과 비슷한 여성군(群)에게는 하프 마라톤 등에 사용될 수 있는 운동복, 운동화를 애플리케이션을 통해 추천하는 한편, 스타일 쇼핑고객(style shopper)으로 분류된 알렉스라는 여성과 비슷한 군(群)에는 친구들과 공유할 만한 스타일리시(stylish)한 제품을 애플리케이션에서 추천하도록 디자인하였다. 이 여성고객을 대상으로한 페르소나 전략은 꽤나 성공을 거두었고, 비슷한 유형의 마케팅 전략을 추진하는 계기가 되었다.

출처: https://www.ttimes.co.kr/article/2021060915227775599

3 문제 정의의 단계

> "잘 정의된 문제는 이미 반쯤 풀린 문제이다"
> (A problem well stated is a problem half solved)
>
> -John Dewey

공감의 단계에서 수집한 현장 자료를 스토리 공유 및 포착, 공감지도 만들기, 페르소나 작성 등의 공감 기법을 통해 분석하고 나면, 디자인사고팀이 해결에 집중해야 할 의미 있고 실행 가능한 문제 정의가 필요하다. 문제 정의는 디자인사고 절차의 첫 번째 단계인 공감 단계에서 수행한 사용자에 대한 관찰 결과들을 종합하고, 많은 정보와 데이터 중 '고객에게 의미 있는' 문제를 찾아야 하는, 쉽지 않은 단계라고 볼 수 있다. 디자인팀이 정의하는 문제가 아니라 고객이 실제로 느끼는, 고객에게 가치가 있는 문제 정의가 되어야 하기 때문이다. 결국 디자인사고의 두 번째 단계인 문제 정의는 고객에 대한 깊은 공감의 단계에서 실제로 행동할 수 있는 구체적인 문제의 진술이 필요한 단계이다.

문제의 정의와 진술하는 방법에 숙달하게 되면 디자인사고의 절차를 크게 향상할 수 있다. 문제 진술에 대한 훌륭한 정의는 디자인팀의 문제 해결을 위한 아이디어 발상을 올바른 방향으로 이끌어 주는 역할을 하기 때문이다. 공감 단계에서의 모든 연구와 목표를 취합하여 해결하기에 충분히 광범위한 몇 가지 문제 범위로 통합하는 과정이기 때문에 주요 사용자의 필요를 파악하고, 이를 조직이나 공공기관의 목표와 일치시킨 다음, 이를 해결책에 대한 아이디어를 생성하는 문구로 표현하는 절차가 필요하다. 제대로 된 문제 정의가 없다면 마치 어둠 속에서 비틀거리는 것과 같다.

문제 정의 단계의 근본적 목표는 문제의 틀을 올바르게 설정하는 것이다. 올바르게 설정된 문제에 대해서 나양한 질문을 생성할 수 있고, 이를 통해 문제에 대한 다양한 해결책이나 사고방식을 얻을 수 있기 때문이다. 우리가 해결하고자 하는 실제 문제는 무엇인지, 실제로 누가 영향을 받게 되는지, 그리고 어떤 방법으로 문제를 해결하게 되는지에 대답하기 위해 공감 단계에서 사용자와 소통을 통해서 수집한 데이터를 사용하게 된다는 것이다. 다음에서는 문제 정의에 사용되는 몇 가지 방법을 소개한다.

1) 문제 진술문 혹은 착안문

공감시노와 페르소나 등을 사용하여 얻어낸 정보를 토대로 디자인 연구자는 사용자에 대해 어떤 통찰을 찾아야 하며, 문제 진술문(problem statement) 혹은 착안문(point of view statement)은 공감 단계에서의 연구에 기반한 연구 결과를 토대로 해결되어야 할 문제에 대해 짧게 기술한 문장을 의미한다. 문제 진술문은 디자인팀이 문제를 명확히 인지하도록 도와 문제를 해결하는 방향으로 작업할 수 있도록 유도한다. 공감 단계에서 디자인팀은 도달하고자 하는 목표와 현재 상태 간 격차를 강조하고, 무엇인가 개선을 하고자 하는 경우 무엇이 잘못되었고, 무엇을 고쳐야 하는지 알려주는 역할을 하는 것이 '좋은' 문제 진술문이다. 문제 진술이 이해하기 어렵다면 문제 해결하기가 어려울 뿐 아니라 결국 엉뚱한 문제를 풀게 되거나 시간 및 재원을 낭비할 가능성이 있다.

목표 시향적인 방식으로 문제 진술을 개발하기 위해 문제 진술문 혹은 착안문이 의미있고, 실행 가능한 방법으로 제시된다. 디자인팀은 앞서 사용한 공감지도를 위한 현장 조사에서 인터뷰 대상자가 말하는 것, 행동하는 것, 느낄 만한 것, 생각할 만한 것 등을 종합하고 바디 랭귀지나 목소리 톤(tone) 등에서 통찰을 얻어 문제 진술문을 자성할 수 있다. 문제 진술을 통해 사용자와 필요(needs), 그리고 통찰 등의 몇 가지 요소를 결합하여 디자인 과제를 재구성할 수 있으며, 보통 다음의 질문을 사용하여 실행 가능한 문제 진술문 작성에 필요한 정보를 정리할 수 있다:

- Who: 누가 문제를 경험하고 있는가?
- What: 그가 경험하고 있는 문제는 무엇인가?
- When: 언제 그 문제를 경험하는가?
- Why: 그 문제를 해결하는 것이 중요한가?

문제 진술문은 문제 해결책을 찾을 수 있도록 실행 가능한 문제가 진술되어야 하지만, 제품이나 서비스 제공을 통해 사용자의 필요를 충족하는 방법에 대하여 어떤 '특정한' 지시나 해결책이 포함되어서는 안 된다. 다만, 디자인팀이 현상 유지를 넘어서는 해법에 대해 생각할 수 있도록 충분히 넓은 범위로 작성되어야 한다. 문제 정의는 단순히 해결해야 할 문제 이상으로 공감 작업 중에 발견한 내용을 바탕으로 만든 고유의 디자

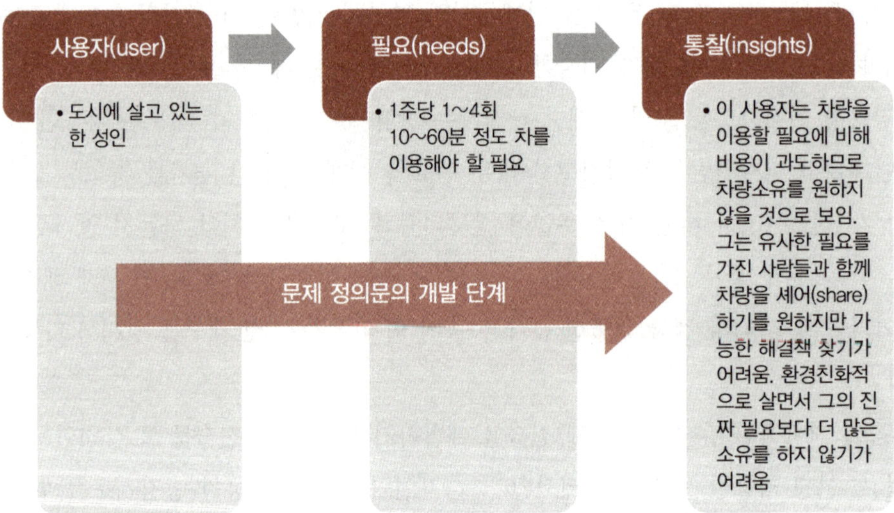

출처: Interaction Design Foundation 웹사이트, interaction-design.org

[그림 3-10] 착안문(Point of View: POV) 탬플릿

인 비전이 되어야 하며, 디자인 과정에서 '사용자의 관점'을 통해 활용할 수 있는 통찰을 만드는 것은 성공적 해결책을 만드는 데 기본이 된다.

[그림 3-10]의 사례와 같이 사용자의 유형을 먼저 정하고 가장 중요하면서도 본질적으로 충족되어야 할 필요(needs)를 현장 조사를 통해 연구한 결과에 따라 선택하여 동사(verb)로 표현한다. 사용자 유형은 예를 들면 여러 개의 페르소나 작성을 통해 통합할 수 있나. 마시막 단계에서는 수집한 정보를 종합하여 얻은 통찰을 표현한다. 일반적인 측면에서의 필요가 아니라 해결책의 디자인에 활용할 수 있는 종합적인 진술이어야 한다. [그림 3-10]의 사례에서 페르소나로 대표되는 도시 거주자 남성은 차량을 소유하기에는 이용 시간이 짧아 소유보다는 카셰어링(car sharing)이 더 어울리는 페르소나 사례다. 아마도 비슷한 페르소나를 공유하며 비용 때문에 주저하고 있는 도시 거주민이 많을 것으로 짐작할 수 있다. 이런 문제 정의문 개발 단계를 거쳐 사용자에 대한 정보, 요구 사항 및 통찰을 다음 문장에 삽입하면 문제 진술문에 삽입하여 명확하게 표현할 수 있다.

[표 3-4] 문제 진술문/착안점(POV) 양식

구성요소	진술 형태
고객(이름)	고객 OOO은 ~
고객의 필요(needs)	~ △△△△하는 것이 필요합니다.
통찰	왜냐하면 □□□□하기 때문입니다.

이런 형태의 문제 진술문은 매우 간단·명료하지만, 핵심을 찾아내는 데 유용하다. 앞서 제너럴 일렉트릭(GE)의 모험을 주제로 한 MRI 머신 개발도 바로 이런 간단한 문제 진술문을 통해 해결책을 구상하는 데 도움을 줄 수 있었다. 송동주 외(2017: 77)에서 제시된 것처럼 어린아이가 지나치게 MRI 촬영기기와 기계 소음을 두려워하여 진단 자체가 어렵게 되면 진찰할 때마다 진정제 등을 투여할 수밖에 없으므로 이런 진술문을 만들어 해결을 위한 아이디어 발상을 생각할 수 있게 된다. 이 형식을 활용하여 수많은 페르소나를 위한 문제 진술문을 만들어 [표 3-5]와 같이 표현할 수 있다.

[표 3-5] 문제 진술문/착안점(POV) 양식

예시	구성요소	진술 형태
공무원시험 면접 탈락자	고객(이름)	고객 홍길동은 ~
	필요	면접시험에서 합격하는 것이 필요합니다.
	통찰	왜냐하면: (여러 가지 통찰을 쓸 수 있다) – 면접관 앞에서 긴장을 너무 많이 하기 때문입니다. – 면접 연습이 부족하기 때문입니다. – 면접 유형을 잘 모르기 때문입니다. – 면접을 할 수 있는 지식이 부족하기 때문입니다.
코로나-19 관련 소규모 자영업자	고객(이름)	고객 홍길동은 ~
	필요	신속한 자금 지원을 받는 것이 필요합니다.
	통찰	왜냐하면: (여러 가지 통찰을 쓸 수 있다) – 임대료가 몇 개월 밀렸기 때문입니다. – 당장 생활비가 부족하기 때문입니다. – 재료를 살 자금이 부족하기 때문입니다.

민간부문 혹은 공공부문과 관계없이 우리 주변에는 우리의 관찰과 통찰을 필요로 하는 상황이나 사례가 많다. [표 3-5]에 제시된 사례는 극히 일부분일 뿐이다. 특히 시민을 섬겨야 할 공직자들에게는 문제를 관찰하고 진짜 필요를 발견해야 할 의무가 있으며, 문제 진술문 형식이 좋은 도구가 될 수 있다. 세계적 명작으로 꼽히는 팀 로빈스(Tim Robbins) 주연의 영화 〈쇼생크 탈출(The Shawshank Redemption, 1994)〉에는 오랫동안 복역하면서 도서관 책 배달 및 정리를 하던 브룩스(Brooks)라는 노인이 등장한다. 그는 복역 기간 만료로 사면이 되면서 세상에 나와 슈퍼마켓에서 일하며 열심히 살려고 했지만, 결국 그동안 바뀌어 버린 환경에 적응하지 못하고 스스로 생을 마감하고 말았다. 교도행정 혹은 경찰관이라면 문제 진술문 형식을 빌려 브룩스와 비슷한 페르소나의 인물들을 도울 방법을 강구할 수 있을 것이다.

올바른 방식이 아니거나 불분명하게 작성된 문제 진술문은 어디에서 시작해야 할지 모르게 만들거나 아이디어를 생산하는 데 실패하도록 유도하게 된다. 예를 들어, "사람들은 우리 회사의 앱으로 중요한 작업을 완료하는 데 어려움을 느낀다"라는 문제 진술문은, 다음 행동에 대한 어떠한 통찰도 주지 않는 진술에 해당한다. "고객은 손해를 보고 있다는 사실에 매우 좌절하며 혁신적인 해결책이 있어야 한다" 또는 "학생들은

[표 3-6] 일반적 진술 대 좋은 문제 정의문

일반적 진술	좋은 문제 정의문	요건
초보 엄마들은 자신 있게 아기를 돌볼 수 있을 만큼 충분한 정보를 얻지 못하며, 24시간 상담이 가능한 서비스가 필요하다.	도움이 필요한 초보 엄마들은 온라인에서 검색할 때 상충하는 육아 조언에 압도되어 혼란스럽고 외로우며, 지원받지 못한다는 느낌을 받는다.	• 특정 사용자를 거론 • 구체적 필요(및 잠재적 필요)를 밝힘 • 공감 중에 발견한 놀라운 사실 기술
과제가 언제 마감되는지 모르는 학생에게는 마감일별로 수업 과제를 정리하는 새로운 시스템이 필요하다.	4개 이상의 과목을 수강하는 학생은 마감일이 5개 이상이면 과제의 마감일을 확인하기 어려워 마감일을 놓쳐 감점을 당하게 된다.	

과제가 언제 마감되는지 잘 모르므로 마감일까지 수업 과제를 정리해주는 새로운 시스템이 필요하다" 같은 문제 진술도 명확하지 않은 문제가 있다. 좋은 문제 진술문은 아이디어에 영감을 주고, 문제 해결을 시작하는 방법에 대한 어떤 단서를 제공하는 것이다. [표 3-6]은 좋은 사례와 나쁜 사례를 비교하고 있다.

결론적으로 문제 진술 혹은 착안문은 문제에 대한 간단한 설명이지만, 현재 상태와 원하는 상태 간의 격차를 알 수 있게 해준다. 실행 가능한 좋은 문제 진술은 명확하고, 구체적이며, 측정할 수 있고, 달성 가능해야 한다. 디자인으로 문제를 해결하거나, 혁신적인 잠재적 해결책을 찾으려고 하는 경우 문제 진술이 필요하다. 문제 진술문을 작성할 때 이해관계자가 누구이며, 그들의 요구 사항이 무엇인지를 고려할 수 있다면 좋을 것이다. 과정에 이해관계자가 참여한다면 처음부터 모든 사람이 같은 생각을 공유하면서 순조롭게 진행할 수 있기 때문이다.

2) HMW 형식문

문제 진술문 혹은 착안문은 문제에 대해 명확한 정의를 함으로써 디자인팀에게 현 상태와 목표로 하는 상태 간 격차를 인식할 수 있도록 도와주는 역할을 하고, 팀원이 문제의식을 공유하도록 돕는 역할을 한다면, 보다 구체적으로 문제 해결을 위해 X 또는 Y를 디자인해야 하는 상황에 적합한 형식으로 브레인스토밍하는 데 흔히 쓰이는 것이 '어떻게 하면(how might we: HMW)' 형식문이다. 단순히 'X 또는 Y를 디자인해야 한다'라고 표현하는 대신 특정 디자인 과제에 대한 새로운 아이디어와 해결책을 모색하는 가운데 '어떻게 하면 ~할 수 있을까'라는 형식의 의문문이 아이디어 발상을 돕는 보다 구체적인 문장촉진제가 될 수 있다는 것이다.

'어떻게 하면 ~할 수 있을까'라는 질문은 의도적으로 모호함을 유지하면서 다양한 가능성을 열어놓는 질문이다. 이는 조사 단계인 공감하기에서 문제에 대한 심층적 질문을 통해 핵심적 필요를 문제 정의 단계에서 종합하여 표현한 것을 바탕으로, 아직 답을 찾지 못했음을 의미하는 문장이라는 것이다. '어떻게(how)'는 해법이 어떠해야 한다고 생각하는 것을 실행하는 데 그치지 않고 다양한 시도를 탐색하는 데 도움이 된다. '~하면(might)'은 디자인팀 대응이 유일한 것이 아니라 하나의 가능한 해결책이라는 의미이며, '우리(we)'는 협업, 즉 집단적 팀워크를 통해서 해결책을 찾아나가야 함을 의미한다.

문제 진술문에서 디자인 과제를 정의했다면, '어떻게 하면 ~할 수 있을까'라는 형식문은 구체적 질문을 통해 문제 진술 혹은 착안점을 구체화할 수 있다. 예를 들어서, '어떻게 하면 환경친화적이고, 저렴하며, 더 많은 사람이 쉽게 공유할 수 있는 무인 자동차를 설계할 수 있을까'라는 HMW 형식의 질문이 단순히 문제를 진술하는 것을 넘어서 아이디어를 탐색할 수 있는 장(場)을 열어준다는 것이다. 앞서 스탠포드대 디자인스쿨 사례에서도 학생들이 네팔의 미숙아와 산모의 어려움을 관찰하고, "어떻게 하면 외딴 마을의 산모가 죽어가는 미숙아의 체온을 유지하여 생명을 살릴 수 있도록 할 수 있을까"라는 HMW 형식문을 통해 문제를 제대로 정의하고, 휴대형 인큐베이터(슬리핑 백) 개발하는 데 이르게 되었다(Kelley & Kelley, 2013). 따라서 HMW 형식문은 문제 정의 단계에서 아이디어 발상(ideate) 단계로 넘어가는 가교 구실을 한다. 이 질문 형식은 새로운 아이디어의 장을 열고, 현재 답을 알지 못한다는 사실을 인정하며, 문제 해결을 위한 협업적 접근 방식을 촉진하는 방식으로 구성된다. 예를 들어, "10대 소녀들이 건강하게 성장하기 위해서는 영양가 있는 음식을 섭취해야 한다"라는 문제 정의문 혹은 착안점을 제시했다고 가정해보자. 이 정의문과 관련된 HMW 형식문은 [표 3-7]과 같이 여러 형태를 띨 수 있으며, 위에 제시된 HMW 형식문은 각기 조금씩 다른 접근 방식을 생각해 볼 수 있는 미묘한 뉘앙스의 차이가 있다.

[표 3-7] 문제 진술문에서 HMW 형식문으로 전환하기[22)]

문제 진술문/착안문	HMW
"10대 소녀들이 건강하게 성장하기 위해서는 영양가 있는 음식을 섭취해야 한다"(일반 진술). "15세인 Jane은 또래 소녀들에게 소속감도 느끼면서 건강한 음식을 쉽게 섭취할 수 있어야 한다"(구체적 문제 진술문).	-"어떻게 하면 10대 소녀에게 건강한 식습관을 매력적으로 어필할 수 있을까?" -"어떻게 하면 10대 소녀들이 더 건강한 식습관을 갖도록 영감을 줄 수 있을까?" -"어떻게 하면 10대 소녀들이 열망하는 식습관을 만들 수 있을까?" -"어떻게 하면 10대 소녀들이 쉽게 접근하도록 영양가 있는 음식을 더 저렴하게 할 수 있을까?"

HMW 형식문을 사용하는 이유는 문제 해결이 가능하다는 것을 암시하고 다양한 방식으로 답변할 기회를 제공하기 위함이다. 위의 사례에서 10대 소녀들은 건강한 신체를 유지하기 위해 좋은 음식을 섭취할 필요가 있지만, 동시에 사회적으로도 동료 또래 집단으로부터 인정도 받아야 할 필요가 있기 때문이다. 건강을 위해 10대 소녀가 매일 학교에서 냄새가 심한 전통 약제 먹는 것을 선뜻 받아들이리라 보기 어렵다. 적절하게 구성된 HMW 형식문은 특정 해법을 제시하는 것은 아니지만 혁신적 사고를 위한 좋은 틀을 제시해준다. 그러나 명확한 목표에 대한 진술이 없다면, '어떻게 할 것인가'라는 HMW 형식문은 무의미한 부분이기 때문에 서로 밀접하게 연관되어 있다.[23)]

22) 내용 및 사례 참조, Interaction Design Foundation 홈페이지, https://www.interaction-design.org/literature/article/define-and-frame-your-design-challenge-by-creating-your-point-of-view-and-ask-how-might-we

23) '어떻게 하면 ~할 수 있을까' 형식문과 비슷한 유형의 실문으로는, '어떤 방법으로 ~(In what ways might we~?)', '무엇이 우리를 ~으로부터 막고 있는가(What is stopping us from~?)', '어떤 방식으로 우리는(In what ways could we~?)', '만약 ~한다면(What would happen if~?)' 등으로 확장해서 사용할 수 있다. 내용 출처: https://www.interaction-design.org/literature/article/define-and-frame-your-design-challenge-by-creating-your-point-of-view-and-ask-how-might-we. 이밖에도 '5 Whys' 같은 방법은 아이디어 발상 방법으로도 쓰이지만 '왜?'라는 질문을 반복하여 문제의 근원에 도달하는 방법으로 널리 쓰인다. 모든 문제에 하나의 근본 원인만 존재하는 것은 아니기 때문이다.

☛ 결식아동을 위한 급식카드 혁명

2005년 이래 우리나라 지방자치단체에서 경제적으로 어려운 형편에 있는 기초생활수급자 또는 차상위계층 자녀가 학교에서 급식을 받지 못해 성장기 충분한 영양을 공급받지 못하는 경우를 방지하기 위해 바우처(voucher) 형식으로 일반 음식점 등에서 끼니를 해결할 수 있도록 아동급식카드를 발급하기 시작하였다. 지역당 지원금액이 조금씩 다르기는 하지만 사전에 지정된 가맹점에서 사용할 수 있게 설계되었다.

고교생인 A군은 얼마 전 배달 음식을 시켰다가 배달원이 가지고 온 휴대용 카드 결제기에서 아동급식카드가 읽히지 않아 얼굴을 붉힌 적이 있었다. 이전에도 중국집이나 분식집에서도 비슷한 경험을 하여 미리 급식카드를 쓸 것이라고 이야기해야 했다. 카드가 마그네틱으로 되어 있어 전용 리더기가 없는 음식점에서는 사용할 수 없었고, 가맹점에서도 마그네틱 전용기에 따로 결제해야 했기 때문이다. 이 때문에 A군은 점차 전용 리더기를 구비한 편의점에서 라면이나 도시락을 사서 먹는 횟수가 많아지게 되었다.

이 사례로 문제 정의문이나 착안문을 작성한다면, "10대 청소년은 끼니를 해결하면서도 사회적으로 눈치를 보지 않고 아동급식카드를 사용할 수 있어야 한다. 왜냐하면 사회적 낙인효과를 피해 또래 집단으로부터 따돌림을 당하지 않아야 하기 때문이다." 정도로 작성할 수 있다. 이를 HMW 형식문으로 변환하면, "어떻게 하면 A군이 눈치 보지 않고 음식점에서 아동급식카드를 사용할 수 있을까?" 정도가 되지 않을까? 실제로 2022년 1월에서 6월까지 전국 급식카드 사용량을 보면 40%가 넘는 사용처가 편의점이었고, 일반음식점과 마트는 각각 25%, 17%대에 머물렀다. 이에 광주광역시 등 지방자치단체는 아동급식카드를 신한카드와 협약을 맺어 IC칩 내장형으로 바꾸고, 카드에서 아동급식카드임을 알 수 있는 표식이나 명칭을 제거하여 일반카드와 식별하기 어렵게 만들어 눈치 보지 않고 편안하게 사용할 수 있도록 배려하였다. 이에 따라 편의점 사용은 대폭 줄고, 일반음식점에서 사용 빈도가 훨씬 늘어난 효과를 거둘 수 있었다.

출처: 한겨레신문, 2022년 9월 25일자

4 결어

스탠포드대에 약 3천 5백만 달러를 기부하여 디자인스쿨의 설립에 공헌한 독일의 기업용 소프트웨어 전문회사 SAP의 창업자인 하소 플래트너(Hasso Plattner)는 독일에 세계 최고의 엔지니어들이 있으나 이들의 아이디어와 발명품이 좀처럼 실리콘밸리의 기업들처럼 혁신으로 연결되지 못하고 사장되는 것에 의구심을 품게 되었다. 그는 SAP 초기 기업가적 정신으로 고객과 가까웠던 것을 기억하며 당시의 기업가적 정신을 잃어버린 것이 아닌가 걱정하는 가운데 데이비드 켈리 교수 등을 통해 디자인사고를 접하게 되었다. 플래트너 회장은 디자인사고가 인류에게 더 높은 수준의 혜택을 주게 될 것으로 전망하면서, 디자인사고가 일부 '증상'만 치료하는 것이 아니라 문제를 근본적으로 해결하는 역할을 한다고 주장하였다. 이후 그는 디자인사고 전도사가 되어 독일 포츠담 대학에도 디자인스쿨을 설립하는 등 기업가적 정신을 되살리기 위해 노력하고 있다.

플래트너 회장이 주장한 '문제의 근본적 해결'은 바로 사용자인 고객의 필요에 깊이 공감하고 더 근본적인 이해를 통해 가능하다는 것이다. 플래트너의 처지에서는 단순히 외국이나 나른 회사의 좋은 사례를 벤치마킹하는 것을 혁신으로 여기던 관점에서 벗어나, 고객의 필요와 선호에 깊이 공감하고 문제를 정의하는 과정을 거쳐서 벤처 정신을 되살리고, 기업가적 정신으로 혁신할 수 있는 디자인사고가 필요하다고 보았다. 그러한 혁신은 바로 인간에 대한 올바른 이해와 공감을 통해 문제를 올바르게 정의함에서 시작된다고 보았다.

앞서 살펴본 바와 같이 인간 중심적 접근을 통해 고객인 사용자의 진짜 문제를 발견하여 문제를 해결하는 혁신적 방법을 찾으려는 디자인사고는, 실질적으로 공감과 문제정의 단계가 핵심적 단계로 볼 수 있다. 후속 과정인 아이디어 발상, 프로토타입, 그리고 테스트는 결국 공감-문제 정의 단계에 준거기준을 두고 진행되기 때문이다. 즉, 자신이 발상하고 있는 아이디어나, 빠르게 생성해 낸 프로토타입이 원래 의도한 대로 공감 및 문제 정의의 범위 내에 있는지 확인하는 중요한 리트머스 시험지와도 같은 것이다. 관찰과 인터뷰 등의 현장 조사를 통해 얻은 원시 데이터를 의미 있고 사용 가능한 방식으로 합성하는 단계를 거쳐, 디자인을 위한 문제 진술문 또는 착안문을 작성하고, '어떻게 하면~(HMW)' 형식의 질문을 통해 아이디어를 탐색하는 과정으로 이어지게 된다. 이 과정을 통해 혁신적인 방식으로 디자인 과제를 해결할 수 있게 된다.

공감 및 문제 정의 단계는 앞으로의 분위기를 설정하고, 실행 가능한 계획을 수립하기 위해 매우 중요하고 쉽지 않은 단계 중 하나다. 이 단계를 거쳐 세 번째 단계인 아이디어 발상으로 넘어가게 되며, 브레인스토밍 등 여러 가지 방법을 통해 사람 중심의 해결책 발상을 위한 과정에 들어가게 된다. 이런 방식으로 디자인사고는 그저 '뻔한' 해결책에서 벗어난 사고를 할 수 있게 되는 것이다.

CHAPTER

04

디자인사고의 과정: 아이디어의 발상

1. 아이디어 발상의 단계
2. 아이디어 발상을 위한 방법
3. 아이디어의 수렴과 정리
4. 맺음말

사용자인 고객에 공감하고 문제를 명확하게 정의하는 단계를 거쳤다면, 이제 디자이너 혹은 디자인팀이 문제 해결을 위해 문제에 대한 기존의 가정에 도전하고, 갇힌 사고에서 벗어나 미지의 영역을 탐색하면서 아이디어를 발상하는 단계에 돌입하게 된다. 즉, 바로 전 단계인 문제 진술 혹은 착안문에서 나타난 문제를 해결하기 위해 아이디어를 발상하고 평가하여 구체화하는 작업이 필요하다는 것이다. 이 단계에서 디자인사고 과정의 참가자들은 열린 마음으로 가능한 한 많은 아이디어를 생산하도록 유도하게 된다.

디자인사고의 세 번째 단계인 '아이디어 발상(ideate)'은 하나의 최적의 해법을 찾아내기 위한 단계라고 보기 어렵다. 이 단계에서는 문제 진술에 근거한 회의에서 나온 아이디어에 대한 비판이나 평가를 자제하고, 될 수 있으면 양적으로 많은 아이디어를 생산하는 것이 목표가 된다. 흔한 일반적 아이디어 기획 회의라면 아마도 상사가 어떤 계획을 이야기하고, 상사가 하는 말을 귀 기울여 듣다 보면 모든 아이디어가 어느새 한 방향으로 설정되어 팀원의 강점과 창의성이 사라지는 경험을 하게 될지도 모른다. 이 과정을 거쳐서 팀원들은 하나의 주요 아이디어를－즉, 상사의 아이디어－뒷받침하는 보조적 아이디어만 만들어내는 악순환을 겪게 될 수도 있다. 그러나 디자인사고는 이런 일반적 아이디어 기획 회의와는 달리 팀원 간 긴밀한 협업을 하고 독립적인 사고를 할 수 있다는 점에서 다르며, 팀원들의 창의적 아이디어를 활용할 수 있다는 강점이 있다.

물론 팀원들 간 아이디어의 자유로운 발상을 통해 가능한 한 많은 '가능한 해결책'을 내놓을 수 있다는 것에 대해 회의적인 견해가 있다. 대체로 수직적 조직구조를 이루고 있거나 경직적인 환경에 놓여있는 경우라면 자유로운 의사소통과 의견 개진이 쉽지 않을 수 있다는 것이다. 예컨대, 2010년 EBS 교육방송의 〈다큐프라임〉에서 질문을 좀처럼 하지 않는 한국인의 문제에 다루는 과정에서 다소 충격적인 방송을 송출한 적이 있다. 문제의 장면은 2010년 9월, 버락 오바마(Barack Obama) 미국 대통령이 G20 서울 정상회의 폐회식 기자회견을 하면서 개최국인 한국 기자들을 위해 특별히 질문을 할 수 있는 우선권을 주겠다고 몇 차례 제안하였으나 아무도 질문하지 않았던 장면이었고, 결국 중국 기자에게 질문권이 넘어가게 되었다.[1] 사회적 체면에 해당하는 영어 표현인 'social face'가 있음에도 불구하고 굳이 'chemyeon(혹은 'the Korean face')'이라는 단어가 고유명사가 될 정도로 경직된 분위기 속에서 과연 창의적이고 자유로운 아이디어 교환이 가능하냐는 회의적 반응이 많다는 것이다. 아마도 회의가 있는 아침이면 독자들도 출근하기 싫을지 모른다. 조직의 리더가 '의견을 자유롭게 말해 보세요'라고 말한다면 더욱 침묵이 흐를 가능성도 있다. 그러나 디자인사고의 아이디어 발상 단계에서는 이러한 조직의 구조적, 환경적 장애요인을 제거하고, 제약조건까지도 극복하여 아이디어를 발상을 촉진할 수 있는 방법을 제시하고 있다. 다음에서는 창의적 아이디어 발상을 위해 어떤 조건이 필요한지, 어떤 방법들이 있는지 기술한다.

1 아이디어 발상의 단계

디자인사고의 세 번째 단계인 아이디어 발상은 아이디어를 생산하고 평가하여 원래의 디자인 목적에 부합하는 아이디어를 선택하는 단계라고 볼 수 있다. 디자인 솔루션을 찾기 위한 관점을 확보하기는 전혀 쉽지 않다. 그저 여러 해결책 중에 하나를 찾는 것이 아니라, 기존의 가설을 뛰어넘는 창의적 해결책을 찾는 과정이기 때문이다. 아이디어 발상은 조사와 관찰을 통해 사용자에 대한 통찰을 얻는 단계인 공감하기와 통찰 내에서 연결고리와 패턴을 찾아 의미 있고 실행 가능한 문제 진술문 혹은 착안점을 만드는 문제 정의 과정에 이어 디자인사고의 세 번째 과정에 해당한다.

1) 아이디어 발상의 조건과 중요성

아이디어를 발상하는 데는 몇 가지 조건이 필요하다. 첫째, 아이디어를 찾기 전 디자인팀은 해결해야 할 문제를 명확하게 정의해야 한다. 즉, 사람들에게 영감과 지침을 줄 수 있는 문제 진술 혹은 착인이 필요하다. 앞서 본 바와 같이 '어떻게 하면~(HMW)' 형식문은 문제를 재구성하고 잠재적인 해결책을 향한 효과적인 협업을 유도하는 데 도움이 된다. 하나의 문제 진술에도 여러 해결책이 있을 수 있으므로, 디자인팀을 모아

1) 관련 기사로는 미디어오늘, 2014년 2월 3일자 참조, http://www.mediatoday.co.kr/news/articleView.html?idxno=114621

아이디어를 생산하고, 기존의 한계를 뛰어넘기 위한 노력이 필요하다.

둘째, 아이디어는 기존의 한계를 뛰어넘어 문제를 해결할 수 있다는 긍정적인 마인드를 필요로 한다. 즉, 새로운 아이디어의 발상과 공유는 불가능하거나 실패할 가능성에 관한 생각보다 긍정적인 마음가짐, 즉 마인드 스크라이빙(mind scribing)이라는 조건이 갖추어져 있을 때 아이디어가 도출될 수 있다는 것이다(에이블런, 2023: 38). 사람들은 함께 모여서 아이디어를 발상할 때 공동으로 작업하고 있는 구성원의 잘못을 찾으려는 습관을 가지고 있다. 디자인사고는 가능한 한 빨리 '올바른' 아이디어를 찾는 것이 아니라 먼저 많은 아이디어를 생각해 내는 것이다. 따라서 아이디어 발상 단계에서는 가급적 아이디어에 대한 평가를 자제하고, 긍정적으로 발전시키려는 노력이 필요하다.

셋째, 적절한 아이디어를 생각해 내는 방법이 필요하다. 아무리 문제 정의가 잘 되었더라도 많은 아이디어를 생각해 내기란 쉽지 않기 때문에 적절한 방법을 사용하여 아이디어를 풍성하게 발상하는 방법의 도움을 받을 필요가 있다. 전통적으로 유명한 브레인스토밍(brainstorming)과 같이 흔히 알려진 방법을 포함하여 브레인라이팅(brain-writing), 브레인워킹(brain walking), 스캠퍼(SCAMPER) 기법 등 여러 방법이 개발되어 이미 디자인사고에 활발하게 쓰이고 있다.

이러한 조건들이 어울려 아이디어 발상 단계가 원활하게 이루어진다면 사용자인 고객과 문제에 대해 알아보는 것에서 해결책을 제시하는 단계로 넘어가는 중요한 과도기를 거치게 되며, 사용자가 놓치고 있던 획기적인 솔루션을 찾는 데 도움이 될 것으로 기대된다. 아이디어가 그럴듯한지 아닌지는 크게 중요하지 않으며, 이미 해왔던 뻔한 해결책을 넘어서는 모험을 경험하게 된다.

아이디어 발상 단계는 일단 혼자가 아닌 팀으로 협업을 통해 독립적 사고를 할 수 있다는 점에서 일반적 아이디어 기획 세션과는 다른 점이 있다. 팀을 이용하는 것이 강점이라는 것이다. 아이디어 발상은 단순히 상사의 아이디어를 보조하는 역할에 그치는 것이 아니며, 첫 번째 제안된 해결책이 항상 옳은 것도 아니다. 때로는 여러 아이디어를 결합하고, 수정하며, 서로 다른 관점을 공유할 때 최고의 아이디어가 나올 수 있다는 가치관을 따르고 있다는 것이다. 때로는 혼자서 작업한 다음 함께 작업하거나, 투표를 통해 각 개인을 고려하는 민주적 프로세스를 거치기도 하며, 때로는 돌아다니며 팀원이나 고객에게 질문하고 의견을 수렴하는 과정을 거치기도 한다. 이 단계에서는 결국 좋은 아이디어 하나보다는 어리석고 이상하게 보여도 될 수 있으면 많은 아이디어를 내는 것이 중요하다.

2) 아이디어 발상의 단계: 확산적 사고와 수렴적 사고

아이디어 발상의 가장 중요한 요소는 팀으로 함께 작업하는 과정에서 어떤 판단도 일단은 자제하는 것이며, 모두가 개인적으로 정답을 얻기 위해 노력하는 것이 아니라 팀원으로서 팀의 최종목적, 즉 사용자의 필요를 해결할 수 있는 아이디어 발상이라는 목표를 달성하기 위해서 노력한다는 것이다. 이 아이디어 발상의 공간에서 팀원들은 자신의 아이디어와 상상력을 충분히 발휘하여 창의적 해결책을 생각해 낼 기회를 부여받게 된다. 어린아이를 키우는 부모의 처지를 생각해보자. 아이가 말을 배우기 시작하면 '왜'라는 질문을 무척 많이 하게 된다. 궁금한 게 너무 많은 아이가 질문을 많이 하게 되는데, 그 질문을 평가하거나 '안돼'라는 대답이 빈번하게 나온다면, 어느 순간 그 아이는 흥미를 잃거나 좌절하게 될 것이다.

아이디어 발상에서는 문제 정의 단계에서 만든 문제 진술문을 해결하기 위해 단 하나의 정답이 아니라 여러 아이디어를 내는 것이 중요하고, 특히 초기 단계에서는 선택

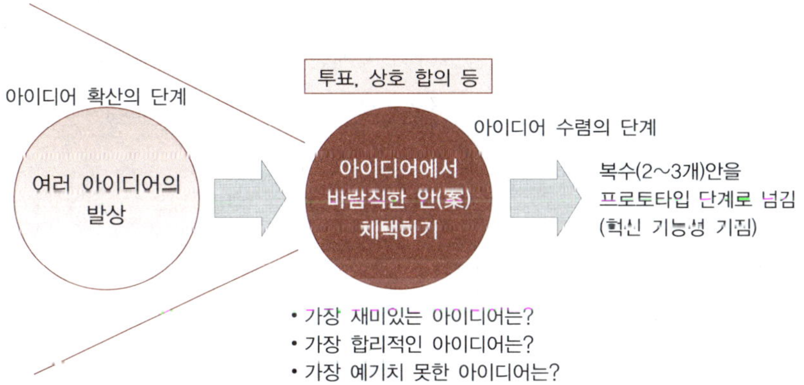

[그림 4-1] 아이디어 발상의 확산 및 수렴적 사고

가능한 아이디어의 폭을 넓히는 것이 필요하다. 그 후 파악한 문제 영역과 창의력을 바탕으로 해결책을 통합하는 단계로 넘어가게 된다. 하나의 문제 진술문에 단 하나의 해결책만 있는 것이 아니며, 여러 해결책 중에서 가장 실현 가능성이 크고, 고객을 만족시킬 수 있는 아이디어를 선택해야 한다는 것이다. [그림 4-1]과 같이 아이디어 발상 초기 단계에는 확산적 사고로 가능하면 많은 숫자의 유연한 아이디어를 생산하도록 유도한다. 유연하다는 의미는 팀 동료가 내놓은 설익은 아이디어에 내 생각을 덧붙여 응용하는 형태로도 계속해서 아이디어를 확대, 재생산할 수 있기 때문이다. 초기 단계에서는 여러 이해관계자들이 함께 아이디어를 내고 해결책을 모색하는 것이 바람직하며, 때로는 어리석고 이상하게 보여도 판단을 유보하면서 될 수 있으면 많은 아이디어를 내도록 유도하는 것이 필요하다. 상상력을 자극하는 질문을 통해 떠오르는 아이디어를 적고, 기록하면서 양적으로 아이디어를 폭넓게 생각해 내는 것이 중요하다.

이 단계가 지나게 되면 제안된 아이디어를 종합하고 분석하여 일정한 기준에 따라 유사한 아이디어를 정리해나가는 수렴 단계를 거치게 된다. 디자인팀 구성원의 합의에 따라서 몇 가지 기준, 예컨대 어떤 아이디어가 가장 재미있고, 합리적이며, 생각지도 못한 것인지를 기준으로 확산 단계에서 확보한 아이디어를 평가하고 유사한 아이디어끼리 정리해나가기 시작한다. 투표 등을 사용하여 여러 아이디어 중에 가장 바람직한 아이디어를 선택할 수 있다는 것이다(송동주 외, 2017). 물론 이 과정에서도 너무 터무니없는 아이디어의 경우에는 지우고 싶은 마음이 생길 수 있으나, 때로는 엉뚱한 아이디어가 천재적인 아이디어에 가까운 경우도 있다. 수렴 단계에서는 아이디어가 가진 장·단점을 분석하고 개선할 점을 꼼꼼하게 따지는 단계라고 볼 수 있다. 이런 과정을 거쳐 선택된 복수의 2~3개 안은 가장 적은 비용으로 시제품이나 모의 서비스의 형태로 변환하는 프로토타입(prototype)의 과정으로 이행되게 된다.

2 아이디어 발상을 위한 방법

기업이나 조직 연구자들이 창의적 아이디어의 생산을 위해 도움이 될 만한 기법들을 제시한 것만 해도 수백 가지가 넘을 것이다. 일단 아이디어 발상을 위해 팀원들이 모였다면, 적절한 물리적・정신적 환경이 조성되어야 하고, 그 환경은 처한 상황에 따라 유연하게 대처할 수 있다. 물리적 환경은 아이디어 발상을 위해 자연광이 많이 들어오는 공간과 큰 화이트보드 혹은 빈 벽의 확보, 산만하지 않은 분위기 등을 의미한다. 회의 테이블 앞자리에 앉은 사람이 주도하기보다는 참석자 모두가 평등하고 편안하게 느낄 수 있는 공간이 필요하다. 정신적인 측면에서도 원래 독립적인 작업을 좋아하는 사람이라면 팀워크 중심으로 아이디어를 발상하기 쉽지 않을 수 있다. 따라서 공동작업을 위해 긴장감을 낮추고 편한하게 작업할 수 있는 환경 조성이 필요하다. 이런 조건들을 고려하면서 아이디어의 발상을 위해 가장 많이 사용되어 온 방법들을 중심으로 다음에서 소개한다.[2)]

1) 브레인스토밍

브레인스토밍(brainstorming)은 20세기 초 창의적 사고에 깊은 관심을 보여 온 뉴욕 출신의 광고대행 사업가이자 창의성 이론가인 오스본(Alex F. Osborne)에 의하여 소개되었으며, 본격적으로 알려지기 시작한 것은 1953년 출간된 그의 책, 『상상의 응용: 창의적 사고의 원리와 절차(*Applied Imagination: Principles and Procedures of Creative Thinking*)』의 출간 이후이다(Besant, 2016). 『옥스퍼드 사전』에 "아이디어와 문제 해결 방법을 생산하기 위한 자발적인 집단 토론"을 의미하는 브레인스토밍은 뇌(brain)와 폭풍(strom) 두 단어가 합성되어 뇌에 폭풍이 일어난다는 의미로 짧은 시간에 많은 아이디어를 생산하는 것이 목적인 집단 토의에서 가장 많이 활용되어 온 방법이라고 볼 수 있고, 앞으로 소개할 많은 방법은 큰 틀에서 브레인스토밍의 일종이라고 볼 수 있다. 오스본은 창의적 아이디어의 발상을 위하여 브레인스토밍 과정을 설계하면서 몇 가지 규칙을 제시하였는데, 첫째, 브레인스토밍 과정의 목표로써, 가능한 한 많은 아이디어

2) 아이디어 발상을 위한 물리적, 정신적 환경 조성에 관한 것은 Workshopper.com 참조, https://www.workshopper.com/post/design-thinkings-exciting-third-phase-ideating, 이 밖에도 효과적 아이디어 발상을 위해 15~20분 정도의 시간 제약을 설정하고, 어떤 아이디어가 나와도 '예(yes)'라는 대답을 통해 긍정적인 분위기를 조성하여 자신감을 장려하는 분위기 조성, 아이디어의 시각화 등을 통해서 아이디어를 효과적으로 발상하기 위한 환경을 조성하는 팁이 제시되어 있다.

를 창출하는 것이었다. 둘째, 오스본은 브레인스토밍 과정에서 나온 아이디어는 가급적 필터링을 통해 제거하지 않고 유지하기를 원했기 때문에, 모든 판단은 아이디어 발상 과정이 끝난 후로 미룰 것을 제안하였다. 셋째, 앞서 밝힌 대로 엉뚱하거나 이상한 아이디어도 창의성이라는 측면에서 오히려 장려되었다. 넷째, 참가자들이 아이디어를 서로 결합하거나 상호 간 개선할 수 있도록 허용되었다는 것이다(Besant, 2016). 이와 같은 기원을 가진 브레인스토밍은 사전적 의미를 떠나 일반적으로 문제를 창의적 방식으로 해결하는 의미와 동일시되면서 대중에게 보급되었다.

(1) 디자인사고와 브레인스토밍 준비작업

디자인사고에서 브레인스토밍이 중요한 이유는 결국 모든 아이디어를 소수의 구성원에게 의지하는 조직은 참신한 아이디어가 부족해지거나 비슷한 아이디어가 반복되는 경우가 많기 때문이다. 브레인스토밍을 통해 생산된 다양한 아이디어는 때로는 실행하기 어려운 사례도 있으나, 다른 사람들과 함께 브레인스토밍하는 경우 새롭고 유용한 아이디어로 발전할 수 있다. 모든 팀원이 아이디어를 생각하고 공유하는 과정을 통해 팀 관계의 발전도 도모할 수 있고, 자신의 업무에 책임감을 가지는 효과도 존재한다. 무엇보다도 디자인사고 과정에서는 일반적으로 통용되는 아이디어가 아닌 독창적 아이디어를 떠올리는 것에는 개인보다 팀으로 일하는 것이 유리하다는 것이다.[3]

브레인스토밍을 통해서 무엇을 달성하고자 하는가? 어떤 문제를 해결하고자 하는가? 브레인스토밍 절차를 시작하기 전 핵심적인 질문이다. 디자인팀 구성원은 명확한 목표를 염두에 두고 브레인스토밍에 참여해야 하며, 질문을 통해 참가자가 가능한 한 많은 아이디어를 내고 해결책을 향해 생각하도록 유도해야 한다. 예를 들어, 한 문제당 10개의 아이디어를 도출하는 것이 목표라면, 무엇을 위해 노력해야 하고 언제 중단해야 하는지 정확히 알 수 있어 시간을 효율적으로 사용하는 데 도움이 된다. 너무 경직될 필요는 없지만, 토론주제와 관련이 없거나 유용하지 않은 주제에 얽매이는 경우를 방지하기 위해 미리 의제를 정하고, 기본 규칙을 설정해 두는 것이 토론이 순조롭게 진

3) MIT ID Innovation 홈페이지 참조, https://mitidinnovation.com/recreation/what-is-the-role-of-brainstorming-in-design-thinking/

행되는 데 도움이 될 수 있다. 다음은 효율적 브레인스토밍에 도움이 되는 몇 가지 규칙이다.

- 한 번에 하나의 아이디어만 토론하기
- 서로 손을 들고 말하고, 다른 사람과 이야기하지 않기
- 주제에 집중하고 아이디어에 관한 판단과 비판을 자제하기
- 많은 아이디어가 결합하면 더 좋은 아이디어로 개선 가능함을 주지하기
- 가능하면 팀원이 이 지침을 준수하도록 진행 책임자(facilitator)를 지정하기

브레인스토밍을 위한 적절한 환경과 공간을 설정하여 집중력과 명확한 사고에 도움이 되도록 하는 것도 중요하다. 시간과 장소는 생각보다 큰 영향을 미친다. 때로는 일상적인 루틴(routine)에 변화를 주는 것도 필요하며, 효과적인 브레인스토밍 세션이 진행되도록 도구 상자를 준비하여 포스트잇, 화이트보드(혹은 칠판, 빈 벽 등), 마커(marker), 혹은 구글(Google) 문서 도구에 미리 접근하는 등의 준비를 하는 것이 좋다. 전체적으로는 순서도 등 시각적 요소를 도입하여 구성원들이 의식의 흐름을 정리하고 토론을 유도하는 데 도움이 되도록 운영하는 것이 필요하다.

(2) 창의성 향상을 위한 브레인스토밍 진행과 정리

소규모의 팀원을 중심으로 브레인스토밍을 진행하면서 구성원의 창의성을 높이고 참신한 아이디어를 발상하려면 약간의 제한을 주거나 어떤 시나리오를 주고 진행하는 것이 좋다. 앞서서 '어떻게 하면~(HMW)' 형식문을 적절히 사용한다면 구성원들이 문제에 집중하여 좀 더 많은 아이디어를 생산하는 데 도움이 된다. 또한 경직된 분위기를 풀기 위해 본격적으로 브레인스토밍을 시작하기 전 두뇌 게임 같은 것을 통해서 생각을 풀리게 하는 데 좋다. 예를 들어, GE사의 MRI 사례에서 보았듯이, '어떻게 하면 아이들이 MRI 장비를 재미있게 인식할 수 있을까?'와 같은 질문이나 '어떻게 하면 아프리카 아이들이 무거운 물을 길러 먼 거리를 이동하지 않아도 될까?', '어떻게 하면 학생들의 요구에 맞게 교실 디자인을 할 수 있을까?' 같은 문제 진술문은 브레인스토밍 과정에서 잠재적 해결책에 대한 아이디어를 생산하는 데 큰 도움이 된다. 보통 창의적 아이

디어의 발상을 위해 방법을 사용하여 브레인스토밍 세션에서 이용할 수 있는데 몇 가지 예는 다음과 같다.[4)]

- 방아쇠 질문(trigger question)의 사용: 생각을 자극할 수 있는 특이한 조건 등을 제시하여 상상력을 극대화하고 창의적 생각을 촉진할 수 있다.
- 극단적 시나리오: 극한 상황에 브레인스토밍 팀을 배치하여 해결책을 생각해내도록 돕는 방법이다. 예컨대, 자금력이 풍부한 기존의 기업이 우리 시장을 빠르게 잠식하고 있다면 어떻게 할 것인가?
- 롤 플레잉(role playing): 역할 연기, 역할극을 시도하여 사용자 및 고객에게 해결책을 제공하려는 사람들의 입장이 되어 보는 것이다. 비슷한 방법으로 문제와 관련된 이해관계자를 나열하고 일부 역할을 전환하거나 단계를 바꾸어 참신한 아이디어의 생산을 시도하는 것이다.

아이디어 생산 단계에서 브레인스토밍 세션을 통해 팀은 최소 50개 이상의 아이디어를 생성하면서 확산적 사고를 하게 되며, 이 아이디어들은 간결하고, 거칠며, 완제품 혹은 서비스가 되기 전 조립 혹은 결합해야 할 원자재처럼 광범위하다. 브레인스토밍 과정을 거쳐서 생산된 아이디어는 이제 여러 클러스터(cluster)로 분산 배치하거나, 결합, 선택 등의 과정을 거쳐 수렴의 과정으로 들어가게 된다. 예를 들면, 2000년대 초반, 미국 4대 은행 중 하나인 뱅크오브아메리카(Bank of America: BoA)는 좀처럼 늘지 않는 신규 계좌고객을 어떻게 하면 늘릴 수 있을까 고민하고 있었다. 특히 안정적인 은행권은 혁신이 거의 일어나지 않는 산업 분야 중 하나로 알려져 있었기 때문에 창의적인 해결책을 찾기 위해 IDEO사와 손을 잡고 민속지학적 연구를 BoA에서 5명의 팀원, 그리고 IDEO사 디자이너 4명과 함께 시작하였다. 이들은 저축에 어려움을 겪는 사람들, 특히 가계부 정리를 하는 중 잔돈을 반올림하는－예컨대, 25.87달러를 26달러로 기재－여성의 습관에서 영감을 얻어 어떻게 하면 이 관찰에서 문제 해결책을 찾을 수 있을지 브레인스토밍 세션 20개를 운영하면서 80개의 제품 아이디어를 생산, 결국 '잔돈을 넣

4) Medium.com 홈페이지 참조, https://medium.com/neemz-product/design-thinking-brainstor ming-through-the-ideation-phase-4612b3cf723a

어두세요(Keep the Change)' 상품을 개발하는 데 이르렀다.[5)]

물론 브레인스토밍이 항상 성공적인 것은 아니다. 진행 과정에서 여러 어려움을 겪을 수 있으므로 진행자(facilitator)의 적절한 개입과 위에서 언급한 아이디어 생산 방법의 사용이 필요하다. 예를 들면, 외향적인 참가자가 발언권을 독점하며 다른 구성원이 침묵하는 경우, 브레인스토밍 참가자가 처음에 공유했던 몇 가지 아이디어에 얽매여 좀처럼 다른 아이디어로 넘어가지 못하는 경우, 동시에 발언하기 어려운 브레인스토밍의 특성 등의 문제는 흔히 볼 수 있는 약점이라고 볼 수 있다. 그럼에도 불구하고, '6-3-5' 양식, 즉 6명의 구성원이 5분 동안 3개의 아이디어 내기로 대표되는 브레인스토밍은 아직도 대표적인 아이디어 발상 방법으로 널리 쓰이고 있으며, 이러한 문제점을 극복하기 위한 수많은 검증된 기법과 도구가 개발되어 있다.

☛ 뱅크오브아메리카의 'Keep the Change' 혁신

핀테크 등의 신기술이 개발되기 전 금융 및 은행 서비스 분야에서 혁신의 속도는 매우 느린 편에 속했고, BoA를 포함한 은행권에서는 계좌를 신규로 오픈하는 고객 수가 감소하는 추세 때문에 새로운 고객을 어떻게 확보할 것인지 고민하게 되었다. 그동안 특히 사용자 중심의 시각이 부족한 것으로 알려진 금융 및 은행 서비스 분야에서 BoA는 IDEO사와 협력하여 이 문제를 인간 중심의 차원에서 접근해보기로 하였다. BoA는 특히 자녀를 둔 베이비부머 세대 여성 고객층에 관심을 가지고 디자인팀을 통해 애틀랜타(Atlanta), 볼티모어(Baltimore), 샌프란시스코(San Francisco) 등지에 있는 가족을 관찰하고 사용자 조사를 하였다.

BoA와 IDEO의 팀은 십여 가족을 관찰하고, 쇼핑이나 식사를 할 때 함께 따라 다녔으며, 팀원들이 저축에 능한 사람들, 그리고 저축에 어려움을 겪는 사람들과 대화를 하며 기존의 일상적 습관을 관찰하려고 애썼다. 그 결과, 많은 가정에서 재정을 주로 담당하는 사람은 어머니(주부)였으며, 이들 중 다수는 각종 청구서와 ATM 인출 내역 등이 기록된 수표책을 보관한다는 것을 알게 되었다. 2000년대 초반만 해도 이런 방식이 일반적이었고, 당시에는 뱅킹 애플리케이션이나 온라인 뱅킹이 보급되기 전이었기 때문이다. 이 가운데 디자인 연구자들이 애틀랜타의 한 여성의 재정 기록법을 보고 어떤 중요한 통찰을 하게 되었다. 예를 들면, 주유비로 22.73달러를 기록하는 대신 반올림하여 23달러로 기록하는 습관이 있었다. 이런 방식은 소수점 이하를 기록하지 않아 계산을 단순화하

5) *Harvard Business Review*, https://hbr.org/2008/06/design-thinking 참조.

기는 했지만 매달 예상치 못한 몇 달러가 기록상 남게 되었다. 이 통찰을 바탕으로 BoA에서는 재무 전문가, 소프트웨어 엔지니어, 운영 전문가, 제품 관리자 등으로 브레인스토밍 세션 20개를 구성, 80개의 제품 콘셉트 아이디어를 발상하였다. 이렇게 하여 나온 최종 산물이 'Keep the Change' 프로그램이다. 이 개념은 소비자가 새 계좌를 열도록 유도하는 방법으로, BofA VISA 직불카드로 물건을 구매할 때마다 은행에서 구매 금액에 가장 가까운 달러로 반올림하여 차액(예컨대, 22.73달러이면, 23달러로 반올림하고 나머지 0.27달러)을 직불카드 계좌에서 저축계좌로 이체해주는 식이다. 또한 첫 가입 후 첫 3개월은 이체금액의 100%(0.27달러), 연간 총액의 5%(연간 최대 250달러)를 BoA에서 매칭해주는 방식으로 고객을 유치하였다. 출시 이후 약 250만 명의 신규 고객이 'Keep the Change'에 가입하고, 70만 명 이상이 당좌예금, 그리고 1백만 명이 저축예금 계좌를 가입하게 되었다.

관찰하는 동안 사람들이 잔돈을 보관할 수 있는 직불카드가 필요하다고 말한 것은 아니었다. 그러나 디자인팀은 사람들이 물건을 살 때마다 가장 가까운 달러로 반올림하는 모습을 관찰하였고, 결국 사람들이 원하는 것은 쓰고 싶은 유혹에 빠지지 않고 고통 없이, 보이지 않는 방법으로(painless, invisible way) 저축을 하고 싶어한다는 것을 통찰했기 때문에 아이디어 생산 과정으로 연결될 수 있었다.

출처: *Harvard Business Review*(2008)

(3) 브레인스토밍의 스핀오프(spin-off)

브레인스토밍을 모태로 한 아이디어 발상 방법은 무수히 많으며, 최근 디지털화나 팬더믹의 확산같은 문제로 온라인 회의가 활성화되기 시작하면서 전통적 브레인스토밍을 온라인에서 실행하는 사례도 등장하고 있다. 브레인넷팅(brain-netting)과 같은 새로운 형태의 모임은 마치 실제 모인 것처럼 온라인에서 버추얼(virtual) 환경을 통해 브레인스토밍을 하여 쉽고 효과적으로 실행되고 있다. 이미 브레인스토밍을 위한 온라인 도구가 많이 개발되어 있을 정도이다. 이 경우 아이디어는 자동으로 녹화되며, 보통 오프라인보다 시간이 적게 걸리는 장점이 있다.

브레인스토밍 스핀오프 버전 중 또 잘 알려진 것은 브레인라이팅(brainwriting)과 브레인워킹(brain walking)을 들 수 있다. 앞서 사회적 체면 또는 집단적 사고의 전통, 혹은 다른 요인 때문에 다른 사람 앞에서 말을 하기 곤란해하는 사람들이 증가하는 추

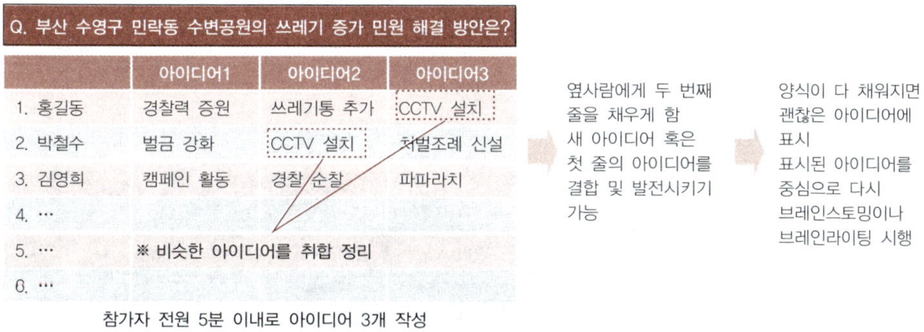

[그림 4-2] 브레인라이팅 운영 방법

세기 때문에 말 대신 글로써 대신하는 방법이다. 이 방법을 통해 아이디어 발상에 시간적 제약을 두고 아이디어를 적도록 유도하면 짧은 시간 내에 많은 아이디어를 양산할 수 있으며, 실제로 실험해 보면 말보다 글로써 표현하는 방식을 선호하는 사람이 많다. 발표력이 부족하거나, 내성적이거나, 혹은 참가자가 많아서 토론이 활발하지 않은 집단에서 사용하면 효과적일 수 있는 방법이다. [그림 4-2]와 같이 참가자 전원에게 5분 이내에 3개 정도의 아이디어를 쓰도록 한다면 30분 이내에 100개가 넘는 아이디어가 생산된다. 이렇게 생산된 아이디어는 다시 브레인스토밍 혹은 브레인라이팅을 거치며 수렴 과정을 거치게 된다.

브레인워킹 역시 브레인스토밍의 스핀오프 버전으로 참가자에게 많은 아이디어를 양산할 수 있도록 하는 목적은 비슷하다. 브레인워킹에서는 참가자들이 벽이나 화이트보드에 붙여진 플립차트(flip-chart)에 하나의 아이디어를 적어넣거나 포스트잇에 적어 붙여놓으면 다른 참가자들이 돌아다니며 그 아이디어를 보고 수정하거나, 더 발전시키거나, 혹은 새로운 아이디어를 더하는 방법이다. 브레인라이팅과 유사하지만, 자신이 종이에 쓴 아이디어를 돌려보기보다는 공간 안에 있는 참석자들을 찾아다니며 계속해서 새로운 아이디어를 창출하는 곳(idea stations)을 찾아다니는 것은 구별되는 점이다. 이 방법은 다른 사람의 아이디어에 기반하여 더 나은 아이디어를 건설적인 방법으로 향상할 수 있으며, 결국 참가자들의 적극적 참여로 문제 해결책이 나올 수 있는 장점이 있다. 참가자들 자신이 창의적이지 않다고 생각하거나 내성적일 때 유용할 수 있다([그림 4-3] 참조).

2) 속성 열거법

아이디어 발상 기법 중 속성 열거법(attribute listing)은 1954년 로버트 크로포드(Robert Crawford)가 고안한 기법으로 문제를 진술하고, 그 문제의 속성을 찾아내어 이를 자세히 열거하는 기법이다. 열거된 각각의 속성에 주의를 기울여 가면서 그 속성에 대해 집중적으로 생각하여 개선, 수정, 발전을 탐색하는 기법이다. 이 또한 대상의 속성 또는 특성을 가능한 한 많이 나열하는 기법이다. 예를 들어, 새로운 유형의 자동차에 대해 아이디어를 브레인스토밍 중이라면 '빠름', '좋은 연비', '고급스러움', 또는 '저렴함' 등의 속성을 나열할 수 있고, 열거된 속성 중 좋은 것이 있다면 서로 결합하여 새롭고 혁신적인 아이디어를 만드는 방법에 대하여 생각할 수 있다.

출처: https://fortytwo42.com

[그림 4-3] 브레인워킹의 모습

속성 열거법은 거의 모든 유형의 문제나 도전 과제에 사용할 수 있다는 것이 장점이다. 먼저 개선이 필요한 문제나 목표물에 대한 속성과 아이디어를 나열하고, 그 나열은 [표 4-1]의 매트릭스와 같이 개선 가능한 변화까지 분석하게 된다. [표 4-1]의 예와 같이 흔히 사용되어 온 객관식 시험의 경우 장점도 있지만, 교육적 효과를 고려할 때 단점도 또한 많으므로 객관식 시험의 부정적 속성을 암기 위주, 부정행위, 족보생산 등으로 나열하고, 각 항목을 어떻게 하면 개선할 수 있을지 잠재적 개선 가능한 사항을 나열해 가는 방식으로 진행한다. 가능한 한 구체적이고 상세하게 작성하는 것이 좋다. 속성 목록이 열거되면 속성을 결합하여 새로운 아이디어 창출을 고민할 필요가 있다. 예를 들어, 속성 중 하나가 '저렴한 가격'인 경우, 이것을 또다른 속성인 '고급스러움'과 결합하여 '합리적인 가격의 고급 제품'을 만들 수 있는 아이디어는 무엇인지 고민할 수

[표 4-1] 속성 열거법 사례: 객관식 필기시험

	속성	개선 가능한 변화
객관식 필기시험	암기 위주	암기 위주의 문답을 방지하기 위해 주관식을 추가하거나 선택지를 추가하는 방법 고려(출제 방식의 변화)
	부정행위	답안지 노출이 상대적으로 쉬워 부정행위가 가능하므로 문제 세트를 여러 개 구비하여 부정행위 방지
	족보생산	비슷한 문제의 반복적 출제로 학생들이 족보만 공부하고 후배에게 물려주는 부작용을 방지하기 위해 문제은행화 고려

있는 장점이 있다. 만약 문제에 대한 속성을 찾는 데 어려움이 있는 경우에는, 유사한 문제를 찾아보고 그 속성이 무엇인지 확인할 수 있다.

3) 역(逆) 브레인스토밍과 최악의 아이디어 기법

아이디어 창출을 위해 브레인스토밍을 가장 많이 사용해 왔지만, 인간의 뇌가 반드시 그런 방식으로만 작용하지 않는다는 것은 아마 경험으로 알 수 있을 것이다. 브레인스토밍 과정은 제품이나 서비스의 품질을 개선하기 위해 비평을 억제하며 특이한 아이디어를 많이 생산하는 데 초점이 있고, 여러 아이디어 등을 결합하고 개선하여 가장 적용 가능한 하나의 아이디어에 도달함을 목표로 한다. 그러나 디자인팀 구성원들이 '예정된' 회의에 참석하여 어떤 창의력을 발휘하라는 지시를 통해서만 아이디어를 생산하기는 어렵고, 오히려 예상치 못한 상황, 예컨대 양치질하거나, 자동차를 운전할 때 아이디어가 떠오르는 경험을 할 수 있다. 즉, 회의에서 누군가에게 문제를 해결하는 방법에 관해 묻는다고 해서 반드시 창의적 결과를 얻을 것으로 생각하기는 어렵다는 것이다.

역(逆) 브레인스토밍은 문제 해결을 위한 브레인스토밍이 이처럼 한계에 다다랐을 때 활용 가능한 방법으로써, 해결책이 아니라 역으로 문제점을 질문하는 방법이다. 이 방법은 팀이 문제를 이해하고 회의 중에 논의된 다른 아이디어 중에서 문제를 해결하는 데 사용할 수 있는 아이디어를 강조하는 데 도움이 된다. 예를 들어, 팀의 비용을 줄이는 대신, 역으로 비용을 늘리는 방법을 생각하거나, '어떻게 최고의 고객 서비스를 제공할 수 있을까?'를 '어떻게 최악의 고객 서비스를 제공할 수 있을까?'로 바꾸어 질문하는 것이다. 이러한 방법은 팀이 미처 파악하지 못했던 문제를 독특한 사고방식을 사용하여 해결책을 위한 아이디어 발상을 하는 데 도움이 된다. 역 브레인스토밍을 진행하기 위한 구체적 순서는 다음과 같다.

- 1단계: 디자인팀 회의가 끝날 때까지 해결해야 할 문제가 무엇인지 정의
- 2단계: 예상된 절차와 반대로 진행. "문제를 어떻게 해결할 수 있는가?"가 아닌 "어떻게 악화시킬 수 있는가?"로 질문
- 3단계: 역방향으로 제시된 질문에 대해 해결책을 수집. 비판을 자제하여 모든 아이디어를 수용하려고 노력
- 4단계: 문제를 악화시키는 사례에 도달한 후, 이 사례를 뒤집어 문제에 대한 최상의 수정 사항에 도달
- 5단계: 결과를 판단하고 평가하여 하나의 최상의 해결책에 도달

예를 들어, 특정 클라이언트 A를 위해 홈페이지 디자인을 개선작업을 하는 디자인 회사의 사례를 가정해보자. 이 클라이언트 A의 불만은 잠재적 고객층인 홈페이지 방문자가 충분한 시간을 가지고 홈페이지에 머무르며 내용을 살펴보거나, 관심을 끌 것으로 예상했던 홈페이지 콘텐츠를 생각만큼 잘 이용하지 않는다는 점이었다. 이 문제를 바탕으로 디자인팀은 오히려 문제를 뒤집어서 역으로 질문한다. "어떻게 하면 방문자를 홈페이지에 방문하지 않도록 하고, 홈페이지 콘텐츠와 상호작용하는 수준을 줄일 수 있을까?" 다음 [표 4-2]에 제시된 것처럼 세 번째 단계에 이르러 디자인팀은 사용자가 홈페

[표 4-2] 역 브레인스토밍의 변환

역 브레인스토밍		변환
사용자가 원하는 콘텐츠를 찾을 수 없도록 복잡한 내비게이션 구축	➡	쉬운 탐색 및 상대적으로 명확한 홈페이지 구조 구축
불안한 색상 테마와 홈페이지 호스팅	➡	편안한 색상 테마와 읽기 쉬운 글꼴 선택
느린 서버에서 웹사이트 호스팅	➡	빠른 홈페이지 로딩 보장, 안정적 호스팅
로딩(loading)하기 어려운 대용량 파일 사용	➡	사용자가 제대로 볼 수 있도록 웹사이트 콘텐츠 최적화 작업

이지를 방문하고 상호작용하는 대신 홈페이지에서 멀어지게 할 수 있는 방법을 고민한다. 복잡한 콘텐츠 구조로 구성하거나, 불안한 배경 색상의 채택, 혹은 읽기 어려운 글꼴 사용 등 사용자가 홈페이지를 다시 방문하기 어렵게 만드는 아이디어가 제시될 수 있다. 사용자를 홈페이지에서 멀어지도록 하는 방법에 대한 아이디어를 구축한 후, 네 번째 단계에서 이 방법을 뒤집어 변환된 내용과 같은 솔루션에 도달하게 된다.

이와 같은 역 브레인스토밍과 비슷한 방법으로 '가능한 최악의 아이디어 기법(Worst Possible Idea)'이 있으며, 이 방법은 팀 구성원이 아이디어 세션에서 의도적으로 최악의 아이디어를 생각해 낸 후, 그것을 제거해 나가는 방법이다. 이 과정을 거치면 결국 제일 나은 방법만 남게 된다는 것이다. 이 거꾸로 된 아이디어 발상 과정은 구성원의 긴장감을 풀어주고, 자신감을 높여 창의성을 불러일으킬 수 있다. 자기 표현을 어려워하는 팀원들이 많다면 이 방법이 적합할 수 있는데, 이는 자기 견해가 면밀한 조사와 판단을 받지 않을 것을 알기 때문에 비교적 자유롭게 참여한다는 것이다.[6] 이 접근 방식 자체가 우스꽝스러우므로 진행하면서 모두가 긴장을 풀고 좀 더 편안한 분위기에서 아이디어 발상이 가능하다는 것이다.

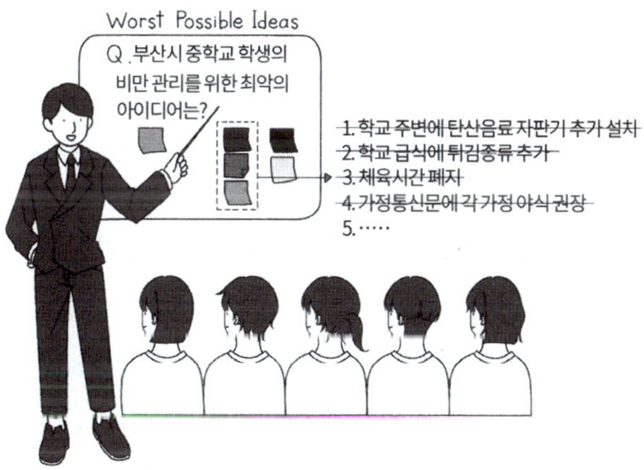

[그림 4-4] Worst Possible Idea 예시

6) Interaction Design Foundation 홈페이지 참조, https://www.interaction-design.org/literature/topics/worst-possible-idea

앞서 언급한 뱅크오브아메리카(BoA)의 Keep the Change 프로그램의 예를 다시 생각해보자. 신규 계좌 오픈을 촉진하기 위한 아이디어 회의에서 진행자가 역으로 최악의 아이디어를 생각해보라고 하자, 긴 침묵이 흐른 후 한두 사람씩 누가 들어도 웃을 수밖에 없는 최악의 아이디어를 내놓기 시작한다. "모든 사람의 예금을 가장 가까운 달러로 반내림할 수 있습니다. 사람들이 아마 눈치채지 못할 것입니다", "모든 사람에게 거래할 때마다 여분의 돈을 지급하는 것입니다" 등의 아이디어가 나온다. 『기업 창업가 매뉴얼(*The Startup Owner's Manual*)』(2012)의 저자 밥 도프(Bob Dorf)는 어리석거나 미친 것 같은, 심지어 불법인 아이디어까지 내보라고 독려한다. [그림 4-4]의 예시처럼 지방자치단체에서 최근 급증하고 있는 비만 체형의 중학생을 어떻게 관리할 것인가라는 질문에 대해서도 오히려 최악의 아이디어 발상을 독려하면 순간적으로 아이디어 발상 세션에 치명적인 활력을 불어넣어 엄청난 에너지와 훌륭한 아이디어가 흐르게 할 수 있다. 구체적인 운영 절차와 방법은 다음과 같다.

- 가능한 한 많은 최악의 아이디어를 생각해 낼 것
- 최악의 아이디어의 모든 속성을 나열할 것
- 왜 이 아이디어들이 최악일 수 있는지 나열할 것
- 최악의 아이디어에 반대되는 속성을 찾을 것
- 최악의 속성을 다른 것으로 대체하는 것을 고려할 것
- 다양한 최악의 아이디어를 혼합하고 일치시킬 때 어떤 결과가 오는지 확인할 것

결론적으로 디자인팀 구성원이 역발상을 통해 터무니없거나 최악의 아이디어를 식별하고, 이를 분석하여 무엇이 그렇게 작동되도록 하는지 확인할 수 있다면 오히려 좋은 계획의 기초가 되는 강력한 통찰력을 찾을 수 있다. 두 가지 방식 모두 기업이나 정부 조직이 창의적 접근 방식을 통해 문제를 다른 각도로 바라볼 수 있도록 지원하는 도구다. 역질문을 통해 도출된 아이디어를 참고하여 원래 해결하고자 했던 문제가 실제로 어떻게 악화할 수 있는지를 통해 반대로 최상의 아이디어를 생각해내는 데 도움이 될 수 있다는 것이다(Dorf & Blank, 2012).7)

4) 5 Whys 기법

1950년대 사키치 토요타(Sakichi Toyoda)가 개발한 아이디어 발상법으로 토요타 자동차를 위해 개발한 문제해결 방법이다. 이 분석법은 단순히 왜(why)라는 질문을 계속해서 제기하여 다시는 문제가 생기지 않도록 문제의 근원까지 파고드는 방법이다. 일단 문제에 관해 비교적 소상히 알고 있는 사람들로 이루어진 팀을 모으고, 무엇을 해결할 것인지 문제를 정의한 후 몇 차례에 걸쳐서 질문을 계속 던지는 것이다. 구체적 절차로는 문제가 왜 일어났는지 묻고 답을 적는다. 그 이후 '왜'라는 질문을 계속 묻는 절차를 반복하면서 문제의 근본까지 파고들어 간다. 이 방법은 상대적으로 매우 쉽고, 효과적으로 깊숙이 문제를 분석할 수 있도록 돕는 유용한 방법으로 볼 수 있으며, 아이디어 발상뿐 아니라 다른 분야에서도 사용할 수 있다. 예를 들면, 다음과 같다.8)

- 로봇이 멈춘 이유는 무엇인가? (답: 회로가 과부화되어 퓨즈가 끊어졌다)
- 왜? (답: 베어링에 윤활유가 부족하여 잠겼다)
- 왜? (답: 로봇의 오일펌프가 충분한 오일을 순환시키지 않았다)
- 왜? (답: 펌프 흡입구가 금속 부스러기로 막혔다)
- 왜? (답: 펌프에 필터가 없었다)

복잡한 문제를 해결하여 실질적인 변화를 가져오고자 하는 디자인팀에게는 올바른 문제 해결을 위해 근본 원인까지 파고들어야 다시는 증상이 나타나지 않는다. 디자인사고 과정에서는 언제든지 5 Whys 기법을 사용할 수 있지만, 고객 또는 이해관계자가 직면한 문제를 이해해야 하는 초기에 특히 유용할 수 있다. 5 Whys 기법의 장점으로는 모든 팀원이 문제의 근원 원인과 향후 해결책에 대해 배울 기회가 제공되며, 문제를 깊이 파고들어 문제에 대한 논리적인 해결책에 도달하기까지 복잡한 계층을 제거하는 역

7) 비슷한 유형으로 반대문제게임(the anti-problem game)이 있는데, 이것은 게임을 통해 브레인스토밍하는 게임스토밍(game-storming)의 일종이며, 어떤 주어진 문제와 전혀 반대되는 문제의 해결방안을 생각해봄으로써 직면한 문제의 돌파구를 찾아보는 방법이다. 보통 게임 참가자를 3~4명으로 나눈 뒤 해결하고자 하는 문제와 전혀 반대되는 문제를 찾아내 진행하는 방식으로 이루어진다.

8) Interaction Design Foundation 홈페이지 참조, https://www.interaction-design.org/literature/topics/5-whys

할을 한다. 이유(why)를 반복적으로 질문하여 얻는 답변은 사용자로부터 얻는 많은 통찰력, 즉 실제 또는 근본적 문제를 식별해내는 데 활용할 수 있는 통찰력으로 디자인팀을 무장하게 되며, 문제의 근원을 찾게 되면 다시는 문제가 나타나지 않을 해결책을 써야 한다.

5) 스캠퍼(SCAMPER)기법

스캠퍼(SCAMPER)기법은 1950년대에 개발된 브레인스토밍을 보완하기 위해 밥 애벌(Bob Eberle)이 브레인스토밍 회의 중에 문제를 해결하거나 창의성을 촉발하는 데 도움이 되는 표적 질문을 다루기 위해 처음 소개되었다. 기존의 제품이나 서비스의 문제를 발견하고 혁신할 방법을 이해하는 데 도움이 되도록 기존과는 다른 관점을 통해 일곱 가지 유형의 질문을 하도록 권장하여 새로운 창의적 아이디어를 발상하는 데 크게 도움이 되는 방식이다. 특히 스캠퍼기법은 새로운 것이 실제로 우리 주변에 있는 기존의 오래된 것을 수정하는 것에서 나온다는 간단한 생각에 기반을 두고 있다. 스캠퍼는 일곱 가지 기술의 약자로서 S(substitute, 대체), C(combine, 결합), A(adapt, 적응), M

[표 4-3] 스캠퍼기법의 키워드와 관련 질문

관련 키워드	질문	연관 아이디어
Substitute(대체)	기존의 것에서 일부 혹은 전체를 다른 것으로 대체할 수 있는가?	무엇인가 대체할 것을 생각하면 새로운 아이디어의 발상 가능
Combine(결합)	두 가지 이상을 결합할 수 있는가?	짝을 지을 수 있는 것을 찾아보면 시너지를 내거나 새로운 것 창출 가능
Adapt(적응)	기존의 제품, 서비스, 문제에서 무엇을 조정할 수 있는가?	어떤 부분을 바꾸면 문제 해결이나 제품/서비스에 변화 가능
Modify(수정)	이미 존재하는 것을 축소 혹은 확대하여 변형해 볼 수 있는가?	꼬여 있는 현재 상태에 수정 혹은 변화를 가져오면 새 대안 탐색 가능
Put to other uses (다른 용도 사용)	원래 목적이나 용도와 다르게 사용해 볼 수 있는가?	현재의 해결책을 다르게 사용하거나 혁신적으로 사용하여 새 대안 탐색
Eliminate(제거)	기존에 있는 기능을 과감하게 없앨 수 있는가?	기존의 것에서 무엇인가를 제거하면 새로운 실마리를 찾을 수 있다.
Reverse(반전)	기존의 형식, 순서나 모양을 거꾸로 하거나 다시 배열할 수 있는가?	순서를 바꾸어 색다른 아이디어를 낼 수 있다.

(modify, 수정), P(put to other uses, 다른 용도로 사용), E(eliminate, 제거), R(reverse, 반전)을 의미하며, 브레인스토밍 과정에서 질문해야 할 키워드에 해당한다.

스캠퍼기법은 일반적인 사고의 흐름을 사용하여 도달하기 어려운 혁신적 아이디어의 발상을 위해 어떤 특정한 방향으로 사고가 흐를 수 있도록 움직여 아이디어가 떠오르는 데 도움을 주도록 하는 방법이다. [표 4-3]에 제시된 바와 같이 기술마다 고려해야 할 질문이 있으며, 그에 따라 관련된 문제 해결 아이디어가 떠오를 수 있다. 스캠퍼 기술에 대한 응답은 비논리적인 것도 허용된다.

그동안 생각하지 못했던 질문을 제시하여 새로운 아이디어를 도모하는 이 방식은 여러 적용의 예시가 있다. 대체하기(S)의 경우, 제품이나 서비스의 일부 혹은 전체를 다른 것으로 대체하는 것으로 양치질에 필요한 치약을 은의 광택을 내거나 얼룩 제거용으로 대체하는 예가 있다. 결합(C)의 경우 제품, 서비스, 프로세스의 누 가지 이상을 결합하는 시도하는 것으로 볼 수 있고, 때에 따라 두 가지 혁신적 아이디어를 결합하면 포크와 수저를 결합한 스포크(spork) 같은 간단한 혁신에서부터, 전화 기술과 디지털카메라 결합, 복사기와 프린터 결합의 경우처럼 시장 질서를 뿌리째 흔들 수도 있다. 적응(A)은 더 나은 결과를 위해 제품이나 서비스를 다른 분야의 조건이나 목적에 맞을 수 있도록 조정하는 경우를 말하며, 민들레 씨에서 영감을 얻은 낙하산, 오리의 발에서 영감을 얻은 수영 오리발 등이 그 예이다. 수정(M)의 경우 기존 제품이나 서비스를 수정, 확대, 축소 등을 통해 이전과 달리 개선하는 방법을 생각해보는 경우이며, 기존의 빨대에 주름을 만들어 구부릴 수 있게 만든다든지, 휴대폰 화면이 접히도록 폴더형으로 만드는 등의 아이디어가 나올 수 있다. 다른 용도로의 사용(P)의 경우 다른 용도로 정의하여 새로운 의미를 만들어내는 경우로 포스트잇의 경우 실수로 접착력이 약한 접착제를 종이에 사용하면서 접착식 메모지로 재탄생하게 되었다. 제거(E)의 경우 불필요한 것, 문제의 원인이 되는 부분을 제거하며 대안을 생각하는 것이며, 선풍기에서 팬(fan)을 제거한 것, 카페인을 제거한 커피 등을 떠올릴 수 있다. 마지막으로, 반전(R)은 형식이나 순서, 원인과 결과 등을 바꾸어 생각하는 경우로, 김밥 만들 때 밥과 김의 위치를 바꾸어 누드김밥이 탄생한 것과 양말을 손 장갑처럼 바꾸어 발가락 양말을 만들어낸 것이 재미있는 사례로 거론될 수 있다.

스캠퍼기법의 성공적 실행을 위해서는 일단 아이디어 발상을 위해 팀을 조직하고, 스캠퍼 질문을 참가자에게 차례로 보여주면서 분석해야 할 문제나 안건을 사전에 습득하도록 한다. 브레인스토밍은 창의적 발상에 제한을 두지 않는 방법이지만, 스캠퍼는 일정한 범주 안에서 문제를 정의해 놓고 문제 해결을 해나가는 방식이다. 참가자들은 스캠퍼에 제시된 각각의 질문을 토의하고 아이디어를 구상한 후, 제 생각들을 기록한다. 이런 방식으로 생산된 창의적 해결책은 현상을 유지하는 기류에 도전하고 새로운 가능성을 탐색하는 데 유익이 되는 수평적 사고 기술에 해당한다.

6) 마인드 맵핑

마인드 맵핑(Mind Mapping)은 브레인스토밍 회의 및 문제 해결을 위한 세션 중 많은 결과가 공유되는 가운데, 이 모든 것을 하나의 대형으로 정리하고 시각적으로 두뇌 친화적인 방식으로 정리하는 효율적 방법의 하나다. 아이디어를 생각하거나 특정 음식을 맛볼 때, 혹은 어떤 장소를 방문할 때 우리의 마음은 관련 모형을 사용하여 이 행동을 예전에 기억과 경험으로 연결하기 시작한다. 우리의 두뇌는 하나의 중심 행동, 색상, 취향 혹은 이미지에서 시작하여 다른 복합적인 아이디어 기반으로 사용되는 생각의 가지를 만들어나간다. 우리의 생각하는 방식은 나뭇가지와 매우 유사하며, 이 개념은 마인드 맵핑 체제의 기초가 된다.

아이디어를 시각적으로 기록하는 것은 고대 그리스 시대로 거슬러 올라갈 정도로 오래된 기법이지만, 영국의 심리학자 토니 부전(Tony Buzan)에 의해 1970년 아이디어 시각화 방법으로 소개되었다. 마인드맵은 중심 문제에서 비롯된 개념을 텍스트와 시각적 표현으로 구성하고, 관련 정보를 담고 있는 가지를 통해 관련된 아이디어와의 관계를 보여준다. 즉, 정보를 시각적으로 정리하는 데 사용되는 다이어그램에 해당한다.

디자인사고에서 사용하는 많은 아이디어 발상 방법 중 마인드맵은 능동적인 학습 환경에서 비판적 사고와 분석을 돕는 도구로 다이어그램(diagram)처럼 이어지는 말, 이미지, 작업, 혹은 기타 관련 있는 것을 계층적 구조를 통해 아이디어를 심층적으로 탐색할 수 있어, 초기 개발 단계부터 아이디어 종합 및 의사결정 단계까지 다양하게 사용

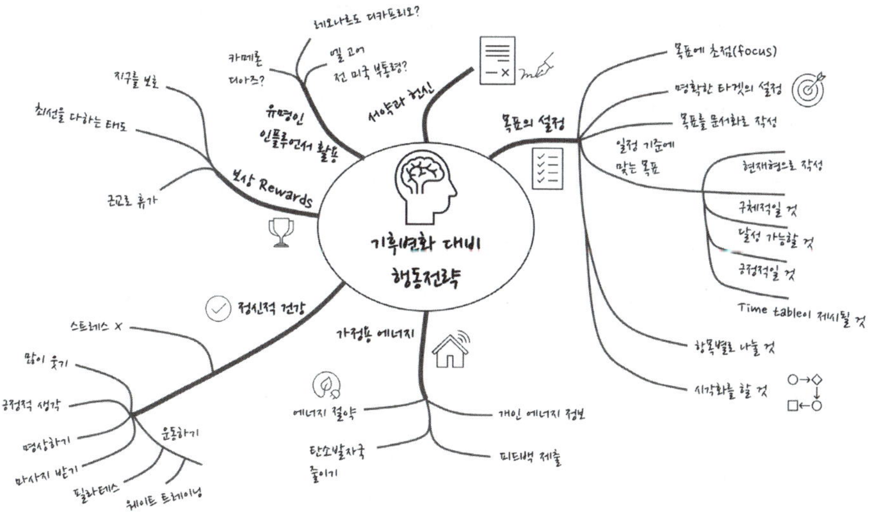

[그림 4-5] 마인드 맵핑 기법 예시

할 수 있다. 구체적인 방법으로는 [그림 4-5]와 같이 중심 이미지에서 발산되는 주요 주제, 핵심 이미지, 핵심 단어가 있는 가지가 포함된 지도 형식으로 사실과 생각을 정리할 수 있다. 다양한 색상이 포함된 마인드맵은 생동감을 불어넣고 더 쉽게 시각화를 할 수 있다. 먼저 주요 주제의 중심 개념을 페이지 중앙에 배치하고, 아이디어가 판단이나 평가 없이 자유롭게 흐르도록 허용하며, 아이디어를 표현하기 위해 키워드를 사용하고 선을 그어 유기적으로 중심 개념과 연결한다. 아이디어를 강조하기 위해 색상을 사용하고, 이미지, 기호, 코드를 사용할 수 있다. 작성 과정에서 예술적으로 아름답게 만들 필요가 없으며, 편집하지 않고 빠르게 그리는 것이 중요하다. 첫 번째 아이디어가 괜찮고 가장 합리적이라고 생각하여 가지를 배치했을 가능성이 있다. 또한 마인드 맵핑 초기에는 사용하지 않을 수 있는 아이디어를 모두 포함하여 고려하는 것이 중요하다.

아이디어 발상에서 마인드 맵핑의 장점은 큰 혹은 광범위한 주제에 대한 개요를 제공하고 보다 간결한 방식으로 표현할 수 있고, 더 큰 그림과 창의적 경로를 볼 수 있도록 하여 높은 수준의 집중력과 창의력을 발휘하며, 시각화를 통해 효과적인 의사소통을 할 수 있다는 것이다. 즉, 눈과 두뇌가 보고, 생각하고, 기억할 수 있는 매력적인 방식으로 아이디어를 발상할 수 있도록 돕는다는 것이다. 이 방법을 통해 주어진 문제에 대

하여 생각들을 직접 연결하고, 쉽고 빠르게 개념을 확장하게 된다.[9)]

7) 기타 아이디어 발상 기법들

창의적인 아이디어의 개발에 목마른 조직들은 계속해서 새로운 방식으로 아이디어 생산을 시도한다. 앞서 논의한 아이디어 발상 기법 외에도 수많은 기법이 광범위하게 사용되고 있다. 예를 들어, 팀원 간에 생각을 공유하는 방법으로 시각화를 시도하는 방법이 효과적이며, 인간은 텍스트보다 이미지를 훨씬 빠르게 처리하기 때문에 이를 통해 효과적으로 커뮤니케이션을 할 수 있다. 스케치스토밍(sketchstorming)은 아이디어를 발상하는 방법 중 하나로 특별한 도구가 필요하지 않은 스케치를 사용하는 브레인스토밍 방식이다. 각 팀원은 당면한 문제에 대한 해결책을 스케치하고 다른 팀원과 공유하는 방식으로 아이디어 발상 회의가 진행된다.[10)] 비슷한 유형인 스토리보드(storyboard)는 보드에 문제, 디자인, 해결책 등을 비주얼로 스토리텔링을 하여 의사 교환을 할 수 있도록 고안된 방법이다. 또한 바디스토밍(bodystorming)은 아이디어 회의 참석자가 몸으로 어떤 상황들에 대해서 행동으로 표현하여 문제 해결 방법들을 생각해 낼 수 있도록 하는 방법이며, 다양한 시나리오를 테스트하기 좋은 방법이다. 위 세 가지 방법과 유사하게 커버스토리(Cover Story) 기법은 어떤 템플릿에 회의 참가자들이 주요 이미지, 헤드라인, 인용구 등을 사용하여 유명 잡지의 표지처럼 커버스토리를 만들어 나머지 부분에 관련된 사실을 기록하며, 매우 효과적인 비주얼 효과를 내는 것으로 알려져 있다.

최근 경영학에서는 조직 내에서 혁신을 촉진하는 방법으로 게임스토밍(gamestorming) 같은 기법이 주목받고 있는데, 이는 어떤 특정 목적을 위해 구성원이 게임의 형식을 빌려 혁신적인 생각과 아이디어를 내도록 유도하는 방법이다. 게임스토밍에도 다양한 방법이 있는데 그 중 피시보울(fishbowl)이라는 방법은 [그림 4-6]과 같이 특정 주

9) 최근에는 마인드맵 제작을 쉽게 돕는 EdrawMind 같은 소프트웨어도 많이 개발되어 있어서 더욱 쉽게 마인드 맵핑을 수행할 수 있게 되었다.

10) 구체적 방법에 대해서는 다음의 웹사이트를 참고할 것, https://builtin.com/design-ux/supercharge-your-design-ideation-sketchstorming

제나 문제를 놓고 서로 다른 관점에 대해 익숙하지 않은 이해관계자들이 한자리에 모여 서로의 이야기에 즉각적인 반응을 하지 않고 듣게 하는 방법이다. 처음 만나는 구성원도 있기 때문에 어색할 수밖에 없고, 깊은 대화를 나누거나 참여하기는 어렵지만, 바깥에 둘러앉은 관찰자 그룹은 중립적인 입장에서 상대방의 대화를 관찰하고 듣는 기술을 습득하여 추후 위치를 바꾸었을 때 좀 더 깊은 대화를 나눌 수 있는 계기가 된다. 반면, 중심에 있는 토론자 그룹(player, 행위자)은 부여받은 주제에 대하여 깊은 대화에 참여하게 된다. 관찰자는 오가는 대화에 집중하고, 토론의 중심 주제 및 요점과 그와 관련된 증거들을 기록한다.[11]

이 밖에도 창의적 아이디어를 갈망하는 많은 방법이 개발되었다. 스탠포드대 디자인스쿨에서 유래한 '혁신 부트캠프(The Innovation Boot Camp)'는 보통 3~4일 동안 진행되며, 서로 다른 배경 및 비즈니스를 가진 사람들이 모여 협업을 통해 다양한 관점에서 아이디어를 도출하도록 장려한다. 예를 들면, 새로운 모바일 애플리케이션 출시를

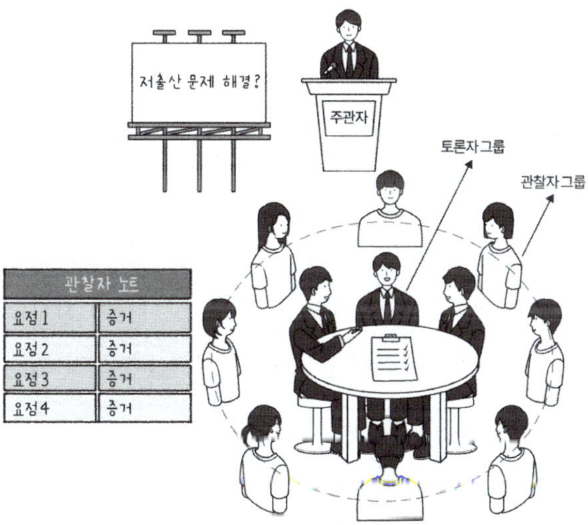

[그림 4-6] 피시보울 기법

11) 조직 내에서 게임처럼 운영할 경우, 이 피쉬보울 기법은 경청하고 관찰하는 것을 주된 목표로 하므로 발생한 대화를 가장 정확하게 기록한 사람에게 포인트를 부여하는 방식으로 운영한다. 게임스토밍의 종류도 목적에 따라 매우 다양하다. 자세한 방법에 대해서는 https://gamestorming.com/ 참조.

앞둔 회사에서 아이디어 회의를 하는 경우 개발자와 기획자만 참석하던 방식에서 벗어나 다른 인사팀, 영업팀, 해외 지점 및 다른 업종 인사들도 참여하여 새로운 시각에서 문제를 바라볼 수 있도록 한다는 것이다(에이블런, 2023: 40). '불스 아이(Bull's Eye)' 기법은 유사 산업 혹은 이종 산업에서 영감을 얻는 방법으로 알려져 있다(에이블런, 2023: 40). 즉, 현재 산업과 이종/유사 산업을 접목해 새로운 특이점을 창안하는 방법이며, 후지필름(Fuji Film) 같은 회사는 디지털 시대에 필름의 소비가 감소하는 위기 속에서 화장품 개발이 필름 개발과정과 유사하다는 점에 착안, 불스아이 기법을 채택하여 글로벌 화장품 기업으로 변신하는 준비를 하게 되었다.[12] 심지어 랜덤 링크(radom link)라는 방법은 창의적 방법을 내기 위하여 선입견과 고정관념에서 벗어날 필요가 있을 때, 겉으로 보기에는 별로 관련이 없어 보이는 대상을 조합하여 의외의 창의성을 찾아내는 방법이다. 아무 관련이 없는 대상을 무작위로 선정하고 신제품과 강제로 연결 짓는 방법에 해당한다.[13]

3 아이디어의 수렴과 정리

다양한 유형의 아이디어 발상 방법과 브레인스토밍을 적용하면 많은 아이디어가 모이게 된다. 팀원들이 최대한 많은 아이디어를 낼 수 있도록 의식적으로 장려하고 나면 초기의 거부감과 어색한 분위기가 차츰 누그러지고, 긍정적인 사고방식이 자리잡기 시작하면서 아이디어가 계속해서 빠르게 나오게 된다. 시간이 갈수록 회의 장소에 있는 스크린이나 창문, 벽이 모든 아이디어를 수용하기에 충분하지 않은 경우가 많아지고 있다.

수많은 아이디어 중 특정한 것을 선택하는 것은 매우 어려운 일이지만, 확산을 장려했던 초반부와 달리 아이디어 발상이 마지막으로 진행될수록 수렴하도록 유도한다. 아이디어 수렴, 즉 많은 아이디어를 몇 가지 채택될 법한 종류로 정리하는 작업이 쉽지

12) 후지필름의 화장품 그룹으로의 변신은 https://www.nippon.com/en/features/c00511/ 참조.
13) 너무나도 다양한 아이디어 발생 방법과 디자인사고 전반적인 방법에 관한 내용은 루릭 외(Lewrick et al., 2018)의 『*The Design Thinking Playbook*』 참조. 이 책은 한국판 번역이 되어 있다.

않은 이유는 작은 포스트잇 등에 그려진 그림, 짧은 텍스트, 혹은 단어 등을 해석하는 방식이 저마다 다르기 때문이고, 초기에 같은 방향으로 가는 것처럼 보였던 아이디어가 전혀 다른 문제를 다루게 되는 경우도 많기 때문이다. 따라서 이 단계에서는 일종의 그룹으로 묶는 작업, 즉 클러스터링(clustering)을 해야 할 필요가 있다.

아이디어의 수렴 과정에서 어떤 기준에 따라 아이디어를 집단에 할당할 것인지는 토론이 필요하다. 의미 있는 분류에 관한 토론은 그 자체로 중요하며, 이 과정을 거치면 결국 모든 사람이 제시된 아이디어에 대해 동일한 이해를 하도록 돕게 된다(Lewrick et al., 2018). 이해와 세분화 정도에 따라 아이디어를 바로 선택하거나, 혹은 다음 단계인 프로토타입(prototype) 단계에서 몇 가지 아이디어를 빠르게 시제품으로 만들어 보는 시도를 하거나, 추가적 분석 또는 구조화 과정을 거칠 수 있다. 결론적으로 보면 아이디어를 평가하는 방법과 분류하는 방법은 다양한 가능성이 있으며, 오히려 간난하게 팀 구성원에게 벽이나 화이트보드에 붙은 포스트잇에 스티커를 붙여 투표하도록 하는 것도 민주적인 절차로 이해될 수 있다. [그림 4-7]처럼 원래 의도했던 목적 혹은 특정 기준에 따라 아이디어의 그룹화를 거쳐서 수정하거나 결합 후 선택하게 되면, 문제 해결에 적합한 방식으로 아이디어를 제시하는 과정으로 진행된다.

출처: 송동주 외(2017)

[그림 4-7] 아이디어의 수렴 단계

(1) 핵심 아이디어의 선정: 원래 의도한 것은?

디자인사고를 하는 조직이라면 잠재적인 아이디어를 선별하기 위한 기준을 가지고 있다. 이 기준을 통해 디자인팀이 원래 의도했던 문제나 목표에 맞는 방식으로 혁신적인 아이디어를 선택할 수 있으며, 아이디어의 선정 기준은 종종 일종의 가드레일 같은 역할을 하기도 한다. 선정의 기준이 명확하지 않은 경우, 과연 해결하고자 했던 문제가 무엇이었는지, 조직의 비전은 무엇인지, 조직 관리자급의 선호는 무엇인지, 조직의 가치와 문화는 어떠한지, 경제적 어려움은 없는지 등을 자문해보는 것이 좋다. 결국에는 아무리 좋은 아이디어라도 현실에 부딪히는 경우 실행이 되지 않을 가능성이 있으므로 실현 가능성을 생각해야 한다는 것이다. 그러나 디자인사고에서 가장 중요한 기준은 역시 사용자인 고객의 문제를 해결하고 필요를 충족시키느냐이다. 보다 구체적 실현 가능성을 확인하는 방법은 다음과 같다.

- 디자인 목적에 부합하는가?: 원래 의도했던 사업 목표와 관련성 여부 점검
- 아이디어의 우선순위 파악: 사업 목표에 따라 아이디어 중요도 구분
- 아이디어의 시각화: 아이디어가 팀원에게 공유되어 있는가 여부. 시각화 시도

아이디어를 클러스터링하고 분석하는 데 있어서 중요한 점은 가급적 큰 노력을 들이지 않고도 모든 팀원이 '같은 페이지(on the same page)'에 있는 것이다. 이 목적을 위해서 아이디어를 도출한 후 한눈에 파악하기 위한 분석 결과의 시각화가 아이디어 선택에 있어서 중요하다. [그림 4-7]처럼 아이디어가 시각적으로 분류되어 있다면 문제의 근본 원인이나 해결책을 발견하기에 유리할 수 있으며, 생각지 못한 색다른 답을 얻을 수 있다. 이때 데이터 분석기법을 이용한 효과적 클러스터링의 중요성이 커지고 있다(에이블런, 2023: 42). 언뜻 엉뚱한 아이디어까지도 허용하는 아이디어 발상 단계의 특성상 정량적인 데이터 분석의 활용은 어울리지 않는 것으로 보일 수 있으나, 적어도 확산단계가 아닌 수렴 단계에서 자연어 처리 기술 등을 활용한 자동 클러스터링 등은 매우 유용할 것으로 보인다. 특히 어떤 아이디어가 가장 적합한 지 팀 구성원 간 경쟁적인 의견이 있을 때는 데이터 분석을 통해서 좀 더 최적화된 아이디어 선택을 유도할 수 있다.

(2) 아이디어 수렴의 방법들

아이디어를 발상하는 방법도 수백 가지에 달하지만, 수많은 아이디어를 수렴하는 방법들도 필요하다. 수렴단계에서는 본래 의도한 디자인 목적에 부합하여 사용자인 고객을 크게 만족시킬 수 있는 아이디어 위주로 선정하고, 선정된 아이디어의 콘셉트를 정의하는 것이 필요하다. 그리고 수렴된 아이디어에 대한 구체적 스토리를 구성하여 현실 상황에서 어떻게 사용될지 생각해보는 것이 필요하다.[14)]

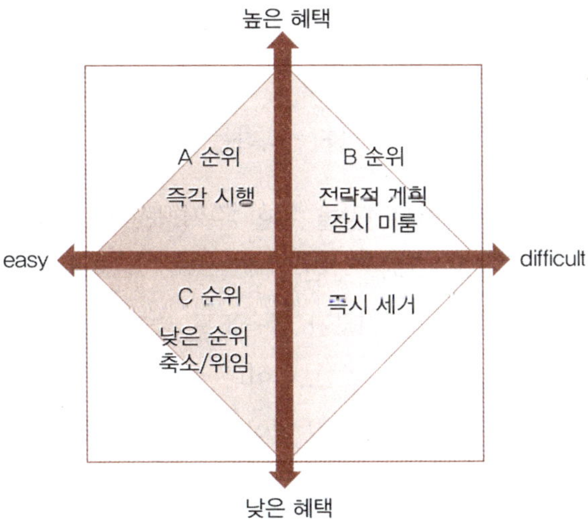

[그림 4-8] 우선순위 지도

보다 구체적으로 아이디어 수렴 과정에서 쓰일 수 있는 간편한 방법의 하나는 우선순위 지도(prioritization map)를 만드는 것이다. 사용자가 받는 혜택(high-low) 수준과 실행의 난이도(easy-difficult)를 함께 아이디어 지도에 표시하는 방식이다. 이것은 [그림 4-8]과 같이 아이디어의 실현이 비교적 쉬운 편이고 사용자인 고객이 받는 혜택도 높은 편이라면 당장 실행하는 것이 낫다. 혜택은 높은 편이지만 당장 비용이나 노력을 감당하기가 부담스럽다면 살짝 뒷순위로 미뤄놓는 것도 방법이다. 실행도 어렵고 혜택

14) 이를 콘셉트 시나리오(concept scenario)라고 부르기도 하는데 프로토타입 과정과 경계가 모호하므로 다음 장에서 좀 더 자세히 다루기로 한다.

도 적다면 즉시 그 아이디어를 폐기하는 것이 바람직하다는 것이다.[15)]

이 밖에도 친밀도 지도를 만들어 많은 아이디어 중 어느 아이디어가 더 친밀도(연관성)가 있는지를 근거로 클러스터링을 하여 디자인 방향성을 개발하고, 합의된 카테고리 안에 생산된 아이디어를 분류하는 데 유용한 방법이다. 서울시 양천구, 노원구 등 몇몇 지방자치단체에서는 주민들의 인지 건강 증진을 위한 환경 및 시민 조사에서 나온 아이디어들을 토대로 '기억', '이동', '정서' 등을 키워드로 도출하여 생산된 아이디어를 키워드를 중심으로 분류하고 체계적으로 정리하는 과정을 거쳐 사업을 진행하였다(서울특별시, 2020). 또는 아이디어 평가작업을 통해, 제시된 아이디어를 고객에 대한 영향, 사업에 대한 영향, 잠재적 개선점, 실행 가능성, 혁신성 등의 기준을 바탕으로 평가하여 이해관계자들과 함께 아이디어를 선택하는 방법도 있다.

(3) 서울시 사례: 주민의 인지건강을 위한 주거공간 디자인

국가에서 휴대폰 메시지로 보내는 안전 안내 문자에 수시로 뜨는 메시지 중 하나가 치매노인 찾는 광고일 것이다. 노인인구가 급속도로 증가하고 있는 고령화 시대에 각 지방자치단체에서는 인지능력이 약해진 노인이나 치매 환자들이 어떻게 하면 편안한 주거생활을 영위할 수 있을 것인가 고민이 많아지고 있다. 이에 일부 서울시 구청에서 주민들의 인지건강을 증진하고 편리한 생활공간의 조성을 위해서 아이디어를 모집하여 해법을 찾는 '감각키움마을 만들기' 프로젝트를 시작하게 되었다.

2016년 서울시는 전국 최초로 '인지건강디자인'을 적용한 아파트와 주택을 공개하였다. 인지건강디자인은 노인이나 치매 환자처럼 인지능력이 현저하게 떨어지는 환자들이 기존 거주지에서 익숙한 주거 환경을 변형해 인지능력을 향상할 수 있도록 배려하는 디자인을 의미한다. 아스팔트 바닥이나 아파트 출입구에 화려한 생각을 칠해서 쉽게 인지하도록 만들고, 층수 표기 숫자를 눈에 잘 들어오는 색깔로 크게 만드는 한편, 자연 소리와 향기를 살려 오감을 자극할 수 있게 만들었다는 것이다. 양천구의 어느 주

15) 이것은 세계적 경영컨설턴트이자 교수인 스티븐 코비(Steven Coby)가 1991년 발간한 『성공하는 사람들의 7가지 습관(*The Seven Habits of Highly Effective People*)』이라는 책에서 미국 제34대 대통령이자 제2차 세계대전 당시 원수(5성 장군) 출신인 드와이트 아이젠하워(Dwight Eisenhower) 대통령이 1954년 한 연설로 유명해진 아이젠하워 매트릭스(Eisenhower Matrix) 개념이다. 과업의 우선순위를 정하는 데 많이 응용되어왔다.

택가는 차도와 인도 구분이 되지 않아 걷기가 어려운 동네였는데, 서울시가 이면 보도 바닥에 선을 그려서 동네를 한 바퀴 돌 수 있는 순환 형태의 동네 길을 만들고, 길 중간에 쉼터를 조성하였으며, 근처 가게나 부동산업소를 반장으로 지정해 길을 잃을 염려가 있는 어르신에게 도움을 주도록 유도하였다. 최근 공공기관에서도 이렇게 다양하고 번득이는 아이디어 발상을 통한 서비스디자인을 더욱 활성화하려고 노력하고 있다. 이와 비슷한 맥락에서 서울 노원구 공릉동은 [그림 4-9]처럼 인지건강디자인 사업 추진을 위해 환경 및 시민 조사를 실시하여 몇몇 핵심 키워드를 선정하고 관련된 사업을 추진하는 데 도움이 될 수 있도록 효과적으로 정보를 공유하였다(2016년). 디자인 적용을 마친 후 시민의 만족도는 75% 정도가 나올 정도로 높았다.16)

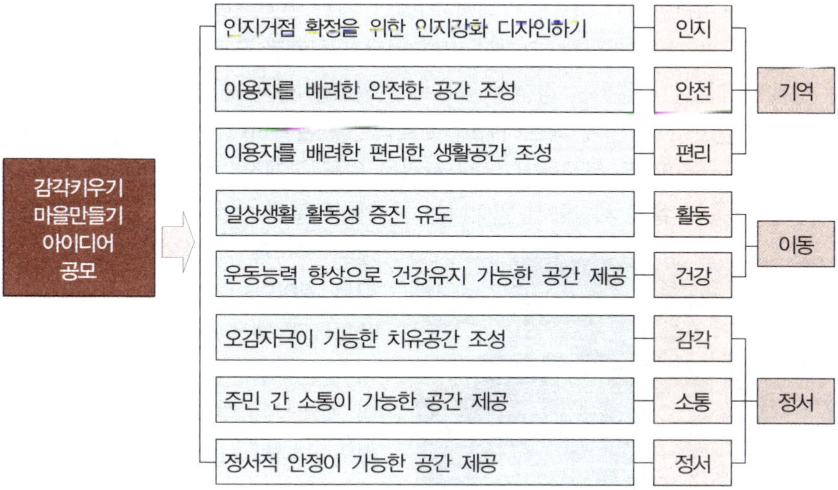

[그림 4-9] 서울시 인지건강디자인 아이디어 정리 과정

16) 자세한 사항은 한겨레, "똑같은 집에 '인지건강디자인' 입혀보니 … 어르신들 '만족.'" 2016년 11월 1일자 참고. https://www.hani.co.kr/arti/area/area_general/768252.html

☛ 싱가포르경영대의 SMU-X를 통한 교육 혁신

동남아시아의 강국 싱가포르에서 국립대학인 싱가포르국립대(National University of Singapore)와 난양공대(Nanyang Technological University)가 정부의 대대적인 투자를 통해 아시아를 넘어 세계적으로도 높은 순위를 보이는 명문대학으로 발돋움하였다. 이런 가운데 세 번째 대학으로 출범한 싱가포르경영대(Singapore Management University)는 시내 한복판에 있는 담장 없는 대학 캠퍼스로 출발하면서, 싱가포르 학부모들이 전통적으로 선호해 온 두 명문 국립대와 경쟁해야 하는 힘겨운 처지에 놓였다. 그런 싱가포르경영대가 두 대학과 경쟁할 수 있는 부분은 일단 교수법의 혁신과 교실 내에서의 교육에 대한 큰 변화라는 점을 인지하고 이 부분을 집중적으로 공략해왔다. 그 결과, 취업률과 교수 대 학생 비율, 인턴십 기회, 해외 교환학생 비율 등에서 두드러진 성장세를 보이며, 명성보다는 실리에 관심이 있는 대학생 세대에게 어필하였고, 결국 싱가포르경영대가 짧은 시간 내에 상당한 경쟁력을 확보하게 되었다.

특히 싱가포르경영대가 2015년 대학 차원의 전략 프로그램으로 내세운 'SMU-X'는 학생들이 기업이나 비영리단체, 그리고 정부 기관과 실제로 프로젝트를 수행하면서 협업하여 실제 문제들을 해결하는 경험을 갖도록 운영하는 문제 해결형 프로그램이다. 학생이 주도권을 갖고 교수-업계 파트너와의 프로젝트를 활용하여 학업과 현장학습을 병행하는 이 모듈(module)은 학생들이 문제 해결을 위해 학제적으로 접근하고, 실무자들과의 토론 등을 통해 실제 세상에서 일어나는 문제를 어떻게 해결할 수 있는지에 대한 실질적 지식과 경험을 충족할 수 있게 된다는 것이다. 이 과정에서 대학 측은 학생들에게 'Active Learning Classroom'과 같은 회의 공간을 제공하고 있는데, 이 회의실은 멀티미디어를 갖추고 있을 뿐만 아니라 사방에 화이트보드, 스크린 등을 갖추어 아이디어를 최대한 협업을 통해 발상할 수 있도록 돕고 있다. 학교 수업 방식에서부터 학습 환경까지 디자인사고를 충분히 활용할 수 있는 여건이 조성된 것은 부러운 점이 아닐 수 없다.

출처: 싱가포르경영대 홈페이지

4 맺음말

디자인사고의 표준적 단계에서 공감과 문제 정의 단계 이후에 진행되는 아이디어 발상의 의미와 구체적 발상 방법에 대하여 이 장에서 논의하였다. 아이디어의 발상 단계는 결국 구체적으로 명확화된 문제 진술 및 정의에 대하여 가능한 아이디어를 생각해내고, 이를 평가하는 과정을 통해 가장 바람직한 아이디어를 선정하는 단계로 이해할 수 있다. 그러나 다른 사고 방법과 디자인사고가 구별되는 점은 이전에 접해 보지 못한 방식으로 생각하고, 아이디어를 발상하고, 창의적 해결책을 구상하는 것이므로, 가능한 한 아이디어를 많이 내는, 즉 확산하는 데 초점이 있는 단계라고 볼 수 있다.

아이디어 발상 단계에서 사용자인 고객에게 혁신적인 해결책, 즉 고객의 필요를 충족시키는 아이디어를 발상하기 위해서 이해관계자를 포함한 디자인팀이 적극적으로 협업하는 것이 중요하며, 아이디어 발상의 가장 고전적인 방법인 브레인스토밍을 포함하여 수백 가지에 달하는 아이디어 발상법을 조직과 환경에 맞게 사용하여 창의적 해결책을 내놓는 것이 필요하다. 제4장에서 다루지 미처 다루지 못한 방법도 너무 많고 다양하여 지면에 다 담기가 어려울 정도다. 그리고 아이디어 발상 기법이 꼭 디자인사고에만 쓰이는 방법이 아니라 일반적인 아이디어 회의 기법에 해당하기도 한다. 다만, 디자인사고의 구별되는 점은 모든 문제의 해결을 위한 아이디어는 반드시 사용자인 고객에게서 나오는 인간 중심적 접근을 취한다는 점이다.

아이디어 발상 단계를 다루면서 우리의 현실도 생각하지 않을 수 없다. 한국의 공공부문에서 팀제 등의 도입을 통해 행정조직의 유연성을 확보하고 구성원의 창의성을 도모하고자 하는 개혁을 시도해왔고, MZ세대들이 공직사회에 진출하기 시작하면서, 일정 부분 변화가 시작되고 있다고 보는 견해도 있으나(주재현, 2011), 아직도 한국의 행정조직에서 공무원의 창의적 의사결정이나 참여는 다른 선진국에 비해 제약된 것으로 나타나고 있다(이창길 외, 2015). 이런 경향은 실제 공무원들의 증언을 살펴보아도 하급 구성원으로 내려올수록 위계질서로 인한 자율성 제약은 심하다고 볼 수 있다(김철워, 2020). 따라서 오히려 아이디어 발상을 자극하고, 의도적으로 여러 기법을 사용하여 자유로운 분위기를 조성할 필요가 있다.

아이디어 발상은 어느 의사결정 단계에나 존재하는 과정이고, 누구나 바람직한 방향으로 문제를 해결하기를 원하지만, 디자인사고에서 결정적으로 다른 점은 사용자가 중심에 있어야 한다는 점이다. 아무리 좋은 아이디어라도 고객이 그 중심에 없으면 오히려 더 어려운 상황에 놓이게 할 수 있기 때문이다. 이런 관점에서 볼 때, 아프리카의 식수난을 해결하려고 내어놓은 아이디어로 도입되기 시작한 플레이 펌프(PlayPump: 원명은 Roundabout PlayPump) 사례는 큰 교훈을 준다. TV 광고에서 나오는 아프리카의 아이들이 깨끗한 식수에 대한 접근이 부족하다는 정보를 접해보았을 것이다. 어릴 때부터 동생들을 돌보고, 놀이시설도 부족한 아프리카 아이들에게 무엇을 해줄 수 있는가? 이런 현실을 바꾸기 위해서 뜻있는 사람들이 나서서 여러 해결책을 내놓았는데, 그 중 하나가 그 유명한 플레이 펌프이다. 이 아이디어는 아이들이 놀이터에 설치된 뺑뺑이를 돌리면서 발생하는 에너지를 이용하여 지하수로 연결된 펌프를 통해서 땅속의 물을 퍼 올려 식수로 쓸 수 있는 매우 매력적인 발명품이었다. 이 아이디어에 매료된 많은 정치·경제계 인사들이 지지하고, 미국 공영방송에서도 플레이 펌프를 다루면서 2000년대에 남아프리카 지역에 50개가 설치될 정도로 주목을 받았다. 그러나 결국 이 프로젝트는 뛰어난 혁신적 방법이라고 여겨졌음에도 불구하고 실패한 것으로 평가를 받으면서 아프리카 곳곳에 흉물스러운 유물로 남겨져 있는 상태다. 실패한 주요 이유는 첫째, 물을 빨아올리기 위해서는 '뺑뺑이'가 쉴새 없이 돌아가야 하고, 결국 아이들은 놀이를 지속하지 못해 금새 그만두게 되었기 때문이다. 그 노동은 다시 성인 여성, 즉 엄마에게 돌아가게 되었다. 또한 경제적 사정이 열악한 아프리카에서 이 펌프를 대대적으로 보급하기에는 비용이 매우 비싼 편에 속했다. 대당 1만 4천 달러(한화 약 1천 6백만 원)의 플레이 펌프는 수동펌프보다 네 배 더 비쌌고, 대당 뽑아 올릴 수 있는 물의 양은 적었다. 결국 사용자인 고객의 형편을 살피지 못한 이 아이디어는 골치덩어리로 전락할 수밖에 없었다.[17] 고객의 필요를 채우지 못하는 아이디어는 디자인사고의 지향과 거리가 있다는 것이다.

17) 플레이 펌프와 관련된 자세한 스토리는 강양구, "기적의 '뺑뺑이'는 왜 흉물이 되었나?" NEWSTOF 2017년 5월 23일자 참조. https://www.newstof.com/news/articleView.html?idxno=78

이제 아이디어 발상이 마무리되면 다음 단계인 프로토타입으로 넘어가면서 선택된 아이디어를 실제로 검증하는 절차를 경험하게 된다. 아이디어 발상과 프로토타입은 일정 부분 절차가 겹치기도 한다. 프로토타입 단계와 아이디어 발상 단계를 오가면서 아이디어를 좀 더 정교하게 발전시키고, 오히려 더 많은 아이디어를 발상하기 위한 도구이기도 하기 때문이다. 또한 아이디어를 실제 설계한 팀원 간 이견을 해소하고 구체화 과정을 통해서 의사소통을 진행하기도 한다.

이제 제품과 서비스, 온라인과 오프라인의 경계가 무너진 상황에서 기업과 공공기관은 고객에게서 미래를 찾을 수밖에 없다. 혁신 자체, 기술 자체의 우수성보다는 고객의 경험과 이야기 신화에 초점을 맞추도록 패러다임이 변하고 있다. 디자인사고도 마찬가지다 아이디어가 아무리 많아도 고객이 실제로 시험을 해볼 기회, 체험 기회가 없다면 그 가치가 떨어지게 된다.

☛ 신화(myth)로 멈춰버린 플레이 펌프

플레이 펌프의 기본적인 아이디어는 회전목마형 뺑뺑이를 설치하고 아이들이 노는 시간에 물을 끌어 올려 저장 탱크에 저장하여 필요할 때 물을 사용할 수 있게 되어 있는 것이다. 플레이 펌프로 연결된 물 펌프를 통해서 물 부족에 허덕이는 아프리카 땅에 설치된 7m 높이의 물탱크에 2천 500ℓ의 물이 저장될 수 있다는 아이디어는 많은 이들을 흥분시키기에 충분했다. 1989년 농업박람회에서 전시된 플레이 펌프를 남아프리카 공화국의 사업가 트레버 필드(Trevor Field)라는 사람이 면허증을 받아 설치하기 시작했고, 1999년 남아프리카 공화국 대통령인 넬슨 만델라(Nelson Mandela) 대통령이 플레이 펌프가 설치된 학교에 방문하면서 명성을 얻기 시작하였다. 세계은행(World Bank)은 2000년 이 발명품에 World Development Masterpiece Award를 수여하고, 2005년에는 미국 공영방송인 PBS의 Frontline이라는 방송에서 보도하기도 하였다. 이런 가운데 미국 인터넷통신회사 AOL의 CEO인 스티브 케이스(Steve Case), 로라 부시(Laura Bush) 전 조지 부시(George W. Bush) 대통령 영부인 등이 수백억 원의 기금 모금에 동참하였다.

그러나 2010년 PBS 방송의 Frontline에서 다시 "Troubled Water"라는 제목으로 발표된 기사에는 모든 것이 계획처럼 진행되지 않았음을 암시하였다. 모잠비크 등에 있는 수십 개의 플레이 펌프가 이미 유휴상태로 들어갔고, 많은 마을에서는 다시 구식 펌프가 설치된 예도 있었다는 것이다. 결국 후원자들도 원래 계획했던 내규모 투자가 일어나지 않을 것임을 시사하게 되었다.

이렇게 신화로 전락해버린 플레이 펌프지만 그 목적만큼은 매우 숭고하였다. 그러나 아이들의 놀이와 노동사이의 구분이 애매했다는 점이 결국 성인 여성으로 전가된 근본적 원인이었고, 펌핑으로 끌어 올릴 수 있는 정도의 지하 수자원 자체가 충분하지 않다는 것도 주목하지 못한 문제였다. 즉, 플레이 펌프가 잘 작동하려면 고급 지하수가 대량으로 공급될 수 있도록 지표에서 가까운 곳에 저장되어 있어야 하는데 수자원 자체가 부족하다면 펌프가 있어도 잘 작동하지 않을 가능성이 크기 때문이다. 상대적으로 수요는 많은 데 많은 노동력의 공급이 필요하다면 아동의 착취로 연결될 수도 있는 문제였다.

다만, 이러한 아프리카 식수 공급을 위한 노력조차도 폄훼되어서는 안 된다. Case Foundation이나 Save the Children 같은 지지단체들은 실패를 통해 경험을 하기 위해 이 프로젝트를 시작한 측면도 있다. 실패를 통해 더 나은 방향으로 나아가는 것도 디자인사고 과정의 일부이기 때문이다.

출처: Columbia Climate School

CHAPTER

05

디자인사고의 과정: 프로토타입 만들기와 테스트

1. 프로토타입 단계
2. 공공부문에서의 프로토타입 사례
3. 테스트 단계
4. 기타 디자인 관련 이슈와 디자인사고 이후의 단계

"디자인사고는 잘못 지어진 이름이다. 사실은 생각하는 것 이상, 즉 행동에 관한 것이다. 지나치게 생각하고 회의하는 경향이 있다."

– 스탠포드대 디자인스쿨

영국 중동부 지방에 있는 선덜랜드(Sunderland)라는 도시에서는 2006년 정부가 어느 서비스디자인 회사와 함께 구직 관련 공공서비스를 개선하는 작업에 착수하였다. 정부가 제공하는 구직 관련 서비스가 과연 얼마나 효과적인지 미리 알아보려고 했던 것이다. 이 공공서비스 디자인 전문가들은 장기간 실업 상태에 있던 12명과 함께 구직활동을 직접 해보면서, 그들에게 제공되는 서비스를 분석하고, 이 과정을 시각화하여 지도로 만들게 되었다. 또한 지역사회의 관련 기구들과 함께 새로운 서비스 아이디어를 고안하고 서비스 모형을 만들기 시작하였다. 그 결과, 비효율적이고 중복적으로 제공되는 구직서비스를 체계화하고, 구직자에게 필요한 정보를 제공하는 새로운 맞춤형 서비스를 제공할 수 있게 되었다.

사실 오래전부터 어떤 정책이나 제도를 처음부터 온전히 시행하기보다는, 일종의 실험을 해보고자 하는 욕구가 있었다. 시간을 거슬러 올라가면, 조선 시대에 대체로 지역 토산물 등 현물에 해당하는 공물이나 진상 등으로 국가재정을 충당하고 국왕을 예우하는 법제를 구축하고 있었으나, 공물의 과다 징수, 노동력 착취나 부정부패로 백성들이 원성이 잦았다. 그리고 공역을 담당하는 농민에게도 과도한 부담이 되기 일쑤였다. 이에 지방특산물 공납을 토지세에 해당하는 미곡(쌀)으로 대체하는 법제가 제정되었는데 이를 대동법(大同法)이라고 하였다. 재미있는 것은 처음부터 전국적 시행을 하는 대신, 광해군 때 경기도에서 먼저 시행하고, 그 후 전국으로 확대해 나갔다는 것이다.[1] 본격적으로 정책을 시행하기 전 하나의 실험을 한 것으로 생각할 수 있다. 왜 이런 실험을 했을까?

이런 고민은 공감, 문제 정의와 아이디어 구상을 통해 생산되는 제품과 서비스가 만약 최종 단계를 거쳐 본격적으로 생산되어 고객의 손에 넘어갔다고 가정해보면 비교적 명확하게 이해할 수 있다. 만약 심혈을 기울여 편의성을 높여 출시했는데 고객이 좋

1) 한국민족문화대백과사전 검색 참조.

아하지 않는다면 어떻게 할 것인가? 고객이 조작할 때 불편함을 느낀다면 어떻게 할 것인가? 옛 대우전자가 1990년대 말 기술혁신으로 개발하여 2001년 시장에 내놓은 '무세제 세탁기' 사례를 생각해보자. 이 세탁기는 수돗물이 세탁기 안에 설치된 특수 전기분해 장치를 거쳐서 세탁과 살균에 필요한 이온수를 생성하여 의류의 오염물질을 제거하고 살균하는 최첨단 기술의 산물이었다. 기존의 세제를 이용한 세탁기보다 세탁력도 좋았던 친환경적이자 혁신적 제품이었는데, 결국은 시장의 호응을 얻지 못하고 실패로 돌아갔다. 가격이 타 세탁기에 비해 비싸기도 했지만, 결국은 거품이 많이 나면서 때를 빼야 한다고 생각하는 소비자들이 세제가 들어가지 않는 세탁기의 모습을 상상하는 데 실패했기 때문이었다. 국제표준으로도 인정받은 기술인데도 국내 시장에서는 재미를 보지 못했다.[2] 혁신적 제품도 고객인 사용자의 관심을 받지 못하면 사장될 수밖에 없고, 그동안 투자한 재정과 인력은 매몰비용(sunk cost)으로 고스란히 돌아오게 된다. 즉, 제품이나 서비스를 시장에 내놓기 전 충분히 고객의 마음을 사야 한다는 것이다. 이 때문에 좋은 아이디어를 발굴하고서도 디자인사고의 과정이 계속되며 만족도를 높일 필요성이 있는 것이다.

프로토타이핑(prototyping)은 [그림 5-1]과 같이 최종적으로 문제 해결을 추구하는 과정에서 수렴을 거쳐서 나온 아이디어를 실제로 '느낄 수 있는 형태로(tangible)' 구현

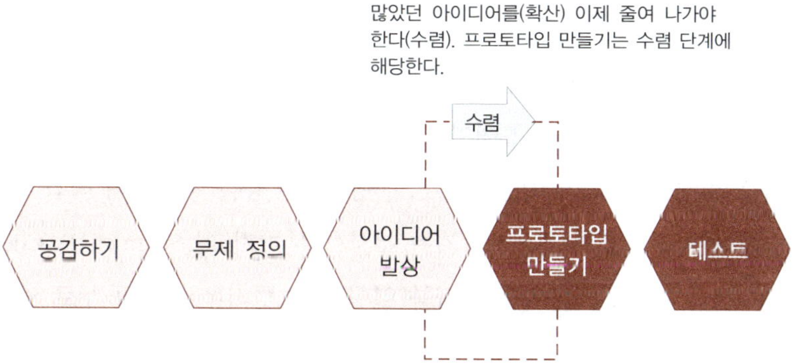

[그림 5-1] 프로토타입 단계의 연속성

2) 파이낸셜 뉴스, "해외서 상용화한 무세제 세탁기 국내선 외면," 2013년 5월 19일자. https://www.fnnews.com/news/201305191700244990 참조.

하여 테스트(test)를 받을 수 있도록 만들어내는 단계에다. 머릿속의 아이디어를 실제로 보고, 느낄 수 있는 형태로 구현하여 그 결과에 대해 사용자인 고객의 피드백을 얻고 학습하도록 하기 위한 절차이다. 고객이 이 문제 해결책에 대해 만족할 수 있는지를 점검하는 것이 디자인사고의 마지막 단계인 테스트이고, 피드백 결과에 따라 적합한 단계로 되돌아가 과정을 '고객이 만족할 때까지' 반복하게 된다. 이 과정은 아이디어를 실제로 목업(mock-up, 실제에 가까운 모형)으로 구현해 놓은 것에 대해서 평가를 받는 것이 목적이 아니다. 디자인팀이 만든 제품이나 서비스 목업에 대한 고객의 반응을 학습하는 것이 주요 목적이다.

이 장에서는 디자인사고의 마지막 단계인 프로토타입과 테스트 과정을 소개한다. 첫째, 프로토타입이 가지는 의미와 중요성, 프로토타입의 종류 및 형태를 공공부문 및 민간부문의 사례와 함께 논의한다. 그리고 테스트 단계와 절차를 마지막으로 디자인사고의 표준적 다섯 개 절차를 마무리한다.

1 프로토타입 단계

소유할 수 있는 제품의 형태가 상품으로서 가치를 가졌던 과거와 달리, 지금은 자신만이 체험할 수 있는 특별한 것, 시간에 큰 만족감을 얻는 사람이 늘어나고 있다. 즉, 앞서 이케아(IKEA) 사례에서 본 것처럼 기술발전으로 기업 간 차별성을 찾기가 쉽지 않은 상황에서 고객인 소비자는 점점 더 제품과 서비스를 구매하는 것보다는 어떤 특별한 경험을 하는 것을 가치 있게 여기기 시작했다는 것이다. 예전에는 부모들이 자녀의 생일파티를 위해 케이크 재료인 밀가루, 설탕, 계란 등을 구매하여 직접 만들었으나, 경제가 발달함에 따라 점차 시간에 쫓기는 부모들은 처키 치즈(Chuck E. Cheese's) 같은 이벤트 공간에서 아이들을 위해 행사를 열어주고, 즐거운 경험과 무료 케이크를 경험하게 하는 방식으로 라이프 스타일이 바뀌었다는 것이다.[3] 오늘날 이러한 소비성향

---

3) 소위 '경험경제'에 관해서는 *Harvard Business Review*, https://hbr.org/1998/07/welcome-to-the-experience-economy 참조. Joseph Pine II와 James H. Gilmore(1999)가 보급한 '경험경제'라는 개념이다. 심지어 미국에서 실시한 한 여론조사에 따르면 80% 가까운 밀레니엄(Millennium) 세대

을 눈치챈 기업들은 점점 '경험'을 명시적으로 디자인하고 홍보하는 활동을 벌여오고 있다. 제품과 서비스, 온라인과 오프라인의 경계가 무너진 상황에서 기업은 소비자에게서 미래를 찾을 수밖에 없으므로 기술 자체의 우수성보다는 소비자의 경험, 이야기, 신화에 초점을 맞추어야 경쟁력을 가질 수 있다는 인식이 확산하고 있다. 이처럼 고객의 경험을 통해서 관계, 경험을 맺도록 패러다임이 변화하고 있고, 이것은 디자인사고의 경우에도 마찬가지다. 아이디어가 아무리 많아도 고객이 시험을 해볼 수 없다면 큰 의미가 없다는 것이다.

1) 프로토타입의 의미와 중요성

프로토타입의 정의는 아이디어를 빠르고 저렴하게 테스트하거나 검증하는 데 사용되는 보형에 해당한다. 즉, 문제의 해결책으로 제안된 솔루션의 간단한 시제품 혹은 시험적 서비스로서, 이를 이용하여 팀원들 혹은 다른 사람들에게 보여주고 피드백을 받아 디자인팀이 적절한 개선 또는 방향 변경을 수행할 수 있는 모형이다. 즉, 프로토타입은 앞서 생산한 많은 아이디어 중 그럴듯한 생각을 구체화하여 실제로 검증하는 절차이기도 하며, 동시에 실제로 감각(시각, 촉각 등)을 사용하여 느낄 수 있는 시제품이나 서비스를 만들어 피드백을 받고, 그에 기반하여 더 많은 아이디어를 생산하는 도구이기도 한 것이다. 이렇게 만들어진 프로토타입은 고객과 대화를 하는 하나의 도구로써, 상호작용을 통해 고객과 깊이 교감하여 프로젝트의 성공적 수행 가능성이 커진다는 것이다.

(1) 생각보다 감각으로 대화하라

문제 정의 후 구상한 아이디어를 점차 구체화하는 과정 가운데, 팀원이 갑자기 주변에 있는 도구나 물건을 사용해서 무엇인가를 만들거나 그림 스케치를 하기 시작하면 회의가 지연되는 것 아닌가, 오히려 작업 리듬이 끊겨 진행해야 할 시간을 낭비하는 것 아니냐는 주장이 있을 수 있다. 팀 브라운(Tim Brown)은 "정말로 아이디어를 머릿속으로 생각하면서 구체화하는 것보다 실제로 무엇인가를 만들어보는 것이 오래 걸릴까?"

가 물건의 소유보다는 경험에 지출하는 것을 선호한다고 보고되었다(인지영, 2021, 『나라경제』 10월호 참조).

라는 질문을 던진다. 아마 천재적인 소수의 사람이라면 아이디어 구상에서부터 실제 구현까지 머릿속에서 해낼 수 있을 것이다. 그러나 복잡한 문제일수록, 좀 더 신중한 접근이 필요할수록, 디자인사고의 초기 단계에서 연속적으로 실험을 진행하면서 단계마다 바람직한 방향으로 갈 수 있도록 하는 것이 더 나은 방법일지 모른다(Brown, 2009). 천재적 소수가 아닌 이상 아이디어의 시작부터 끝까지 완벽하게 생각으로만 구현해 낼 수 있는 사람은 매우 드물기 때문에, 차라리 조악하더라도 아이디어를 재빨리 구체적인 형태로 만들어낼수록 피드백을 통해 수정하고 가다듬어 최상의 해결책에 가까워질 수 있다는 것이다. 스티브 잡스(Steve Jobs)는 1971년 제록스(Xerox)사에 애플(Apple)사의 주식을 일정부분 양도하고, 팔로 알토(Palo Alto) 연구소를 둘러볼 기회를 얻었다. 그곳에서 그는 제록스가 오늘날 마우스 개념과 비슷한 볼(ball)-기계식 장치의 프로토타입을 개발해 놓고도 제대로 활용하지 못하는 것을 보고 매우 흥분하였다. 그는 곧장 애플(Apple)사로 돌아와 다음과 같은 지시를 내렸다. 자신이 봤던 제록스사의 마우스는 만드는 데 300달러가 들고 2주 정도밖에 가지 않는 내구성을 지녔지만, 우리 회사는 15달러 이내로 수년이 지나도 고장이 나지 않는 마우스, 특히 자신의 포미카(Formica) 청바지 위에서도 작동하는 마우스 개발을 주문했다는 것이다.[4] 그 지시를 듣고 디자이너들이 재빨리 만들어 온 것은 근처 월그린(Walgreen) 약국에서 사 온 겨드랑이 냄새 제거용 탈취제(deodorants)에 달린 롤러 볼(roller ball)을 버터 디쉬(butter dish) 밑에 부착한 것이었다(Brown, 2009). 이런 초창기 프로토타입에서 발전되어 [그림 5-2]와 같은 롤러 볼과 광전자 시스템을 결합한 마우스는 1983년 출시된 애플 리사(Lisa) 컴퓨터와 함께 소개되었고, 이후 1984년에는 애플사의 대표적 컴퓨터인 매킨토시(Macintosh)의 마우스로 생산되었다. 매킨토시용 마우스는 또 한 번 진화하여 안에는 고무로 된 롤러 볼을 사용하였고, 상업적으로도 큰 성공을 거두었다. 만약 잡스가 의뢰한 호베이 앤드 켈리(Hovey and Kelly)사에서 완제품 아이디어를 완벽하게 구현할 때까지 기다렸다면 오히려 제록스사처럼 연구소에서 어떻게 효과적으로 써야 하는지 여전히 고민하고 있

4) 마우스 개발은 생각보다 오랜 역사가 있으며, 초창기는 지금과 같은 광학식이 아닌 롤러 볼(roller ball)이 들어간 기계식이었다. 자세한 내용은 https://www.todayifoundout.com/index.php/2016/03/surprisingly-old-origins-computer-mouse/ 참조.

을지도 모른다.

출처: wired.com 홈페이지.

[그림 5-2] 애플사의 리사(Lisa) 컴퓨터용 마우스

결국 프로토타입은 고객인 사용자가 제기한 질문을 좀 더 구체적으로 기능적 적합성, 유용성, 편리성 등의 측면에서 파악하기 위한 과정이라고 볼 수 있다. 무엇인가 보고 느낄 수 있는 것이 있어야 팀원 간 커뮤니케이션이 원활해지고, 생각했던 것과 다른 점을 찾아낼 수 있으며, 고객과 논의를 할 때도 편리하기 때문이다. 이 과정에서 프로토타입을 만들면서 누가 이 아이디어로 혜택을 보는지, 왜 다른 대안보다 이 아이디어가 나은지, 고객에게 얼마만큼의 이득을 가져다주는지, 고객은 이 같은 가치를 인정하고 비용을 낼 의사가 있는지 등에 대해 질문을 하여야 한다. 초기의 프로토타입은 아이디어를 개념화하고 이를 해결하기 위한 학습 과정의 일환이라면, 이런 질문을 통해서 사용자인 고객의 피드백이 시작되면 점차 계획이 명확해지고, 좀 더 정교한 프로토타입으로 발전하게 되는 것이다.

무엇인가 만들어보고 실험해봐야 문제를 정확히 파악할 수 있다는 프로토타입 과정에서의 교훈은 실제로도 증명된다. 최근 지하철 이용 승객들 가운데 이어폰을 끼고 휴대폰으로 동영상 등을 시청하는 바람에 내려야 할 역을 놓치는 경우가 잦아지고 있다. 보통 역에 당도하고 나서야 어느 역인지 확인하게 되는데, 특히 스크린도어 설치 이후 우리나라 전철 역에서는 이어폰을 끼고 있어 안내방송도 잘 들리지 않고, 역명도 잘 보이지 않아 쉽사리 정차역을 확인하기 어렵다는 민원이 많아지고 있다는 것이다. 대구도 마찬가지였다. 2017년 스크린도어 설치 후, 기존 승강장 벽 등에 붙어 있던 역명이 잘 보이지 않는다는 민원이 들어오기 시작했다는 것이다. 이에 대구교통공사 직원들은 문제 해결을 위해 아이디어를 내고 여러 차례 역명 스티커를 곳곳에 붙여보고 고객의 반응을 본 후, 결국 선로 방향 스크린도어에 한국어 역명만을 부착하기로 하였다.

출처: 네이트 뉴스, https://news.nate.com/view/20230322n28371?mid=n1101

[그림 5-3] 대구 지하철의 혁신: 정차 역명 설치

결과적으로 이 선택은 시민들의 호의적 반응을 얻었는데, 서비스형 프로토타입을 만들고 시민들의 반응을 먼저 살폈던 것이 성공의 주요 요인이었다.5)

(2) 프로토타입의 중요성과 필요성

생소한 개념 같지만 사실 프로토타입은 디자인사고의 전유물도 아니고, 실생활에서 흔히 경험하고 볼 수 있는 것이다. 전통적 공학계열이나 건축학 등에서도 흔히 프로토타입을 제작한다. 이들 학문에서는 개념을 구체화하고 상세하게 발전시키며 만들어낸 설계가 있으며, 이 설계로부터 도출된 제품의 기능과 성능, 그리고 형상을 시험해볼 목적으로 흔히 프로토타입을 제작하게 된다는 것이다. 심지어 우리 일상생활에서도 무엇인가를 본격적으로 해보기 전에 예행 연습을 한다거나, 레고 블록으로 무엇인가 만들기를 반복했던 경험도 프로토타입의 일종이라고 볼 수 있다(장수연 외, 2022).

그러나 디자인사고에서는 단순히 개념을 구체화하고 시험해보는 것 외에도 고객인 사용자와 더욱 심층적인 공감을 추구하고, 소통을 형상화하며, 피드백을 받아 다른 팀원들과 함께 해결방안에 대한 영감을 주기 위해 제작한다. 즉, 생각한 이미지 수준에 머물러 있을 때 아이디어에 공감하지 못하는 사람들에게 무엇인가 느낄 수 있는 것을 나눔으로써 설득하는 목적도 있다는 것이다. 프로토타이핑을 통해 아이디어를 다른 사

5) 관련 대구교통공사 직원의 인터뷰는 https://www.youtube.com/watch?v=iHyVKT8NUiM 참조.

람에게 보여주고, 개인이나 디자인팀이 그들 스스로가 낸 아이디어에 몰입되거나 도취하기 전 그 아이디어를 빠르고 적은 비용으로 구체화하여 피드백을 받고 수정해나가고자 하는 것이다. 아이디어의 구체화로 팀원 간 이견을 해소하고 의사소통에 도움이 되는 것이 프로토타입 제작의 목적 중 하나다.

프로토타입의 또 다른 중요성은 디자인 프로젝트의 초기 단계에서 수행된 연구는 최적의 해결책을 만들 수 있는 모든 정보를 가져다주지 못한다는 점에 있다. 아무리 철저한 조사와 많은 양의 정보를 수집하고, 아이디어 발상 과정을 통해 많은 사람이 세상을 바꿀 만한 해결책으로 인식했다 하더라도 성공을 위해서 프로토타입의 제작을 통해 초기 단계에서 가질 수 있는 가정과 편견을 드러낼 필요가 있다. 보통 브레인스토밍이나 실행 계획에 지나치게 투자하는 경향이 있는데, 여기서 나온 가정이 잘못되었을 때 상당한 시간과 자원의 낭비로 이어질 수 있다. 따라서 신속하게 프로토타이핑하는 것은 초기 단계에서 있을 수 있는 실수를 바로잡고, 사용자의 진정한 필요에 더 다가갈 수 있도록 학습하는 좋은 방법이 될 수 있다.[6)]

프로토타입의 궁극적 목적은 '실패하기'라고 봐도 무방하다. 자주 실패를 경험하는 것이 오히려 좋을 수 있다. 학습하기, 즉 하면서 배우기(learning by doing)가 최종 제품과 서비스를 내놓기 전 미리 프로토타이핑하는 목적이라는 것이다. 아이가 걸음마 떼는 것을 생각해보라. 실패를 두려워하면 향상이 어렵다. 실패와 관련되어 자주 인용되는 위대한 발명가 토머스 에디슨(Thomas Edison)은 전구를 발명을 위해 노력하는 가운데 일만 번 실패했다고 고백한 적이 있다. 그러나 그것은 전구에 빛이 들어오지 않는 이유를 9,999번 발견한 것에 해당하며 결코 실패가 아니었다고 강변하였다(DeGraaf, 2013). 즉, 프로토타이핑을 통해 미리 문제를 발견하는 것이 훨씬 낫다는 것이다.

디자인사고는 실패하고 학습하기의 반복을 오히려 권번하는 특징이 있으므로, 완성품에 가까운 고충실도(high fidelity) 제품이나 서비스를 프로토타입으로 내놓기보다는 주변에 보이는 재료와 도구를 사용하여 저충실도(low fidelity) 작품을 만드는 데 주목하는 것이 필요하다. 일반적으로 기업조직에서는 프로토타이핑을 이미 상당 부분 개발

6) 이 내용에 대해서는 Interaction Design Foundation 홈페이지, https://www.interaction-design.org/literature/article/design-thinking-get-started-with-prototyping 참조.

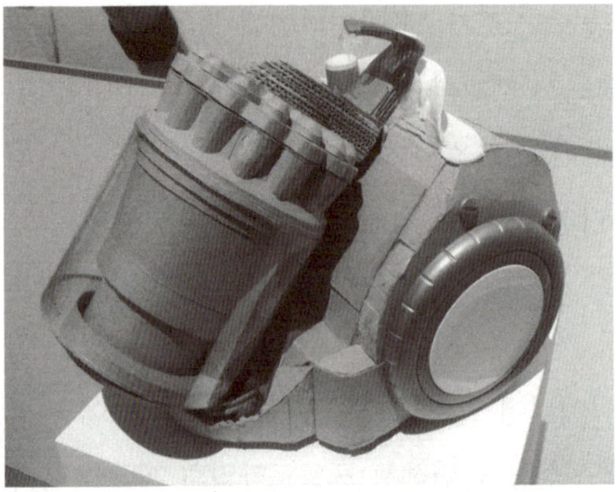

출처: https://www.pinterest.com/pin/421508846345862483/

[그림 5-4] 다이슨(Dyson)사의 마분지로 만든 청소기 프로토타입

된 제품이나 서비스를 미세조정(fine-tunning)하는 과정으로 간주하는 경향이 있다. 그러나 디자인사고에서의 프로토타이핑은 완성품에서 한참 멀리 떨어져 있고, 오히려 사용자가 진행 중인 작업에 대해 반복적인 경험을 통해 제품이나 서비스를 통째로 바꾸는 재설계와 같은, 상당히 급진적인 변화가 발생할 가능성도 있는 과정이다. [그림 5-4]는 청소기로 유명한 영국 다이슨(Dyson)사의 청소기 프로토타입이며, 마분지로 만들었다. 앞서 애플사의 디자인팀이 데오드란트 용기의 롤러 볼과 버터 디쉬를 사용해서 프로토타입을 즉각 만들어낸 것처럼, 시험 가능한 최소기능제품(minimum-viable-product)으로 개발하는 것이 중요하다는 것이다. 목표의 핵심 요소에 근접하기 위해서는 테스트와 피드백을 반복하며 수정해야 하므로, 상당한 비용과 정성이 들어간 고밀도 프로토타입은 오히려 부담이 커질 수 있다(Brown, 2020).

☛ '먼저 만들어낸 자'의 승리: 애플 컴퓨터 마우스의 탄생[7)]

컴퓨터와 인간이 가장 효율적으로 상호작용하기 위한 노력은 꽤 오래전으로 거슬러 올라간다. 1950년대 캐나다 국방연구원의 하청사인 페란티 캐나다(Ferranti Canada)사의 연구직원들이 컴퓨터용 입력장치를 개발하는 과정에서 케이스 안에 공을 넣고, 그 주위에 바퀴 네 개를 배치에 공을 특정한 방향으로 굴리면 바퀴의 움직임이 화면의 커서(cusor) 움직임으로 변환되는 방식을 개발하였다. 그러나 이 장치는 군사용이었고 기밀로 알려졌다.

보다 직접적으로 오늘날 사용하는 우리가 마우스에 가까운 것은 1960년대에 더그 잉글바트(Doug Englebart)의 노력으로 개발된 것이다. 그는 컴퓨터와 상호작용하는 방법

7) 애플 마우스의 변천사는 https://macnews.tistory.com/581 참조.

으로 주로 쓰이던 키보드, 조이스틱(joystick), 라이트 펜(light pen) 등이 별로 효율적이지 않다고 생각했고, 지속적으로 가장 효율적인 방법을 찾기 위해 프로젝트를 진행하였다. 잉글바트는 자신의 아이디어를 처음으로 실제 모형으로 제작해 준 빌 잉글리시(Bill English)의 도움으로 첫 번째 프로토타입을 만들었고, 이를 미국 항공우주국(NASA)에 다른 장치들과 함께 테스트 해달라고 요청하였다. 앞서 말한 라이트 펜, 조이스틱 등과 함께 테스트를 진행한 NASA는 이 마우스 형태의 장치를 처음 사용했음에도 불구하고 모든 부분에서 마우스가 사용자의 실수를 줄이고, 더 빨리 작동하였음을 인증하였다. 그리고 잉글바트는 1968년 샌프란시스코(San Francisco)에서 열린 합동 컴퓨터 콘퍼런스에서 이 마우스를 천여 명의 엔지니어에게 시연하였고, 경이롭다는 반응을 얻게 되었다. 그러나 '괴짜'라고 불린 잉글바트는 어찌된 영문인지 그 후 수십 년 간 마우스의 역사에서 잘 인정받지 못하는 신세가 되었다. 잉글바트와 잉글리시는 마우스 개발 당시 스탠포드 연구소(Stanford Research Institute)에서 근무하고 있었기 때문에 1970년 부여된 최종 특허도 그들에게 돌아가지 못했다.

애플시는 이런 상황에서 누군가 개발했던 기존의 기술을 찾아내고, 모방하고, 사용성을 획기적으로 개선하여 시장에 내놓은 최후의 승리자가 되었다. 스티브 잡스(Steve Jobs)는 앞서 방문한 제록스의 연구실에서 엔지니어인 래리 테슬러(Larry Tesler)가 하는 마우스 시연을 보고는 "이것으로 왜 아무것도 하지 않고 있는가!"라며, 극도로 흥분한 모습을 보였다고 한다. 제록스가 마우스를 제대로 활용하지 못한 것을 보고 전 세계에서 가장 큰 첨단 기술업체가 될 수 있었다고 잡스는 평가했다고 한다. 어쨌든 초기의 애플 마우스는 리사(Lisa)컴퓨터에 장착되었으나 크게 히트는 치지 못했고, 고무공을 넣은 마우스가 매킨토시에 장착되며 대중적으로 인기를 끌게 되었다. 결국 먼저 목업을 자꾸 만들어보고 테스트하여 최적의 상품을 내놓은 애플이 승자였던 것이다.

출처: todayifoundout.com

마지막으로, 디자인사고의 프로토타입은 전통적인 공학이나 건축학 등에서의 프로토타입과 '인간 중심의 가치'를 추구한다는 점에서 차이가 있다. 최소한의 시험 가능한 제품이나 서비스를 만들어 오감(五感)을 자극하는 방식으로 다양하게 프로토타입을 구축할 수 있지만, 제품이나 서비스에 내포된 신뢰와 같은 가치문제를 어떻게 제시할 수 있어야 한다. 디자인사고의 출발 자체가 사회 구성원들이 공유하는 가치로부터 출발하며, 문제 해결 방안의 창출 역시 다양한 구성원의 참여를 전제로 하고 있기 때문이다. 한 명의 천재가 다수를 설득하는 것이 아니라, 프로세스를 통해 구성원의 합의를 이루어나가는 '공공성'이 있는 것이 디자인사고의 프로토타이핑이다. 제너럴 일렉트릭의 헬스케어(GE Healthcare)는 인도, 중국 등 신흥시장에서 초음파 진단기기의 수요에도 불구하고 높은 가격 때문에 이용이 제한되는 점을 고려, 보통 장비당 10~35만 달러에 이르던 기기 혁신을 통해 1만 5천 달러 정도에 공급할 수 있게 되었다. 그러자 수요가 폭발하여 매출이 2002년 4백만 달러이던 것이 2008년 2억 7천만 달러로 폭발적인 성장을 하게 되었다. 여기까지의 스토리는 흔한 비즈니스 성공사례에 불과하다. 그러나 제너럴 일렉트릭은 여기서 그치지 않고 대상 국가의 사회적 필요와 가치에도 관심을 기울였다. 즉, 인간 중심적 접근을 한 것이다. 일례는 중국의 의사들이 여전히 각지를 돌아다니며 진찰해야 한다는 것에 착안하여 이동식 초음파기기를 개발한 것이다(Immelt et al., 2009). 또한 인도 및 동양권에서 남아선호사상 때문에 초음파기기가 낙태에 사용되는 것을 방지하기 위해 판매 대상 국가에 낙태금지법을 제정하도록 꾸준히 권고하고, 낙태를 조장하는 기관에는 판매를 거부하였으며, 마케팅 인력에도 인권 및 여권신장 교육 등을 실시하였다(Jain & Harris, 2008). 이와 같이 디자인사고의 프로토타입의 궁극적 목표는 인간 중심의 가치여야 한다.

☛ 파일럿 버전부터 선보인 싱가포르의 공공 주차 모바일앱

2016년 싱가포르 정부는 기존의 정보기술 관련 부처를 통폐합하고 정부기술개발청(Government Technology Agency of Singapore)를 설치하여 도시재개발청(Urban Redevelopment Agency)과 주택개발청(Housing Development Board)과 함께 주차문제(주차공간, 주차료 징수) 등의 문제를 해결하기로 하고, 기존의 방식 대신 모바일 플랫폼을 개발하기로 하였다.

기존에는 편의점 등에서 쉽게 구입할 수 있는 주차 쿠폰에 주차장 사용 시간에 맞추어 펀칭하여 자동차 대시보드에 올려놓는 방식이나 현금카드를 사용하여 주차요금을 정산하는 방식을 사용하였으나, 2017년 8월 리센룽(Lee Hsien Loong) 총리가 지적한 것처럼 여러 불필요한 번거로움이 존재하였다.

이에 정부에서는 정부기술개발청 등 여러 부처가 협력하여 내부에서 공공 주차를 위한 모바일앱을 개발하기로 하였고, 교통경찰, 운전자, 공공아파트 거주자 등의 행동을 관찰하거나 인터뷰하여 선호도를 조사하기 시작하였다. 이런 절차를 거쳐 테스트가 가능한 모바일앱 시제품(프로토타입)을 4개월 만에 개발에 성공하였고, 시민과 사용자들의 피드백을 거치면서 수정, 8개월 만에 최종 버전의 앱을 선보이게 되었다(2017년 10월 1일). 이런 방식은 기존에 정부가 거의 완전한 서비스를 개발한 후 대중에 공개하는 방식과 달리, 처음부터 완벽한 앱이 아니라 시험 가능한 최소기능제품(minimum-viable-product)을 개발하기로 하였고, 사용자인 고객의 편의성이라는 목표에 근접한다면 피드백과 테스트를 반복하여 보다 완전한 앱을 개발하기로 하였다는 것이다. 재미있는 점은 시민들도 초기 버전인 프로토타입이 완전하다고 기대하지 않고 적극적으로 피드백을 제공하여 계속적 업그레이드에 도움이 되었다. 다음과 같은 모바일 앱의 도입으로 과거 30분 단위로 지불하던 주차요금을 자신이 사용한 만큼 분당으로 지급할 수 있게 되었고, 여유있는 주차공간에 대한 정보도 얻게 되었다.

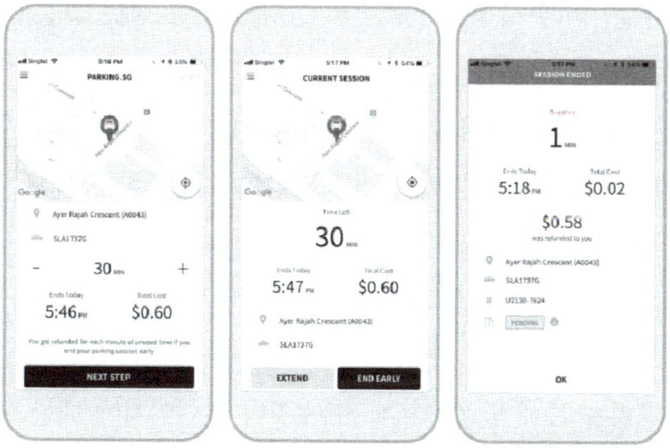

출처: 배유일(2022)

2) 프로토타입의 방법과 형태

프로토타입은 실로 다양한 형태로 실행할 수 있다. 방송계도 마찬가지다. 인터넷 유튜브(YouTube)를 비롯하여 OTT(over-the-top media service) 등의 등장으로 경쟁이 치열해짐에 따라 한 번 실패하면 막대한 비용이 들기 때문에, 제작하는 처지에서 매우 신중해질 수밖에 없게 되었다. 최근 명절 같은 기간을 이용하여 방송사에서 자주 듣게 되는 단어가 '파일럿 예능' 혹은 '파일럿(pilot) 방송 프로그램'이다. 이는 정규 프로그램으로 편성되지는 않았지만, 일정한 포맷의 예능을 시청자에게 먼저 선보이고 반응을 체크하여 의견을 수렴하기 위해 내놓는 것이다. 한 번 제작되면 천문학적 제작비와 인력, 노력이 투입되므로 이런 '프로토타입'이 점차 확산하고 있는 것이다. 사용자인 시청자의 수준도 높아졌지만, 직접 참여하여 프로그램을 함께 만들어가는 의의도 있는 것이다. 이러한 경향은 공공부문도 더는 예외가 아니다. 정부가 공공서비스를 제공하는 데도, 바로 전면 실시 단계로 넘어가기보다는 '시범 시행' 안내를 하고 특정 지역이나 계층에 사용한 후 전면 확대하는 경우가 늘어나고 있다.

프로토타입의 종류가 워낙 다양하므로, 프로토타이핑이 무엇인지, 왜 가치가 있는지, 디자인사고 전반에 걸쳐 어떤 종류의 프로토타입을 사용할 수 있는지 정확하게 이해하고 있다면, 디자인팀의 사정이나 조직의 상황에 맞는 방법으로 프로토타입을 만드는 것이 가능하다. 다만, 일반적인 지침을 몇 가지 제시할 수 있는데, 첫째 프로토타입을 만들기 전에 디자인사고 과정의 현재 단계와 사용 가능한 시간, 재료 및 자원(resource)을 고려해야 한다. 예를 들면, 프로토타입에서 강조하는 대로 저충실도의 프로토타입은 초기 단계에서 자주 피드백을 받고 수정해야 하므로 의미가 있지만, 제품이나 서비스의 생산 시기가 가까워지면 고충실도의 프로토타입으로 이동하는 것이 더 낫다는 것이다.

둘째, 프로토타입을 통해 달성하고자 하는 것이 무언인지에 대한 명확한 방향이 있어야 한다. 구체적으로 테스트를 하고 싶은 것이 무엇인가? 문제 진술문에서 드러난 사용자인 고객의 필요에 대한 잠재적 해결책이 될 수 있을 것인지 생각하며 프로토타입을 진행하여야 하며, 고객과 프로토타입을 통해 의사소통하면서 고객의 요구에 조금씩 더 다가갈 수 있는 단서를 발견하여야 한다. 오히려 고객에게 스스로 프로토타입 제작 과정에 참여하여 스스로 원하는 것을 드러내도록 하며, 디자인팀은 편견 없이 팀 구성원 이외의 참여자로부터 학습할 기회를 만들 수 있다(송동주 외, 2017).

셋째, 프로토타입을 제작할 때 아이디어가 부족하다면, 가장 널리 사용되는 방법으로, 주변에서 가장 쉽게 찾을 수 있는 재료를 사용한다면 과정이 훨씬 수월해질 수 있으며, 디자인사고는 엄격하게 선형적인 과정을 따르도록 강요하지 않으므로 필요할 때마다 언제든지 만들 수 있어야 한다. 실제로 디자인사고에서 하는 프로토타입은 어디서나 찾을 수 있는 신문지, 종이상자, 스티로폼, 보드, 스카치테이프 등 흔한 재료들이며,

이런 방식으로 저렴하게 제작하여 실패를 이른 기간에 하는 것이 오히려 도움이 된다. 이런 재료들은 비용이 거의 들지 않는 것들이다. 심지어 프로토타입이라고 해서 반드시 무엇인가를 만들어야 하는 것도 아니다.

마지막으로, 흔한 재료를 사용하여 정밀하지 않은 프로토타입을 만드는 이유는, 만족할 만한 수준에서 만든 프로토타입을 신속히 테스트하여 다음 단계로 이동하기 위함이다. 프로토타입을 만든 제작자는 흔히 애착을 갖게 된다. 따라서 디자인팀이 초기의 프로토타입에 큰 비용을 들이지 않고 제작하게 되면, 새로운 제안과 수정 혹은 조기 번복을 할 때도 좀 더 열린 마음으로 수용할 수 있고, 신속하게 다음 단계로 이동할 수 있게 된다.

다음에서는 프로토타입에 실제로 이용되는 여러 가지 형태를 소개한다. 일단 프로토타입을 제작하기 위해서는 재료나 도구를 준비해야 한다. 앞서 언급한 신문지나 박스와 같은 흔한 재료로 프로토타입 제작이 가능하지만, 반드시 무엇인가를 만들어야 할 필요가 있는 것은 아니다. 인터넷 이미지, 공간 활용, 포스트잇, 역할극, 스토리텔링 같은 시각적 방법에 이르기까지 다양한 형태로 프로토타입 제작에 사용될 수 있다. 한 개의 프로토타입에 너무 많은 정성과 시간을 할애하지 않는 것이 좋으며, 피드백을 통해 점차 개선된 프로토타입을 만드는 과정에서 점차 신중하게 제작해야 한다. 3D 프린터나 실물 크기의 목업(mock-up)을 제작하는 단계가 되면 비용이 많이 들 수 있기 때문이다.[8] 그러나 가장 중요한 것은 고객의 시선에서 제작해야 유의미한 피드백을 받을 수 있다는 것이다.

프로토타입의 종류는 [표 5-1]에 요약된 것 이외에도 많은 스핀오프(spin-off)가 존재한다. 생각한 아이디어를 실제로 3차원으로 구현한 모형(model)에서부터 트위터(twitter), 전자우편, 스카이프(Skype) 등 온라인 도구를 활용하는 것까지 다양하다. 디자인팀은 아이디어에서 나온 제품이나 서비스의 논리와 기능을 이해한다면 종이에 적힌 단순한 아이디어로도 구현 가능한 프로토타입을 쉽게 개발할 수 있다. 결국 제작할

8) 초기 프로토타입은 선택된 아이디어의 기능적 작동 여부를 판단하기 위한 것이므로 저정밀도로 제작하는 것이 권면되지만, 최종 테스트에 가까워질수록 디자이너들이 직접 고객과 만나면서 피드백을 받아야 하므로, 지나치게 저정밀도의 프로토타입은 피드백에 임하는 고객의 외면을 받을 수 있다. 따라서 후기로 갈수록 외적으로도 매력적인 프로토타입을 제작할 필요가 있다(Brown, 2009).

[표 5-1] 프로토타입의 일반적 종류

프로토타입 종류	방법 요약
모델(model)	아이디어를 3차원으로 표현하여 만든 모형. 실물크기 제작을 권면
스케치	가장 기본적 형태의 프로토타입. 스케치로 새 제품이나 서비스의 개념화 및 구축 프로세스를 시작하고, 더 많은 아이디어 구상과 토론을 위해 공유하는 방법
페이퍼 인터페이스 (paper interface)	디지털 제품, 특히 웹사이트나 모바일앱, 웹 서비스 등의 제품이나 서비스의 최종 개발 및 디자인 과정에서 종이에 앱을 스케치하거나 드롭 다운(drop down) 메뉴, 혹은 텍스트 필드(text field) 등 사용자 인터페이스를 구현
스토리보드	보드에 그린 그림을 통해 스토리를 전달하고 사용자 경험을 토대로 대상 고객을 안내하는 방법. 사용자가 문제나 제품을 경험하는 방식을 보드에 시각화하여 정보를 수집하고 새로운 아이디어를 발상하는 데 도움
롤 플레잉 (role playing)	역할극 등을 통해 제품이나 서비스를 이용하는 사용자의 경험을 학습하고 실행하는 데 사용. 사용자 경험을 시뮬레이션하여 사용자에 대한 공감을 추구. 소품을 만들고 오디오 시뮬레이션 등을 하여 사용자 환경을 모방
광고	프로그램, 서비스, 제품 등에 대한 아이디어를 전달할 수 있도록 광고 형태로 제작하는 방법
공간 개조 (revamped space)	이미 준비된 가구와 책상 등을 이동하면서 자유롭게 발상하고 공간을 변화시킬 수 있는 방법

수 있는 프로토타입이 매우 다양하므로 무엇을 선택해야 할지 어려울 수 있지만, 디자인사고에서 추구하는 프로토타입을 구축하는 동안 사람, 사물, 공간 등의 상호작용에 주의를 기울여야 한다.

(1) 스케치 프로토타이핑

스케치를 이용한 프로토타이핑은 마치 디자이너가 된 듯 펜과 백지를 가지고 제품이나 서비스 콘셉트에 대하여 종이에 그리는 방법으로서, 디자인팀이 효율적이고 저렴한 방법으로 디자인 아이디어를 빠르게 시각화할 수 있도록 도와주는 필수적인 기술이다. 이 방법은 거의 모든 제품 및 서비스디자인 과정에 사용할 수 있다. 예를 들어, [그림 5-5]와 같이 모바일앱을 디자인하는 팀에서 그린 스케치 프로토타이핑을 통해서 사용자는 인터페이스가 어떻게 구성되어 있는지를 인지하고, 다음 화면으로 넘어가는 스케치 속 인터페이스의 버튼을 누르는 등의 행동을 하게 되면, 디자인팀 구성원이 인터페이스 응답을 시뮬레이션하기 위해 후속 페이지로 스케치를 교환하는 방식으로 진행된다.

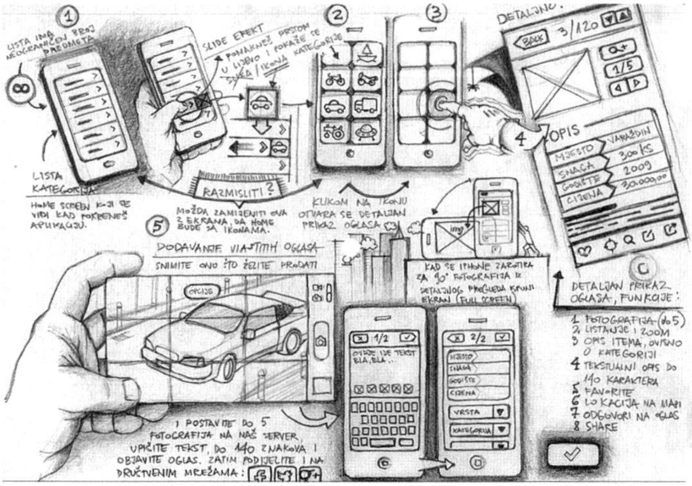

출처: https://www.xinyicui.medium.com

[그림 5-5] 스케치 프로토타입

간단한 디자인 스케치를 그리기 위해 예술적인 능력이 필요하지 않으며, 종이에 기본 선과 도형을 그리는 것처럼 간단할 수 있다. 스케치 프로토타이핑은 미(美)에 관련된 것이 아니라 사용자인 고객과 커뮤니케이션에 해당하기 때문에 몇 가지 원칙만 합의된다면 쉽게 시작할 수 있다는 것이다. 예컨대, 직사각형 안에 그려진 '▶' 도형은 비디오 재생기를 의미하는 버튼으로, 직사각형에 돋보기 모형이 그려져 있다면 검색창으로 인식하는 등 기호에 대한 합의만 있다면 개발자와 사용자가 쉽게 해석할 수 있는 일관성이 생기게 된다.

종이 프로토타입(paper prototype)이라고도 불리는 이 방법은 빠르고 저렴하며, 디자인이 발전해나가는 것을 문서화하는 데 사용할 수 있으므로 다시 참조할 수 있는 유형의 프로토타입이다.9) 또한 이런 형태의 프로토타입은 하나 이상 만들어 비교할 수 있기 때문에 여러 버전으로 제작도 가능하다. 예컨대, 제작자 이름을 따서 John I, John II, John III 등의 방식으로 구분할 수 있다는 것이다. 그러나 시각적으로 복잡한 내용이나 높은 수준의 커뮤니케이션을 전달하는 데는 한계가 있을 수밖에 없고, 비교적 다양

9) 구글(Google)사에서 스타트업(start-up)을 위해 제공하는 종이 프로토타입 영상은 https://youtu.be/JMjozq JS44M 참조.

하고 폭넓은 아이디어나 개념을 빠르게 탐색해야 하는 디자인 초기에 사용하는 것이 유용한 방법이다. 이 때문에 그림을 그릴 때의 스케치와 같이 디자인사고의 초기에는 대부분 종이 스케치를 하게 된다. 종이 프로토타입은 프로토타입의 첫 번째 단계라고 봐도 무방하며, 간단한 스케치를 발전시키면서 좀 더 정밀한 프로토타이핑으로 발전해 나가게 된다.

초기 단계에서 종이 프로토타입의 단순한 단계에서 피드백을 통해 조금 더 충실도가 높은 버전으로 발전될 수 있다. 앞서 모바일앱 스케치 단계에서 상호작용 요소를 더하여 발전시킨 것이 '클릭-스루 프로토타입(click-through prototype)'이다. 이 방법은 웹사이트나 모바일앱 스크린의 각 페이지에 나오는 요소들을 묘사하는 방법이며, [그림 5-6]과 같이 스크린을 다양한 화면 페이지로 연결해 보여준다. 이러한 프로토타입은 저충실도 프로토타입의 고급 버전이라고 볼 수 있으며, 가장 단순한 버전의 대화형(interactive) 프로토타입에 해당한다. 이 보다 발전된다면 프로토타입의 초기 디지털 형식으로 만들어 테스트할 수도 있다.

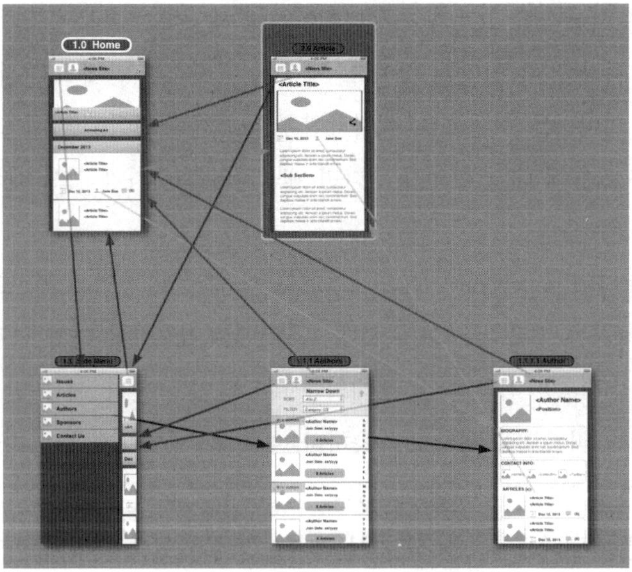

출처: Smashing Magazine 홈페이지.

[그림 5-6] 클릭 스루 프로토타입

(2) 스토리보드

스토리보드(storyboard) 기법은 앞서 스케치 프로토타이핑의 스핀오프에 해당한다고 볼 수 있으며, 스토리의 주요 이벤트의 순서를 이미지를 통해 전달할 수 있도록 보드에 그려 넣은 것이다. 이는 스토리를 전달하고 사용자 경험을 통해 대상 고객을 안내하는 방법이다. 광고회사에서 광고를 기획하고 사전에 광고주와 컨설팅을 하는 과정에 어떤 내용이 들어가는지 스케치로 보여주는 경우가 많다. 일련의 패널에 표시되는 이미지를 통해 스토리를 전달하는 것이다.

스토리보드 기법도 복잡하거나 고충실도일 필요는 없으며, 단순한 비주얼과 기본적이지만 구체적인 시나리오만 있으면 가능하다. 스토리보드는 스토리 또는 시나리오를 기반으로 하며, 보통 사용자 스토리를 기반으로 작성한다. 이 시나리오의 각 단계는 순서대로 시각적으로 표현되고, 스케치 혹은 사진을 써도 무방하며, 각 시각적인 요소에는 텍스트로 된 캡션이 있어서 사용자의 행동, 감정 상태, 장치 등을 설명하는 역할을 한다.

스토리보드에 배달앱을 만드는 회사의 프로토타입을 구현한 [그림 5-7]은 스토리보드에 앱을 이용할 시 사용자가 경험하게 될 절차를 보여준다. 이와 같은 방식의 경우

출처: https://www.nngroup.com/articles/storyboards-visualize-ideas/

[그림 5-7] 스토리보드 활용 사례: 배달업체의 경우

스케치를 사용하여 신속하게 연속 과정을 그리고, 포스트잇 등을 활용하여 디자인팀 구성원과 공동으로 스토리보드를 제작할 수 있다. 각 팀원은 자유롭게 통찰을 하고 사용자가 취할 수 있는 순서와 단계를 논의하면서 해당하는 단계에 메모가 적힌 포스트잇을 적을 수 있다. 'T'자형 인재가 참여한 디자인팀에서 마케팅팀 혹은 비즈니스에 중점을 둔 팀 구성원은 나머지 팀원이 관심을 잘 두지 않는 마케팅 과정에 좀 더 기여할 수 있다. 또한 이 방법은 전체 스토리보드를 다시 그리지 않고도 포스트잇을 재정렬하여 순서를 변경할 수 있는 유연성도 제공한다. 상세한 일러스트레이션을 위해 마이크로소프트 파워포인트(Powerpoint)와 Sketch 같은 프로그램을 사용할 수 있다.

스토리보드는 주로 초기 프로토타이핑에 사용되는 기술이며, 사용자가 문제나 제품을 경험하는 방식을 시각화하고 일련의 이미지나 스케치로 표현할 수 있는 장점이 있다. 내부 디자인팀이나 이해관계자에게 스토리보드를 배포하고 피드백을 요청할 수 있고, 이러한 단계 중 일부를 반복하여 개선할 수 있다. 스토리보드는 사용자, 작업 및 목표에 대한 정보를 수집하는 동시에 다른 디자이너와의 협업으로 새로운 아이디어를 불러일으키는 데 도움이 된다. 사용자의 경험을 끌어내는 것은 사용자의 세계를 잘 이해하고, 그들의 관점에서 생각할 수 있게 돕는다.

(3) 역할극

바디스토밍(bodystorming) 혹은 롤 플레잉(role playing)으로도 불리는 프로토타입은 디자인팀이 서비스 상황을 물리적으로 경험하여 디자인 과제의 뉘앙스를 이해하고 새로운 해결책을 찾아내도록 돕는 것이다. 예시적인 사용 시나리오를 설정하여 서비스 또는 제품 아이디어를 설명하는 방법이며, 일반적으로 일부 역할을-예를 들어, 사용자, 서비스 직원-정의하고 성능을 촉진할 수 있는 대략적인 프로토타입 또는 기타 자료를 준비하여 실행한다. 팀이 스토리를 연기하는 동안 나머지 청중은 아이디어에 대해 배우고 동작 순서를 이해하게 된다. 주요 목표는 서비스를 제공하는 과정 가운데 어떤 외부 요인이 간섭할 때 무슨 일이 발생하는지 확인하는 것이다. 따라서 청중이 스토리와 관련된 해결책에 집중할 수 있도록 관련이 있고 이해하기 쉬운 장면에 대한 맥락을 설정하는 것이 필요하다.

출처: https://www.magazine.startus.cc/design-thinking-prototypes-to-roleplay

[그림 5-8] 롤 플레잉 사례

예를 들어, 해외에서 온 호텔 투숙객이 그 지역에 대한 자료를 읽어보기를 원할 때 제공하는 〈Travel Global, Read Local〉이라는 프로그램을 운영하기 위해서 역할극을 통해 서비스 프로토타입을 시행한다고 가정해보자. 디자인팀은 일단 주변의 구하기 쉬운 재료를 사용하여 안내 데스크 등을 만들고 주문서, 브로슈어(brochure), 설문지 등을 준비한 다음, [그림 5-8]처럼 이런 무대에서 실제 고객이 호텔에 체크인하고, 얼마나 많은 책을 주문하는지, 어떤 피드백을 하는지 관찰할 수 있다는 것이다. 서비스 프로토타입을 통해 얻은 결과물은 향후 서비스 개선에 유용한 정보를 제공하고, '하면서 배우는(learning by doing)' 기회를 제공하게 된다.

(4) 오즈의 마법사 기법

오즈의 마법사(Wizard of Oz) 프로토타입은 참가자가 실제로 작동하는 프로토타입을 사용하고 있는 것으로 믿게 만들고, 실제로는 뒤에서 연구자 혹은 디자인팀 구성원이 몰래 시스템 역할을 대신하는 방법이다. 이 방법은 모양, 느낌, 속성은 갖추었지만, 프로그래밍은 없는 디지털 인터페이스의 표현인 디지털 목업(digital mock-up)의 일종이다. 즉, 오즈의 마법사 방식은 커튼 뒤에서 레버를 당기거나 스위치를 돌리는 역할을 하는 누군가를 둠으로써, 응답이 컴퓨터가 아닌 사람에 의해 생성되고 있다는 사실을 모른 채 사용자가 인터페이스와 상호작용할 수 있도록 하는 프로세스이다. 오즈의 마법사 방법론을 사용하면 개발에 대해서 생각하기 전에 시스템에 대한 사용자의 반응을 미리 테스트할 수 있고, 만드는 데 상당한 노력이 필요한 프로젝트에 적합한지 확신할 수 있는 새로운 개념을 개발 비용에 대한 걱정 없이 테스트하고 수정할 수 있는 유연한 접근 방식이다. 매우 쉽게 사용 가능하고 사용자의 반응에 즉각 대응할 수 있는 장점이

[그림 5-9] 오즈의 마법사 사례: IBM 음성-문자 변환

있어 파이낸스(finance), 텔레콤 서비스 등 다양한 분야에서 쓰이고 있다.

오즈의 마법사를 활용한 가장 유명한 사례는 [그림 5-9]의 1984년 IBM사의 음성-문자 전환기술 사례일 것이다. IBM은 음성을 문자로 변환하는 기술에 사람들이 얼마나 관심이 있을지 궁금했다. IBM은 사람들의 관심에 확신이 없는 상태에서 큰 비용을 쓰는 것은 무리라고 보고 다른 해법을 내놓았는데, 그것은 바로 뒤에서 속기사를 쓰는 것이었다. 즉, 사용자들에게 음성 인식 기술이라고 소프트웨어를 나누어 준 뒤, 사용자들이 음성을 마이크로 입력하면 실제 사용할 때 벽 뒤에 있는 속기사가 스피커를 통해 몰래 듣고 문자로 변환하여 사람들의 반응을 살핀 것이었다.

오즈의 마법사를 수행하는 절차는 일단 참가자를 IBM 사례처럼 음성변환 기술이라고 알려진 컴퓨터 장치와 같은 프로토타입 앞에 위치시키고, 참가자가 볼 수 없는 곳에 마법사(시스템 역할 대행자)가 될 디자인 팀원이나 연구자를 위치시킨다. 그 후 마법사가 다양한 역할과 행동을 연기하면 사용자가 취한 행동이나 반응을 기록하고, 기록된 결과를 분석 및 공유하는 것이다. 그러나 오즈의 마법사를 수행하는 가장 쉬운 방법은 '마법사'가 클릭 한 번으로 설계된 응답으로 사용자의 제스처나 동작에 빨리 반응할 수 있는 간단하고 쉬운 프로토타입을 구축하는 것이다. 무엇보다 테스트하고 탐색할 대상을 선정해야 하고, 그다음 사용자의 관점에서 사용자에게 현실적인 경험을 제공하는 데 필요한 기능을 '위조'하는 방법을 알아내야 한다. 즉, 테스트 프로토콜을 정해서 관찰하고 있는 것 또는 전체 테스트 결과와 의미를 이해할 수 있도록 준비해야 한다는 것이다. 또한 목적과 디자인 단계에 따라 충실도가 낮은 혹은 높은 프로토타입을 미리 준비할 수 있다.

제품이나 서비스를 본격적으로 개발하기 전에 시장에서 고객의 수용 가능성을 미리 알아보고 최적의 제품과 서비스를 출시하기 위한다는 점에서, 오즈의 마법사 같은 방식은 얼마나 빠르고 적은 비용으로 만들어낼 수 있을까 하는 제조에 초점을 맞춘 프로토타입이 아니라 '프리토타입(pretotype)'에 해당한다는 주장이 최근 제기된다.10) 프리토타이핑은 사람들이 공공 및 민간에서 구상하는 제품이나 서비스에 사람들이 얼마나 관심을 가질지, 구매 의향이 있는지 등을 미리 알아보는 절차라고 정의한다. 디지털로 대전환이 이루어지는 시대에 갈수록 생존 주기가 짧아지는 산업생태계에서 미리 시장 수용성을 테스트하는 것은 점차 필수적 과제가 되어가고 있으나, 크게 보면 프로토타입도 수용 여부에 대한 정보를 얻을 수 있어서 구분의 큰 실익은 없다고 생각된다.

☛ 맥도널드에서 이탈리아 음식의 자존심인 '스파게티'를 판다고?

미국식 패스트푸드의 대명사인 맥도널드(McDonald) 팬 사이에서 맥스파게티(McSpaghetti)라고 불리는 음식의 사진이 SNS인 트위터(twitter)의 트렌드(trend)로 뜬 적이 있다. 어떤 맥도널드 고객이 맥스파게티를 주문하는 모습을 올린 후 화제가 된 것이다. 빅맥(Big Mac)으로 대표되는 햄버거의 대명사인 맥도널드에서 이탈리아 음식인 스파게티가, 그것도 표준화로 유명한 맥도널드에서 나라별로 다른 메뉴를 판매한다는 것에 많은 사람이 충격을 받았다. 1980년대 단종 되기 전까지 맥스파게티는 미국 플로리다(Florida)주와 필리핀 등 일부에서만 판매되었다.

그러나 디자인사고와 관련하여 흥미로운 점은 맥도널드가 맥스파게티를 선보인 방식이다. 맥도널드에서 보통 맥스파게티 같은 신상품을 개발하는 과정은 시제품을 만들고, 여러 사람에게 시식하도록 하여 품평회를 여는 방식으로 해왔다. 반응이 좋으면 맥도널드 매장에서 정식 메뉴로 론칭(launching)하고, TV나 매체를 통해서 신메뉴를 대대적으로 선전하여 판매를 촉진하는 방식이지만, 맥스파게티를 내놓은 과정은 달랐다는 것이다. 맥도널드사는 매장에서 스파게티를 판매하면 어떤 반응을 고객들이 보일지 궁금하였다. 그래서 매장의 메뉴판에 '맥스파게티'라는 그럴듯한 상품 하나만 추가하였을 뿐, 실

10) 한국경제, 2020년 11월 28일자, https://www.hankyung.com/economy/article/202011270733i

제 제품은 없었고, 제품 테스트도 하기 전이었다. 단순히 고객의 반응을 살펴보기 위해 너무 많은 돈을 지출하고 싶지 않았기 때문이었다. 그래서 주문을 누군가 실제로 하게 되면, "아직 출시가 안 되었는데 메뉴판에 먼저 들어갔다" 등으로 둘러대었다. 그런 뒤 점원은 어떤 사람이 몇 시에, 몇 개를, 어떤 방식으로 주문했는지 체크하여 데이터를 축적하였다. 이 과정을 실제로 무엇인가 만들기 전에 시행했다고 해서 '프리토타입'으로 명명하는 경우가 있으나, 오즈의 마법사도 실제로 무엇을 제작한 것은 아니라는 측면에서 큰 범위 내에서 프로토타입으로 볼 수 있을 것이다.

출처: *The Sun*, 2021년 8월 12일자

(5) 기타 프로토타입

위에 제시된 프로토타입 방법 이외에도 기상천외한 방법들이 계속 개발되고 있으며, 디지털 전환 시대를 맞이하여 디지털 서비스 관련해서는 프로토타입을 만들 수 있는 소프트웨어도 개발되고 있다. 많이 이용되는 프로토타입 중 하나는 광고(advertisement)이다. 이 방법은 말 그대로 프로그램이나 서비스, 제품 등에 대한 아이디어를 고객들에게 노출하고 전달할 수 있도록 광고 형식으로 프로토타입을 만드는 기법이다. 특히 서비스 광고는 포스터, 디지털 광고, 비디오 등을 통해 서비스 개념 또는 가치를 시각화한 것이다. 이런 광고 형태의 프로토타입은 짧은 구호, 눈길을 끄는 이미지 혹은 텍스트 등을 사용하여 감성적이고 사실적 관점에서 서비스를 제공한다. 이 과정에서 사용자가 어떻게 광고를 해석하는지 확인하기 위한 클릭 유도 문안 같은 장치를 준비한다.

비디오 프로토타입(video prototype)은 종종 애니메이션 비디오 또는 프로젝트를 설명하고 그래픽으로 나타나는 시뮬레이션 형태로 제품을 제시하는 데 사용되며, 사람들이 실제 환경에서 제품 및 서비스와 상호작용하는 방법을 보여주는 시나리오의 시청각적 표현이다. 비디오 프로토타입은 즉석에서 촬영하고, 빠르고 쉽게 편집하여 최종 형태보다 거친 형태일 수 있다. 따라서 이런 경우 비디오는 서비스 개념과 시스템 일부를 보여주는 데 유용하다. 대략적인 모습을 보여준다면 향후 아이디어를 추가로 개발할 수 있는 도구로 쓰인다는 것이다. 반면, 세련된 모습으로 정리된 비디오 프로토타입은 주어진 서비스의 가치를 전달하고 잠재적 고객의 반응을 끌어낼 수 있는 강력한 프로토타입이다.

최근 기술의 발달로 인해 디지털 서비스에 더 적합한 프로토타입 방식이 개발되고 있으며, 앞서 언급한 몇몇 프로토타입 기법은 디지털 서비스에 더 적합할 수 있다.[11] 이를 보조하기 위한 소프트웨어도 다수 개발되고 있다. 결국 디자인팀은 목적에 가장 잘 부합하는 프로토타입 선택을 할 필요가 있다. 또한 프로토타입을 만들기 전 디자이너는 테스트하려는 결과를 위해 어떤 데이터를 프로토타입 과정 가운데 수집할 것인지, 어떻게 테스트할지 명확하게 이해해야 한다.

☛ Dyson Air Multiplier: 혁신의 아이콘 다이슨의 블레이드 없는 선풍기

다이슨사(Dyson)의 제품이 처음부터 환영받았던 것은 아니다. 사이클론의 원리를 응용하여 개발한 진공청소기는 많은 퇴짜를 맞고서야 한 일본의 회사와 겨우 계약을 맺었고, 일본 시장을 위한 명품 진공청소기인 G-Force를 생산하게 되었다. 이 자금으로 연구소와 제조기지를 열게 된 것이다. 원래 아트 칼리지(Art College)에서 산업 디자인으로 훈련받은 제임스 다이슨 경(James Dyson)은 혁신적 아이디어를 제안하고, 이를 테스트할 무수한 프로토타입을 반복하는 것으로 유명하다. 다이슨의 이름을 알린 진공청소기는 15년 동안 무려 5,127개의 프로토타입을 만들고 실험을 거쳐, 완벽하게 작동이 되는 청소기로 발전하게 되었다.

이처럼 디자인사고를 중심으로 한 다이슨의 혁신은 계속되었고, 2009년 블레이드기 없는 선풍기라는 충격적 개념의 선풍기인 에어 멀티플라이어(Air Multiplier)를 출시하게 되었다. '선풍기=블레이드'라는 상식을 깨드린 개념이라 선풍적 인기를 끌게 된 이 제품은 몇 가지 디자인사고에 해당하는 질문에서 시작한다. 선풍기 날개는 여러 문제가 있는

11) 예컨대, 가상 또는 증강현실을 이용하여 새로운 테마파크의 초기 디자인을 제시할 수 있는데, VR고글을 쓰고 이미 공사가 완료된 것처럼 가상 공간에서 공원을 걸으며 간접 경험을 제공하는 것이다.

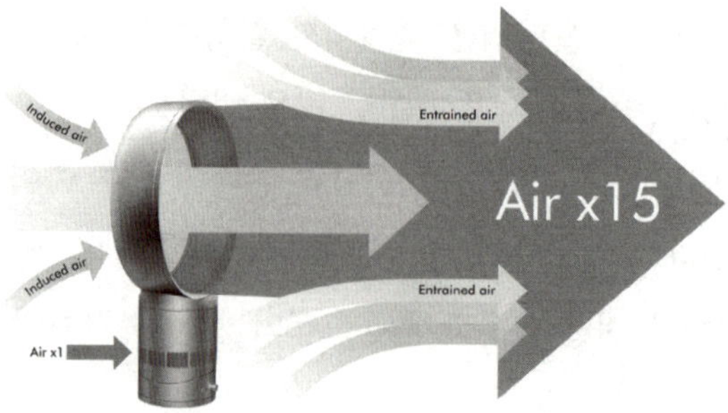

데 안전사고 위험이 있고, 블레이드에 먼지가 쌓이는 등 청소 문제도 있다. 이에 착안하여 다이슨은 선풍기 날개를 없애면서도, 더 강한 바람을 내는 선풍기를 개발할 수 있을까 하는 고민에 이르게 되었다. 마침 다이슨은 2006년 역시 혁신적인 손 건조기(hand dryer)인 에어블레이드(Air Blade)를 개발, 시속 430마일의 바람으로 10~12초 만에 빠르고 위생적으로 손을 건조하는 기술을 선보인 적이 있었기 때문에, 이를 응용하면 새로운 혁신 제품이 나올 것으로 생각하였다. 원기둥 속의 전기 모터가 회전하며 바깥의 공기를 빨아들이면서 블레이드가 없는 둥근 링 안으로 공기를 모아 올리면 일반 선풍기보다 빠른 풍속으로 더 많은 바람이 나오게 된다. 아이디어가 떠오르자마자 즉시 프로토타입을 제작하고 테스트하였다. 재미있는 것은 처음부터 날개를 없는 선풍기를 구상하였고, 그다음으로는 작동 방식을 고민하다가 자사의 핸드 드라이어 등을 개발한 기술력을 떠올리고는 아이디어를 발상하게 된 것이다.

디자인사고를 바탕으로 실패를 두려워하지 않는 문화를 가진 다이슨은 다른 전자 회사에 비해 규모도 크지 않고, 본사도 상대적으로 작은 영국 브리스톨(Bristol)에 위치하고 있으며, 상당히 고가 제품을 판매하고 있지만 성장세를 계속 유지하고 있는 중이다. 혁신하면 떠오르는 회사 중 하나이며, 2016년 출시한 혁신적 헤어드라이어도 600개의 포로토타입을 테스트하는 등 실험을 계속하고 있다.

출처: kensa-creative.com

2 공공부문에서의 프로토타입 사례

우리나라 중앙 및 지방정부에서도 점차 정책을 시행하기 전 디자인사고를 통해 광범위한 참여를 유도하고, 고객인 시민의 선호에 맞는 정책을 설계하는 데 많은 투자를 하기 시작하였다. 공공부문에서 프로토타입은 현장 상황이나 도출하고자 하는 해결책 유형을 고려하여 어떻게 구현할 수 있는지 확인할 때 주로 사용되고 있으며, 최근 공공서비스를 제공하는 데 '시범 시행'이라는 안내문을 쉽게 찾아볼 수 있을 정도로 확대되고 있다. 이는 전면 시행하면 실제로 해보기 전에는 알 수 없는 문제들이 많이 드러날 수 있기 때문이다. 예를 들어, 2022년 2월 행정안전부와 통신 메이저 3사가 주민등록증 모바일 확인서비스 업무협약을 체결하였는데, 우선 통신 3사만 시범으로 하고 추후 민간 모바일앱인 패스(PASS)를 통해 전면 보급할 계획이었다. 이는 시범 시행하는 기간에 혹시 놓칠 수 있는 문제를 발견하고 피드백을 받아 좀 더 완전한 공공서비스를 제공하고자 한 것이다.

이와 관련하여, 서울시는 시민이 직접 문제를 찾아 디자인으로 해결하는 공공디자인 사업인 '디자인 거버넌스' 사업을 하면서 디자인사고에 관한 관심을 보여주었고, 2017년 복지, 경제, 안전, 환경위생, 건강 등 다섯 개 분야에서 디자인사고에 기반한 정책 결과물이 나와 공유되었다. 이 디자인사고의 결과로 설치된 것이 한강시민공원 반포나들목 자전거도로의 횡단보도에 밤마다 설치되는 2m 높이의 '괄호등'과 '쉼표등'이다. 이 사례는 야간에 한강 인근 도로의 혼잡으로 인해 자전거 이용자와 시민의 접촉사고를 방지하기 위해 어떻게 하면 안전한 도로를 만들 수 있을까 하는 디자인사고의 산물

① 자전거가 접근하면 괄호등의 빛이 밝아지고 신호음을 울려 안전횡단 유도
② 보행자가 접근하면 쉼표의 빛이 밝아져, 자전거가 미리 감속할 수 있도록 주의를 환기

출처: 연합뉴스, https://www.yna.co.kr/view/AKR20170116190800004

[그림 5-10] 한강시민공원 '괄호등' 사례

이었다. [그림 5-10]과 같이 괄호등은 보행자가 야간에 횡단보도를 건너려고 할 때 자전거가 접근 중이면 자동으로 불을 켜고 신호등을 알려주는 시설이고, 쉼표등은 반대로 자전거 사용자의 관점에서 횡단보도 접근 50m, 20m 전에 각각 설치되어 보행자가 있을 시 미리 감속할 수 있도록 환기시켜 주는 장치이다.

중요한 것은 서울시에서 발표한 사례들이 밀실에서 디자인되어 공개된 것이 아니라는 점이다. 괄호등과 쉼표등의 경우, 여러 아이디어 중 조명을 사용해 해결책을 찾기 위해 실제 크기로 정책 프로토타입을 만들어 현장에 설치하고 시민들의 이용행태를 관찰한 것이다. 관찰과 경험자 인터뷰 등을 통해 피드백을 받고 개선할 점을 찾은 후 최종적으로 완전히 설치한 것이다. 이처럼 공공부문에서도 디자인사고를 이용, 특히 미리 시민들의 테스트를 받는 유형의 공공서비스 개발 및 제공 사례가 늘어나고 있다.

3 테스트 단계

장수연 외(2022: 115-116)에 소개된 사례는 매우 흔하게 접할 수 있으면서도, 프로토타입 단계 이후 해야 할 일을 명확하게 보여주는 사례다. 최근 카페 오픈을 준비하던 지인이 임시로 오픈한 뒤 전문가의 의견을 받아보고 싶다는, 즉 일종의 프로토타입을 보여주고 피드백을 받고 싶다는 제안을 하였다. 그런데 이 전문가가 찾아가서 카페를 살펴보니 아무리 임시 오픈이라고 해도 정리조차 되지 않은 엉망인 상태여서 그에 대한 피드백을 제공하였더니, 이 카페 운영자는 듣기만 하고 의견을 전혀 수렴하지 않은 채 자기들 의견대로 진행하였다는 것이다. 사실 디자인사고 절차에 참여해 온 구성원이라면 누구도 프로토타입에 애착을 두지 않는 사람은 없을 것이다. 그러나 흙으로 정성스레 빚어 유약을 바르고, 가마에서 곱게 구워 나온 도자기는 일반인의 눈에는 온전하게 보이지만, 그들 앞에서 아무 미련 없이 도자기를 망치로 혹은 땅에 던져 깨는 도공(陶工)을 본 적 있을 것이다. 만약 테스트하는 가운데 문제가 발견되거나 부정적 피드백이 나오더라도, 장인의 마음으로 최종 결과물을 수정할 용기가 필요하다. 프로토타입으로 제시된 솔루션이 고객의 마음에 들지 않는다면 다시 반복(iterate)을 통해 절차를 밟아야 하는 것이 디자인사고이기 때문이다.

테스트는 프로토타입과 자연스럽게 연결되는 디자인사고의 다섯 번째 단계로 프로토타입을 두고 고객과 대화하며 디자인팀이 만든 해결책에 대해서 고객으로부터 배우는 단계에 해당한다. 그러나 디자인사고는 과정 전반에 걸쳐 다양한 테스트 방법을 사용하여 사용자가 중심에 있는 해결책을 고안할 수 있도록 하는 것이다. 그만큼 제품이나 서비스에 대한 피드백은 디자인사고의 핵심에 있으며, 될 수 있으면 실제에 가까운 상황에서 테스트한 결과를 분석하여 디자인에 무엇이 옳은지 그른지 결정해야 한다. 그래야 사람들에게 가장 바람직한 문제 해결 방법의 구현이 가능하고, 장기적 성공이 가능하다는 것이다.12)

1) 테스트 단계의 정의와 필요성

테스트 단계는 디자인사고 과정을 거쳐서 찾아낸 문제 해결 방안에 관해 사용자 중심적 시각에서 평가하고 점검하는 절차이다. 디자인사고의 중심 이념인 인간 중심적 접근은 단지 최종 단계에서뿐만 아니라 거의 모든 단계에서 지속적인 피드백에 의존한다. 따라서 가능할 때마다 피드백을 구해야 하며, 테스트 단계에서는 가급적 실제에 가까운 공간에서 잠재적 고객에게 피드백을 최종적으로 구하게 된다는 것이다. 보통 프로토타입을 사용자와 함께 테스트 하는 경우가 많기 때문에, 테스트는 프로토타입과 밀접하게 관계가 있는 경우가 많다. 프로토타입 초창기에는 저충실도에서 시작하여 서서히 고충실도로 이동하면서 사용자와 함께 테스트하게 되며, 사용자와 함께 테스트하면 그 기회를 통해 사용자에 대해서 더 깊이 이해하게 된다.

디자인사고에서 테스트 단계는 표준적 절차로 제시된 5단계 중 마지막에 해당하지만, 사실 5단계는 순차적(sequential) 절차가 아니며, 테스트 결과로 프로젝트 각 단계에서 반복 등을 통해 가장 많은 학습과 가치를 제공하게 된다. 예를 들면, 아이디어 발상 전에 초기 프로토타입을 만들어 디자인팀이 사용자와 공감하는 데 도움을 받을 수 있으며, 이는 테스트도 마찬가지다. 테스트 단계는 종종 다른 단계로 다시 연결되며, 테

12) Interaction Design Foundation 홈페이지 참조, https://www.interaction-design.org/literature/article/stage-5-in-the-design-thinking-process-test

스트 시행 후 학습한 것을 토대로 공감 단계로 다시 건너가거나, 문제를 재정의하거나, 새로운 아이디어를 발상하거나, 프로토타입을 가다듬을 수 있는 비선형적인(nonlinear) 절차에 해당한다는 것이다. 멀쩡해 보이는 도자기도 깨뜨릴 수 있는 용기는 바로 사용자가 만족할 때까지 반복할 수 있다는 자신감에서 나오게 되는 것이며, 이것이 디자인사고의 장점에 해당한다.

이런 맥락에서 결국 자신이 만든 해결책에 대해 고객으로부터 배우는 과정인 테스트는 다음과 같은 필요성이 있다고 볼 수 있다. 첫째, 제시된 해결책에 대해 고객으로부터의 반응과 피드백에 따라 절차를 반복하는 데 필요하다. 둘째, 다른 단계에서도 고객에 대해 이해할 기회가 있지만, 테스트 단계에서는 공감 단계와 달리 비교적 문제의식이 명확한 상태에서 고객을 이해하게 된다. 셋째, 고객과 상호작용을 하면서 고객이 해결책을 좋아하는지를 검증하는 단계가 포함된다. 이 과정에서 왜(why)라는 질문을 끊임없이 하면서 고객이 진정 원하는 것을 학습하게 된다. 넷째, 앞서 공감부터 프로토타입까지 디자인사고 4단계에서 미처 깨닫지 못한 문제 착안을 하거나 새로운 아이디어를 생산할 기회가 있다. 이를 통해서 결국 프로토타입이 의도한 바를 충실히 반영했는지를 체크하고, 다양한 의견을 수렴하여 프로토타입을 개선하도록 하는 데 목적이 있다.

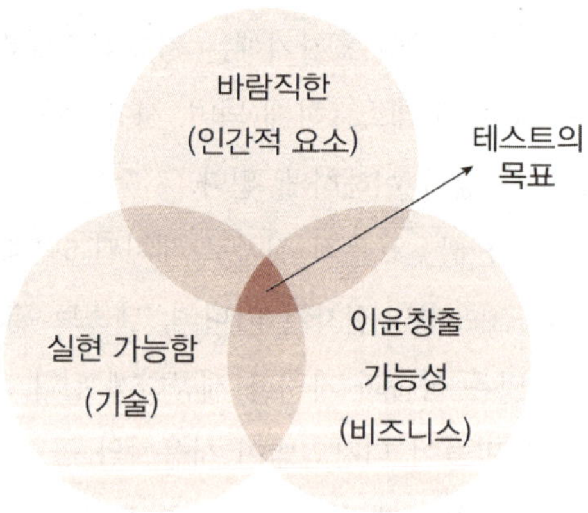

출처: Ineraction Design Foundation.

[그림 5-11] 테스트의 목표

결국 테스트 단계에서 핵심적 질문은 사용자인 고객의 요구를 얼마나 반영하였는가와 얼마나 창의적・혁신적인가, 그리고 적절한 비용인가 여부를 검증하는 것이며, 테스트 자체가 고객의 피드백 여부에 달려있기 때문에 어떤 고정된 결말은 없지만 [그림 5-11] 같은 이상과 목표는 가지고 있다. 테스트를 진행하여 디자인사고는 바람직함(desirability), 즉 고객의 필요에 공감하고 응답하고, 기술적으로 구현이 가능한 실현 가능성(feasibility)을 추구하며, 그리고 이윤 창출 가능성(viability)을 목표로 한다.

2) 테스트의 절차와 방법

앞서 반응이 좋은 '파일럿 예능'이 정규방송으로 편성되는 사례처럼, 테스트 과정을 통해 정식 제품이나 서비스로 제공될지가 결정된다. 포커스 그룹(focus group), 마니아 사용자를 위한 베타 테스트(beta test), 고객과 만찬 및 사전 공개행사, 설문조사, 인터넷 분석, 유저빌리티 센터(usability center) 운영 등으로 진행되는 테스트는 결국 피드백 보고서와 학습 카드를 기록하는 등의 방법으로 이루어지게 되며, 흔한 테스트 보고 양식에는 여기에는 좋았던 점, 개선해야 할 점, 이해하기 어려운 점, 새로운 제안 등이 포함된다.

이를 위해서는 우선 어떤 프로토타입으로 테스트를 할 것인지 결정해야 하며, 테스트하고자 하는 맥락과 시나리오를 결정하여 적어도 테스트 참가자에게 배경과 목적 정도는 설명해줄 수 있어야 한다. 물론 이 과정에서 테스트 참가자에게 지나치게 자세한 설명을 제공하는 것은 편견 없는(unbiased) 객관적 평가를 우선시하는 테스트 목적에 어긋날 수 있기 때문에, 적절한 수준에서 배경지식 정도를 제공해주는 것이 낫다. 홈쇼핑 사례의 경우 쇼 호스트의 설명에 몰입하다 보면 결국 중립적으로 보기 어려워지는 것과 비슷한 이치다.13) 이 때문에 말로 설명하기보다는 실제 시연 과정을 보여주는 것이 더 나을 수 있다. 사전에 기록 방법과 담당자 역할 분담을 체계적으로 구분해 놓는 것이 좋으며, 객관적 환경에서 진행하는 것이 필요하다.

13) 최근 기업에서 SNS상에서 수많은 팔로워를 거느리고 있는 인플루언서(influence)에게 전자기기 같은 제품의 테스트를 의뢰하는 경우가 있다. 우린 경우는 중립적인 환경에서 시행되는 테스트로 보기 어렵다.

테스트는 이론상 디자인사고 과정의 어느 단계에서라도 실행할 수 있으며, 이른 시기에 하는 것이 나중에 다시 반복해야 할 과정을 생각하면 더 나은 선택일 수 있다. 이상적으로는 다이슨사처럼 최적의 상품이나 서비스를 생산할 때까지 몇 차례에 걸쳐 테스트하는 것이 좋다. 그러나 테스트도 제한된 시간과 자원의 문제 때문에 시기 선택은 신중하게 할 필요가 있으며, 예산의 제약이 있을 때는 좀 더 완벽한 조건에서 하는 것이 좋다.

[표 5-2]에 제시된 것처럼 불편부당하고 편견 없는 테스트 결과를 얻기 위하여 디자인사고팀 구성원 모두 테스트 과정에 참여하여 지켜보는 것이 바람직하며, 사후 평가를 위해서 문서화(혹은 비디오녹화)하고, 어떤 부분을 고쳐야 할지 알기 위해서 실제로 디자인을 진행한 참가자와 구성원 전원이 결과를 복기(復記)하는 것이 바람직하다. 따라서 테스트를 통해서 가능한 한 많은 정보를 캐낼 수 있어야 한다. 만약 테스트에 참여한 사용자가 다음과 같이 느꼈다면 어느 정도 성공적인 테스트라고 볼 수 있다.

- 사용자가 혼란 없이 테스트를 성공적으로 진행한 경우
- 사용자가 효율적으로 테스트를 완성한 경우
- 사용을 쉽게 향상할 수 있고, 결과적으로 성과를 향상하는 결과를 가져오는 경우

[표 5-2] 테스트 수행을 위한 규칙

규칙	구체적 내용
말하지 말고 보여주기	자신을 먼저 소개하고 최소한의 배경 정도만 설명. 사용자가 스스로 프로토타입을 작동하고 경험하도록 배려
참가자 경험 요청하기	사용자가 한 경험을 스스로 이야기하도록 유도. 그들이 느끼고, 경험하고, 생각한 바를 말하도록 요청. 테스트 도중 사용자에게 상기시키기
참가자 관찰하기	중립적인 관찰자가 되어 참가자를 관찰하기. 사용자가 사용 방법을 잘못 이해했을 때도 실수를 통해 학습의 기회 제공
후속 질문하기	참가자가 의미를 알고 있다고 생각될 때도 후속 질문하기. "왜 그렇게 느꼈나요?", "~라고 할 때 기분이 어땠나요?", "무엇이 일어날 것으로 예상했나요?" 등 가장 중요한 질문은 "왜 그렇게 느끼셨나요~"라는 why 질문이다.
부정적 질문에서 학습하기	부정적인 피드백이 제품/서비스에 대한 것이지 디자인팀에 대한 것이 아님을 인지. 부정적 피드백에서 학습하고 개선 노력

출처: Interaction Design Foundation 홈페이지.

이러한 테스트 절차를 거쳐 디자인팀은 사용자의 피드백에 따라 대안을 탐색할 기회를 얻을 수 있으며, 무엇보다 사용자의 프로토타입에 대한 반응을 미리 경험할 수 있는 장점이 있다. 또한 프로토타입에 대한 사용자의 솔직한 증언을 수집하고, 결국 부정적인 반응을 얻은 경우에도 실패로부터 학습할 수 있는 중요한 교훈을 얻을 수 있게 된다.[14)]

테스트에 대한 기대는 다양한 방법을 사용하여 도출할 수 있다. 가장 흔한 테스트는 '사용자 테스트(user test)'이며, 디자인사고는 고객에의 공감에서 출발하기 때문에 잠재적 고객인 사용자의 피드백에 초점을 맞춘다. 사용자를 자주 테스트할수록 좋으며, 사용자를 대표할 만한 집단을 대상으로 하고 그들이 사용하는 것을 관찰하는 방법이다. 콜라 시장에서 만년 2위였던 펩시가 친환경, 가치소비를 추구하는 젊은층을 공략하기 위해 칼로리가 적은 '제로(zero) 마케팅'을 하면서 젊은 세대를 대상으로 콜라 맛을 비교하는 캠페인도 한 예이다. 테스터 리쿠르팅(tester recruiting)은 예산과 시간이 허락하는 범위 내에서 전 인구 중 사용자를 선택하여 테스트 사이클에 참여하도록 하는 방법이다. 샘플링(sampling)이라고도 불리며, 여론조사 기법과 비슷하다. 리쿠르팅 온라인(recruiting online)은 미래 잠재적 사용자를 대표하는 테스터를 모집하고 디자인팀이 자신의 프로젝트에 필요한 사람으로 패널을 구성하여 인터뷰하는 방법이다. 최근에는 빠르고 간단한 프로토타입으로 테스트할 수 있기 때문에 소셜미디어를 사용하는 추세가 강하다. 테스트의 목적이 분명한 경우 대인 테스팅(in-person testing)을 사용하여 사용자가 제품 혹은 서비스를 받는 동안 직접적으로 관련된 질문을 하는 방법이다.[15)]

사용자 경험을 의미하는 테스트 과정에서 테스트에서 얻고자 하는 부분에 대하여 디자인팀이 질문을 사전에 준비할 필요가 있지만, 미리 결정된 질문에만 답하는 과정은 아니다. 제품이나 서비스에 대한 잠재적 최종 사용자들이 명확한 안내 없이 프로토타입

14) 안면이 있는 테스터인 경우 인간인 이상 피드백을 주는 고객의 입장도 힘들 수 있다. 이런 경우 한 가지 콘셉트보다는 여러 가지 옵션을 주면 좋을 수 있다. 한 가지 옵션만 있다면 솔직한 평가가 힘들어질 수 있기 때문이다.

15) 예산 부족이나 시간 부족으로 대인 테스트가 힘든 경우, 이를 보완하기 위하여 온라인에서 당 회사 혹은 조직의 제품이나 서비스와 유사한 것을 찾아서 FAQ, 블로그 품평, 모바일앱 리뷰, 포럼 토론, 증언, 소셜미디어 코멘트 등을 찾는것도 대안이다. 이를 세컨더리 리서치(secondary research)라고 하는데 여건이 되지 않아 아무것도 안하는 것보다는 나으며, 온라인으로도 정보를 축적할 수 있다.

을 해석하는 것이다. 사용자의 반응에 대해 데이터가 쌓이게 되고, 이를 기반으로 디자인사고팀은 좀 더 적절하거나 맞는 해결책을 찾아나가게 되는 것이다. 예를 들면, 호주의 명문 모나쉬대학교(Monash University)의 돈 캠벨(Don Campbell) 교수와 모나쉬 병원의 매니저 키이스 스톡만(Keith Stockman)은 취약한 환자, 특히 복잡한 만성 건강 문제를 안고 있는 환자들이 집에서 더 건강하고 안전하게 지낼 수 있도록 돕기 위해 고민하다가 한 아이디어를 내었다. 즉, '프로페셔널한 이웃(professional neighbor)'과 같은 개념으로, 비교적 병원입원 확률이 높은 고위험군 환자들을 원격으로 보호(telecare)하기 위해 훈련된 비전문가(layperson)를 상대적으로 낮은 인건비로 채용하여 이들을 자주 접촉하게 하여 집에서 위험에 처할 수 있는 환자들을 돌보도록 한 아이디어다. 훈련된 비전문가인 이웃은 의료인은 아니지만 적어도 보건, 건강, 공감 능력을 갖춘 사람들로 조심스럽게 선발하여 가까운 곳에서 수시로 보살피게 하자는 것이다. 이 아이디어는 환영을 받았을까? 사실 많은 회의론자가 있었다. 즉, 위치상 가까이 있어도 결국 비전문가에게 고위험군 환자의 운명을 맡길 수는 없다는 의견이었다. 그러나 이 논쟁을 지속하기보다는 혁신팀에서 일단 이런 우려스러운 반응을 인지한 채 동료들에게 이 프로그램을 공동으로 디자인하도록 참여시켰고, 그런 우려에서 나온 몇몇 가정적(assumption) 상황들을 실제로 테스트하도록 진행하였다. 그 결과, 300명의 환자가 예상과 달리 높은 만족도를 보여준 것으로 드러났다. 침대에 누워있는 시간도 줄고, 응급실 방문도 줄어드는 긍정적 결과가 나타났다는 것이다. 결국 이 아이디어는 디자인팀 내에서 해결책에 대한 잠재적 갈등 가능성이 있는 상황에서, 일단 제시된 아이디어를 프로토타입으로 실제와 비슷한 상황에서 실행에 옮겨 문제점을 파악하고자 한 노력이었다. 이 프로젝트는 성공적으로 피드백을 받았고 '모나쉬 워치(Monash Watch)'라는 프로그램으로 발전되어 운영 중이다.[16)]

---

16) Monash Health 웹사이트, https://monashhealth.org/services/monashwatch/ 참조.

☛ 간호사 교대 업무에 사용된 디자인사고 프로토타입 테스트

대형병원에서 간호사들이 근무조를 교대할 때마다 인수인계가 제대로 이루어지지 않으면 업무에 큰 지장이 생기기 마련이다. 교대할 때마다 간호사 사무실에서 이전 근무조로부터 환자들의 상태를 구두로만 전달받는데 평균 45분이 소요되는 등 비효율적 요소가 많았다. 간호사들은 메모지를 사용하는 등 통일되지 않은 방법으로 하는 경우도 잦았다. 이 때문에 간호사들이 환자 상태를 파악하기 위해 많은 노력을 기울이지만 교대 과정에서 아무래도 놓치는 중요한 정보가 있기 마련이었다.

이에 따라 미국 굴지의 보건 관련 서비스 그룹인 카이저 퍼머넌테이(Kaiser Permanente)사는 간호사들과 협력을 통해 간호사 교대 프로세스 조정 프로젝트를 디자인사고 관점에서 시도하게 되었다. 교대가 진행될 때마다 어떤 일이 벌어지는지 조정 프로젝트팀이 관찰하고 토론을 하였으며, 신속하게 프로토타입에 해당하는 절차를 개발하여 테스트하는 절차를 수행하였다. 눈으로 보이도록 테스트하고, 이 모든 과정을 녹화하면서 서로 복기하고 토론하였다.

그 결과, 간호사 임무 교대 보고를 간호사실에서 하지 않고 환자 병실에서 하는 것으로 바꾸었고, 새로운 방법이 도입된 지 일주일 만에 프로젝드팀은 새로운 절차를 위한 프로토타입을 개발하였다. 테스트를 한 결과 간호사 사이에 병상 정보 전달이 향상되었고, 간호사도 환자와 일찍부터 만나 정확한 정보를 주고받아 임무 교대 시간이 절약되는 긍정적 결과를 가져오게 되었다.

출처: Tim Brown(2020)

3) 사례

이제 기업들도 디자인사고를 통해 혁신을 추구하면서 시장에서 실험하고 테스트하는 데 별로 주저함이 없다. 삼성그룹 같은 경우, 원래 효율성을 추구하기로 유명한 조직이었지만, 1990년대 이후 효율성 중심의 경영이 자주벽에 부딪히자 세계적 브랜드로 나이기기 위해서는 혁신을 뒷받침할 만한 디자인 중심 문화가 필요하다고 판단하게 되었다. 지금은 조직 내에 1천 명을 훌쩍 넘는 디자이너가 있으며, 디자인 경영센터에서 수시로 디자인 리뷰를 진행하면서 디자인사고 중심 문화로 바꾸었다. 도시락이나 샌드위치 같은 간편식이 상당한 질을 갖춘 것으로 유명한 GS25 편의점이 라이프스타일이 서로 다른 고객의 요구에 맞추어 주문한 제품을 보관하며, 원하는 시간에 맞추어 찾아갈 수 있도록 한 '나만의 냉장고' 프로그램이나, 이마트 편의점이 고객의 관점에서 프리미엄 라이프스타일을 즐기도록 주요 고객의 선호를 반영한 주제형 편의점, 예컨대 예술의 전당에 '클래식이 흐르는 편의점', 외국인 관광객이 많은 삼청동에 한옥형 매장 등을 오픈한 사례도 디자인사고를 통해 시작하게 된 비즈니스 사례다. 다음에서는 굴지의 기업들이 디자인사고를 통해 고객이 테스터로 적극적인 역할을 수행할 수 있도록 혁신을 시도한 기업들의 사례를 소개한다.

(1) 신용카드의 대명사 VISA의 프로토타입과 테스트

비자(VISA)는 자사의 마크가 들어간 카드가 곧 신용카드를 의미할 정도로 전 세계 신용카드 결제의 60%를 점유하고 있는 미국의 다국적 파이낸스 회사이자, 세계적으로 가장 가치가 높은 회사 중 하나다.[17] 그러나 신용카드, 직불카드 및 선불카드 시장에서 지배력을 보유하고 있었음에도 핀테크(FinTech)의 발전으로 '현금 없는(cashless)' 경제가 활성화되자 향후 기업의 발전 방향에 관해 고민하기 시작하였다. 이에 따라 비자는 디지털 결제 시장에서도 지배력을 구축하기 위한 조치로 2015년부터 비자 디지털팀 산하에 '비자 디자인 스튜디오(VISA Design Studio)'를 신설하여 전 회사적 차원에서 디자인 중심 문화를 접목하기 시작하였다. 현금 없이 거래되는 디지털 결제 시장에서 이 스튜디오는 비자의 기존 결제 수단을 이용한 고객 경험뿐 아니라 미래의 고객 소비 및

VISA

우리의 DNA에 있습니다

스토리보드 스케치. 완벽한 픽셀. 또는 포로토타입 테스트하기. 한가지는 확실합니다: 애자일 스타일 덕분에 우리는 주변 사람들에게 의미 있는 경험을 제공하는 데 집중하면서 빠르게 혁신하고 디자인할 수 있습니다.

출처: VISA USA 홈페이지.

[그림 5-12] VISA의 디자인 선언문

---

17) 2015년 중국의 유니온페이(UnionPay)에 추월당했으나 중국 인구에 기반한 내수시장에 주로 기반을 둔 유니온페이를 제외하면 여전히 비자가 세계 최고에 있다고 해도 무방하다.

결제 수단을 구상하고, 새로운 고객 경험 디자인, 프로토타입 제작, 그리고 테스팅을 하는 역할을 맡게 되었다. 이처럼 비자는 디자인 중심의 회사가 되고자 하는 큰 목표를 세우게 되었다.

이런 배경에서 출발한 비자 디자인팀은 디자인 '사고'도 중요하지만, 행동으로 실제 옮기는 것도 중요하다는 의미에서 디자인 '행동'을 강조한다. 이를 위하여 구글(Google), 페이팔(Paypal), 이베이(eBay), 야후(Yahoo) 등 굴지의 IT기술 회사의 유능한 인재들과 디자인 전략 컨설팅 회사의 인재들을 공격적으로 스카우트하기 시작하였으며, [그림 5-12]와 같은 '디자인 DNA'를 하나의 선언문처럼 발표하였다.

비자의 디자이너들은 혁신센터(Innovation Center)를 통해서 고객이 비자의 신제품과 기술을 경험할 수 있도록 하였고, 고객과 제품 및 서비스 콘셉트를 함께 디자인하고 만드는 작업을 진행해 왔다. 또한 전체 비자 임직원을 대상으로 디자인사고와 인간 중심의 디자인이론, 고객과 협업할 방안에 대한 교육 훈련도 병행하였다. 이런 방식으로 신속한 프로토타입을 저비용으로 만들고 테스트 전 최종적으로 시각디자인과 개발과정을 통합하여 피드백을 받고 수정하는 과정을 지속하였다. 모든 과정의 중심에는 고객이 있었고, 미래의 고객 소비와 결제 수단을 고려하여 새로운 고객 경험을 쌓는 데 중점을 두고 설계하였다.

이와 같은 디자인사고를 중심으로 한 혁신의 노력으로 비자는 여전히 가장 혁신적인 세계 기업으로 남아 있으며, 인도 같은 모바일 신흥시장에도 성공적으로 진입하고 있다. 예컨대, 글로벌 QR코드 기반 결제 사양이 등장하여 소비자가 QR코드를 스캔하여 자신의 카드에서 가맹점으로 자금을 푸시하고 현금을 대체하여 지급하는 디지털 결제 프로그램이 상용화되기 시작한 상황에서, 비자는 모바일 지불 네트워크인 'mVISA'를 개발하여 전 세계적으로 사용 가능한 표준을 보급하는 데 성공하였다. 비자는 인도, 케냐, 이집트 등 아직 현금 기반의 경제를 가진 각국 정부 및 중앙은행과 협력하여 신흥시장에서 프로토타이핑을 시도, 현지 사용성을 테스트하였다. 그 결과, 개발도상국에서 이미 전 세계적으로 가맹점이 제공하는 QR코드 결제의 성장을 주도하게 되었고, 인도, 케냐, 나이지리아에서는 전역의 33개 은행과 328,000개 이상의 가맹점이 가입하는 성과를 거두었다.[18)]

이미 비자는 디자인사고를 중심으로 하는 조직으로 탈바꿈하였고, 디자인사고 인력을 채용하고 있다. 비자의 직무 명세(job description)를 보면 이미 디자인사고 능력을 갖춘 혁신적 인재를 찾고 있다고 명시하고 있으며, 이들에게 요구되는 주요 활동은 인터뷰, 포커스 그룹, 참가자 관찰, 문서 검토, 그리고 디자인사고 촉진에 기반한 테스트 활동이 있음이 명시되어 있다.

(2) 펩시코의 부활: 펩시 스파이어

1970년대부터 콜라 시장 후발주자인 펩시(Pepsi)가 코카콜라(Coca-Cola)를 따라잡기 위해 사용한 전략 중 하나는 시민들에게 블라인드 테스트(blind test)를 하여 맛을 보게 한 다음 펩시를 선택하는 장면을 광고로 내보내며 콜라 맛을 강조하는 것이었다. 겉포장도 코카콜라의 전통적 빨간색과 대비되는 파란색을 의도적으로 선택할 정도였다. 이런 노력에도 불구하고 오랫동안 콜라 시장에서 만년 2위에 머물러 있었다.

이런 상황에서 2006년 펩시콜라 모회사인 펩시코(Pepsi Co.) 회장에 취임한 인도계 인드라 누이(Indra Nooyi)는 펩시콜라가 그동안 주로 포장이나 맛, 기능의 측면에서 접근, 사용자에 대한 고려가 부족했음을 인지하고, 디자인사고를 통해 사용자를 포용하는 의사결정으로 사용자 경험을 적극적으로 장려하고자 하였다. 2010년대 초반만 해도 펩시의 비즈니스 전략은 제품 포장, 형태, 기능 모두에서 인간적 요소가 빠져있었다. 건강음료 등을 비롯한 사업 다각화를 주도하면서 내부에서는 누이 회장의 접근에 비판적 시각도 존재하였지만, 제품 포장만 전부가 아니라는 디자인 철학과 함께 조직 문화 자체를 바꾸고자 하는 누이 회장의 노력은 계속되었고, 3M에서 디자인사고 기반의 혁신을 주도한 디자인 전문가 마우로 포르치니(Mauro Porcini)를 수석 디자인 담당(Chief Design Officer)으로 영입하며 펩시를 탈바꿈하고자 하였다. 특히 제품을 만들고 포장, 라벨링하는 공정에 관한 관심에서 벗어나 제품이 상품 진열대 위에서 어떻게 보이는지, 소비자들이 제품에 어떤 반응을 보이는지에까지 관심을 보이며 디자인사고를 체화하고자 시도했다는 것이다.

이러한 노력의 하나로 사용자 경험(user experience)을 강화하는 방향으로 개발한

18) Samena Council 홈페이지 참조, https://www.samenacouncil.org/samena_daily_news?news=63720

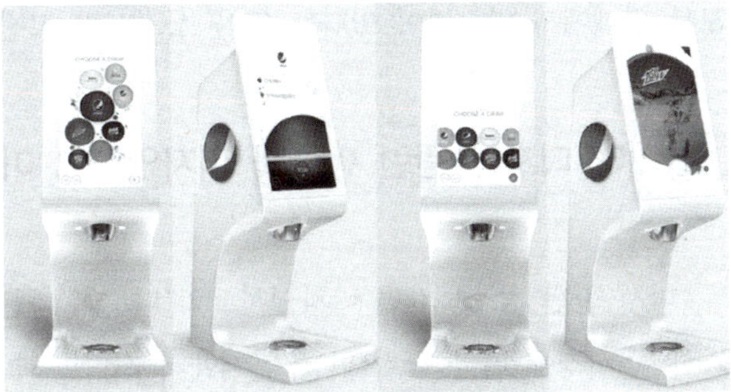

출처: The Drum.com

[그림 5-13] 혁신적인 음료 자판기: 펩시 스파이어

펩시 스파이어(Pepsi Spire)는 펩시코의 운명을 바꾼 히트작이 되었다([그림 5-13] 참조). 펩시 스파이어는 고객의 선호를 반영하여 디사인사고를 적용한 음료 자판기로서 펩시 콜라, 닥터 페퍼, 마운틴 듀 등 펩시의 주력 음료 상품에 딸기, 바닐라 등 아홉 가지 원하는 맛을 고객이 직접 첨가하여 원하는 대로 조합된 음료를 마실 수 있도록 한 자판기이다. 펩시는 아날로그 자판기에서 더 많은 버튼과 맛을 추가하는 대신, 이를 디지털화하여 터치스크린(touch screen)을 기반으로 고객과 상호작용을 하는 형태로 프로토타입을 재빨리 만들어 테스트하였다.

최대 500가지 음료 조합을 만들어 낼 수 있는 이 자판기는 개인이 선택했던 음료도 기억할 수 있으며, 젊은층 사이에 직접 제조한 음료에 새로운 이름을 붙이고 소셜미디어에 공유하는 열풍이 일 정도로 반응이 폭발적이었다. 펩시라는 브랜드는 개성 넘치고 창의적이라는 이미지가 형성되도록 시장에서 빠르게 프로토타입을 내놓고 최종 상품을 내놓거나 철수하는 디자인사고 실험을 계속하였으며, 사용자에게 경험까지 제공하는 혁신을 이루어냈다. 크기를 줄인 펩시 스파이어도 가정용으로 출시되어 천 개가 넘는 음료 조합이 가능하도록 혁신을 지속하였다.[19]

펩시코는 디자인사고를 통해서 혁신을 주도하고, 고객에게 적절한 브랜드 경험을 선사하였으며, 내부의 반대를 넘어 기업적으로도 성공하게 되었다. 음료 시장에서 코카콜라를 제치고 1위로 성장하게 된 것이다. 디자인사고에 기반한 펩시 스파이어의 개발은 생산한 제품이 이전과는 다른 수준에서 고객과 커뮤니케이션을 할 수 있다는 것을 보여준 계기가 되었고, 디자인이 단순 패키징에 관한 것이 아니라 제품-고객 경험의

19) The Beveragedaily, https://www.beveragedaily.com/Article/2014/05/30/Scaled-down-Pepsi-Spire-could-hit-heights-in-US-homes 참조.

모든 단계에서 영향력이 있다는 점을 상기시킨 고전적 사례에 해당한다.

4 기타 디자인 관련 이슈와 디자인사고 이후의 단계

다시 한번 강조하자면 디자인사고의 다섯 단계는 표준적으로 제시되는 절차에 불과하며, 사정에 따라 각기 다른 단계에서 시작할 수도 있고, 테스트가 끝나고 피드백 결과에 따라 어느 단계로도 돌아갈 수 있는 유연함을 갖추고 있는 것이 기존의 접근법과 다른 점이다. 잔 슈미전(Jan Schmiedgen, 2015)의 저서 『*Parts without a Whole? The Current Status of Design Thinking Practice in Organizations*』에 의하면 디자인사고가 모든 문제에 정답은 아니지만, 조직의 사이즈와 관계없이 거의 모든 조직과 분야에서 꾸준하게 채택되어 오고 있으며, 이들 중 상당수는 스타트업 같은 혁신 주도적 기업을 포함한다. 디자인사고를 조직에서 받아들이는 방식도 디자인 컨설팅 회사에 외주(out-sourcing)하거나 조직 내 디자인사고 전담팀을 설치하는 등 다양하다.

또한 디자인사고는 누구나 참가할 수 있는 것이 장점이다. 디자인사고를 통해 혁신적 사고를 하는 사람이라고 해서 독특한 외모를 하고 있거나 스티브 잡스(Steve Jobs)처럼 청바지에 검은 터틀넥 스웨터를 입고 있는 것도 아니다. 또한 디자인 학교를 졸업해야 디자인사고를 할 수 있게 되는 것도 아니다. 다만, 몇 가지 디자인사고를 하는 사람에게 보이는 공통적 특징이라면, 세상을 다양한 관점에서 바라보고, 매우 세밀하게 통찰하는 능력을 갖추고 있으며, 또한 분석 내용을 잘 활용할 뿐만 아니라 복잡한 문제와 관련된 모든 측면, 심지어 서로 상충하는 부분도 이해하는 편이다. 이런 '디자인 중심적인' 사람은 주어진 문제에 어떤 제약이 있든 기존 대안보다 나은 해결책이 최소한 여러 개 있을 것으로 생각하는 낙천주의적이며, 새로운 방향으로 진행될 수 있는 창의적 방식으로 질문을 던지고 문제점을 살펴보는 사람들이다.

디자인사고의 다섯 단계를 포함하여 많은 절차와 사례, 이론을 다루었지만, 여전히 생각해 볼 문제들이 많다. 다음에서는 디자인사고 이후 무엇을 해야 하는지 디자인 성찰에 대해서 살펴보고, 할 수 있다는 긍정적인 마인드로 디자인사고를 했음에도 답을 찾지 못할 경우는 어떻게 할 것인지 논한다.

1) 디자인사고 이후: 디자인 성찰

디자인사고가 끝난 후에는 무엇을 해야 하는가? 디자인사고의 미래에 대해서는 『하버드 비즈니스 리뷰(*Harvard Business Review*)』나 『포브스(*Forbes*)』 같은 유력 출판물에서 대체로 긍정적으로 평가를 하고 있지만, 디자인사고가 단지 다섯 개 표준 절차로 끝나는 것이냐에 대해서는 생각해볼 필요가 있다. 디자인사고가 끝나고 최종 제품이나 서비스를 생산한 후에는 디자인을 되돌아보며 의도했던 디자인의 목표를 달성했는지를 살펴보는 과정이 필요하다. 디자인 성찰(design critique)이라는 과정은 보통 집단적 대화를 동해서 이루어지는데, 지난 과정을 돌이켜보면서 디자인 개선이라는 목표를 가지고 하게 된다.

디자인사고를 목표로 하는 사람이나 집단이라면 디자인 성찰을 통해 학습할 수 있는 부분에 관심을 가져야 한다. 판단받는 것에 대한 두려움이 성공적인 디자인을 저해하는 요소지만 누구나 비판을 쉽게 받아들이기는 어렵다. 그러나 성공적인 디자인 실무자들은 비평에 대해서 열린 자세를 가지는 것이 필요하다. 디자인 성찰에서는 잘 비판하고 잘 받아들이는 법 모두를 학습할 필요가 있으며, 이런 과정은 좀 더 나은 디자인사고로 연결될 뿐 아니라 좀 더 나은 사람, 좀 더 나은 디자이너, 좀 더 나은 아이디어 발상자를 만들어내어 결국은 혁신의 문화(culture of innovation)로 가는 역할을 한다.

한편, 위의 두 가지 측면, 즉 디자인을 개선하려는 목표로 성찰을 하는 것과 좋은 비판을 주고받는 문화의 구축을 통해 혁신성을 생활화하려는 노력이 디자인사고 자체에 대한 것이라면, 좀 더 큰 거시적 시각에서 문제를 바라보는 시각도 필요하다. 즉, 디자인사고가 인간 중심적 접근을 강조하고 매우 중요한 공헌을 해왔지만, 오늘날과 같이 모든 것이 연결된 글로벌 사슬에서는 조그만 변화도 전체에 큰 영향을 줄 수가 있어서 큰 시각에서 시스템적으로 바라보는 태도 또한 필요하다. 인간 중심적인 접근을 하여 문제의 '증상'을 해결하는 솔루션을 만들어내는 것은 분명히 디자인사고의 장점이다. 그러나 영향력이 그리 크지 않는 문제에 집중한 나머지 사회 전체에 주는 영향을 간과

할 수 있고, 문제의 근본 원인을 제거할 기회를 놓칠 수 있다는 의미다. 앞서 물 부족으로 어려움을 겪는 아이들의 문제 해결에 주목하다가 빈곤, 노동력이라는 큰 사회문제와의 관계성을 파악하지 못해 적정 디자인을 실효성 있게 사용하지 못한 플레이 펌프(Play Pump) 사례도 결국은 시스템적 사고의 부족에서 온 문제라고 볼 수 있다. 결론적으로 인간 중심적 사고와 시스템적 사고의 균형을 맞추는 것이 필요하다.

마지막으로, 디자인사고가 참여를 독려하는 방법론이지만 의도치 않게 누군가를 배제할 수 있다. 우리는 디자인사고 과정에서 협력에 필요한 적정한(right) 사람들을 포함하고 있느냐는 질문을 늘 해야 한다는 것이다. 포용적 디자인사고(inclusive design thinking)는 혁신이 다양성에서 나온다고 보고, 혁신이 창의성에 기반하고 있다면 다양한 자원, 배경, 관점, 사고방식은 필수적이라고 본다. 디자인팀을 포용적으로 구성하면 다양한 비즈니스에 활용할 수 있고, 사용자 그룹을 포용적으로 구성하면 잠재적인 고객을 배제하는 경우를 방지할 수 있다.[20)]

2) 디자인사고의 실패와 피벗(pivot)?

지금까지 살펴본 바와 같이 디자인사고는 완전하지 않은 프로토타입을 테스트하면서 부족한 부분을 수정・보완하여 점차 진화하고 개량되는 과정이며, 반복해서 디자인사고의 표준 5단계를 실행하면서 그동안 수집한 모든 사용자의 필요에 대한 지식과 경험이 최종적인 산물(final product)로 변화하게 된다. 이미 데이터, 페르소나, 아이디어, 그리고 거친 프로토타입까지 많은 재료를 얻었기 때문에 진짜 개발을 하는 단계로 발전해나가게 되는 것이다.

그러나 디자인사고의 표준 단계를 반복적으로 실행하고 프로토타입 만들기-테스트 과정을 오랫동안 지속했는데도 불구하고 좋지 않은 결과가 나타난다면 어떻게 해야 하는가? 앞서 도공은 도자기 깨는 작업처럼 꽤 오랫동안 반복할 수 있는 일도 있지만, 반복도 한계가 있기 마련이다. 켈리 형제는 사람이 창의성을 가로막는 알지 못하는 것에 대한 두려움, 판단받는 두려움, 처음 해보는 것에 대한 두려움, 통제하지 못하는 것에

20) https://www.sutherlandglobal.com/insights/technology/blog-designing-inclusivity-how-to-make-design-thinking-a-process-that-includes-all-sutherland 참조.

대한 두려움이 있으며, 이것이 디자인 사고의 성공에 필요하다고 주장한다(Kelley & Kelley, 2013). 그러나 이런 것들을 극복할 용기도 한두 번 낼 수 있지, 계속해서 사원과 노력이 오랫동안 투입되는 성격의 프로젝트라면 어떻게 해야 하는가? 디자인팀으로서는 어떤 결단을 내려야 하지 않을까?

출처: Smithsonian Magazine Website.

[그림 5-14] 플레이도의 탄생

이처럼 프로토타입-테스트를 반복적으로 거쳤음에도 별로 성공적으로 발전하지 못하는 일도 있으나, 또 반드시 부정적 결과로만 남지는 않을 수 있다. 1956년 조셉 맥비커(Joseph McVicker)는 한때 잘나가던 아버지의 회사를 물려받아 경영하게 되었다. 이 회사는 쿠톨 프로덕트(Kutol Product)라는 비누와 벽지 청소제를 생산하던 업체였으며, 20세기 초 이 분야에서 세계 최대 업체로 등극한 유망한 회사였다. 그런데 이 사업이 갑자기 어려움을 맞게 되었는데, 그 이유는 석유와 가스가 보급되면서 더는 사람들이 그을음이 많이 나는 석탄을 쓰지 않게 되었기 때문이다. 에너지 소비구조의 변화로 인해 영향을 받은 이 사례의 경우 난관을 어떻게 해쳐 나가야 하는가? 맥비커가 고민하는 가운데, 그의 처형(sister-in-law)인 케이 주펄(Kay Zufall)이 마침 이 벽지 크리너로 쓰이는 물질이 학교에서 어린이들의 만들기용 재료로 쓰일 수 있다는 논문을 읽고 맥비커에게 사업의 목적을 재설정(re-purpose)하거나 혹은 '피벗(pivot)'하라는 조언을 하게 되었다. 처형이 마침 어린이집 교사로 일하고 있었고, 이 크리너 물질을 어린이집에서 여러 차례에 걸쳐 만들기 재료로 써 본 결과 아이들이 너무나 좋아한다는 점을 확인할 수 있었다. 심지어 이 처형은 맥비커에게 이 물질의 이름까지 제안하게 되었는데, 그것은 지금까지도 어린이들의 사랑을 받으며 어린이 장난감 명예의 전당에도 헌액된 '플레이도(play-doh)'이다([그림 5-14] 참조). '우연히 발명하게 된 플레이도(an accidental invention of the play-doh)'라는 말이 아직 격언처럼 쓰일 정도다. 이 사례는 어떻게 보면 행운이라는 단어가 떠오를 수도 있지만, 포기하지 않고 고민하고, 연구하고, 테스트한 회사 창업주들의 결실이기도 하다. 테스트에 실패하더라도 전환의 기회가 있는 것

이다.[21]

3) 감성과 공감, 그리고 디자인

디자인사고의 과정에 사용자인 고객과의 공감을 강조하기 때문에 어디까지 공감할 수 있는지 생각해 볼 문제다. 아무리 참여관찰과 인터뷰 등 현장조사와 프로토타입 및 테스트 과정에서의 대화를 충실히 한다고 해도 마음 깊숙한 부분까지 공감하기는 여전히 어렵기 때문이다. 세계 최대 물류회사 중 하나인 페더럴 익스프레스(FedEx)의 서비스 헌장에는 “페덱스는 가치, 전문성, 최고의 서비스, 그리고 무엇보다 ‘마음의 평화’를 배달하는 것으로 알려져 있습니다”라는 문구가 적혀있다.[22] 사람들이 특정 상대에게 지정된 시간에 맞춰 안전하게 배달하는 페덱스나 등기우편 등을 이용하는 이유는 결국 빠르고 안전하게 배송하는 것도 있겠지만, 궁극적으로는 보내는 사람이 ‘안전하게 보냈다’라는 마음의 평화를 얻기 위해 이용한다는 점을 페덱스에서는 간파한 것이다. 디자인사고의 측면에서 보면, 결국 고객의 필요를 감정적인 부분까지 다루는 것이다.

심지어 이런 감성적 지능(emotional intelligence)은 공공부문, 정부의 정책과정에서도 강조되고 있다. 정부의 정책과정은 어떤 문제에 대하여 정책 결정자가 관심을 가지고 이성과 합리적 사고를 바탕으로 문제를 해결하는 과정으로 이해되어 왔고, 그동안의 정부 혁신은 이성을 바탕으로 하여 내용적, 절차적 합리성을 갖추는 것을 목표로 진행되어 왔다. 그러나 감성지능은 이성 지능에 비해 열등하지 않으며(이대희, 2007), 정부 정책도 고객인 시민의 수요를 파악하고 시민의 감정에도 부응하는 정책이 되어야 한다는 견해가 확산되었다. 최근 정책 실패 사례를 보면, 시민의 입장을 제대로 반영하지 못하는 경우가 많으므로, 감성적 지능에 의해 움직이는 감성정부에 대한 필요성이 더욱 커지고 있다는 것이다.

이런 측면에서 생각해본다면, 전문가인 디자이너들은 자신들의 전문성 때문에 오히

---

21) 자세한 스토리는 https://www.smithsonianmag.com/innovation/accidental-invention-play-doh-180973527/를 참조할 것.

22) 영어 원문은 다음과 같다. “FedEx is known for delivering value, expertise, great service and above all, peace of mind.” 출처: http://images.fedex.com/us/asvm/Web-portal-PDF-layout6.pdf

려 사용자인 고객의 감정을 이해하는 데 어려움이 있을 수 있다. 예를 들어, 신발을 디자인하는 경우를 생각해보자. 어른, 학생, 어린이를 가릴 것 없이 제각기 신발에 대한 인식과 감정은 다를 수밖에 없다. 누군가는 잘 떨어지지 않는 신발을 기억하기도 하고, 또 다른 누군가는 고등학교 시절의 아픈 기억이 떠오를 수도 있다. 고객은 왜 그 신발을 사게 되었을까? 고객의 감정에 의해 그 기억은 강화될 수도, 약화할 수도 있다는 것이다. 감정까지도 디자인한다는 것은 사용자가 어떤 경험을 예상하는지와 나중에 그 경험을 어떻게 기억하는지까지 생각해보는 것이다. 여행가가 자신이 사용한 여행 모바일 앱을 어떻게 기억할까? 얼마나 사용하기 쉬었는지 기억할까? 아니면 가짜 음식점 리뷰로 가득하였던 것을 기억할까? 디자인사고가 고객의 감정에 개입한다는 것은 기쁨, 소망, 놀람, 신뢰 같은 감정을 끄집어내는 역할까지도 수행한다는 의미가 있다.

디자인사고가 고객의 감정까지도 실질적으로 이해할 수 있다면 더 나은 디자인을 할 수 있는 중요한 기회를 제공할 수 있다. 예를 들어, 실내 체육시설(Gym)을 시작했다가 여러 차례 실패한 경험이 있는 컨설턴트가 그 실패 경험을 바탕으로 체육관의 운영을 돕는 소프트웨어를 개발한다고 가정해보자. 그는 투자를 유치하기 위해 체육관 소유주들을 인터뷰하기 시작하고, 소유주들이 이런저런 문제를 제기하는 동안 아이디어를 얻고, 프로토타입을 만들며, 추가적 인터뷰 및 프로토타입 테스팅을 거쳐 수정 과정을 거칠 것이다. 궁극적으로 이런 방식으로 여러 프로토타입 수정을 거치게 되면, 모든 체육관 소유주들이 원하는 점을 대부분 반영한 소프트웨어에 근접할 수 있게 되고, 이 시제품을 접하게 된 소유주들은 누구라도 구매를 고려하면서 투자를 하려고 할 것이라 짐작할 수 있다. 디자인사고 말고도 '고객 중심'을 외치고 강조하는 접근법은 많다. 그러니 얼마나 깊게 고객을 생각할 것인가의 문제이다. 결국 고객이 생각하고 있는 감정의 깊은 이해뿐 아니라 그 감정이 생기게 된 문화적, 사회적 배경까지도 이해하도록 노력해야 하는 것이 디자인사고다.

CHAPTER

06

기업과 정부를 바꾼 디자인: 공공과 민간부문의 사례

1. 디자인사고와 혁신의 사례
2. 민간부문에서의 디자인사고와 혁신 사례
3. 공공부문에서의 디자인사고와 혁신
4. 결어

1 디자인사고와 혁신의 사례

디자인사고 컨설턴트가 조직의 수장에게서 듣는 질문 대부분은 오늘날 변화무쌍한 환경 속에서 어떻게 하면 자신의 조직을 혁신적인 조직으로 만들 수 있을까에 관한 것이다. 이미 디자인을 접목한 혁신문화가 기업의 경쟁력을 키우는 비결임을 인지하게 되었고, 조직 자체를 다시 디자인하는 데도 관심이 크게 높아졌다. 이제 디자인사고가 조직 구성원들이 상상력을 동원하여 문제에 대한 창의적인 해결책을 생각해낼 수 있도록 유도함으로써 혁신을 끌어낸다는 것은 매우 잘 알려진 상식에 속한다는 것이다. 즉, 디자인사고는 사용자의 필요성, 욕구, 고통점(pain point)을 깊이 파악하는 것을 포함하며, 이를 충족시키는 제품, 서비스 및 경험을 제공하는 솔루션을 반복하여 개선하는 방법으로, 기능적 측면과 아울러 사용자들이 즐겁게 이용할 수 있는 제품이나 서비스를 만들어 조직의 차별화를 가져오는 데 유리하다는 것이다. 디자인사고는 또한 협업과 교차 기능적(cross-cutting) 팀워크를 장려하여 다양한 배경과 기술을 가진 사람들이 공동의 목표를 위해 함께 만드는 장점이 있고, 서로 다른 시각과 접근법을 결합하여 창의적 혁신을 끌어낸다.

이 때문에 최근 디자인사고는 하나의 전략적 사고로 받아들여지고 있다. 조직이 전략적 기획(strategic planning)을 하게 되는 계기는 주로 조직 환경의 위협 또는 변화로 인해 조직의 변화 대응성 및 생산성을 높이면서 조직을 발전적으로 관리해 나가기 위해 도입을 고려하게 될 때이다(한상일, 2015). 최근의 디자인사고 관련 움직임은 제2장에서 살펴본 바와 같이 디자이너들이 조직에서 문제 해결 능력을 전략이라는 큰 그림에 효과적으로 접목하고, 더 많은 구성원이 디자인사고를 하도록 장려하는 것에 집중되어 있다. 이 장에서 보게 될 민간과 공공부문의 사례에서는 조직이 변화와 위기에 직면하여 디자인의 차용을 넘어서서 조직 내 핵심 디자인 역량을 키우려는 노력, 전략 디자이너를 고용하여 혁신부서를 개설하는 시도를 보여준다.

진정한 혁신은 제품이나 서비스를 둘러싼 복잡성을 이해하는 데서 비롯된다. 아무리 멋진 제품이나 서비스를 디자인하더라도 조직 문제와 사용자 문제가 교차하는 지점에서 비즈니스 문제와 사용자 문제가 상호 의존적임을 이해하고 시스템적 변화를 이끌 수 있어야 성공할 수 있다. 혁신을 창출하려면 사용자와 제품-서비스 그 이상과 그것이 처한 맥락을 이해해야 한다. 이 장에서는 민간부문과 공공부문에서 대표적으로 전략적 디자인이 사용된 사례들을 다루었으며, 디자인이 단순히 제품이나 서비스 개선과 포장에 사용된 것이 아니라 모든 문제가 상호 의존적이라는 시스템적 관점에서 더 적합한 전략 디자인이 적용된 사례들을 다룬다. 민간부문에서 디자인 담당관을 임명하거나 조직 전체를 바꾸며 조직의 전략 디자인 전환을 시도한 넷플릭스와 프록터 앤드 갬블(Procter & Gamble: P&G), 펩시코(Pepsi Co.) 등의 사례와 함께 국내·외 공공부문의 사례 및 스마트시티 프로젝트를 소개하였다.

2 민간부문에서의 디자인사고와 혁신 사례

오늘날 민간부문이 치열한 글로벌 경쟁 무대에서 살아남기 위해서 해 온 것은 기술개발 통해 새로운 제품과 서비스를 개발하여 경쟁에 우위를 점하고 고객을 사로잡는 것이었다. 그러나 정보통신 및 기술의 발달로 산업구조 자체가 변화하고 있고, 어느 기업이든 과거와 달리 쉽게 최신 기술에 접근할 수 있게 되면서, 모든 기업이 고객 가치를 창출하는 시대에 들어섰다. 즉, 과거에는 첨단기술과 제조 능력이 신제품 개발 프로젝트의 대부분을 주도했으나, 이제는 '상자 밖에서 생각하여(out-of-box-thinking)' 혁신하는 기업이 살아남는다는 인식이 자리잡게 되었다.

이제 상당수의 성공적인 기업 조직은 오늘날의 환경에서 혁신문화가 기업 경쟁력을 키우는 비결임을 인지하고 있으며, 특히 첨단기술의 보유뿐 아니라 고객의 수요에 초점을 맞추는 것에서부터 혁신이 시작된다고 보는 경향이 증가하고 있다. 이런 맥락에서 디자인사고는 빠르게 혁신을 지속하는 기업에 도입되어 확신되고 있다. 에어비앤비(Airbnb)를 비롯하여 우버(Uber) 등 세계 굴지의 회사들이 기업의 위기 가운데 디자인사고를 성공적으로 조직에 뿌리를 내려왔다. 다음에서는 조직의 위기 가운데 디자인사고를 '전략적'으로 활용하여 혁신의 아이콘으로 떠오른 기업의 사례를 소개한다. 어떤 조직은 디자인 전문가를 스카우트하여 제품이나 서비스 과정 자체를 바꾼 기업도 있고, 조직의 수장이 디자인의 영감을 받은 기업도 존재하며, 이는 넷플릭스(Netflix), 제너럴 일렉트릭(GE), 프록터 앤드 갬블(P&G), 펩시코(Pepsi Co.) 등 굴지의 세계 기업에 국한되지 않는다.

1) 디자인사고와 함께 한 넷플릭스의 기적

지금은 미국의 영화 및 드라마 등 영상시청 서비스를 넷플릭스(Netflix)를 비롯하여 애플(Apple), 아마존(Amazon), 훌루(Hulu) 등 다양한 OTT(Over The Top) 서비스가 등장하여 인터넷 플랫폼으로 사용자가 원할 때 동영상 스트리밍으로 볼 수 있는 시대가 되었지만, OTT가 더 쉬운 대여 옵션과 연체료 없는 서비스를 제공하며 등장하기 전에는 블록버스터(Blockbuster) 같은 비디오(VHS) 대여 업체가 지배적인 사업 방식이었다.[1) 원래 컴퓨터 소프트웨어 분야에서 일하던 창립자 데이비드 쿡(David Cook)은 1985년 텍사스(Texas)주 댈러스(Dallas)에 블록버스터라는 비디오 대여점을 열었다. 최신 컴퓨터 대여시스템을 도입한 그는 다른 대여점이 고작 수백 개의 비디오를 대여할 때 무려 8천 개에 달하는 비디오를 공급하면서, 짧은 시간에 투자를 유치하고 확장하는 성장을 하게 되었다. 당시에는 영화가 극장에서 종영하게 되면 비디오테이프를 직접 구매하거나, 대여 업체에서 영화를 빌리는 방법밖에는 없었기 때문에 블록버스터는 빠르게 성장할 수 있었고, 영국의 비디오 대여 업체 등을 합병・인수하면서 해외에서도 비즈니스를 확장하게 되었다.

그러나 블록버스터는 경제학적 용어로 표현하자면 재화를 획득하기 위해 사람들이 다투게 되는 '경합성(rivalry)'의 문제가 있었다. 블록버스터가 아무리 수천 개의 비디오를 보유하고 있어도 인기가 많은 영화의 경우에는 빌리기가 어려웠고, 반납에 실패하면 상당한 연체료를 물게 되어 있는 사업구조로 되어 있었다.[2) 이에 반해, 경합성이 상대

1) 블록버스터라는 표현 자체가 막대한 제작비를 들여 흥행에 크게 성공하게 된 대작을 의미했다.
2) 블록버스터의 비즈니스 성공과 쇠퇴에 관해서는 Business Insider, https://www.businessinsider.com/rise-and-fall-of-blockbuster#but-trouble-was-on-the-horizon-in-1997-as-blockbusters-future-competitor-netflix-was-founded-7 참조. 이 기사에 따르면 블록버스터는 반납이 늦을 때마다 매일 수수료를 부과하였고, 수억 달러에 달하는 연체료 수입을 올렸다고 알려졌다.

적으로 낮은 요금재(toll goods)에 해당하는 OTT나 케이블TV 서비스는 구독자가 몰려도 서비스에 큰 문제 없이 제공할 수 있는 장점이 있다. 후일 넷플릭스 설립자인 리드 헤이스팅스(Reed Hastings)는 블록버스터에 쌓여있는 연체료 40달러를 내고 싶지 않아서 넷플릭스를 설립했다고 농담조로 이야기할 정도였고, 실제로 넷플릭스 초기에는 연체료가 없었다. 이런 사업 구조가 얼마나 지속될 수 있었을까?

2000년대 이후 블록버스터를 잇는 경쟁회사가 속속 등장하면서 블록버스터의 비즈니스를 위협하기 시작했다. 이미 레드박스(Redbox)라는 회사는 연체료 없이 더 빠른 대여 옵션을 제시하고 있었고, 회사를 둘러싸고 있는 오프라인 기반의 비디오 대여 사업이 결국 시장 변화와 기술 발전으로 완전히 사라질 것으로 예측되고 있었다. 이 와중에도 블록버스터는 2004년 전 세계 9천 개 매장에서 60억 달러에 가까운 수익을 올리는 등 전성기를 누렸으나 여전히 비즈니스에 대한 경고는 계속되었다. 한참 후에야 블록버스터 온라인(Blockbuster Online)으로 비즈니스 모형의 전환을 시도하고, 영화사와 수익 공유를 제안하였으며, 2004년 연체료를 폐지하는 등 자구노력을 하였지만, 블록버스터에 대한 시장의 냉정한 평가는 주식 가치의 폭락으로 연결되었다. 결국 블록버스터는 넷플릭스의 지속적인 인기를 따라잡지 못하고 2010년 파산하게 되었다.[3] 아이러니하게도 2022년 넷플릭스는 마지막 블록버스터 대여점을 소재로 드라마도 제작할 정도로 엔터테인먼트 산업에서 한 시대가 저무는 사건이었다([그림 6-1] 참조).

출처: NBCnews.com

[그림 6-1] 넷플릭스사의 드라마 '블록버스터'

3) 블록버스터 전 CEO인 존 안티오코(John Antioco)가 기고한 블록버스터의 어려움에 대해서는 *Harvard Business Review*, https://hbr.org/2011/04/how-i-did-it-blockbusters-former-ceo-on-sparring-with-an-activist-shareholder 참조.

(1) 넷플릭스의 등장과 위기

앞서 밝힌 바와 같이 리드 헤이스팅스는 마크 랜돌프(Marc Randolph)와 공동으로 1998년 넷플릭스를 설립하여 영화 대여 산업에 뛰어들었다. 초창기에는 비디오테이프(VHS)가 아니라 DVD를 넷플릭스 홈페이지에서 주문하면 우편으로 배달받는 대여 체제였고, 반납 절차도 미리 선납한 봉투에 넣어 우체통에 넣기만 하면 되는 쉬운 방식이었기 때문에 인기를 끌기 시작했다. 블록버스터와 달리 연체료도 없었고, 월정액을 지불하는 구독 서비스도 운영하여 꽤 안정적으로 시장을 잠식해나갔다.

그러나 블록버스터와 넷플릭스를 비교하면 변화에 어떻게 대응하느냐가 조직의 혁신을 가져오는 원천임을 알 수 있다. 즉, 넷플릭스라고 위기 없이 성장만 해 온 것은 결코 아니었다. 넷플릭스가 DVD 대여 사업으로 성장하고 있는 가운데, 미국 케이블 텔레비전(Cable Television) 업체들이 인터넷의 발달과 함께 고객이 주문하는 대로 영화나 드라마를 온라인으로 제공해주는 방식으로 바꾸기 시작했고, 이는 넷플릭스의 영화 대여 사업에도 큰 위협이 되었다. 디지털화가 급속도로 진행되고 기술혁신이 일어나면서 미디어와 IT를 구분해서 보는 시각이 점차 사라지고, 온라인 스트리밍을 통해 복합적인 다매체, 다채널로 시장이 재편되기 시작했다. 이런 상황에서 시청자 처지에서는 더는 블록버스터나 넷플릭스를 이용할 필요가 없어지게 되었고, 여기서 두 회사의 운명도 갈리기 시작했다는 것이다. 블록버스터는 원래 비즈니스 모델을 고집했지만, 넷플릭스는 고객의 요구와 기대를 반영하여 주문형(on-demand) 온라인 스트리밍 서비스, 즉 OTT 산업에 진출하며 변신을 꾀한 것이다.

물론 넷플릭스의 스트리밍 서비스로의 전환이 아무런 문제 없이 진행된 것은 아니다. 일단 2007년부터 주문형 온라인 스트리밍을 시작하였으나 온라인으로 제공할 수 있는 스트리밍용 영상은 1천여 편에 불과하였고, 당시 데이터 속도와 대역폭의 한계로 동영상을 내려받아 다음 날 시청하는 하드웨어 중심으로 서비스하는 방식을 사용, 사업 확장의 한계가 뚜렷하였다. 이는 넷플릭스가 한국 시장에 진출 시 받았던 평가와 비슷하다. 초기부터 넷플릭스 열성 팬이 많기는 했지만, 콘텐츠 수는 한국의 IPTV, 아마존 프라임(Amazon Prime) 등과 비교하면 초라한 수준이었고, 콘텐츠가 부족하여 결국은 성공하기 힘들 것이라는 평도 상당히 많았다.

이런 부정적 전망과 위기 속에서 넷플릭스는 디자인사고를 통해 계속해서 고객의 선호를 알아내려고 노력하고, 빠르게 실패하고 포기하였으며, 결과적으로 더 빠른 혁신을 이루어내어 대성공을 거두게 되었다. 2010년부터 온라인 스트리밍 시청 고객 수가 DVD 대여 고객 수를 넘어섰고, 스트리밍 이용이 2020년 이후 2억 가구 이상으로 폭증하였다. 또한 전 세계 동영상 스트리밍의 30% 정도를 점유하고 있는 것으로 보고되고 있다.[4] 후발주자인 넷플릭스의 성장에 자극받은 디즈니 같은 전통적 미디어 기업들이 위협을 느끼고 덩달아 OTT 서비스에 동참하는 현상까지 벌어지고 있다.

(2) 넷플릭스와 디자인사고를 통한 혁신

넷플릭스는 회사의 출범부터 디자인사고로 시작하였다. 원래 실리콘 밸리(Silicon Valley)의 기업가인 마크 랜돌프와 리드 헤이스팅스는 아마존(Amazon)의 성공에 깊은 감명을 받아 인터넷을 통한 사업을 구상하고 있었고, 블록버스터와 같은 비즈니스 모형인 비디오테이프 대여도 하나의 옵션으로 생각하였다. 그러나 동시에 비디오테이프를 보관, 대여, 우편 배송하기에는 비용이 너무 많이 투입될 것으로 보고 사업 모형에 대해 확신을 하지 못하던 중, 1997년 미국에 DVD가 처음 소개되면서 새로운 계기를 발견하게 되었다. 이들은 일단 CD를 자택에 우편으로 보내는 실험을 하였고, 아무 문제없이 온전하게 배송된 CD를 보고 DVD 판매 및 대여 산업에 뛰어들기로 하였다.[5] 재미있게도 이 시기는 미국 각 가정에 DVD 플레이어 보급이 아직 활성화되지 않은 시기였고, 2000년대 초 닷컴 버블로 경제적 여건도 좋지 않았다. 또한 넷플릭스는 이때 상장을 위한 기업공개를 준비하고 있었기 때문에 인력을 감축하는 시기에 있었다. 그런데 뜻하지 않게도 2001년 말 이후 DVD 플레이어가 크리스마스 선물 등으로 크게 인기가 높아지면서 넷플릭스의 DVD 대여 산업은 오히려 성장을 거듭하게 되었다.[6]

넷플릭스가 디자인사고로 혁신을 거듭하게 된 요소 중 하나는 실험 정신이다. 즉, 점차 성장을 거듭하면서 순탄하게 운영되어 온 DVD 대여 사업 부문을 과감히 쳐내고, 전면 온라인 스트리밍으로 전환하며 기술 발전 속도를 따라잡으려 했다는 것이다. 블록

---

4) 나무위키 참조, https://www.namu.wiki/w/넷플릭스
5) 위키피디아 참조, https://en.wikipedia.org/wiki/Netflix#cite_note-63
6) *Harvard Business Review*, https://hbr.org/2014/01/how-netflix-reinvented-hr

버스터뿐만 아니라 아마존이나 미국 굴지의 유통체인인 월마트(Walmart)에서도 온라인 DVD 대여 시장에 뛰어들 준비를 하는 등 넷플릭스를 위협할 만한 요인들이 분명 있었지만, 여전히 선전하면서 성장을 하였다.

이처럼 넷플릭스가 보여준 첫 번째 디자인사고의 요소는 기업의 바람직한 미래를 내다보고 계속해서 실험을 해왔다는 것이다. 온라인 DVD 시장에서 성공을 거두고 있는 가운데서도 창립자 중 한 명인 헤이스팅스는 결국 온라인 스트리밍이 미래의 주력 서비스 방식으로 등장할 것으로 예상하고, 매년 상당한 자금을 투자하면서 온라인 스트리밍 서비스를 실험해왔다는 것이다. 2010년 넷플릭스는 10년에 가까운 실험을 끝내고 DVD 구독료 절반에 해당하는 가격으로 온라인 스트리밍 서비스를 시작하였다. 동 기간 넷플릭스의 라이브러리의 콘텐츠 양도 증가하였고, 기술혁신으로 인터넷 속도와 광대역 연결의 확산, 그리고 비디오 친화적인 태블릿과 스마트폰의 보급과 같은 환경변화가 일어나며 넷플릭스의 온라인 스트리밍 전환을 가속하였다.

이와 같은 선택은 어느 조직에서나 흔하게 볼 수 있는 것은 아니다. 코닥(Kodak) 필름이나 핀란드 노키아(Nokia) 같이 한때 시장을 지배했던 기업들은 장기적인 위협을 인지하였음에도 불구하고 기존의 비즈니스를 보호 혹은 안주하려는 태도를 보였고, 결국은 시장에서 도태되었다. 블록버스터도 넷플릭스가 DVD 대여를 통해 시장 변화를 주도하고 있다는 것을 깨닫고 뒤늦게 시장에 뛰어들었으나 재미를 보지 못했다.[7] 그러나 넷플릭스 창업주들은 DVD 대여 시장이 자신들의 주력산업이자 활황(活況)이었음에도, 장기적인 시장 전망을 바탕으로 계속해서 아이디어를 실험하였으며, 결국 시대변화와 함께 자신들이 해 온 오랜 실험이 빛을 보게 된 것이었다.[8]

두 번째 디자인사고의 요소는 빠른 실패와 포기하는 용기다. 인터넷 속도가 점진적

---

7) 『포브스(*Forbes*)』 2011년 3월 17일 기사, https://www.forbes.com/sites/chunkamui/2011/03/17/how-netflix-innovates-and-wins/?sh=12a3b2ab61f3

8) 『포브스(*Forbes*)』 위의 기사. 『포브스』 기사에서는 넷플릭스 창업자들이 결국 크게 생각하는 경향이 있으면서도 작게 시작하는(think big, start small) 특징이 있었다고 지적하는데, 이는 곧 큰 그림과 장기적 비전을 가지고 작게 실험하고 학습하는 디자인사고와 일치하는 성격으로 볼 수 있다. 그렇다고 해서 넷플릭스가 고객의 요구를 외면하고 바로 DVD 대여 서비스를 중단한 것도 아니다. 2023년 4월에 와서야 25년 간 52억 개를 제공해 온 DVD 대여 서비스를 중단한다고 발표하였다. *New York Times*, 2023년 4월 18일자 참조.

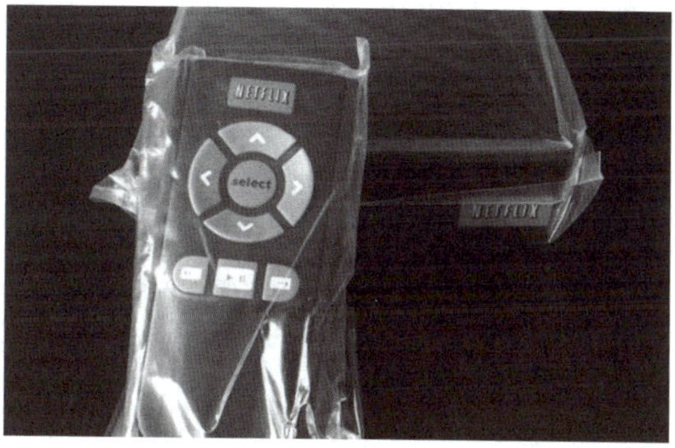

출처: slashgear.com

[그림 6-2] 넷플릭스 전용 스트리밍 셋톱박스

으로 증가하고 비용이 감소하면서, 주문형 온라인 스트리밍이 다가올 영화 시장의 주도적 기술이 될 것으로 예측이 된 가운데, 이미 10년 동안 연구와 실험을 지속해 온 설립자 헤이스팅스는 넷플릭스가 누구보다도 먼저 온라인 스트리밍 시장을 선점해야 한다고 주장해왔다. 이러한 미래의 희망 사항에는 자사가 개발한 비디오 스트리밍 셋톱박스를 이용해 영화를 제공하는 것이 포함되었다. [그림 6-2]처럼 매우 평범해 보이는 넷플릭스 전용 셋톱박스는 구독자가 이 장치를 통하여 비디오를 각 고객의 텔레비전에서 스트리밍하도록 도와주는 것이었다. 쉽게 말하면 밤새 영화를 내려받고 나중에 볼 수 있는 하드웨어인 셋톱박스 개발에 중점을 두며 많은 투자를 하였다는 것이다. 그러나 유튜브(YouTube)의 급성장에서 볼 수 있듯이 사람들이 '편리함'을 위해서라면 기꺼이 화면 품질을 교환할 의사가 있다는 것이 시장에서 점차 명확해졌을 때, 넷플릭스는 큰 고민 없이 셋톱박스 개발을 포기하였다는 것이다.9) 2005년 100% 스트리밍 서비스 준비가 완료되었을 때 준비된 영화가 천여 편밖에 되지 않았음에도 과감하게 넷플릭스 박스를 포기하였기에 빠르게 미래 준비에 집중할 수 있었다.

세 번째 디자인사고의 요소는 고객의 피드백에 기반한 빠른 수정과 학습이다. 넷플릭스는 독특한 알고리즘(algorithms)을 사용하여 고객이 원하는 프로그램을 추천하는 큐레이션을 보유한 것으로 유명하였다. 넷플릭스는 월 구독자를 모집하기 시작한 지 얼마 되지 않아 넷플릭스 구독을 취소하는 사람이 많아 고민에 빠졌다. 즉, 대기열에 제시된 영화를 다 보고 난 후 새 영화를 찾는 데 어려움을 겪은 고객들이 구독을 종료하는 행태를 보인 것이다. 이에 플랫폼을 떠나는 고객을 잡기 위하여 데이터 사이언스에 기반을 둔 영화 추천 알고리즘인 시네매치(Cinematch)를 도입하여 사용하기 시작했다.

9) https://www.linkedin.com/pulse/netflix-digital-transformation-artificial-jahn-%C3%A5svald-einarsmo 참조.

이 알고리즘은 과거 사용자가 평가를 남겼던 영화 데이터를 중심으로 알고리즘을 훈련하여 고객이 원하는 영화를 꾸준히 추천할 수 있도록 개선한 것이었다. 그런데도 넷플릭스 프로그래머들은 좀 더 향상된 방법이 있을 것으로 생각하였고, 2006년 100만 달러의 상금을 걸고 자사의 '시네매치'보다 조금이라도 더 나은 알고리즘을 개발하도록 일반 개발자들의 참가를 공모하는데 이르렀다. 그 결과, 2006년부터 매년 참가하여 시네매치보다 나은 결과를 만든 참가팀이 나왔고, 2009년에는 무려 10% 정도 향상된 결과를 가져온 팀이 상금을 수상하였다.[10] 이와 같은 참여적 방법으로 나온 피드백을 수용하고 지속해서 개선을 한 결과, 스트리밍 서비스를 시작한 넷플릭스는 DVD 대여 사업때보다 훨씬 더 많은 데이터를 축적하며 보다 정확한 영화 추천을 하는 위치에 도달하게 되었다.[11] 이 밖에도 넷플릭스는 하드웨어 기기 업체와 계약을 맺고 텔레비전 리모컨에 넷플릭스의 버튼을 넣은 것, 인터넷 연결없이 오프라인으로 볼 수 있도록 시스템을 구축한 것, 한 계정당 가족 구성원 여러 명이 여러 휴대용 기기에서 사용할 수 있도록 한 것 등 고객의 편의성 향상을 위해 끊임없이 개선해 왔다.

넷플릭스가 고객 편의성 향상을 위해서 한 실험은 여기에 그치지 않는다. 넷플릭스 첫 홈페이지 화면은 영화나 드라마에 대한 정보가 아무것도 없는, 이메일 주소를 넣는 창만 있을 뿐이다. [그림 6-3]과 대동소이하다. 왜 이런 화면을 갖게 되었을까? 2013년 넷플릭스 플랫폼에 고객이 처음 접속했을 때 어떤 화면을 보여줄 것이냐를 놓고 개발자 사이에서 내부적으로 논쟁이 있었다. 어떤 초기 디자인이 더 많은 구독자를 끌어들일 수 있을 것이냐에 관한 것이었다. 그래서 사용자에게 콘텐츠를 제공하는 가장 효과적인 방법을 찾기 위해 A/B 테스트를 진행하게 되는데, 이는 임의의 사용자를 추출하여 A와 B 데이터 세트로 나눈 후 각기 서로 다른 화면 레이아웃을 제공하는 실험을 진행한 것이다. 즉, 두 가지 프로토타입을 테스트한 것인데, 제이슨(Jason)이라는 가상의 인물에게는 [그림 6-3]처럼 콘텐츠 내용이 배열되지 않고 이메일 주소만 기재하도록

10) 위의 웹사이트 참조.

11) 지금은 과거와 같이 사용자인 고객과 넷플릭스 플랫폼의 상호작용 데이터(시청기록과 평가), 다른 유사한 회원의 취향과 선호도, 장르, 범주 등에 대한 정보뿐만 아니라 하루 중 시청 시간, 넷플릭스 시청 기기 등 모든 데이터 조각을 활용하여 추천 시스템 개선에 활용하고 있다. 넷플릭스 홈페이지 참조, https://help.netflix.com/en/node/100639

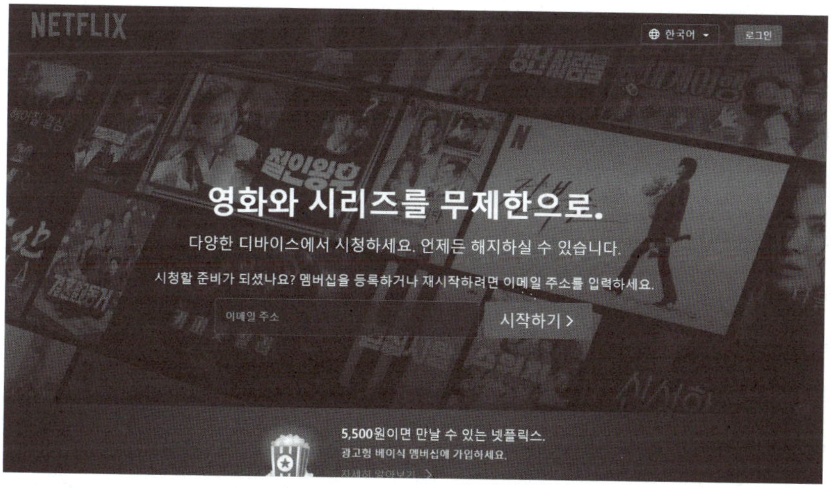

출처: netflix.com/kr

[그림 6-3] 넷플릭스의 초기 인터페이스

디자인된 화면을, 엠마(Emma)라는 가상의 인물에게는 많은 콘텐츠의 줄거리가 있어서 정보를 미리 알고 가입할 수 있는 화면을 제공하여 어떤 화면이 고객에 의해 선택될 것인지를 테스트한 것이다. 처음부터 [그림 6-3] 같은 화면이 선택된 것은 아니며, 수없이 많은 테스트를 거쳐 피드백을 받고 현재에 이르게 된 것이다.12) 이런 류의 테스트는 셀 수 없이 시시각각 진행되고 있으며, 피드백에 따라 영화 추천을 카드형 포스터로 제공하는 것, 포스터를 선택하면 줄거리 영상을 보여주는 것, 그리고 AI를 사용하여 사용자가 독특한 경험을 하도록 “당신이 이런 류의 영화를 시청했기 때문에(because you watched)” 문구와 함께 콘텐츠를 제안하는 방식까지 이르게 된 것이었다.

넷플릭스는 콘텐츠에서도 단순히 외부에서 제작한 영화나 드라마를 스트리밍하는 수준에서 벗어났다. 2011년부터 시상파나 케이블 방송의 황금(prime) 시간대에 방영하기 어려운 콘텐츠를 자체 제작하기 시작하였고, 특히 새롭고 도발적인 내용을 원하는 고객들의 피드백을 받아들여 자체 동영상인 〈넷플릭스 오리지널 시리즈(Netflix Original Series)〉를 제작하기 시작, 〈하우스 오브 카드(House of Card)〉(2011)부터 2022년

12) 넷플릭스 초기 홈페이지 디자인과 관련된 넷플릭스 디자이너의 강연은 https://youtu.be/-Gy8TnXZf8 시청을 추천한다.

한국 드라마 시리즈 〈오징어 게임(The Squid Game)〉에 이르기까지 화제성 있는 영화나 드라마를 성공적으로 시장에 내놓았다. 또한 초기 인터페이스를 전면 개편하여 영화나 드라마의 스틸 컷 또는 포스터를 보여주는 대신 트레일러(줄거리 영상)를 올려놓기도 하였으며, 대다수의 혁신적 방법을 디자인사고를 통한 고객과의 공감으로부터 시작하여 계속해서 변화하는 엔터테인먼트에서 살아남기 위해 혁신하는 조직으로 자리매김하게 되었다.

넷플릭스의 성공을 지켜본 다른 엔터테인먼트 거인들도 그냥 있을 수는 없었다. 〈더 소프라노스(The Sopranos)〉, 〈밴드 오브 브라더스(Band of Brothers)〉 등 인기 영화 및 드라마를 제작해 온 미국 최고의 케이블 네트워크 HBO의 경우 이제 시대가 바뀌었다는 것을 자각하고, IDEO사와 협력하여 디자인사고로 밝은 미래를 모색하였다. 즉, 사용자인 시청자가 언제 어디서나 다양한 기기를 통해 콘텐츠를 접하는 세상에서 기존 케이블이나 위성 서비스는 이런 고객의 요구를 오히려 방해하는 역할을 한다는 것을 깨달은 것이다. IDEO는 HBO 본사 15층에 사람들이 걸어가며 체험할 수 있는 프로토타입을 설치하여 여러 가지 디지털 장비로 콘텐츠와 교류하는 방식을 관찰할 수 있도록 하였고, 경영진에게 HBO에 닥칠 미래의 도전과제와 밝은 모습을 동시에 보여주면서 어필하였다. 그 결과, 미디어 소비자의 여정을 총체적으로 다루고, 가입자가 언제 어디서나 HBO 콘텐츠를 경험할 수 있도록 미디어 서비스를 개발하는 것이 중요하다고 결론지었으며, 결국 HBO 콘텐츠의 모바일 플랫폼 탑재를 결정하게 되었다.[13] 이처럼 디자인사고는 혁신을 추구하는 기업들이 반드시 경험해야 하는 주요 접근으로 자리를 잡게 되었다.

2) 디자인 조직으로의 탄생: P&G와 펩시코 사례

혁신은 일회성 이벤트와 거리가 멀다. 대규모 관료적 조직에서는 디자인을 조직의 중심에 두고자 하는 변화가 진행되고 있으며, 이는 앞서 살펴본 바와 같이 현대 기술과 비즈니스의 복잡성 증가에 대한 대응의 하나로 볼 수 있다. 때로는 비즈니스 환경의 불

13) HBO와 디자인사고에 관한 내용은 IDEO 홈페이지, https://www.ideo.com/case-study/designing the-future-vision-for-hbo 참조.

확실성과 불안정성 때문에 생존을 위해서 여러 경로를 실험해야 하는 때도 있다. 디자인사고로 알려진 원칙들은 이런 환경 속에서 빠르고 유연한 조직 문화를 개발하는 데 적합한 도구이다.

대규모 관료적 조직만 디자인을 추구하는 것은 아니다. 최근 대형 전략 컨설팅 회사들도 선도적인 디자인 서비스 산업을 인수하여 새롭게 변화하는 세계에 대응하는 사례를 쉽게 볼 수 있다. 예컨대, 런던(London)에 본사를 두고 있는 세계적 프로페셔널 서비스 업체인 딜로이트(Deloitte)는 도블린(Doblin)을, 글로벌 경영 컨설팅 회사인 맥킨지(McKinsey)는 루나(Lunar) 같은 디자인 회사를 합병하였다. 이러한 경향은 효율성을 중시하며 명확한 목표와 추정을 중시하던 조직이 경험, 가치, 창의성 등으로 대변되는 모호성을 더 받아들이도록 하는 한편, 궁극적으로 더 위험(risk)이 높은 변혁적 혁신을 받아들이고, 기대치를 조정하겠다는 조직의 방향을 보여주는 증거로 볼 수 있다.14)

(1) 디자인으로 위기를 극복한 P&G 사례

세계 최초의 불소 함유 치약, 세계 최초의 합성세제 등을 개발한 글로벌 기업이라는 타이틀을 가진 브랜드는 어디일까? 아마 저런 베스트셀러 소비재 생산기업 하면 프록터 앤드 갬블(Procter & Gamble: P&G)을 떠올리는 사람이 많을 것이다. 1837년 설립된 이래 거의 매년 신제품을 출시하며 소비자의 생활 혁명을 일으켜 온 소비재 공룡기업이 만약 시장 지배력을 상실하고, 주가가 폭락한다면, 그리고 세상이 놀랄만한 새로운 제품 출시가 더디다면 어떻게 할 것인가? 가장 성공적인 다국적 회사 중 하나로 거론되던 P&G에도 위기가 찾아왔다. 1999년 취임하여 약 18개월 동안 재직하던 더크 예거(Durk Jager) 회장이 이사회에서 해임될 정도로 상황이 좋지 못했다. 시장 점유율은 계속해서 떨어졌고, 결국 2000년에는 주가가 반 토막이 되면서 예거 회장의 불명예 퇴진으로 이어졌고, 750억 달러에 달하는 시가총액이 증발하였다.

이런 조직의 위기 가운데 디자인사고로 부활한 사례로 흔히 P&G가 꼽힌다. 신임 A. G. 래플리(A. G. Lafley) 회장은 취임 일성(一聲)으로 P&G가 세계인의 가정에 계속해서 유용한 신제품을 제공하면서 수익을 올리는 기업으로 남기 위해서는 디자인사고

14) *Harvard Business Review*, https://hbr.org/2015/09/design-thinking-comes-of-age

로 무장, 혁신적 조직으로 거듭나야 한다고 강조하였고, 이때부터 디자인사고를 통한 P&G의 혁신 과제가 수면 위로 떠오르기 시작하였다. 래플리가 취임한 이후에도 주가는 계속 하락하는 추세였고, 혁신의 아이콘이던 P&G사의 제품은 월마트 등 대형 유통 체인의 PB(Private Brand Goods) 상품의 가성비에도 밀리며, 더욱 경쟁력이 떨어지고 있었기 때문에 좀 더 정확한 원인 파악이 필요했다. 결국 주가 폭락과 투자자들의 신뢰까지 상실한 상태에서 신임 CEO가 할 수 있는 것은 조직에 잔인할 정도로 변화를 가져오는 것 말고는 선택의 여지가 별로 없었다는 것이다.

그러나 조직의 구조조정 정도로는 일정 부분 한계가 있을 수밖에 없었다.15) 래플리 회장이 정리해고, 실적 저조 브랜드 퇴출 등의 강수를 둘 수 있었고, 분명 필요한 개혁이었지만, 결국은 소비자가 계속 찾도록 어필할 수 있는 제품 자체의 경쟁력을 끌어 올리는 것이 제일 중요했기 때문이다. 이를 위해서는 회사의 근본적인 문제, 즉 그동안의 성공 신화에 젖어 현상 유지라는 타성에 젖어있는 조직을 뿌리부터 바꿀 필요가 있었다. 이미 일본 등에서 디자인사고가 조직에 가져오는 변화를 직간접적으로 경험한 래플리 회장은 여기서 단순히 조직 축소와 개편이 아니라, 소비자 중심(인간 중심)의 디자인사고로 조직의 사고방식과 문화가 변해야 P&G가 살아날 수 있다고 생각하게 되었다는 것이다. 이는 면밀한 조사 결과, P&G가 오랜 역사 동안 소비자에 관한 관심에서 벗어날 때마다 어려움에 봉착했다는 사실을 인지했기 때문이었다.16)

이런 위기 가운데 래플리 회장이 첫 번째로 단행한 일은 디자인 총책임자를 임명하여 조직이 혁신을 주도하도록 만든 것이다. 래플리는 원래 회계사 출신에 마케팅 부서에서 일하며 디자인사고를 조금 접했을 뿐인 클라우디아 코치카(Claudia Kotchka)를 디자인 혁신 및 전략담당 부사장으로 임명하였고, 기술만으로는 P&G가 살아남기 어려우니 조직을 완전히 디자인 중심으로 바꿀 것을 지시하였다.17) 디자인에 많은 경험이 없

15) 경영전략, 2021년 7월호, https://www.chiefexe.com/news/ArticleView.asp?listId=MzA2M3x8bGltaXRfZmFsc2Ug

16) *Forbes*, 2012년 3월 2일자 기사, https://www.forbes.com/sites/petercohan/2012/03/02/how-procter-gambles-design-guru-spurs-growth/?sh=63acb4862073 참조.

17) *Forbes*, 위의 기사 참조. 클라우디아 코치카는 회계사 출신으로 마케팅을 담당해오다가 디자인에 매력을 느끼기 시작한 인물이었다.

는 코치카를 디자인 책임자로 임명한 데 대해 반발이 있었으나, 오히려 비즈니스와 디자인 양쪽의 언어에 어느 정도 익숙한 코치카가 P&G의 디자인 혁신에 적합한 인물이라며 임명을 강행하였고, 일단 조직 내에서 디자인사고에 관한 관심이 어느 정도 있는 분야부터 서서히 변화를 시작하게 되었다.[18]

디자인 총책임자로 임명된 코치카는 P&G가 디자인사고에 기반한 프로세스를 개발하고, 문제에 대한 해결책과 프로토타입의 구축, 소비자의 피드백 수집을 통해 P&G 고유의 해결책을 개발할 때까지 반복하는 과정이 뿌리내리도록 기반을 다지는 역할을 하였다. 이를 위해 코치카는 나이키(Nike) 같은 회사를 벤치마킹하고, 외부 디자인 전문가 네트워크를 구축하여 도움을 받았으며, 비즈니스팀에 조언 역할을 하는 디자인 검토 위원회를 구성하였다. 또한 코치카는 중간 경력자 디자이너를 활발하게 스카우트하면서, 그동안 대학을 갓 졸업한 인력을 채용하여 사내에서 교육하던 P&G의 전통을 무너뜨리기 시작하였다. 이는 조직을 좀 더 디자인 '개방체제'로 바꾸며, P&G가 지켜온 고유의 제품 개발방식에 도전하려고 한 것이다. 이런 움직임에 대해 조직 내부에서 불평·불만과 저항이 있었던 것은 어찌 보면 당연하였다. 코치카가 외부의 컨설팅 회사인 IDEO와 협력하기로 하면서 파견한 P&G 직원들은 협업한 지 2주 만에 '이(IDEO) 사람들은 P&G의 개발과정에 대한 이해가 전혀 없고, 완전한 혼돈이다. 우리가 P&G 방식을 이 사람들에게 알려주겠다'라며 불만을 제기할 정도였다.[19] 구체적인 디자인 조직으로의 전환 노력은 다음과 같은 방식을 통해 진행되었다.

첫째, 디자인사고 중심으로 전환하면서 처음 시작한 것은 기업으로서의 P&G의 목표를 인간 중심적으로 바꾸는 것이었다. 사옥 곳곳에 설치되어 있는 주가 모니터를 치우고, 내셔널 지오그래픽(National Geographic) 사진작가를 고용하여 소비재 기업으로서의 정체성을 잘 나타내는 사진들을-예컨대 빨래하는 사진, 기저귀를 채우는 사진 등 소비자들의 일상생활의 모습들-본사 입구에 거대하게 전시하여 기업 구성원이 누구에게 서비스를 제공하고 있는지 다시금 깨달을 수 있도록 하였다. 즉, 기업이 진정으

18) 경영전략, 위의 글 참조.
19) IDEO U 홈페이지, https://www.ideou.com/blogs/inspiration/claudia-kotchka-on-innovation-and-creativity 참조.

로 사용자인 고객을 배려할 때 혁신을 이룰 수 있다는 점을 강조하며 디자인사고를 통해 조직 혁신을 추구하기 시작한 것이다.

둘째, 코치카와 그가 중용한 디자이너들은 조직 구성원들이 이러한 디자인 마인드를 가지고 P&G의 목표가 고객인 소비자의 입장을 진정으로 이해하는 것이라는 단순한 디자인사고의 목표를 다시 한번 깨닫고 저충실도 프로토타입을 빠르게 만들어 테스트하는 과정을 반복하여 좀 더 나은 제품을 생산하는 데 이바지하도록 만들었다. 물론 이전에도 P&G가 제품을 시장에서 테스트하지 않은 것은 아니지만, 그것은 시장에 마케팅하기 전 단계의 성격이 더 강했다. 코치카가 추구한 것은 신속하게 프로토타입을 만들어 원래 고객이 원하는 것이 무엇인지 알 수 있도록 더 가까이 가는 것이었다. 결국 처음에는 어떤 제도화된 절차가 없는 디자인사고 과정에 당황하던 팀원들이 오히려 열렬한 디자인사고의 지지자가 되었다.[20] 초창기의 디자인사고 과정은 예를 들어 성가신 집안일 청소로 인한 소비자의 불만을 해결하는 것이었다. 디자인팀은 손톱으로 검게 변한 화장실 타일 사이의 그라우트(grout: 타일 사이를 메꾸는 재료)를 청소하는 전문 청소부에서부터 더러운 수건을 바닥에 문질러 닦는 네 명의 독신 남자에 이르기까지 '극단적 사용자(extreme user)'에 초점을 맞추고 디자인 방법으로 문제를 해결하기 위해 뛰어들었다. 결국 18개월에 걸친 디자인사고 결과 '미스터 클린 매직 리치(Mr. Clean Magic Reach)'라는 욕실 청소기를 개발, 공개하기에 이르렀다([그림 6-4] 참조). 이 제품은 큰 인기를 끌게 되어 프로토타입으로 테스트하던 소비자들 일부가 반환을 거부할 정도였으며, 자사의 다른 제품과 시너지를 내며 실제 시장에서도 성공을 거두게 되었다. 이 제품이 메가 히트작이 된 것은 아니지만, 적어도 디자인사고에 대한 믿

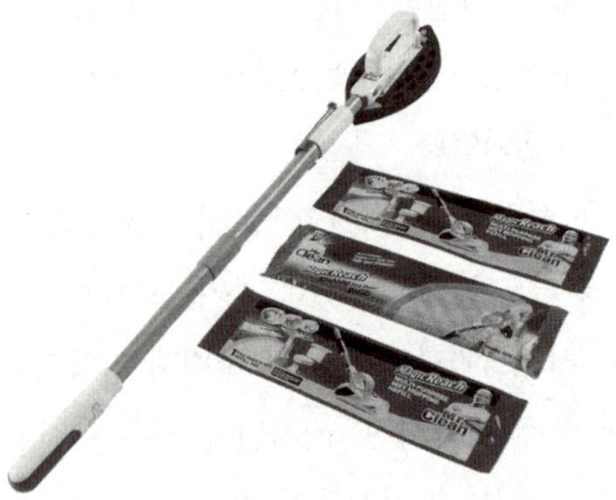

출처: walmart.com

[그림 6-4] P&G의 Mr. Clean Magic Reach 제품

20) 위의 글. 코치카 본인도 처음에는 IDEO팀과 종이상자, 덕 테이프, 종이 접시 등으로 만들어진 저충실도 프로토타입을 들고 남의 집(소비자)에 찾아가는 데 매우 힘겨웠다고 고백하고 있다.

음을 주고, 다른 제품 아이디어에도 시도하도록 유도할 만큼 충분한 효과를 거두었다.21)

셋째, 디자인 기능이 조직구조의 상층부에 집중된 다른 기업 조직과는 달리 P&G는 디자인 기능을 분산시켜 디자이너들이 각 사업부서에서 디자인사고의 시각에 입각한 비즈니스 전략을 수립할 수 있도록 하였다. 래플리 회장도 조직의 문화를 디자인 중심으로 바꾸기 위해 자신부터 솔선수범하여 출장가는 곳마다 가정집을 방문하고 시간을 할애하면서 비즈니스 아이디어와 전략을 복기하는 모습을 보였다. 이런 노력의 하나로 코치카는 오하이오(Ohio)주 신시내티(Cincinnati)에 있는 P&G 본사에 디자인 목적으로 작업공간을 조성하여 직급이나 경험, 전문성에 상관없이 다양한 배경을 가진 사람들이 하나의 교차기능팀(cross-functional team) 구성원이 되어 큰 그림을 그리기 위해 자신의 본 소속 부서에서 벗어나 최대 10주를 머물 수 있도록 하였다. 이 기간 동안 8~12명의 팀원이 자신들의 정규 업무를 내려놓고 완전히 자율성을 부여받은 상태에서 혁신에 몰두할 수 있게 되었다.22)

이러한 디자인사고를 통한 혁신의 결과 2000~2008년 사이의 P&G 매출은 400억 달러에서 830억 달러로, 순익은 25억 달러에서 120억 달러 이상으로 증가하였고, 이제 조직 구성원 대부분이 디자인사고가 단순 제품 포장에 관한 것이 아니라 산업 과정 전반에 적용될 수 있는 혁신적인 방법이라는 데 동의하고 있다. 신시내티 P&G 본사에는 소수만이 들어갈 수 있는 혁신센터(Innovation Center)가 설치되어 혁신을 지속할 수 있는 동력을 유지하려고 노력하고 있다. 원래 다른 곳에 있었으나 2015년 본사로 돌아와 다시 설치된 이 시설은 P&G의 우버(Uber)나 에어비앤비(Airbnb) 같은 혁신회사의 사례연구가 비디오로 상영되고, 경쟁사의 실제 상품에 가까운 목업(mock-up)들이 진열되어 있다. 이러한 의도적 전시(display)를 통해서 경쟁 기업들의 혁신과 현재 P&G의 현실을 끊임없이 비교하면서 P&G가 불확실한 환경에서 경쟁할 준비를 하고 있음을 사용자인 소비자에게 어필하고 있다.23)

21) https://www.imd.org/research-knowledge/articles/beyond-the-beautiful/ 참조.
22) imd.org, 위의 웹사이트 참조.
23) *Fortune*, 2016년 6월 9일사, https://fortune.com/longform/procter-and-gamble-david-taylor-fortune-500/ 참조.

(2) 수석 디자이너를 영입한 펩시코의 성공 사례

앞서 제5장에서 언급한 펩시코의 성공에도 불구하고, 이 회사가 2006년 취임한 인도계 인드라 누이(Indra Nooyi) 회장의 취임 이후, 아무 문제 없이 성공 가도를 달려왔던 것은 아니다. 특히 누이 회장의 소비자 취향 변화를 고려한 경영 방침, 즉 건강식품 및 음료 관련 제품 확대 정책에 대해 반발을 해 온 집단이 있었고, 그 중 대표적인 인사가 넬슨 펠츠(Nelson Peltz)로 대표되는 소위 '행동주의 투자자(activist investor)'들이었다. 미국의 억만장자면서 주식 등 전통적인 투자보다 고위험・고수익 중심의 활동을 하는 대체투자펀드의 공동 창업자이기도 한 넬슨 펠츠는 각 회사의 이사회 자리를 확보하거나 인수・합병 등의 활동을 통해 기업 경영 방식에 영향을 미치기 위해 공개 회사의 상당 지분을 매매하는 투자자이다. 펠츠는 이미 P&G나 하인츠(Heinz) 등의 글로벌 기업에서 성공적으로 로비를 통해 이사회에 진입, 기업 가치 증진을 통한 주주 이익의 확대를 위한 활동을 진행해왔다. 그의 '행동주의 투자' 방식은 기업에 불필요한 압박과 영향력을 행사하려는 집단이라는 부정적 인식도 분명 존재하지만, 기업의 수익을 증진하려고 압박을 가하고, 마케팅을 강화하도록 권장하는 등 긍정적인 부분도 존재한다. 그가 식품회사로서 명성이 있는 퀘이커 오츠(Quaker Oates)에서 음료 부문인 스내플(Snapple)을 분리하는 데 일정 역할을 하면서 성공적인 변화를 가져오게 되어 『하버드 비즈니스 리뷰(*Harvard Business Review*)』 등의 경영 잡지에 성공 사례로 소개되기도 하였다.[24] 이런 전력이 있는 인물이 상당한 지분을 갖고 펩시코같은 기업을 압박한다면 그냥 무시하기는 어려웠을 것으로 짐작할 수 있다.

이처럼 활발하게 행동주의 방식으로 기업활동에 개입하고 인수・합병을 진행해 온 넬슨 펠츠는 그가 지분을 보유한 트리안 펀드 매니지먼트(Trian Fund Management)사를 통해서 인드라 누이 회장이 이끄는 펩시코에 대해 '주주의 이름으로' 강한 경영압박

24) 2002년 1월 *Harvard Business Review*에 소개된 사례는 1993년 17억 달러에 스내플(Snapple) 브랜드를 인수한 퀘이커 오츠(Quaker Oates)가 14억 달러가 하락한 단 3억 달러만 받고 트라이아크 비버리지(Triarc Beverages)에 매각한 사례를 다루었다. 이 사례는 퀘이커 오츠의 경영진이 퇴진하고 결국 회사 자체가 펩시코에 매각되는 결과를 낳았다. 한편, 3억 달러에 스내플을 인수한 트라이아크는 10억 달러에 다시 카드베리 슈웹스(Cadbury Schweppes)에 매각하여 큰 수익을 달성하였다. 넬슨 펠츠는 트라이아크의 경영진이자 대주주였다. 자세한 내용은, *Harvard Business Review*, https://hbr.org/2002/01/how-snapple-got-its-juice-back 참조.

을 시작하게 되었다. 이들의 논리는 인드라 누이 취임 이후 탄산음료 시장의 한계를 인식하고 건강함을 추구하는 미국 및 세계 소비자들의 취향 변화에 발맞추어 식품 분야를 확장, 성공적으로 경영을 해오고 있던 펩시코가 더 나은 수익을 올리고 주주를 위해 배당을 하기 위해서는 식품과 음료 부문을 분리할 필요가 있다고 주장한 것이다.[25] 소비자들의 설탕과 아스파탐 같은 인공감미료 외면이 미국과 선진국 주요 시장에서 탄산음료 판매 마진 감소로 이어지기 시작했기 때문에, 기업 가치를 높이고 주주들에 대한 배당 강화를 위해 사업 분리를 통한 혁신이 필요하다고 역설하였다. 2014년 2월 펠츠는 펩시코 이사진에 공개서한을 보내면서 이런 요구를 공식화하였다. 당시 펠츠가 주요 구성원인 트리안 펀드 매니지먼트사는 12억 달러에 이르는 펩시코 지분을 보유하고 있었고, 펠츠가 이사진을 개별적으로 만나며 설득작업을 벌이고 있었기에 펩시코로서는 상당한 압력으로 느껴질 수 있었다. 펩시코는 이 공개서한에 반박하기 위해 3천만 달러의 거금을 쓴 것으로 알려졌을 정도로 심각하게 받아들였고, 결국 아직은 식품과 음료가 한 기업 내에서 시너지를 낼 수 있으며, 분리할 시 소매 능력에 악영향을 줄 것이라는 이유로 이 제안을 이사회 만장일치로 거부하였다.[26] 이처럼 인드라 누이 회장이 취임한 후 여러 공격은 계속되었고, 누이 회장이 계속해서 최고 경영자로써 펩시코에서 살아남을 수 있을지 확실하지 않은 환경이었다.

이런 환경에서 인드라 누이 회장이 재임하는 동안 펩시코가 안정적 주가를 유지한 후 다시 상승하기 시작하며 꾸준한 수익 상승을 기록한 데에는 결국 누이 회장이 강조한 디자인사고를 통한 혁신이 있었기 때문이다. 조직 문화의 변화까지 가져오기 위하여 도입한 디자인 중심의 경영은 디자인사고의 중요성을 보여주는 중요한 사례로 기록되고 있으며, 넬슨 펠츠도 2016년 다시 한번 식품과 음료 부문 분리를 주장할 때까지 누이 회장과 '휴전 협정'을 맺어 안정적인 경영을 하도록 할 수밖에 없었다.[27] 누이 회장

25) 인드라 누이가 강조한 '건강'과 '웰빙' 트렌드는 밀레니얼 세대가 점차 통곡물과 칼로리가 없는 음료에 관한 관심이 커지고 있으며, 인공감미료나 시럽 등의 첨가식품에 대한 거부감이 커지고 있는 것을 지적한 것이다.

26) *Financial Times*, 2014년 2월 21일자, https://www.ft.com/content/f58988cc-9a47-11e3-8232-00144feab7de 참조.

27) 이 이하의 내용은 인드라 누이가 *Harvard Business Review*의 편집장이던 아디 이그나티우스(Adi Ignatius)와의 인터뷰한 내용을 요약한 것이다(2015년). https://hbr.org/2015/09/how-indra-noo

이 2019년 사임을 발표할 때까지 펩시코는 78% 눈부신 성장을 기록했으며, 단기적 성과뿐만 아니라 장기적으로도 기업이 성장을 지속할 수 있도록 안정적 경영을 하며 다른 CEO들의 실적보다 훨씬 나은 성적표를 받았고, 거의 2년에 한 번꼴로 수십억 달러 가치의 브랜드를 새로 만들어 내는 등 경영 수완을 발휘해 왔다. [그림 6-5]에서 볼 수 있듯이, 누이 회장 취임 이후 초창기를 제외하고는 주가 가치가 큰 폭으로 상승해 온 것을 알 수 있다.

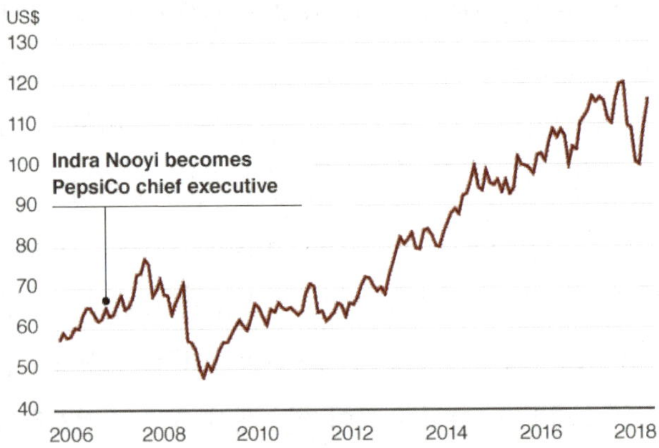

출처: BBC News, https://www.bbc.com/news/business-45086074

[그림 6-5] 인드라 누이 취임 이후 펩시코 주가

물론 처음부터 펩시코의 구성원들이 성공적으로 디자인사고를 도입한 것은 아니다. 앞서 제5장에서 논의한 바와 같이 누이 회장은 취임 후 매주 시장조사를 하면서 마켓의 판매대 위의 펩시코 상품이 어수선하게 배열된 것을 관찰하면서, 개념 정의부터 판매대에 있는 제품에 이르기까지 소비자를 위한 혁신과정과 디자인 경험을 재고할 필요성을 느꼈다. 처음으로 한 일은 직속 직원들에게 빈 사진첩과 카메라를 주면서 6개월의 기간동안 좋은 디자인으로 여겨지는 것을 찍어올 것을 주문하였으나, 사진첩을 반납한 사람은 소수에 그쳤고, 디자인에 대해 언급한 사람들도 제품의 포장만을–예를 들어, 코카콜라와 대비되는 파란색 포장 등–언급하는 행태를 보였다는 것이다. 이런 구성원

---

yi-turned-design-thinking-into-strategy

들의 디자인에 대한 무지를 경험한 누이 회장은 전문 디자이너를 채용하여 조직을 디자인 중심으로 개편할 결심을 하게 되었다.

첫째, 누이 회장의 디자인사고 도입을 통한 펩시코의 혁명은 전문 디자이너의 스카우트로 시작되었다. 디자이너 채용을 결심한 후 수소문을 한 끝에 3M에서 성공적으로 디자인 중심의 혁신을 수행한 마우로 포르치니(Mauro Porcini)를 영입하여 수석 디자이너(Chief Design Officer) 직책을 부여하였고, 포르치니는 디자인사고에 기반한 조직 변화를 위해 충분한 자원, 디자인 전문 스튜디오, 그리고 테이블과 의자 정도를 요구했을 뿐이지만 펩시코 구성원들이 상품 개발에서 패키징(packaging), 라벨링(labelling)에 이르기까지 모든 과정을 디자인으로 접근하도록 변화시켰으며, 매장 상품 진열대에서 어떻게 펩시코의 상품이 보일 것인가부터 고객과 어떻게 상호작용할 것인가에 이르기까지 전 과정에 걸쳐 디자인 중심적, 인간 중심적으로 접근하도록 하였다. 포르치니는 입사 3년이 채 되지 않아 펩시의 고객 맞춤형 음료 자판기 라인인 펩시 스파이어(Pepsi Spire)를 출시하며 조직 자체를 디자인 친화적으로 바꾸고, 개선된 문화에서 나오는 창의적 제품을 출시하는 데 큰 역할을 하였으며, 디자인과 혁신이 정확하게 일치하는 단어

[표 6-1] 포르치니: 펩시코의 디자인사고 조직으로의 변화 단계[28]

단계	내용
1단계: 부정 (denial)	조직 구성원이 다른 접근이나 문화를 수용할 필요가 없다고 보는 단계
2단계: 숨겨진 거절 (hidden rejection)	디자이너가 상부의 승인을 받은 경우, 공개적으로는 지지하지만 개인적으로는 회의적인 태도
3단계: 드문 믿음의 도약 (occasional leap of faith)	모든 디자인 원칙을 완전히 이해하지는 못하지만 디자인사고 중심으로 변화하는 가운데 리더의 지지
4단계: 자신감 추구 (quest for confidence)	새로운 아이디어의 대중 공개와 조직에 대한 신뢰 향상
5단계: 전체론적 인식 (holistic awareness)	새로운 디자인 원칙이 조직의 다른 영역에도 적용되기 시작하는 단계. 디자인사고가 보편화되어 마케팅, 제조, 기타 기능에 상관없이 모든 사람이 접근 방식을 수정하도록 유도하는 단계

출처: inc.com 홈페이지.

28) Inc.com 홈페이지, https://www.inc.com/ilan-mochari/5-ways-to-become-more-design-friendly.html에서 인용.

라고 강조한다.29) 특히 포르치니는 펩시코 구성원이 처음부터 디자인사고를 자연스럽게 받아들인 것은 아니며, [표 6-1]과 같은 다섯 단계를 거쳐 변화되었다고 증언한다.

펩시코에 처음 디자인사고를 도입할 때 당연히 필요성을 부인하는 구성원, 회의적인 태도를 보이는 구성원 등이 있었지만 인드라 누이 회장이라는 리더의 지지와 조직 내에서 디자인의 가치를 보여줄 수 있는 빠른 프로젝트의 수행과 성공, 많은 프로토타입 생산에서 오는 자신감 상승을 통해 점차 회의적인 조직을 디자인사고 중심의 조직으로 탈바꿈할 수 있었다고 주장하였다.

둘째, 단지 겉모습에 머무르지 않는 디자인의 혁명을 통해 사용자의 경험에 주목하고, 본질적으로 다른 사용자와의 관계 형성에 주목한 점이 성공의 요인 중 하나였다. 즉, 펩시 스파이어의 사례에서 본 바와 같이 소비자가 기계와 상호작용을 하면서 개념부터 선반에 진열된 모습뿐만 아니라 제품 이후의 경험에 이르기까지 전체 경험을 디자인 시각에서 재구성하였다는 것이다. 과거에는 사용자 경험이라는 것에 관심이 거의 없었다면, 지금은 사용자가 겪게 될 경험이 제품의 디자인에 영향을 미치고 있다고 주장한다. 예컨대, 감자칩 생산의 경우 바삭함, 맛 등 사용자인 고객의 경험에 초점을 맞추다 보면 모양, 포장, 형태, 기능까지 다시 생각하게 된다는 것이다. 인드라 누이는 디자인이 결국 조직의 혁신으로 이어지고, 혁신은 또 다른 디자인을 부르게 된다고 주장한다.

셋째, 디자인사고는 펩시코의 전 과정에 깊이 녹아있으며, 특히 계속된 새 제품의 개발은 디자인사고의 핵심 과정인 프로토타입 만들기와 테스트에 있었다. 요즘 실리콘밸리 기업은 대부분 프로토타입과 테스트를 거치지만, 펩시코 같은 대규모 기업이 하기에는 비용의 측면에서 부담스러운 부분이 있었다. 그러나 펩시코는 미국보다 실패의 비용이 저렴한 국가들에서 자사가 개발 중인 상품의 프로토타입을 빨리 개발하고 실제 시장에서 테스트하는 과정을 계속해서 반복해 왔다는 것이다. 예를 들어, 미국보다 실패의 비용이 적게 드는 일본과 중국 등지에서 3주마다 한 번씩 오이맛 같은 새로운 취향의 펩시콜라를 출시하고 시장에서 테스트했다. 3개월 동안 시장에서 테스트하고 잘

29) 2015년 8월 11일의 『하버드 비즈니스 리뷰』의 포르치니 인터뷰 참조, https://hbr.org/2015/08/pepsicos-chief-design-officer-on-creating-an-organization-where-design-can-thrive

받아들여지지 않는 상품의 경우 과감하게 철수하는 선택을 하였다는 것이다.

이처럼 누이 회장의 지도력 하의 펩시코는 소비자의 입맛이 변화하며 어려운 환경 가운데서도 사용자 친화적 해결책과 제품 디자인에 우선순위를 두며 성장을 할 수 있었다. 펩시코는 디자인을 활용하여 혁신을 주도하고 고객을 위한 관련 브랜드의 경험을 창출하게 되었다. 펩시코의 성공에 힘입어 다른 회사들도 펩시코를 벤치마킹하며 디자인사고를 도입하여 비즈니스 전략을 재고하고, 특히 디자인사고 전문가를 고용하도록 영감을 주었다.

☛ "사람들과 사랑에 빠진" 마우로 포르치니

그 흔한 MBA 학위 하나 없는 펩시코 최초의 수석 디자이너 마우로 포르치니(Mauro Porcini)는 『혁신의 인간적인 면(*The Human Side of Innovation*)』(2022)의 출간을 통해 혁신의 인간적인 면을 강조하며 '의미있는 디자인 원칙'이란 인간 중심적인 디자인이라는 것을 강조한 최고의 디자이너 중 한 명이다. 그의 책 부제 "사람들과 사랑에 빠진 사람들의 힘(the power of people in love with people)"에서 그가 추구하는 디자인사고의 힘을 짐작할 수 있다. 그는 3M에서 최초의 최고 디자인사고 책임자로 재직하였고, 그 임무는 기술 중심으로 운영되던 국제적 기업을 디자인에 민감하게 반응하는 문화로 탈바꿈하고 육성하는 것이었으며, 결국 펩시코에서도 최초의 수석 디자이너로 스카우트되어 펩시코의 감자칩인 Lay's를 비롯하여, 펩시콜라, 마운틴 듀, 게토레이 등 수많은 브랜드의 생산에 디자인적 영향을 주도하였다. 그는 2018~2021년 전 세계의 거의 모든 디자인 관련 기관에서 여러 디자인상을 받으며 최고의 디자인 혁신가 중 한 명으로 인정받았을 정도다.

그는 조직 내에서 디자인을 통한 혁신에 대해서 다음과 같은 점을 강조한다. 첫째, 많은 조직이 실패하고 있는 부분이기도 한데, 결국 조직에 맞는 디자인 리더십이 필요하다는 것이다. 3M과 펩시코는 그가 디자인적 상상력을 발휘하기에 최적의 무대였던 셈이다. 둘째, 조직 최상층부에 있는 사람들의 올바른 형태의 지지와 보호가 필요하다는 것이다. 새로운 디자인과 문화는 최고 리더십의 보호가 필수적이라는 것이다. 셋째, 다른 조직, 즉 조직 외부의 디자이너나 디자인사고 전문가, 디자인 잡지 등에서도 인정받는 것이 필요하며, 넷째, 작은 것에 빨리 성공함으로써, 내부의 인정을 받고 새로운 문화를 구축할 수 있는 계기를 마련해야 한다고 강조한다.30)

30) 사진 출처: https://www.fastcompany.com/3016310/pepsico-indra-nooyi-and-mauro-porcini

인드라 누이 펩시코 회장과 마우로 포르치니.

출처: mauro-porcini.com

3 공공부문에서의 디자인사고와 혁신

지난 20여 년 동안 민간부문의 조직에서 안정적으로 도입된 디자인사고는 이제 공공부문에서도 활발하게 적용되어 상당한 성과를 내고 있다. 이는 제품이나 서비스 혁신을 목표로 하는 민간부문의 동기에 못지않게 공공부문도 디자인사고를 적극적으로 도입해야 할 이유가 늘어가고 있다는 의미이기도 하다. 정부를 포함한 공공기관은 전 세계적으로 신뢰 저하에 직면해 있고, 정부의 규제나 법적 규율은 시민에게 무엇인가를 할 수 있게 만들기보다는 제한하는 경향이 있으며, 정부 재정의 부족은 시민이 진정으로 필요로 하는 서비스를 제공하는 데 한계가 있다는 것이다. 그러나 가장 큰 도전은 정부가 생각하는 문제 해결 방법이 주로 안에서 밖으로(inside out) 나가는 형태, 즉 내부에서 검토하고 분석하여 가장 효율적이고 최적화된 해결책이라는 점에 있다. 정부가 설계하고 만든 하향식(top-down), 선형적(linear) 방식은 많은 경우 시민들이 원하는 서비스 수준 및 유형과 거리가 있다는 것이다. 그런 의미에서 최근의 공공서비스 디자인은 참여 활성화를 통해 사용자 관점에서 문제를 재정의하고, 정책을 실험하며, 정책랩(lab) 및 파일럿 프로그램의 운영을 통해 테스트하여 좀 더 창의적 해결책을 도모하는 상향식의 경향을 보인다. 다음에서는 주로 국내·외의 공공부문에서의 디자인사고 접목 사례를 소개한다.

1) 해외 정부의 사례

아직 공공부문에서 디자인사고가 광범위하게 적용되고 있다고 보기는 어렵지만, 국가 혹은 지역에 따라 폭넓은 참여를 통해 이전에 생각하지 못한 해결책을 찾아가는 디자인 중심의 사고가 뿌리내려가고 있는 것은 사실이다(김선희, 2022). 예컨대, 2018년 영국에서 개최된 국제 정부디자인 학회(International Design in Government)는 26개국 96개 조직의 관심을 보일 정도로 주목을 받았다(Dunne, 2018: 2). 다음에서는 덴마크의 마인드랩(MindLab)을 비롯한 대표적인 해외 사례 몇 가지를 소개한다.

(1) 덴마크의 마인드랩과 '번문욕례' 개혁

관료를 비판할 때 흔히 사용되는 '영혼 없는 공무원'은 보통 어떤 업무에 대하여 옳고 그름에 대한 인식이나 판단을 보류한 채 그저 '시키는 일' 또는 '매뉴얼에 있으므로' 하는, 혹은 그냥 버티기 위해 기계처럼 수행하는 경우를 의미한다(강명구, 2017). 이런 환경과 제도적 관성 가운데 혁신 랩(innovation lab)은 공공부문의 다양한 혁신의 장벽에 대한 조직적 대응을 하려는 시도로 생겨나기 시작하였으며, 안정적인 일상과 서비스 제공을 추구하는 기존 접근 방식과는 차별화된 접근 방법과 공간이 필요하다는 인식에서 나타나기 시작하였다(Christiansen & Bason, 2011).[31] 마치 예술가가 예술적 자질을 충분히 발휘할 수 있는 작업실이 필요하듯, 전문 분야의 사람들이 만나 상호작용을 하고 아이디어를 내고, 새로운 솔루션을 위한 프로토타입을 만들 수 있는 공간이 필요하다는 인식은 공공부문에서 혁신을 제도화해야 할 필요성이 커졌다는 의미하며, 이에 따라 2000년대 이후 영국, 네덜란드, 핀란드, 프랑스 등에서 이런 실험 정신과 혁신을 강조하는 민간 혹은 공공 주도의 혁신 랩이 등장하게 되었다. 이와 같은 혁신 랩은 보통 핵심 이해관계자를－예컨대, 공급자인 기업과 사용자인 시민－포함하며, 참여적 개발 과정을 통해서 새로운 해결책을 생산하게 되었다.

그 중 덴마크의 정부 주도 디자인 혁신 기관인 마인드랩(MindLab)은 세계에서 가

31) Carstensen & Bason(2012)에서 재인용.

장 먼저 설립된 공공부문 혁신 랩 중 하나이며, 핵심 이해관계자 간 협업과 학습을 통해서 공공부문의 혁신을 강화할 수 있는 중요한 사례로 거론되고 있다(Carstensen & Bason, 2012).[32] 2001년 설립되어 2002년 기업부(Ministry of Business Affairs)의 내부 혁신을 위한 조직으로 정식 출범한 마인드랩은 시간이 지날수록 좋은 반응을 얻으며, 고용부(Ministry of Employment), 조세부(Ministry of Taxation) 등 3개 중앙부처와 지방자치단체가 공동으로 재원을 지원하면서 혁신을 위해 협업을 주도하는 기관으로 성장하였다. 이 조직을 통해 다양한 전공의 학자들, 즉 인류학, 사회학, 정치학 등과 IT 전문가, 디자이너 등이 함께 참여하는 공간을 마련하여 서비스디자인 혁신을 위해 학제적 접근을 추구하면서 복잡한 사회문제를 해결해보고자 한 것이다. 마인드랩은 초기부터 당시에는 존재하지 않던 유형의 서비스를 제공하며 정책 개발에 공헌하면서 순조롭게 성장하였다. 특히 공공부문 정책과 서비스에 대하여 체계적으로 프로토타이핑과 테스트를 진행하면서 점차 적용 규모를 확대해가는 방법을 모색하였다. 원래 마인드랩은 기업부 소속으로 디자인 서비스를 제공하게 되어 있었지만, 점차 고용부 등 다른 부처에서도 마인드랩에 접근권을 요청하였고, 심지어 민간 기업들도 관심을 보이며 협업을 요청하게 될 정도로 그 효용이 확산되었다.

마인드랩이 과업을 수행하는 방식은 디자인사고에서 강조하는 인간 중심적 접근에 기반을 둔 것이었다. 예를 들면, 2013년부터 고용부와 함께 한 프로젝트는 '마인드랩 사람들(MindLabber)'이라고 불리는 팀원들이 정부 홈페이지에서 제공되는 취업 서비스 관련 문제점을 파악하기 위해 먼저 장기 실업 상태에 있거나 혹은 경제적으로 취약한 사람들을 민속지학적 방법으로 관찰하고, 일자리를 찾는 사람들이 취업 정보 사이트와 어떻게 상호작용하는지 살펴보았으며, 개별 구직자들과 인터뷰를 수행하였다. 이 절차를 통해 문제의 본질, 즉 구직자들의 진정한 필요를 중앙과 지방의 의사결정자들과 함

---

32) 마인드랩 책임자 중 한 명인 베이슨(Bason)은 서구사회가 고령화 문제, 신기술의 등장, 경제 위기 등 여러 가지 문제에 직면해 있으며, 문제를 해결할 예산도 확보하기 어려운 상황이기 때문에 좀 더 현명하게 문제 해결 방법을 찾아야 할 필요가 있고, 해결하는 방법의 하나가 공공부문의 혁신을 촉진하고, 협업을 통해 창의적 방법을 도입하며, 궁극적으로 공공부문의 문화를 바꾸는 것이라고 주장한다. European Commission, https://ec.europa.eu/research-and-innovation/en/horizon-magazine/innovative-thinking-how-run-public-services 참조.

께 통찰하고, 새로운 아이디어를 발상하며, 새로운 개혁 방안을 실제로 수행하기 위하여 몇몇 활동들을 새로 디자인하여 테스트하고자 하였다. 이러한 과정의 주요 초점은 결국 서비스 제공자인 정부가 아닌, 취업 보조 프로그램의 혜택을 받는 사람의 관점에서 개선을 시도하고자 한 것이다.33)

덴마크 정부가 오랫동안 추진해 온 '번문욕례와 멀어지기(Away with the Red Tape)' 이니셔티브는 시민이 세금 환급 서비스(tax return)를 받거나 산업재해로 부상을 당한 후 국가로부터 혜택을 받기 위해 지원서를 작성하는 등의 행정에 있어서 흔히 경험하는 불필요한 요구사항과 절차, 문서 등을 의미하는 번문욕례(繁文縟禮, red tape)를 줄이기 위한 노력이다. 특히 조세부(Ministry of Taxation)의 경우 자체 조직 내부에 25세에서 64세에 이르는 연령대뿐 아니라 경제학, 법학, 인류학, 사회학, 공학 및 커뮤니케이션 등 다양한 전공 분야의 구성원이 참여하는 혁신과 지식공유 담당 부서(unit)를 설치하고, 조세 체제 개발과 행정 절차에 사용자를 참여시키는 방식의 혁신 관리를 통해 부처의 혁신 역량을 꾀하는 과정에 있었다. 특히 여러 부처 간 칸막이를 넘어 협업해야 하는 교차기능적(cross-cutting) 혁신 프로젝트와 관련해서 가장 긴밀한 관계를 유지한 곳은 마인드랩이었다(Cartensen & Bason, 2012).

2000년대 말부터 덴마크 정부가 의욕적으로 추진한 '번문욕례와 멀어지기' 프로젝트는 시민과 탈규제를 여러 정치적 의제 중 최우선으로 해결하고자 한 과업이었다. 이 과업 수행을 통해서 하고자 했던 바는 비교적 명확했다. 불필요하고 효용이 다한 규칙과 규제를 없애고, 복잡한 행정 절차를 간소화하며, 공공서비스를 디지털화하는 것이었다. 이런 간소화와 디지털화는 정부 관료의 처지에서는 분명 시민의 편의성을 증진하기 위해 한 혁신이지만 때로는 의미를 잘못 이해해서, 스스로 온라인 문서를 작성하기 어려워서, 혹은 다른 이유로 시민이 접근하기에 어려운 측면이 있었다. 예를 들어, 산업현장에서 사고로 부상을 당한 경우, 정부 담당부처에서 산업재해에 관한 안내 편지를 받는 것뿐 아니라, 동시에 지방자치단체, 노동조합, 전문의사, 보험회사 등 이 사건과 관계있는 다른 많은 기관으로부터 연락을 받게 된다, 그런데 이중 답장을 할 필요가 있는

33) IDEO와 Nesta, 그리고 Design for Europe이 공동 출간한 툴킷(Toolkit) 참조, https://www.ideo.com/post/designing-for-public-services

편지는 극소수에 불과하며, 심지어 편지 내용도 익숙하지 않은 법적 용어로 가득 찬 경우가 많아 큰 도움이 되지 못했다.[34] 마인드랩의 조사를 통해 알려진 것은 이 외에도 세금 환급 시 이해하기 어려운 절차와 용어 등 덴마크 사람들이 공공부문을 접할 때 느끼는 어려움이 생각보다 많다는 것이었다.

번문욕례는 결국 정부가 사용자인 시민을 크게 고려하지 않고 서비스를 디자인할 때 발생한다. 이런 맥락에서 덴마크 국세 및 관세행정청(The Danish Tax and Customs Administration: SKAT)이 마인드랩과 번문욕례를 줄이기 위해 협력하며 알게 된 덴마크 시민들의 어려움은 흥미롭다. 이미 오래전부터 세금 신고나 회계 관련 서비스를 전산화한 덴마크에서는 납세자가 자유롭게 국세청 서비스를 온라인으로 이용할 수 있다고 믿었다. 그러나 상당수 시민이 여전히 전화를 이용하거나 지역 국세청 사무소를 직접 방문해서 처리한다는 것을 알게 된 것이다. 특히 적어도 거의 나면서부터 디지털 세대인 것으로 여겼던 젊은 세대는 온라인으로만 세금 관련 업무를 처리하는 것을 선호할 것으로 생각하였다. 그러나 연구 결과 밝혀진 실상은 꽤 많은 수의 젊은층이 온라인 세금 관련 서비스를 어떻게 사용하는지조차 모른다는 사실이었다. SKAT는 이에 마인드랩에 이 문제의 해결을 위해 협조를 요청하게 되었다.

마인드랩이 먼저 한 것은 중고등학교부터 대학교에 이르기까지 다양한 교육 배경을 가진 젊은이들과 SKAT 공무원, 지역의 콜센터 직원들을 인터뷰하는 것이었다. 마인드랩은 젊은이들에게 그들의 세금에 대한 이해도를 물었고, 누가 그들을 도와줄 것으로 기대했는지, 지역의 세무서를 방문한 경험이 있는지, 안내 공문을 받거나 디지털 서비스를 사용한 적이 있는지 등을 물었다. 젊은층은 대체로 SKAT가 그들의 세금 관련 모든 문제를 처리하는 것으로 이해를 하고 있었고, 세금 관련 절차에 대해서 제대로 생각해 본 적이 드문 것은 물론 인터뷰 참가자 누구도 자신들이 이전에 했던 세금 관련 경험을 정확하게 기억하지 못했다. 이에 따라 마인드랩과 SKAT 직원들은 그 젊은이들이 납세통지서를 받는 날에 방문하여 그 후 무슨 일이 일어나는지 직접 관찰하게 되었다.

34) 어느 젊은 보건 분야 종사자의 증언에 따르면 자신의 사건에 25건의 메일을 받았고, 단지 4건만 답장이 필요했다고 한다. https://medium.com/danish-design-centre/inspiration-for-service-design-41bd150543a4 참조.

어느 자동차 정비공장에서 일하는 20대 초반의 청년의 사례는 또래 집단이 공통적으로 경험하는 전형적인 사례로, 그는 SKAT 온라인에서 사전 세금 신고 업데이트를 할 수 없었고, 그가 가진 문제점은 바로 과세당국의 '사전 인쇄(pre-print)', '고용주 관리 연금(employer-administered pension)', 그리고 '체납세(back taxes) 등의 용어와 문구를 제대로 이해하지 못하는 것이었다. 이런 관찰 과정은 사용자인 젊은 계층의 문제를 파악하기 위한 디자인사고의 공감 단계라고 볼 수 있었다.

이런 공감 절차를 거쳐 마인드랩은 자신들이 인터뷰한 젊은층의 반응을 육성으로 녹음하여 시리즈로 만들었고, SKAT 구성원들과의 워크숍에서 들려주었다. 그 결과, SKAT 직원들도 자신들이 무엇을 당연하게 생각했는지—즉, 청년들이 당연히 이해할 것으로 생각한 용어들—이해하게 되었고, 이런 용어에 주의를 기울이며 서비스를 디자인하는 작업을 하게 되었다. 이 사례는 결국 최종 사용자(end-users)들과의 교류 및 참여가 이용자 자신을 위한 서비스디자인과 개선에 얼마나 도움이 되는지 알게 되는 교훈을 준 것이다.[35)]

SKAT는 추후에도 젊은층이 어떤 도움을 받을 수 있는지 이해하고 자신들도 좀 더 쉽게 과업을 수행하기 위해 참여를 통해 서로 협력해야 한다는 것을 인지하였다. 지금은 이들이 세금 관련 사이트를 쉽게 이해할 수 있도록 경험이 부족한 계층의 지식수준을 고려하여 서비스를 디자인하는 것은 물론, 교육용 문서도 제작하였다. 이러한 과정은 다른 분야의 혁신에도 영향을 주었고, 마인드랩이 젊은 계층이 '셀프-키(Self-Key)'라는 모바일 세금 환급 문자서비스를 사용해 스스로 정보를 제출할 수 있도록 돕는 데에도 청년 계층에 대한 인터뷰와 피드백, 그리고 프로토타입 프로그램을 적극적으로 활용하여 궁극적으로 SKAT의 비용과 불필요한 절차를 줄이는 데 활용되었다.[36)]

무엇보다 마인드랩이 참여한 프로젝트에서의 교훈은 번문욕례 줄이기나 탈규제 사례에서 정부가 보통 서비스 시간 줄이기나 규칙을 줄이는 것을 주요 목표로 추진하기 때문에 올 수 있는 여러 문제점을 지적한다. 마인드랩은 정부 여러 부처와 협업하는 과

35) 영국 Design Council에서 발간한 *Design for Good*(2014) 사례연구 참조, https://issuu.com/dansk_design_center/docs/design-for-public-good 참조.
36) 마인드랩 홈페이지, https://mind-lab.dk/en/cases/when-skat-deferred-mobil-tastselv 참조.

정에서 규칙이나 절차를 '번문욕례'로 미리 정의하지 않았다. 대신, 의뢰해 온 부처 구성원들과 함께 공공 부분의 서비스를 경험한 시민들이 규칙이나 절차, 커뮤니케이션 채널 등 서비스를 이용하면서 느낀 주관적인 경험을 무시하지 않고 조사하였다. 사용자인 특정 시민들과 상호작용을 통해 서비스디자인을 개선하기 위한 프로토타입을 만들고 테스트하면서 지속해서 향상을 꾀한 것이다. 규칙이나 절차를 미리 번문욕례로 정의하고 이를 개선하려고 만든 프로그램들은 그 선한 목적에도 불구하고 시민의 진정한 필요를 외면하는 또 하나의 장애물로 작용할 수 있다는 교훈을 얻은 덴마크 정부는 이후의 서비스디자인에서 경험적 요소를 적극적으로 고려하게 되었다(Carstensen & Bason, 2012).

☛ 고급 외국인력을 붙잡아라!: 마인드랩과 덴마크 정부의 서비스디자인 협업

북유럽의 선진 국가이자 가장 행복한 국가 중 하나로 알려진 덴마크에 많은 이민 희망자가 몰리는 것은 자연스러운 일이지만, 덴마크 정부와 기업이 가지고 있던 한 가지 고민은 바이오산업 같은 첨단 분야에 고급 외국인 인력이 부족하다는 것이었다. 고급 인력이 몰려들지만, 동시에 너무 빨리 다른 나라로 떠난다는 문제가 있었다. 이렇게 되면 기업이나 정부 모두에게 부담이 될 수밖에 없었던 것이다.

이전까지는 이 문제를 해결하기 위해 가용할 수 있는 자원을 동원, 우수한 외국인 근로자가 사용할 수 있는 서비스를 최적화하는 데 초점이 맞추어졌다. 그러나 마인드랩이 산업부(Ministry of Industry)와 기업재정부(Ministry of Business and Financial Affairs)를 대표하여 서비스 여정(service journey) 프로젝트를 진행한 결과 찾아낸 중요한 이슈는 우수한 외국인 근로자의 가족이 얼마나 이 나라에서 잘 사느냐였다. 그들의 자녀가 외국인 학교에 제때 들어가고 잘 적응할 수 있는가? 그들의 배우자들이 누군가를 만나고 네트워크를 형성할 기회가 있는가? 사용자인 우수 외국인 노동자들의 처지에서 공감 노력을 한 결과 그들이 계약을 끝내고 덴마크를 빨리 떠나는 이유가 결국은 그들의 배우자와 자녀가 잘 적응하지 못하는 탓이 컸다는 것이다. 마인드랩의 디자인이 가져온 연구 결과는 결국 제공하는 서비스가 서비스 수혜 대상자가 필요로 하는 부분을 정확히 목표로 하고 있는지, 서비스가 사용자의 관점에서 올바르게 설계되었는지를 확인할 필요가 있음을 다시 한번 확인해 준 것이었다.

출처: medium.com

(2) 인프라보다 디자인으로: 싱가포르 국토교통청 지하철 사례

각종 연구에서 세계 주요 도시 중 가장 우수하고 저렴한 대중교통 서비스 제공으로 유명한 싱가포르는 경제성, 가용성, 효율성, 편의성, 그리고 지속 가능성 등 주요 영역에서 늘 코펜하겐, 홍콩, 서울, 동경 등과 함께 최상위 수준으로 인정받아왔다.[37] 정밀하게 계획된 교통계획과 높은 신뢰성을 갖춘 싱가포르는 미래 수요에 대한 예측에서도 대대적 교통망 확충을 계획하여 앞으로도 시민들이 만족하는 대중교통을 제공할 것으로 보였다.

그러나 이미 물리적으로는 세계 최고 수준의 대중교통 서비스와 거버넌스를 구축하고 있었음에도, 싱가포르는 몇 가지 기술적 문제로 좀 더 믿을 만한 대중교통 서비스를 제공하라는 압박을 받고 있었다. 특히 1980년대 초부터 제공되기 시작한 도시철도(Mass Rapid Transit: MRT) 서비스는 시설이 노후화되면서 2010년 이후 출퇴근 시간대 잦은 열차 고장이 일어나고 몇몇 혼잡한 노선에 대한 불만이 지속해서 제기되었다([그림 6-6] 참조). 국민 절반 이상이 매일 대중교통을 이용하는 현실에서 승객이 많이 몰려 늘 혼잡한 도시철도 노선이나 출퇴근 시간대 잦은 열차 고장은 큰 정치적 갈등이나 이슈가 없는 싱가포르에서 시민들이 가장 불만을 제기하는 문제 중 하나였고, 결국 집권당인 인민행동당(People's Action Party)의 지지율에도 영향을 줄 정도로 정부가 신경을 곤두세워 온 이슈였다. 이런 상황에서 2013년 1월 싱가포르 정부가 경제적 지속 가능성을 고려하여 이주노동자 정책을 표명한 '다이내믹한 싱가포르를 위한 지속 가능한 인구백서(A Sustainable Population for a Dynamic Singapore)'의 발표는 이미 교통 인프라 부족과 체증 문

출처: https://mustsharenews.com/crowd-bishan-mrt-escalator/

[그림 6-6] 싱가포르 MRT 고장으로 인한 혼잡

37) *The Straits Times*, 2014년 6월 2일사, https://www.straitstimes.com/singapore/transport/study-singapores-public-transport-system-one-of-worlds-most-efficient 참조.

제로 불만이 가득한 시민들의 심기를 크게 건드린 사건이 되어버렸다(배유일 · 주유민, 2021).

이런 분위기에서 집권당과 국토교통청(Land and Transport Authority: LTA)이 문제를 해결하기 위해 들고 온 접근 방법은 주로 공학적 시각이었다. 공학적 접근은 주로 토지가 얼마나 사용 가능한지, 얼마나 많은 화재 비상구가 필요한지, 다른 대체 교통수단은 무엇이 있는지 등과 같은 기술적 제약을 극복하려는 논의가 주류를 이루었다(Design Council, 2014). 그러나 원래 가용 토지가 부족한 싱가포르의 현실에서 이미 국토의 12%를 차지하는 도로를 확대하거나 자동차 등록증(Certificate of Entitlement) 발급 제한으로 인해 유럽 자동차 가격을 세 배 이상을 훌쩍 뛰어넘은 상황에서는, 정부가 생각할 수 있는 공학적, 물리적, 정책적 수단에 한계가 뚜렷할 수밖에 없었다.38) 다운타운(downtown)이나 교통 혼잡 지역으로 들어오는 차량에 대한 비싼 통행료 징수는 이미 정치적 부담이 될 정도로 한계치에 다다른 상황이었다.

이런 가운데, 이미 사치재가 되어버린 자동차 이용을 줄이고 지속 가능한 국가로 가기 위해서는 대중교통을 이용자인 시민이 보고 느끼기에 더욱 바람직하고 매력적으로 바꿀 필요가 있다고 주장하는 목소리가 주무부서인 LTA 내부에서 나타나기 시작했다. 즉, 이미 인프라에 대한 대대적 투자는 발표되었고 시간이 걸리는 반면, 승객들의 여행 경험 향상은 훨씬 더 적은 시간에 개선할 수 있는 서비스디자인의 문제였다. LTA는 인프라의 문제로 발생하는 승객들의 불만은 계

출처: https://www.todayonline.com/singapore/buskers-themed-cabins-better-mrt-experience

[그림 6-7] 3D 기술을 이용한 축구장 테마 도시철도 객실

38) 싱가포르는 국토면적 제한으로 전체 차량 대수를 통제하기 위해 일종의 차량 소유 라이센스 제도인 자동차 등록증(COE) 입찰 제도를 도입했으며, 제한된 차량 대수에 비해 많은 수요 때문에 가격이 차량 자체 가격보다 높은 상황이 계속되어 오고 있다.

속해서 개선해 나가면서도,[39] 어떻게 하면 좀 더 나은 여행 경험을 제공할 수 있을까 고민을 하기 시작하게 되었다.

이에 따라 국토교통청 자체 내에서 '디자인을 이용하여 어떻게 미래 모습에 걸맞은 이미지를 떠올리는 상상할 수 있을까'라는 질문으로 대중교통 서비스를 디자인하기 시작했다. 마침 국토교통청 기업 혁신 및 미래 담당 이사(Director of Corporate Innovation and Future)였던 아그네스 궉(Agnes Kwek)은 2013년 샌프란시스코의 IDEO사에서 1년 동안 디자인사고를 접할 기회가 있었고, 그곳에서 접한 디자인사고 지식을 국토교통청 내부에 설치된 '교통경험랩(Transport Experience Lab)'에서 사용해 보기로 하였다. 첫째, 실행에 옮겼던 것은 크게 사고하고 작은 것부터 실험해보는(think big, start small) 것이었다. 도시철도 이용 승객에게는 일종의 사회실험으로 여겨진 도시철도 역사에서의 버스킹(busking) 공연 허용, 월드컵 기간 축구장을 수제로 꾸며진 객실 내부([그림 6-7] 참조) 등은 승객의 여행 경험 향상을 위한 작은 실험의 시작이었으며, 이는 디자인사고 과정의 프로토타입에 해당하는 파일럿 프로그램으로 일부 지정된 역에서부터 시작하였다.[40] 축구장 콘셉트는 단지 월드컵 열기에 편승해 즐거움을 선사하는 것이 아니라, 넛지(nudge)를 사용하여 승객이 페널티 박스(penalty box)로 꾸며진 혼잡한 출입문을 막지 않고 가운데로 모이도록 유도하는 디자인이었다. 이런 시도에 대해 도시철도의 기본적 역할은 제시간에 고장 없이 도착하는 것이라는 시큰둥한 반응도 있었지만, 다수의 시민들은 대체로 새로운 승차 경험에 대해 긍정적으로 반응하였다.[41] 이런 피드백을 발판으로 더 나은 디자인을 하기 위해 노력하게 되었다.

둘째, 대중교통 체제와 도시철도 열차, 대합실 역사(驛舍) 등을 디자인하는 데 있어서 국토교통청 디자인팀은 통근자를 관찰하고 잠재적 대중교통 이용자들을 심층 인터뷰('deep dive' interview)를 수행하는 등 디자인사고에서 필요한 '인간 중심적' 접근을

39) 2010년 싱가포르 시민들의 MRT 시스템에 대한 불만이 높아져 가는 가운데 정부가 약 600억 싱가포르 달러(미화 약 440억 달러)를 투자하여 10여 년 간 2010년 당시 230km 정도인 MRT 네트워크를 400km까지 확대하겠다고 발표하였다. *The Straits Times*, 2020년 3월 5일자.

40) Today Online, 2014년 6월 30일자.

41) 이에 대해 승객 서베이를 한 결과 80%가 넘는 지지를 보였다고 한다. Public Service Divison 홈페이지, https://www.psd.gov.sg/challenge/people/profile/transformation-how-design-thinking-can-change-your-commute 참조.

취하였다는 것이다. 예를 들면, 이미 포화상태에 다다른 자동차 이용 행태를 파악하고, 자동차 소유에 대한 필요를 깊이 이해하기 위해서 잠재적 극단 사용자 중 하나인 어린 아이가 있는 가족을 인터뷰하고 대중교통 서비스를 디자인하는 데 있어서 어린이와 교감하는 것이 얼마나 중요한지 파악할 수 있게 되었다. 또 다른 극단적 사용자 집단인 매우 혼잡한 도시철도역의 승객들, 노인 사용자 등의 필요에 공감하기 위해 다른 주택개발청(Housing & Development Board)과 도시재개발청(Urban Redevelopment Agency) 관료들과 함께 서로 다리를 묶고 걸어보기도 하고, 앞이 잘 보이지 않게 프로토타입용으로 만들어진 안경을 써보는 등 노인층의 필요에 공감하고자 하는 서비스디자인을 또한 고려하였다.42) 여기서 얻어진 통찰로 LTA와 교통부(Ministry of Transport), 그리고 도시철도 회사인 SMRT가 더 나은 승차 경험을 조성하고 넛지로 행동 변화를 가져오기 위해 디자인에 적극적으로 협업하게 되는 결과를 얻게 되었다.

셋째, 서비스디자인 과정 가운데 다양한 이해관계자와 정부 부처가 매우 밀접하게 협업했다는 것이다. 앞서 언급한 바와 같이 LTA가 도시재개발청, 주택개발청 등의 관료들과 함께 공감을 위한 현장 조사를 수행한 것에 그치지 않고, 국립예술위원회(National Arts Council)와도 제휴하면서 버스커들이 역 승강장 및 공용공간에서 공연할 수 있도록 협업하였다.

넷째, 시민의 참여가 단순히 피드백 제공이나 여론조사에 국한되지 않았다는 점이다. 단순한 참여가 아니라 예술적 감각이 필요한 여행 경험 서비스디자인 과정에서 디자인을 싱가포르 폴리텍대 비즈니스 혁신 및 디자인, 인테리어 디자인 학생들과 협업을 한 것이다. 물론 역사(驛舍)디자인을 공모하여 시민의 아이디어와 피드백까지도 반영하려고 노력하였다. 무엇보다도 전면 실시가 아니라 주롱 이스트(Jurong East), 시청(City Hall) 등 주요 도시철도 역사에서 작은 규모로 일정 기간만 일종의 프로토타입 테스트를 하였다는 것도 주목할 만한 점이다. 그 결과, 피드백에 따라서 규모를 확대하겠다는 계획을 세운 것이다.43)

싱가포르 국토교통청의 서비스디자인은 사람-중심적, 커뮤니티-포용적 교통체계를

42) Public Service Division, 위의 홈페이지 참조.
43) Today Online, 위의 글.

출처: propertyguru.com.sg

[그림 6-8] 펑골 코스트(Punggol Coast)역의 조감도

반영한 '국토교통 마스터플랜 2013(The Land Transport Master Plan 2013)'으로 구현되었다.44) 이 계획으로 디자인이 녹아들어 간 것뿐만 아니라 실제 몇몇 도시철도 역사에는 디자인사고 개념이 구체적으로 구현되기 시작했다는 것이다. LTA의 초기 디자인 실험은 펑골 코스트(Punggol Coast) 도시철도역에 반영되었는데, 이 지역은 젊은 중산층이 많이 거주하는 민심의 풍향계 같은 지역으로, 새롭게 조성된 주거단지와 디지털 비즈니스 지구, 싱가폴기술대학교(Singapore Institute of Technology) 새 캠퍼스 등이 들어선 곳이었다. 이에 따라 LTA에서는 디자인사고 방법론을 적용하여 통근자와 사용자를 관찰하고 행동을 연구하여 프로토타입 개념을 적용, 새로운 도시철도역 개념을 만들어 내는 데 주력하였다. 그 결과, [그림 6-8]의 조감도와 같이 지역공동체 일원과 학생들이 전시회를 열거나 지역의 비즈니스 활동에 활용할 수 있는 '시민 공용공간(civic commons)'이 마련되기도 하였다.

디자인사고가 모든 문제의 복음(Gospel) 역할을 할 수는 없지만, 싱가포르 공공분야에서 매우 광범위하게 사용되기 시작했다. 늘 최고로 효율적인 정부로 거론되며 모범이 되어 왔지만, 더 이상의 '효율성' 달성을 통해 개선할 수 없을 때, 싱가포르 정부는 디자인사고로 일하며 좀 더 많은 시민의 삶을 개선할 수 있는 동력을 찾아낼 수 있었다. 본래 민간부문의 경영 방법론까지 광범위하게 학습해 온 싱가포르 공공부문에서는 디자인사고를 조직의 일상에 깊숙이 적용하기 시작했으며, 이미 법원 서비스, 국방, 저출산, 공공서비스 센터, 병원 등 다양한 분야에서 서비스디자인의 적용사례를 찾아볼 수 있게 되었다.

44) LTA의 대중교통 관련 디자인 구상은 『*RE: think*』 발간물을 참조, https://www.lta.gov.sg/content/dam/ltagov/who_we_are/statistics_and_publications/books/pdf/REthink_190918web.pdf

☛ 싱가포르 디자인 앰배서더: 아그네스 궉(Agnes Kwek)

앞서 기술한 싱가포르 국토교통청(LTA)의 대중교통 체제 서비스디자인 사례는 디자인 담당관으로서의 아그네스 궉(Agnes Kwek)이 LTA의 혁신팀을 이끌며 이루어 낸 것이었다. 아그네스 궉의 디자인에 대한 관심은 그녀가 총리실(Prime Minister's Office)에 근무할 당시 정부 혁신에 대한 접근법을 개발하는 임무를 부여받은 가운데, 시민 가치를 창조하며 민첩한 정부 조직으로의 정부 혁신 과정에서 디자인이 가질 수 있는 거대한 힘을 경험했기 때문이었다. 궉은 2011년 싱가포르 공공부문 개혁에 있어서 디자인을 그 중심에 둘 것을 제안하는 내부 선언문(manifesto) 스스로 작성하기도 하였다. 그러나 디자인에 배경지식이 없었던 그녀가 본격적으로 서비스디자인에 뛰어들게 된 것은 공공서비스부(Public Service Division)의 장학금을 뿌리치고 2013년 샌프란시스코(San Francisco)에 있는 IDEO사에 파견 근무를 나가 디자인사고의 본산에서 교육을 받고 돌아온 뒤였다. 그 후 LTA의 도시철도 혁신과정에서 서비스디자인을 앞세워 시민의 '여정(journey)'에 중점을 두는 개혁과제를 수행하게 된 것이었다.

그 이후 아그네스 궉은 싱가포르에서 디자인에 관한 '모든 것'을 다루기 위해 설립한 싱가포르 디자인위원회(Design Singapore Council) 이사로 재직하게 되었고, 싱가포르에서 디자인 생태계를 조성하기 위한 국가 정책 및 프로그램을 기획하는 일, 기업이나 정부 지도층에 디자인 개념 적용을 통한 조직 변화를 조언하는 등의 업무를 담당하고 있다. 또한 싱가포르공무원대학(Civil Service College) 및 학술단체와 연계하여 계속해서 디자인을 교육·전파하고, 디자인 분야의 인력을 배출하며, 디자인 비즈니스 자체가 성장하도록 노력해왔다.

그렇다고 아그네스 궉이 디자인 분야에서 전문적 훈련을 받은 것은 아니다. 인지행동코칭(cognitive behavior coaching) 분야에서 디플로마를 취득하기는 했지만, 기본적으로 그녀는 디자인에 특화된 분야를 전공한 것은 아니었다. 2000년 옥스퍼드대(Oxford University)에서 정치, 철학, 경제학사(Politics, Philosophy, and Economics: PPE)를 취득하였고, 시카고대(Chicago University)에서 국제관계학 석사를 취득한 것이 전부다. 그러나 오히려 이런 궉의 이력은 IDEO에서의 1년 간 생활한 것과 싱가포르 공공부문, 특히 국방, 외교 및 노동 정책, 지역사회 및 사회복지, 공공서비스 혁신 등 다양한 분야에서 17년 간 경험을 한 것과 맞물려 디자인에 관한 관심을 더욱 강화한 것으로 보이며, 디자이너가 아니더라도 '누구나' 디자인사고를 할 수 있다는 것을 방증하는 사례다. 2021년 아그네스 궉은 공공부문, 비영리 부문, 그리고 민간부문이 미래 예측을 통해 복잡한 문제를 해결할 수 있는 디자인 역량과 자신감을 구축하도록 컨설팅하는 기관인 MindTheSystem을 설립하여 대표로 활동하고 있다.

출처: mindthesystem.com

(3) 실험하는 핀란드('Experimental Finland')의 기후변화 도시 디자인

디자인이 프로젝트 단위에서 전 국가적 수준에 이르기까지 전략적 역할을 하는 국가가 있을까? 이 단계에 속한 대표적 국가 중 하나는 보편적 기본소득(universal basic income: UBI)을 국가 수준에서 처음으로 실험한 국가로 유명한 핀란드다.[45] 디자인이 조직의 전략적 차원에서 비전과 운영 전략을 연계하는 역할을 하는 것은 민간부문에서 어느 정도 궤도에 올랐다고 볼 수 있지만, 공공부문은 관료체제와 규칙, 절차 등으로 극복해야 할 이슈가 아직 존재한다고 볼 수 있다. 전략적 디자인(strategic design)은 정책결정자가 전통적인 방식으로는 해결하기 어려운 높은 수준의 위험성이 있는 문제를 극복하기 위해서 보통 디자이너에 의하여 추진되어, 디자인의 관점에서 조직의 DNA 수준으로 구현되는 단계로 볼 수 있다.[46] 즉, 정부가 디자인사고를 일상적으로 적용하는 단계라는 것이다. 앞서 덴마크 사례와 더불어 핀란드는 정부의 교육, 환경, 개발, 경제 등 거의 모든 분야에서 디자인이 생활화된 국가라고 볼 수 있다.

디자인 강국 핀란드의 역사는 1960년대 말로 거슬러 올라간다. 1967년 핀란드 의회와 핀란드 은행이 조성한 기금으로 세운 핀란드 혁신기금(Finnish Innovation Fund)으로 알려진 시트라(Suomen itsenäisyyden juhlarahasts: SITRA)는 준독립적 혁신 재단으로 핀란드 의회의 산하에서 직접적인 정부의 예산지원 없이 안정적이고 균형 잡힌 개발과 양적-질적 경제성장 및 국제경쟁력을 강화할 목적으로 설립되었다.[47] 시트라는 핀란드의 성장에 있어서 투자은행이자 두뇌집단의 역할을 해 온 기관으로, 정부의 혁신 중개자 관점에서 향후 핀란드가 나아가야 할 방향을 제시하고 조언하는 일을 해왔다. 특히 2000년대 말부터 '전략 디자인(strategic design)' 부서를 만들고 디자인 개념을 바

45) 보편적 기본소득(UBI)은 수령 시 조건이 없고 관료적 자산조사 과정이 없이 일반적으로 금융 안전망의 하나로 제공하기 위한 것이며, 1960년대부터 미국 캘리포니아(California)주, 스탁턴(Stockton)시, 네덜란드의 지방자치단체, 스페인 바르셀로나(Barcelona)시 등에서 실험해왔지만, 전국적인 무작위 통제실험을 한 나라는 핀란드가 유일하다. McKinsey 웹사이트, https://www.mckinsey.com/industries/public-and-social-sector/our-insights/an-experiment-to-inform-universal-basic-income 참조.

46) Design Council(2014), https://issuu.com/dansk_design_center/docs/design-for-public-good 참조.

47) 정부예산이 필요 없는 이유는 노키아 등 민간, 비영리 기관으로부터 기부를 받는 형태로 운영되고 있기 때문이다.

탕으로 문제 해결 과정 초기부터 적극적으로 개입하여 정부가 혁신적이면서도 효과적인 해결책을 찾는 과정을 유도해나갈 수 있도록 노력하기 시작했다. 이 조직의 핵심 인사 중 하나인 마르코 스타인버그(Marco Steinberg)는 특히 하버드대(Harvard University) 디자인대학원 교수 출신으로써, 그가 하버드에서 했던 전략 디자인과 프로토타입, 그리고 실험을 할 수 있는 최적의 환경을 제공한 시트라에서 일하게 되었으며, 2009년 디자인 DNA가 공공부문에 대규모로 적용되고, 전략적 디자인의 '관행'이 공공부문에 형성될 수 있도록 프로젝트를 진행해왔다.

2008년부터 여러 실험적 프로젝트를 개발하고 실행해 온 시트라는 특히 '정부'에서의 전략적 디자인에 초점을 맞추고 '정책 결정 과정을 디자인'하기 위하여 헬싱키 디자인랩[Helsinki Design Lab(HDL), 2009~2013]을 세우게 되었다. HDL에게 주어진 사명은 매우 명확했다. 문제를 정의하고 해결책을 개발하는 데 통합적 접근을 해야 하는 것은 미래를 설계해야 할 정부의 필수 기능이기 때문에, 미래에도 생존력을 유지하기 위해서 핀란드 정부는 민간부문이 그렇듯 계속해서 전략적인 의사결정을 하길 원했다. 특히 이를 위해 디자인으로 전체 시스템을 재설계하는 동안에도 계속해서 혁신할 필요가 있었다. 전략적 디자인의 관점에서 볼 때, 정부가 '문제'를 대하는 방식은 대체로 문제가 발생하는 큰 구조에 대한 것보다는 개별 문제 요소에 대한 사후적 대응에 그치는 경우가 많았고, 문제 정의를 위한 프레이밍 수단이 부족하며, 문제 해결을 위한 분석과 해결책의 집행이 보통 분리된 경향이 많다는 문제점이 있었다(Design Council, 2014). 시트라의 전략 디자인 이사인 스타인버그(Steinberg)가 제시한 1950년대 덴마크 수영장 사례에 따르면 정부 관료의 문제에 대한 좁은 시각 문제는 두드러진다.

> "1950년대 덴마크의 한 작은 지방자치단체에서 알 수 없는 이유로 공영 수영장 이용자가 눈에 띄게 줄어들었습니다. 문제를 파악하기 위해 지방자치단체 공무원들이 방문하여 살펴보게 되었는데 건축물 노화가 심한 것을 보고 낙후된 시설 때문에 사람들이 이용하지 않게 된 것으로 판단하였고, 건축가를 고용해 고쳐서 쓸 수 있는지, 아니면 새로운 건물을 지어야 할지 판단을 요청함과 동시에 새로운 수영장 건물의 디자인도 주문하였습니다. 두어 달 뒤 새 건축물의 조감도를 기다리는 공무원들과의 회의에서 건축가가 내놓은 해답은 전혀 생각지 못한 것이었습니다. 건축가의 설명에 따르

면 건축물이 낡기는 하였지만, 이용객 감소에 직접적인 원인이 아니며, 오히려 작년에 바뀐 버스 시간표가 주민들의 생활 방식과 맞지 않아 방문객이 줄어들었다는 것입니다."[48]

이 사례는 정부 공직자들이 문제에만 집중하여 해결책을 찾는 것뿐 아니라 문제와 연계된 시스템 전체를 보는 시각을 요구한다. 이에 따라 HDL은 디자인을 통해 핀란드 정부의 관료들을 비롯하여 다양한 사회 전문가들이 좀 더 넓은 시야로 현대사회 문제점의 구조를 파악하고 이를 효과적으로 해결할 수 있는 방향을 제시하고자 한 것이었다(Boyer, 2020). 즉, 전략적 디자인은 핀란드라는 국가가 맞이하고 있는 헬스케어, 교육, 기후변화 등 복잡한 문제에 대한 큰 그림에 디자인이라는 요소를 대입하여 문제에 대한 접근 방식 자체를 바꾸고, 문제 해결을 위한 기회를 포착하며, 좀 더 완성되고 회복력 있는 동합석 해결책을 발상하기 위해 제시되었다는 것이다. 즉, 전략 디자인은 '의사결정' 자체를 디자인하는 것이다.[49]

이런 디자인의 나라 핀란드에서도 디자인을 시스템적 관점에서 승화시킨 사례로 전 세계적 관심을 끌었던 프로젝트가 있었다. 그것은 바로 시트라가 주도하여 지속 가능한 핀란드를 구축하기 위해 시작한 '로투노(Low2No)' 도시개발 사업이다. 목재를 주재료로 높은 건축물을 짓는다고 하여 일명 '21세기 트로이 목마(Trojan Horse)'라고 불리기도 한 이 프로젝트는 핀란드 수도 헬싱키 도심 서쪽에 있는 빈 컨테이너 항구 터에 있는 교외 지역인 예케사리(Jätkäsaari)를 다목적 블록으로 지정하고, 기후변화시대에 주택에서 배출되는 탄소를 저배출(low emission)에서 제로배출(zero emission)로 변모하는 최초의 국가로 만들겠다는 구상이었다.[50]

그러나 2007년 정부가 막상 유럽연합(European Union)의 20% 탄소 저감 목표에 동참하기로 한 후 난감한 상황에 빠지게 되었는데, 그 주요 이유는 이 목표를 어떻게 달

48) Designdb 홈페이지 내용을 본문에 맞게 재구성하였다. 원문은 https://www.designdb.com/?menuno=1283&bbsno=1552&siteno=15&act=view&ztag=rO0ABXQAOTxjYWxsIHR5cGU9ImJvYXJkIiBubz0iOTkxIiBza2luPSJwaG90b19iYnNfMjAxOSI%2BPC9jYWxsPg%3D%3D#gsc.tab=0 참조.

49) 원문 표현은 "Strategic design is about cratfting decision-making"이다. Helsinki Design Lab 홈페이시, http://helsinkidesignlab.rip/pages/what-is-strategic-design.html에서 인용.

50) 시트라 홈페이지, https://www.sitra.fi/en/articles/strategic-design-finlands-new-approach-problem-solving/ 사례연구 참조.

성할지에 대한 논의가 불명확했기 때문이다. 초반부에는 관료집단이 늘 그렇듯이 5천만 유로를 투입하여 5년에 이르는 장기 에너지 프로그램을 운영하여 목표 달성에 이바지하겠다는 등 그럴듯한 계획을 내놓았지만, 구체적으로 '어떻게' 그 목표에 이를 수 있을지는 합의하지 못한 상태였고, 계속해서 증가하고 있는 핀란드의 에너지 소비를 어떻게 줄일 수 있을 것인가에 대한 신선한 아이디어도 찾아보기 어려운 형편이었다. 특히 시트라가 주목한 부분은 주택 부문의 탄소 배출량 감소 대책이었다. 보통 플라스틱, 자동차 매연 등을 생각하지만, 핀란드의 경우 건물에서 배출되는 오염이 상당히 많은 부분을 차지하고 있었다. 워낙 겨울이 길고 추운 핀란드 날씨 탓에 난방 등에서 나오는 탄소 배출량이 전체 배출량의 40%에 이르렀기 때문이다.[51)]

탄소배출에 관해 전 세계에서 핀란드의 실험에 많은 관심을 기울이는 가운데, 시트라에서 전략적 디자인을 주도하는 인사들의 관점에서는 단순히 탄소 배출량을 줄이는 것뿐만 아니라 핀란드의 문화, 법적-경제적 틀(framework), 계획절차, 그리고 에너지 정책 전반에 걸쳐 심도가 있는 변화가 있어야 지구 온난화와 재생에너지, 탄소배출이라는 거대한 도전에 대응할 수 있다고 보는 인식이 있었다. 핀란드가 지속 가능성 부문에서 세계의 선도국가가 되기 위해서는 단순히 기술적으로 혁신적인 건축을 하는 수준이 아닌, 훨씬 더 큰 시각에서 체계적 변화(systemic change)가 있어야 한다는 것을 자각하였다는 것이며, 이는 다음과 같은 측면에서 전략적 디자인의 사고와 일맥상통한다.

첫째, 로투노(Low2No) 사업은 단순히 시트라가 추진하는 예케사리 지역에 환경친화적인 건물을 짓는 것에 국한된 것이 아닌 에너지 기반 시설, 건축, 도시계획, 시공 방법, 시민들의 행동 양식까지 고루 고려한 시스템 통합적인 사고방식의 산물이었다. 과거 공공부문의 접근 방법이 문제에 대해 개별적이고, 산발적이며, 상호 연계가 되지 않은 대응이었다면, 로투노 사업을 추진하는 과정에서 근본적이고 체계적 변화가 필요하다는 것을 프로젝트 디자인팀은 인식하게 되었다. 즉, 핀란드가 지속 가능한 사회로 변신하기 위해서는 사회 구성원 모두의 환경친화적 태도로의 변화가 요구되었고, 환경 문

51) 물론 핀란드는 다른 국가와 비교할 때 대중교통 시스템이 잘 구축되어 있고, 적정한 수준의 에너지를 소비하며, 재생에너지 비중도 높은 편이다. 다만, 석유, 석탄, 가스 등 화석연료 사용이 다른 노르딕 국가의 두 배가 넘기 때문에 이 부분을 공략할 필요가 있었다. 헬싱키 디자인 랩 홈페이지, https://helsinkidesignlab.rip/peoplepods/themes/hdl/downloads/Low2No_Case.pdf 참조.

제에 대한 새로운 방식의 사고와 관심이 필요하였다. 이를 뒷받침하기 위해서는 핀란드가 탄소중립 사회로 가기 위한 새로운 법과 규제의 틀(framework), 그리고 정치적 전략이 필요하다는 점은 부인하기 어려운 부분이었다. 그뿐만이 아니다. 정부 부처는 서로의 영역 다툼(turf war)에서 벗어나 책상 칸막이를 넘어 긴밀하게 협업할 필요가 더 커지게 되었고, 이는 국가 수준이나 지방, 지역공동체, 풀뿌리 수준에서의 지속 가능한 개발 전략에 대한 재고(再考)를 요구하게 되었다. 이처럼 로투노 프로젝트는 한 로컬에서의 작은 건축 프로젝트를 넘어서 광범위한 효과를 요구하는 전략적 디자인 사례였다.

둘째, 시트라의 건축 프로젝트는 경쟁과 참여를 통해 헬싱키를 넘어 전 핀란드의 변화를 목표로 하면서 해법을 찾으려고 했다는 점에서 디자인사고의 요소를 갖추고 있었다. 시트라가 2009년 주도한 로투노는 '지속 가능한 건물 디자인을 위한 국제 공모전'이었고, 여기에 세계 20개국이 넘는 나라에서 70여 개 팀이 참가하면서 헬싱키 근교의 탄소중립도시를 위한 건축에 응모하였다. 이 과정을 통해서 단순히 건물 하나 짓는 것이 아니라 통합적인 변화를 가져와 핀란드 전체를 지속 가능한 국가로 바꾸는 신선한 아이디어를 제시하도록 하였다. 시스템적 변화를 위해 시트라의 디자인팀은 참가팀이 하는 설계가 다른 지역에서도 복사하는 수준으로 적용 가능한지(replicable), 탄소중립을 측정할 수 있는 정량적 지표를 제시할 수 있는지, 그리고 높은 공간적 가치를 지니고, 활기찬 지역사회를 만들며, 사용자의 행동 변화까지 가져올 수 있는지 등을 지침으로 제시하여 디자인을 통한 전체 시스템의 전환을 고려하여 설계하도록 유도하였다.[52] 참여자 간 컨소시엄을 구성하는 가운데 학제 간 접근이 포함되었다는 것도 주목할 만한 것이었다. 또한 이 대회의 우승자인 영국과 이탈리아 디자인 서비스 기업의 컨소시엄인 'C-life'는 제안서를 만드는 가운데 주민들을 적극적으로 참여시키고, 각 가정에서 에너지와 물 사용을 실시간으로 체크하고, 각 가정에 보급된 개인 사우나 대신 오랜 전통인 공용 사우나 아이디어를 다시 도입하여 사회적 공동체 재건을 위한 행동 양식의 변화를 테스트하기도 하였다.[53]

52) 월간『디자인』 2016년 4월호, https://mdesign.designhouse.co.kr/article/article_view/102/73588 참조.

53) 시트라 사례연구, https://www.sitra.fi/en/articles/low2no-sustainable-building-design-competition-led-change-national-fire-code/ 참조.

셋째, [그림 6-9]처럼 예케사리에 목재를 사용해 8층 이상의 건축물을 짓겠다는 시트라의 계획 자체도 큰 체제적 변화를 유도하는 전략적 디자인의 일부분이었다. 원래 목재로 고층 건물을 짓는 것은 전 세계적으로 흔하지 않다. 안전에 문제가 있기 때문이다. 그러나 에너지 절약과 탄소중립을 고려하면 목재만큼 좋은 재료도 없었다. 목재 골조로 8층 규모의 건축을 하면 런던-뉴욕 간 왕복 비행 850회에 해당하는 탄소를 흡수한다는 보고가 있었기 때문이다. 국토면적의 70%, 수출의 20%를 차지하는 핀란드에서 목재만큼 문화적으로, 경제적으로 선호되는 재료가 없었다. 문제는 1827년 핀란드 투르쿠(Turku) 대화재 이후 일종의 트라우마가 있었고, 3층 이상의 건물을 목재로 짓는 것이 금지되었으며, 화재에 약하다는 편견이 있었다. 그러나 이 지속 가능한 국제 공모전을 진행하면서 컨소시엄 회사들이 아이디어와 연구를 하게 만들었고, 결국 화재 발생 시 완전히 붕괴되는 콘크리트와 달리 목재는 외부에서 불이 잘 붙기는 하지만 내부에 온전한 형태를 유지하여 완전 붕괴를 막아준다는 결과를 얻게 되었다. 이 결과로 시트라는 3층 이상의 목재 건축을 방지하는 소방법을 환경부가 개정하는 데 영향을 미쳤으며(2011년), 향후 저탄소 건축 자재를 활용할 가능성을 제시하면서 한 건축물 짓는 것 이상의 효과를 내게 되었다. 핀란드 경제에도 도움이 될 뿐 아니라 탄소흡수 효과의 교훈을 전국으로 확장할 수 있는 계기가 되었기 때문이다.[54]

결론적으로, 지속 가능한 건축 환경을 제공하고 생태 도시, 환경친화적 도시 생활의 토대를 마련하기 위해 시작된 로투노 프로젝트는 일회성 이벤트로 끝나지 않고 지금도 전 핀란드에 체제적 변화를 가져오고 있는 전략 디자인으로 남아 있다. 시작부터 공공기관인 시트라가 '해결책'을 찾아 나선 것이 아닌 경

출처: https://www.sitra.fi/en/

[그림 6-9] 핀란드 외곽의 목조 건축 프로젝트

54) 위의 인용 참조.

쟁과 공모를 통해 문제 해결에 도움을 주는 역할을 했다는 데 의미가 크다. 다층 목재 건축 합법화를 위해 협력했던 당국은 프로젝트에 참여한 민간 기업, 컨소시엄 가운데 가장 강력한 아이디어를 낸 팀과 파트너십을 맺었다. 또한 이들과 함께 향후 저탄소 자재를 사용할 가능성을 제공하였으며, 핀란드 산림 산업이 새로운 시장을 개척하는 데까지 이르게 되었다. 이런 방식을 통해 경제적으로 실현 가능한 해결책으로 경제적 목적 이상의 사회적 및 환경적 목표까지 달성하여 지속 가능한 사회로 가기 위해 점진적으로 접근하고 있다. 로투노 프로젝트의 디자인 역량은 예케사리뿐만 아니라 헬싱키의 새로운 중앙도서관 등 다른 건축물로 전파되고 있고, 그리고 전국적으로 다른 도시에서도 경쟁을 통해 저탄소 건물을 지으려는 모방으로 나타나고 있다. 물론 이런 다른 지역에서의 계획들도 마찬가지로 경제적 변화뿐만 아니라 주민의 행동 양식 변화까지 유도하는 계획의 형태로 등장하고 있다. 따라서 로누토 프로젝트는 즉각적 이득이나 해결책을 추구하지 않는다는 측면에서도 매우 전략적인 접근이라고 볼 수 있는, '실험의 나라' 핀란드의 전형적 사례라고 볼 수 있다.

(4) 소결

지금까지 살펴본 해외 공공부문의 사례들은 디자인을 통해 개별 프로젝트 단계에서 문제 해결을 목적으로 활용되는 것을 지나 디자인으로 조직 역량을 강화하여 일하는 방식을 바꾸는 단계, 더 나아가 정책 결정자들이 일상적으로 디자인을 활용하는 단계로 나아가고 있다. 이제는 덴마크, 싱가프로, 핀란드뿐만 아니라 영국, 미국 등에서도 서비스디자인이라는 이름으로 산업부문의 서비스화를 넘어서 공공부문에서도 디자인 사고는 이미 공고히 자리를 잡고 있다.[55] 2000년대 들어 미국 카네기멜론대 등 세계 각 대학에서 서비스디자인 과목이 운영되기 시작하였고, 2007년 영국에서는 디자인위원회(Design Council) 주도로 대규모 공공서비스디자인 프로젝트인 '이 시대의 디자인(Design of the time: Dott07)'이 시작되어 건강, 식량, 교통, 에너지, 교육 등 기존의 디자인 적용 분야를 넘어선 영역에까지 세계적으로 디자인의 가치가 공공, 민간을 가리지 않고 확산되있다. 이러한 글로벌 수준의 움직임에 발맞추어 2004년에는 서비스디자인

55) 덴마크의 마인드랩은 2018년 'Disruption Task Force'로 간판을 바꿔 달았다.

네트워크(Service Design Network)가 설립되어, 세계의 성장과 개발, 그리고 혁신을 주도하는 서비스디자인의 전문 네크워크로서 역할을 하면서 민-관을 가리지 않고 협업하고 있다. 현재 서비스디자인네트워크는 국가 혹은 도시가 구성원으로 가입되어 47개 지역에 지부를 두고 있고, 93개의 조직도 참여 회원으로 활동 중이고, 조금씩 늘어나는 추세다.[56)]

☛ 소규모에서 전국규모로: 핀란드의 기본소득 실험

핀란드의 기본소득 실험은 경제적 불평등이 심각해지는 가운데 디지털화 및 제4차 산업혁명의 등장이 사람들의 일자리를 더욱 뺏어갈지 모른다는 두려움과 기존의 복지정책으로는 지속 가능한 경제를 유지할 수 없다는 불안감이 촉발한 것이라고 볼 수 있다. 복잡하게 얽힌 이해관계 문제로 좀 더 새로운 아이디어가 필요했다. 더구나 2015년 구성된 핀란드의 연립정부는 핀란드를 개혁하기 위한 정책실험에 좋은 정치적 환경을 제공했다.

핀란드는 원래 제2차 세계대전 이후 작은 규모의 거주자-중심 연금 프로그램과 보편적 어린이 복지를 제공하는 것으로 출발하였다. 그 이후 영유아를 가진 가족에게 의무적 어린이집(day-care) 서비스를 제공하고 질병이 있거나 고령층 가족을 보살피는 가족에게 재택 돌봄(home-care) 서비스 혜택을 갖추게 된 것이다. 그러나 북유럽 복지국가 핀란드의 모델은 지속 가능성을 고려하면 혁신이 필요했고, 직장과 사회보장을 연계시키는 현 체제는 빠르게 적절성을 잃고 있었다. 직업의 형태가 시간제(part-time)로의 전환, 자영 독립 계약자(independent contractor) 지위, 자동화로 인한 실직상태, 혹은 구직활동 자체를 하지 않는 경우 등으로 빠르게 분화되고 있었기 때문이다. 이런 가운데 보편적 기본소득 옵션을 고려하는 다른 국가들처럼, 핀란드도 기본소득 실험을 전국규모에서 해보겠다는 의지를 보인 것이다.

기본소득을 실험하는 과정도 매우 디자인사고적이었다. 2015년 기본소득의 실험을 공식적으로 준비하는 많은 방법이 제시되었고, 그 중의 정부는 '기본소득해크(Basic Income Hack)'를 조직하여 이틀 간 코팅 전문가, 연구자, 정치인, 커뮤니케이션 전문가, 그래픽 디자이너, 행동가, 정보 디자이너 등으로 구성된 10개 팀이 32시간 연속으로 기본소득에 대해서 브레인스토밍하도록 하였고, 그 과정에서 나온 특정 삶의 선택이 어떻게 공공재정에 영향을 주는지 시뮬레이션하는 '기본소득 게임' 같은 아이디어는 기본소득 실험 설계에 상당한 영향을 주었다.[57)]

---

56) 2023년 4월 말 현재. https://www.service-design-network.org 참조.

57) 사진 출처: https://www.euractiv.com/section/economy-jobs/news/expert-basic-income-experiment-did-not-fail/, 실험이 끝날 무렵 이 실험이 실패라는 보도가 많았으나 이런 견해에 반발하는

이 과정을 거쳐서 2017년 1월 1일 기본소득실험은 2년을 기한으로 시작되었다. 무작위로 선정된 25세부터 58세 사이의 실업자 2천 명에게 아무 조건 없이 월 560유로의 기본소득을 제공하였고, 나머지 통제집단에는 전통적 방식으로 실업 관련 보조를 받았다. 실험은 2018년 12월 31일로 끝났고, 그 결과에 대해서 아직은 해석이 분분하다. 분명한 것은 기본소득 제공이 유의미한 고용으로 이어지지는 못했지만, 적어도 주관적으로 인식하는 삶의 질(웰빙)은 기본소득 수령자 집단이 좀 더 나은 것으로 나타났다.

핀란드 정부는 여기서 그치지 않고, 오히려 이런 종류의 실험을 더 장려하겠다고 나서며, '실험의 장소(Place of Experiment)'라는 의미의 코케이론빠이까(Kokeilunpaikka)라는 마치 우리나라의 '광화문1번가'와 유사한 디지털 플랫폼을 열고, 시민들이 온라인으로 과거 실험 결과를 읽어보거나 혹은 자신들이 스스로 혁신을 위한 실험을 제안할 수 있는 장을 마련하였다. 예를 들면, 한 간호사로 이루어진 모임이 환자를 좀 더 쉽게 일으킬 수 있는 로봇 조끼를 헬스케어 부문 혁신의 하나로 테스트를 하겠다고 제안하기도 하였다. 앞으로도 핀란드에서는 이런 종류의 실험이 풀뿌리 수준에서부터 국가 수준까지 계속될 것으로 기대되고 있다.[58]

핀란드 사회보장국 Kela의 모습.

출처: OECD Library(oecd-ilibrary.org)

2) 국내 공공부문의 사례

우리나라에서도 세계적 디자인 추세에 발맞추어 점차 서비스디자인에 관한 관심이 높아지면서 민간부문은 물론 중앙과 지방의 정부 부처를 중심으로 도입되기 시작했다.

기류도 분명히 적지 않았다. 기사 참소.

58) 홈페이지 주소는 https://www.kokeilunpaikka.fi/en, 문명재 외(2019: 93-100) 참조.

2000년대만 해도 개별 프로젝트나 외국 번역서 등을 통해 간헐적으로 소개되던 디자인사고는 정부가 서비스 산업 고도화 필요성을 인식하면서 국책 연구소와 정책 연구기관을 중심으로 해외 사례를 장려하기 시작하였다. 이러한 관심의 증가에도 불구하고, 초기에는 영국이나 미국 등지의 디자인 회사 등을 초청하여 서비스디자인을 국내·외 콘퍼런스에서 소개하는 수준에 그쳤다.59)

그러나 민간부문에서도 서서히 수요가 생기면서 시장에서 사용자 경험을 중시하는 풍조가 생겼고, 이를 더욱 촉발한 것은 2011년 '디자인 다이브(Design Dive)' 워크숍이 40여 개 주제로 열리면서이다. 2013년까지 총 5백 명 이상의 참가자들이 디자인을 통해 사회문제를 해결하려는 움직임을 보이기 시작했으며, 이는 우리나라에서 서비스디자인에 관한 관심과 대중의 인식을 개선하는 데 중요한 역할을 하게 되었다(윤성원, 2014). 디자인 다이브 프로젝트는 참여자들의 디자인에 관한 관심 증대뿐만 아니라 디자인으로 세상을 변화시키는 꿈을 현실화할 수 있는 계기를 마련하였다. 이 프로젝트의 대주제는 사회문제와 관련된 것으로써 인구 고령화, 세계 경제통합과 융합, 환경, 자원 등이 제시되었고, 여러 분야 전문가가 혼재된 학제 팀을 구성하여 사회문제 해결을 위한 디자인 적용 가능성을 탐색하였다. 이 프로젝트를 거쳐 선정된 세부 프로그램들도 '종합병원을 찾은 고령자가 편안하게 의료 경험하기', '탄소 배출량 감소를 위한 신개념 생활편의 제공 시나리오' 등 사용자의 필요를 고려한 디자인사고 기반의 문제 해결을 요구하는 것이었다.60) 산업구조가 제조업에서 서비스 산업으로 이동함과 함께 이처럼 디자인에 대한 더욱 관심은 커지게 되었고, 이는 민간과 공공부문을 가리지 않고 나타나게 되었다.

민간부문에서의 수요 확대와 관심의 증가와 더불어 정부부문에서도 산업통상자원부, 보건복지부, 행정안전부 및 각 지방자치단체에서 서비스디자인을 통해서 사용자인

59) 예를 들면, 2009년 11월 IDEO사의 창립자이자 세계적 산업 디자이너 중 하나인 빌 모그리지(Bill Moggridge)가 한국에서 열린 '서비스R&D 국제 콘퍼런스'에 참석하여 기조연설을 하며 서비스디자인을 소개하면서 서비스 산업 고도화를 위해서는 디자인사고가 필요함을 강조하였다.

60) 디자인 다이브 행사의 주요 내용에 관해서는 한국디자인진흥원 간, 『디자인플러스』 2012년 여름호 참조, https://www.designdb.com/usr/upload/board/zboardphotogallery249/20220215030332285_1812.0.pdf

시민 중심의 공공서비스로 혁신하려는 움직임은 계속되고 있으며, 2010년대 중반부터는 시범사업 단계를 넘어 서비스디자인의 제도화로 나타났다. 2014년 행정자치부(현 행정안전부)와 산업통상자원부는 정책 기획 과정에 서비스디자인을 적용하여 이른바 맞춤형 공공서비스를 개발하기 위한 취지에 따라 '국민디자인단'을 조직하고 시민, 전문가, 공무원 170여 명이 참여하여 19개 정책과제를 도출하도록 하였다(한국디자인진흥원, 2020). 동년 5월에는 한국디자인진흥원 주최로 국민디자인단을 시범 운영하여 일정한 성과를 거두었고, 그 후 지금까지 계속 운영되면서 1천여 개 이상의 과제에 1만 명 이상이 참가하는 성과를 거두었다. 이를 통해서 사용자인 시민이 직접 참여하여 서비스의 문제를 개발하고 개선하는 국민 참여형 정책 개발 방법으로 정착되기 시작하였다. 그 결과, 디자인의 범위에 서비스디자인이 포함된 '산업디자인진흥법'이 개정되어 공포되었고, 이 법은 산업화 시기 이후 처음으로 외형 포장이 아닌 무형의 디자인 개념이 법제 영역으로 들어온 중요한 계기가 되었다(2014년 12월).[61] 2017년 개정된 행정절차법 제52조에는 아예 서비스디자인이 행정 절차 전 과정에서 활용될 수 있도록 제도적 기반을 마련하고, 온라인 플랫폼, 정책공모, 빅데이터 분석과 함께 서비스디자인 기법을 정부 기관이 폭넓은 국민 참여를 통해서 적극적으로 활용할 수 있도록 제도화하였다. 특히 행정절차법 제52조에 근거하여 설치한 국민디자인단은 의제 설정, 정책 결정, 집행, 평가 및 환류 등 정책과정 전반에 공무원, 국민, 그리고 서비스디자이너가 함께 참여하여 서비스디자인 방법을 통해 공공서비스를 개발, 개선해 나가도록 하는 정책추진단임을 분명히 정의하고 있다.[62] 다음에서는 국민디자인단의 활동과 함께 미래 행정서비스 디자인의 핵심이 될 스마트시티(smart city)를 디자인 시각에서 소개하기로 한다.

(1) 정부 3.0 국민디자인단

국민디자인단은 과거 국가가 독점적으로 전유해 온 정책과 행정서비스 과정을 국민에게 개방하여 일반국민, 디자이너, 그리고 전문가가 협업하여 정책과 행정서비스를 함께 디자인하기 위해 설치되었으며, 이는 2014년 당시 정부가 추진하던 '정부 3.0'의

61) 산업디자인진흥법 제2조에는 산업 디자인을 정의하면서 제품디자인, 포장디자인, 환경디자인, 시각디자인에 더하여 서비스디자인을 포함한다고 명시하고 있다.

62) 행정안전부예규 제1호, '국민디자인단 운영지침' 제2조 참조.

목표를 반영한 것이다.63) 정부 관료제 중심을 탈피하기 위해 시작한 '정부 2.0'에서도 국민의 참여가 강조되었으나 기존 정책 제안 방식이나 토론회, 공청회에서는 적극적 발언자인 일부 국민을 제외하고는 다수의 목소리가 제대로 반영되지 않는다는 건의에 따라 정책과정에서 국민 개개인의 서비스 수요자로서의 경험을 증진하고 행동 변화를 유도하기 위해 서비스디자인 개념을 도입하여 국민디자인단을 구성하게 된 것이다. 다음 [표 6-2]와 같이 정부 3.0 국민디자인단은 전문가와 일반국민, 그리고 서비스디자이너, 사업 담당 공무원이 8~15명 인원으로 한 팀을 이루어 구성하게 된다.

[표 6-2] 국민디자인단 구성원과 주요 역할

구성		역할	
공무원	혁신 담당	과제 추진 상황 및 사후관리 총괄	활동비 지원, 일정, 목표관리
	사업 담당	정책설명, 이해관계자 참여 협조, 활동결과 이행	
서비스디자이너		서비스디자인 방법을 통해 과제 수행을 총괄적으로 기획하고 운영	
국민	분야 전문가	교수, 연구원, 관련 단체 등으로 해당 분야 전문지식을 제공하는 역할	
	일반국민	수요자 입장의 관점 및 아이디어를 제시하는 역할	

출처: 행정안전부, https://www.mois.go.kr/frt/sub/a06/b02/govServiceDesign/screen.do

2014년 안전행정부(현 행정안전부)에서 주관한 중앙부처 국민디자인단의 활동은 각 부처가 제출한 후보 사업 가운데 안전행정부가 선정한 과제를 중심으로 팀이 구성되어 몇 주에 걸쳐 과제를 수행하고 결과를 공유하는 방식으로 진행하였다. 중앙부처 과제는 2014년 19개에서 2020년 49개로, 지방자치단체 과제는 2014년 12개에서 2020년 76개로 늘어나면서 2020년까지 총 1,491개의 과제가 국민디자인단 과제로 탄생하였다([그림 6-10] 참조).

---

63) 정부 3.0은 정부 운영의 패러다임으로 제시된 것으로 공공정보를 적극 개방하고, 공유하며, 부처 간 칸막이를 제거하여 서로 소통하고 협력하여 국민에게 맞춤형 서비스를 제공하고자 하는 의미이다. 모든 국민이 행복한 대한민국이라는 비전으로 제시된 이 패러다임의 목표 중 하나는 '수요자 맞춤형 서비스 제공'이라는 것이 명시되어 있다. https://www.mohw.go.kr/contents/13/130101.html 참조.

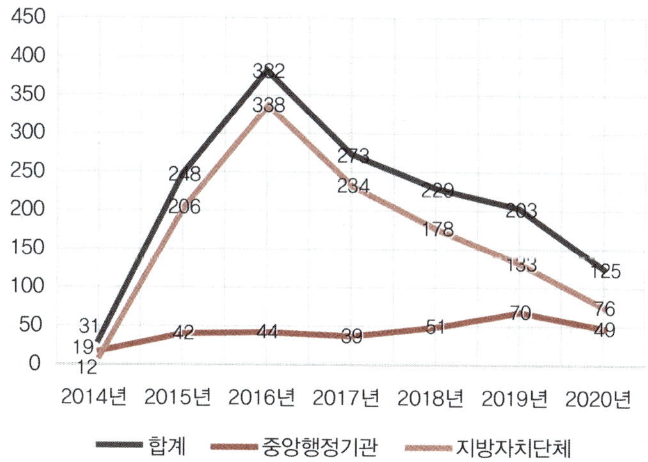

출처: 행정안전부.

[그림 6-10] 국민디자인단 과제 발굴 현황: 2014~2020

행정안전부 주관 국민디자인단의 주요 성과는 'iF Design Award 2016'이라는 세계 디자인 관련 행사에서 국민디자인이 서비스디자인 부분 금상을 수상한 성과 이외에도 국민의 정책 참여를 통해 수요자 중심의 공공서비스 제공 방식이 개선되기 시작하였다는 데 있다. 이제는 디자인을 활용한 서비스디자인이 정부 행정의 거의 모든 분야에 적용되고 있다고 해도 과언은 아니다. 2014년 안전행정부가 발간한 공공서비스디자인 사용설명서에는 공공질서 및 안전 분야, 보건 분야, 문화·체육·관광 분야, 사회복지 분야, 산업 및 통상, 그리고 중소기업 분야, 교통 및 물류 등 거의 전 분야가 망라되어 있다.

지방자치단체도 [그림 6-10]에서 볼 수 있듯 점차 서비스디자인을 행정과 정책에 다양하게 활용하고 있다. 서울시의 경우는 원래 2009년 당시 오세훈 서울시장이 도시 시설물 디자인을 대폭 개선하여 세계적 디자인 수도로 만들겠다는 포부를 밝히며 추진되었으나, 박원순 시장 체제에서의 방향성과 일치하지 않아 일관성이 있게 추진되지 못했다.64) 그러나 과거 도시 시설물 중심의 디자인이 강조된 것에 반해, 현재의 서울시는 디자인 정책관을 따로 두고 있으며, 디자인의 범위도 단순 시설 및 건축물 미관에 관한

64) 관련된 사항은 나무위키 참조, https://namu.wiki/w/%ED%94%94%EC%9E%90%EC%9D%B8%EC%84%9C%EC%9A%B8

디자인이 아닌 사회 및 공공문제를 해결하기 위한 서비스디자인으로 확대하였고, 서울디자인거버넌스의 홈페이지 등을 이용해 시민들과의 쌍방향 아이디어 교환을 활발하게 하고 있다.65)

이에 더하여 중앙-지방 정부를 제외한 공공부문에서는 한국디자인진흥원의 서비스디자인에서의 역할을 무시하기 어렵다. 한국디자인진흥원은 1970년 산업 디자인 분야의 개발 촉진을 위해서 산업디자인진흥법에 따라 설립된 산업자원부 산하 준공공기관이다. 정부 3.0 방향에 따라 수요자의 경험을 중시하는 서비스디자인을 위한 국민디자인단을 기획 운영하는 데 있어서 한국디자인진흥원이 핵심적 역할을 감당하였고, 이후 지금까지 전통시장 서비스디자인(2015), 산업단지 개선을 위한 서비스디자인(2015), 전기차충전 인프라 서비스디자인(2016), 도시재생뉴딜 주민참여프로젝트 지원체계 구축(2018) 등 국내 공공 및 산업 기반의 다양한 서비스디자인의 적용사례를 마련하고 확산을 시도하고 있다.66) 또한 중앙부처와 협업해 온 국민디자인단 사업을 2020년부터 국민정책디자인사업으로 변경하여 사업을 추진해오고 있다. 현재 〈온국민소통〉 홈페이지에 그동안 추진되어 온 각 분야의 우수사례가 계속해서 업데이트되고 있으며, [표 6-3]은 일부 사례의 개요를 소개하였다. 대상 정책 분야는 주로 사회복지 분야, 안전・생활・편리 분야, 문화관광 분야, 어린이 교육, 마을공동체 분야, 그리고 지역사회개선 분야 등 다양한 분야를 포괄하고 있다. 또한 〈온국민소통〉 홈페이지를 통해서도 국민이 정책 제안을 할 수 있고, 서비스디자인에 참여할 수 있게 되어 있다.67) [표 6-3]은 극히 일부 제시된 사례이며, 중앙부처뿐만 아니라 지방자치단체, 그리고 관련 공공기관 등의 국민디자인단 활용사례가 제시되어 있어 검색할 수 있게 구성되어 있다. 이러한 사례는 이미 우리나라 공공부문에서 디자인사고가 활발하게 사용되고 있음을 방증한다.

---

65) 디자인서울 홈페이지 참조, https://www.design.seoul.go.kr.

66) 한국디자인진흥원, https://www.kidp.or.kr/?menuno=897 참조.

67) 온국민소통 홈페이지, https://sotong.go.kr/front/board/boardContentsListPage.do?mode=W&searchtxt=&board_id=51&pcaa=&searchkey=T&searchkey2=C&addon_year=&searchtxt2=&miv_pageNo=1에서 자세한 사례를 검색할 수 있다.

[표 6-3] 국민정책디자인단 주요 사례

사례	책임 수행기관	주요 내용
임신・출산・육아 의미 찾아주기	안산시 (2019)	수요자 중심의 출산, 양육 관련 이슈에 대해 정보가 부족하여 임신 및 출산, 그리고 육아에 대해 부정적 인식을 하게 된 가족과, 관련 지원정책이 있음에도 인지하지 못하고 활용하지 못하는 가족의 어려움을 해결하기 위하여 국민디자인단이 공감을 토대로 산모 힐링프로그램, 임신부터 육아까지 로드맵 제시, 엄마 '쉼' 프로그램 기획, 아빠-아이 놀이 키트 개발, 출산 축하 패키지 제작 등의 활동
일과시간 이후 병 휴대폰 사용	국방부 (2018)	병사를 독립된 인격체로 대우하고 가족-사회와 소통 창구를 강화하며, 자율적 병영을 조성하는 차원에서 병사들의 휴대폰 사용 문제 해결을 위해 국민디자인단 활동. 시범운영 시행하고 문제를 발견하여 휴대폰 기능제어 프로그램 개발, 편리한 휴대폰 사용 여건 마련 제안, 임대폰 사용 제시 등
마을형 마니또 (Man-I-To) 사업으로 고독사 예방	부산 진구 (2018)	증가하는 노인 고독사를 방지하고 고독사 제로(zero)를 달성하기 위해 국민디자인단 도입. 국민디자인단이 다양한 의견을 수렴하고 관 주도의 단순한 고독사 예방모델과 복지 거부자에 대한 정보 부족, 성별 문제로 인한 봉사자 방치 등 여러 문제를 파악하여 일상생활 보조를 돕는 마니또를 확장 건의하고 대상자-대상자 연결을 제시, 24시간 마을공동체 안전망 '마을 선샤인 와이파이 zone' 제시
다문화이주민+ 센터 설치-운영	경기도 안산시 (2017)	열악한 환경에 처한 다문화이주민+센터 시설 문제 해결을 위해 국민디자인단 도입. 다문화가정과 외국인 근로자 등 실수요자 중심의 질적 서비스 제공을 위해 설문, 인터뷰 등 실시. 외국인들이 관공서에 심리적 위축감이 있고, 업무 안내 등 원활한 소통이 어려운 점 발견. 여러 프로토타입 만들고 벤치마킹하고, 조사를 통해 테스트
국민안심 해외직구 정보통합 서비스	관세청 (2016)	해외직구 관련 불만이 높아지자 관세청이 국민디자인단 통해 직구가 가능한 물품인지, 제대로 된 상품인지, 반품 등이 가능한지 정보가 부족하여 불만족임을 인지. 국민디자인단이 사용자 검색 순서와 빈도 등을 이용해 수요자의 필요를 인지하여 관련 정보가 한눈에 탐색 가능하도록 서비스 화면을 국민디자인단이 제시
소비자 중심의 영양표시 및 정보 제공	식품의약품 안전처 (2015)	식품의 영양정보 표시가 이해하기 어렵고 활용이 쉽지 않은 것을 인지하고 국민디자인단이 소비자들이 쉽게 이해할 수 있도록 영양표시 기준 도안을 개선하고, 영양정보 서비스를 향상, 사용자를 위한 홈페이지 정보 개선, SNS 등 활동을 통해 정보 활용성 등을 제고할 것을 제시

출처: '온국민소통(sotong.go.kr)' 홈페이지.

☛ '가족이 되어 줄게': 수원시의 국민디자인단 활동

아동복지시설, 가정위탁 등을 통해 보호를 받다가 18세가 되면서 보호가 종료된, 이제 막 청년이 되기 시작한 이들이 홀로서기를 해야 한다면 얼마나 불안하고 힘들까? 기관이나 위탁가정의 보호를 받던 이들이 아무도 모르고, 가족도 없는 가운데 사회에 나와 터전을 잡고 안정적인 생활을 하기란 매우 어려울 것이다. 2022년만 해도 대학에 합격한 새내기 청년이자 보호가 종료된 청년이 극단 선택을 한 사례가 있었다. 비극은 연이어 발생하고 있었고, 이 같은 자립준비청년을 보호해야 한다는 목소리가 높아지기 시작했다.

경기도 수원시의 셰어하우스 'CON'은 2022년 5월부터 추진된, 지방자치단체가 별도 예산을 마련하고 체계를 만들어 시행한 최초의 자립준비청년 지원 사업이다. 이는 아동복지시설에서 퇴소했거나, 퇴소 예정인 청년들이 임차료 없이 2년 동안 생활할 수 있는 공동주거공간으로 지역사회(community)와 계속(on)을 합쳐 붙인 이름이다. 2022년 9월에 남자 청년 3명을 시작으로 방 3개에 가구와 전자제품이 설치된 공간이며, 입주 청년은 관리비와 공과금만 부담한다.[68]

이 정책은 어떻게 탄생했을까? 수원시는 자립준비청년들이 어떤 어려움은 없을까 하는 문제의식에 기반하여 국민디자인단을 통해 이들의 깊은 필요를 파악하고자 하였다. 국민디자인단이 파악한 문제의식은 자립준비청년들이 대체로 ① 별다른 준비나 도와줄 어른이 없어 혼자 꾸리는 삶의 고충이 심하다는 점, ② 심리와 정서, 사회-경제적 지지가 거의 없어 결국 극단적 선택을 하는 사례가 계속된다는 점, ③ 그리고 자립준비청년을 대상으로 한 중앙정부의 주거정책이 보호하지 못하는 사각지대가 있다는 점 등이다.

셰어하우스 CON은 수원시가 조직한 국민디자인단 활동의 결과물이다. 국민디자인단은 현장조사와 심층 인터뷰 등을 실시하였고, 공감지도(empathy map)를 만들어 실제 정책 수요자가 될 자립준비청년들과 깊은 공감을 시도하여 이들이 주거공간을 마련할 때 고충점(pain point)을 우선순위별로 나누게 되었다. 이들에게는 독립된 공간도 필요하지만, 청년 취향에 맞는 것이 필요했으며, 동거인과의 라이프스타일, 지원정책에 대한 정보와 일상생활에 대한 지원, 주민과의 교류 등의 필요가 있었다는 것이다. 이 밖에도 청년별로 대표될만한 페르소나를 만들고 이해관계자들을 분석하여 조사한 결과를 국민디자인단 구성원이 나누고 시나리오나 스토리보드 등을 통해 활동한 결과, 자립준비청년과 세상의 연결고리로서의 셰어하우스 'CON'이 탄생한 것이었다.

이 셰어하우스를 통해 중앙정부 정책의 사각지대를 보완하고, 입주자 간 친밀도 형성 및 지역사회 관계망을 형성하며, 지방자치단체 등의 도움으로 진로 개발이나 자산형성을 위한 경제 교육, 전세계약 등을 위한 부동산 교육을 시행하여 이들이 독립적으로 사회에서 살아남을 수 있도록 돕는 것을 목표로 하고 있다.

출처: sotong.go.kr

(2) 스마트시티와 디자인

산업혁명 이후 도시로 사람들이 몰려드는 도시화 현상이 계속되면서 많은 혜택을 가져다 주었지만, 동시에 자원 부족, 인프라 부족, 에너지 부족, 교통 혼잡, 주택 문제, 범죄증가 등 문제를 가져오게 되었다. 선진국과 개발도상국이 처한 도시문제는 양적·질적인 차이가 있음에도 불구하고 각종 도시문제는 심화될 것으로 전망되며, 이에 대한 효과적인 대응책이 요구되고 있다. 기존의 접근법이라면 기존의 인프라 공급을 확대하거나 서비스를 확충하는 방식으로 문제에 대응할 것으로 예상할 수 있으나, 최근 기술의 비약적인 발전으로 새로운 접근 방식이 대두되고 있다.

최근 세계적인 저성장 추세와 첨단 정보통신 기술(ICT)의 발달, 그리고 제4차 산업혁명 시대의 도래는 증가하는 도시 수요에 대하여 스마트한 신기술 이용으로 기존의 인프라를 효율적으로 활용하고, 저비용으로 도시문제를 해결하는 스마트시티(smart city) 접근 방식에 관심을 불러 일으키고 있다.[69] 이는 효율적인 문제 해결뿐만 아니라 사물인터넷(Internet of Things), 빅데이터 등의 이용으로 새로운 경제성장 동력까지 창출하는 기술이며, 향후 가장 빠르게 성장할 것으로 기대되는 분야 중 하나다. 스마트시티의 적용 가능 분야는 에너지 효율화, 신도시 개발, 혁신기술 개발, 데이터 개방, 도시관리, 시민참여 등 분야가 무궁무진하다고 볼 수 있다.

그렇다면 스마트시티는 디자인사고와 어떤 연관성이 있을까? 스마트시티도 도시 환경, 인프라, 자원 등에 대한 이해뿐만 아니라, 디자인사고와 유사하게 한 도시에서 살고 일하는 사람들의 필요와 행태를 깊이 이해하는 것이 필요하다. 결국 스마트시티는 정보통신기술을 이용, 다양한 장치(device)로 원하는 서비스를 제공하는 첨단도시를 의미하므로, 스마트시티는 무엇보다 사용자 중심(user-centered)의 디자인 개념을 기반으로

---

68) 연합뉴스, 2023년 3월 6일자, https://www.yna.co.kr/view/AKR20230303057700061 참조.

69) 스마트시티에 대한 정의는 국가의 사정, 각 도시가 처한 여건에 따라 다르게 정의되고 있어 표준화된 정의를 찾기는 어렵다. 현재 선진국과 개발도상국 모두에서 스마트시티 프로젝트가 인기지만, 각 국가의 필요(선진국은 기후변화나 도시재생, 개발도상국은 도시문제 해결, 경제성장)는 상당히 다르다고 볼 수 있다. 우리나라 '스마트도시법(스마트도시 조성 및 산업진흥 등에 관한 법률, 2008)'에 의하면 도시의 경쟁력과 삶의 질의 향상을 위하여 건설·정보통신 기술 등을 융·복합하여 건설된 도시 기반시설을 바탕으로 다양한 도시서비스를 제공하는 지속가능한 도시로 정의하고 있다(제2조).

설계되어야 한다(안세윤 외, 2019). 과거의 도시가 사람이 아닌 기술 중심으로, 시민 중심이 아니라 공급자 중심으로, 서비스 중심이 아니라 인프라 중심으로 발전했다면, 스마트시티는 실제 사용자를 이해하고, 모든 과정에 사용자의 피드백을 반영하여 설계되며, 사용자 친화적인 스마트서비스를 제공하는 방식이라는 것이다. 사용자 중심으로 설계된다면, 다음과 같은 방법으로 디자인 요소가 스마트시티 구현을 통해 여러 문제 해결에 직접적으로 관여하고 있는 것을 이해할 수 있다.

- 교통혼잡의 경우: 기존의 방식은 정부가 도로를 확대하거나 신규 도로를 건설하는 방식으로 대응하지만, 스마트시티는 [그림 6-11]과 같이 미리 설치된 CCTV 등으로 정보를 활용하여 혼잡한 도로 정보를 실시간으로 운전자에게 정보를 제공하여 우회도로 통행을 유도하거나 교통량에 따라 교통신호를 제어하여 원활한 흐름을 조절하는 방식이다. 이에 따라 적절한 정보 처리 및 제공을 할 수 있는 정보 디자인과, 사용자 중심의 인터페이스와 편의성을 가진 제품 디자인이 필요하다.

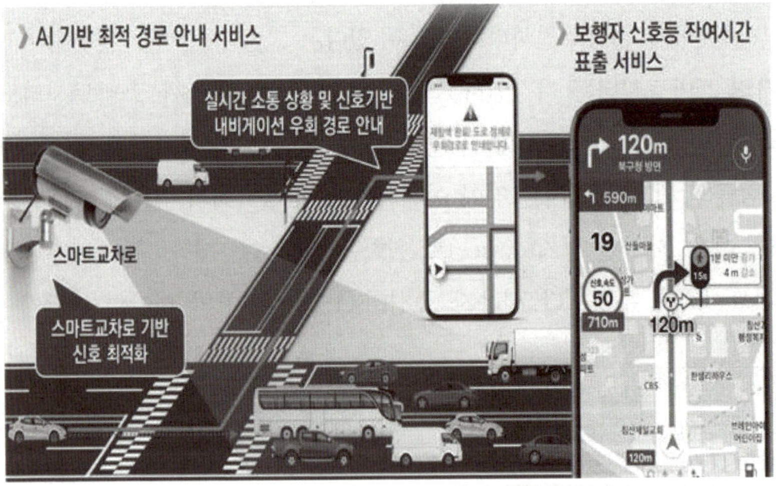

출처: 영남일보, https://m.yeongnam.com/view.php?key=20210426010003745

[그림 6-11] 대구시 AI 기반 도심 교통 솔루션 개념도

- 주차공간 부족의 경우: 기존도시의 방식은 신규 주차장을 확보하는 방식이지만, 스마트시티는 사용 가능한 주차공간 정보를 실시간으로 전달하여 주차를 할 수 있도록 유도하고, 카셰어링(car-sharing) 등 새로운 모빌리티(mobility) 이용을 적극 보급 및 권장하여 차량의 도심 진입을 미리 조절하는 방식이다. 운전자의 주차 문제에 관한 경험을 평가하여 최적의 서비스로 디자인할 필요가 있다.
- 지역사회 안전 문제: 기존도시의 접근은 경찰 순찰 강화나 병력 확충의 방식이지만, 스마트시티는 널리 보급된 CCTV를 이용하여 범죄를 실시간 감시하고, 범죄 발생 시 경찰 인력을 즉각 투입할 수 있으며, 스마트 앱 등을 통해 범죄 발생 시 자동으로 경찰에 연락이 도달하는 방식으로 대응할 수 있다. 따라서 안전 확보를 위한 모든 부분에서의 협력적 디자인이 필요하다.

위의 예시 외에도 스마트시티 서비스에서의 디자인 요소는 꽤 다양하며, 스마트시티는 그야말로 디자인의 보고(寶庫)이다. 환경 분야의 경우 환경오염을 지속해서 모니터링하고 환경적으로 지속 가능한 에너지 소비를 유도하는 기술혁신 디자인이 가능하며, 기존 도시접근으로는 지하에 설치된 상하수도에서 누수가 있어도 정보 취득이 어려웠던 것이 디지털 트윈(digital twin) 기술로 시각화된 지하 공간 정보가 누출 지점을 정확하게 지목하여 프로토타이핑으로 문제 해결을 시도하는 등의 기술이 가능하게 하였다.[70]

안세윤 외(2019)에 따르면 스마트시티 구축에서 디자인사고는 거의 모든 단계에서 사용자의 의견과 피드백을 반영할 것이 기대된다. 즉, 공감 단계인 인지 단계에서 스마트시티 설계자는 사용자의 필요를 인지하고 실제 필요한 서비스를 개발할 필요가 있다는 것이다. 물론 실제 사용자의 의견에 귀를 기울이기는 쉽지 않다. 안세윤 외(2019)에 따르면 2016년 세종시에서 거주자에게 어떤 서비스가 필요한지 설문조사를 실시하였으나, 1차 설문에는 단 38%, 2차 설문에는 24%의 주민만이 응답한 것을 볼 때, 설문조사 정도로 실제 사용자에 공감하기는 쉽지 않다는 것을 알 수 있다. 따라서 디자인사고 운

70) 디지털 트윈은 지하 공간의 입체적 분석을 위해 지하 시설물, 구조물, 지반 등 정보를 3D로 영상화하는 기술을 말한다.

영자는 사용자에 대한 공감 단계에서 여러 가지 방법으로 실제 필요를 탐색할 필요가 있다. 소통 단계에서는 서비스 사용자뿐만 아니라 디자이너, 그리고 실제 공간에 적용을 위해 민·관 관계자들이 모두 포함되어 소통하며, 인지도 조사 및 만족도 조사가 끊임없이 시행된다. 마지막으로, 활용 단계에서는 사용자가 실제로 서비스를 이용하는 단계로, 디자인사고에서는 마지막 단계로 볼 수 있다.

① 우리나라 스마트시티의 진화

이처럼 미래 도시 운영을 위한 핵심적인 시스템으로 진행되고 있는 스마트시티는 2000년대 초반 1기 신도시 모델의 효용성을 제고하고 발전시키기 위하여 정보통신 기술을 활용한 효율적 도시관리 모델을 개발하자는 구상으로 출발하였다. 즉, 기존 정보 인프라를 혁신하고 유비쿼터스(ubiquitous) 기술로 도시 내에서 발생하는 모든 업무를 실시간으로 대처하고, 정보통신 서비스를 제공하여 주민들이 편리하고 안전하게 생활할 수 있도록 하는 신개념 도시인 'U-City'에서 비롯되었다. 이 계획은 전 세계의 주목을 받으며 추진되었고, 통신 인프라의 확대 등 성과가 전혀 없었던 것은 아니지만, 단편적 공공서비스 수준을 벗어나지 못했고, 신도시 개발에서 오는 수익으로 인프라를 확충하려던 계획이 축소 내지 취소되면서 자연스럽게 U-City 계획도 축소되었다. 그러다가 2014년 이후 이미 구축된 인프라를 연계 및 통합하는 방식으로 전환하였으나 대체로 큰 성과가 있었다고 보기 어렵다는 평가를 받고 있다.[71]

[표 6-4] 제3차 스마트시티 종합계획: 2018~2023

항목	세부 내용
맞춤형 모델 조성	도시 성장 단계별(신규-기존-노후) 맞춤형 스마트시티 모델 조성, 지방자치단체 대상 공모사업 확대
확산 기반	도시 성장 단계별(신규-기존-노후)에 맞게 맞춤형 스마트시티 모델을 계속 조성하고, 지방자치단체 공모사업 확대
혁신 생태계	과감한 규제 개선, 기업 및 시민참여 거버넌스, 창업 지원, 수요-공급 매칭으로 사업 구분, 규모, 개수 차별화
글로벌 협력·진출	민간의 해외 진출을 위한 포괄적 지원 방안 추진(금융, 네트워크 구축, 대·중·소기업 동반 진출 등), 국제기구 협력 강화, 월드 스마트시티 엑스포 출범

출처: Smartcity.go.kr 홈페이지.

71) KDI 경제정보센터, https://eiec.kdi.re.kr/policy/domesticView.do?ac=0000160246 참조.

이런 가운데 2017년 스마트시티법이 개정되면서 정부가 스마트시티의 잠재력을 인지하고 스마트시티를 주요 국정과제로 추진하기 시작하였다. 이전의 정책들이 디지털 기술을 이용한 단편적인 공공서비스 제공에 그쳤다면, 2017년 이후의 스마트시티 정책의 목표는 도시문제를 해결하고 신산업을 창출하기 위하여 혁신이 일어날 수 있는 유리한 환경을 조성하는 것에 초점을 맞추었다. 즉, 현재 스마트시티 정책은 도시문제 해결과 혁신이라는 목표에 부합하는 해결책을 찾기 위해 정부-민간 기업-시민이 협력하는 방식으로 추진되고 있다는 점이 특징이다(김동욱 외, 2021: 40-41). 이에 따라 2018년 우리나라 정부는 스마트시티 추진 전략을 통해 성장 단계별 맞춤형 정책을 추진을 발표하였고, 이에 기반하여 2019년 중장기 로드맵에 해당하는 '제3차 스마트도시 종합계획'을 발표하여 추진하였다(2019~2023년). 그 구체적 종합계획 내용은 [표 6-4]와 같다.

② 스마트시티 구현

스마트시티는 크게 도시・ICT・공간정보 인프라와 데이터 공유 및 활용, 서비스 개발이라는 요소로 구성되어 있는데, 디자인사고를 폭넓게 사용하여 물리적・기술적 요소와 인간 중심적 디자인 요소를 융합한 문제 해결 방식을 도입함으로써, 시너지 제고 차원에서 혁신적 서비스와 알고리즘을 설계하고 실행할 필요가 있다. 스마트시티의 실질적 구현을 위해 우리나라 정부가 시작한 몇 가지 사업이 진행되고 있다. 몇 가지 예를 들면 다음과 같다.

첫째, 정부는 스마트시티 구현 전략의 하나로 '국가 시범도시' 두 곳을 지정하여 혁신적 시범도시로 개발하기 위한 목표를 발표하였다. 예컨대, 세종 5-1 생활권과 부산 에코 델타 지역이 신기술의 적용 가능성을 탐색하는 일종의 시험대(test bed)의 역할을 감당하고, 도시문제를 혁신적으로 해결하여 삶의 질을 제고(提高)하며, 혁신산업 생태계 조성을 위해 스마트시티 시범사업으로 지정되어 진행되고 있다.[72] 세종 5-1 생활권

72) 지능형 도시 구축을 목표로 하는 우리나라 스마트도시는 국가 시범단지를 넘어 전국 78개 지방자치단체(광역시・도 전체, 기초 61개, 2019년 현재)에서 스마트시티 전담 조직을 꾸리고 추진 중이며, 정부 지원 사업을 하는 곳도 67개에 달한다. 대한민국 정책브리핑, https://www.korea.kr/special/policyCurationView.do?newsId=148863564

의 경우 "시민 행복을 높이고 창조적 기회를 제공하는 지속 가능한 플랫폼으로서의 도시"를 비전으로 삼아 모빌리티, 헬스케어, 교육, 에너지와 환경을 핵심 요소로 지정하였으며, 이를 위해 시민의 의견을 수렴하고, 시민이 원하는 환경을 제공하는 거버넌스 구조로 이루어져 있다. 이는 기술과 인간을 연결하여 사용자 중심의 도시를 구축하고, 시민의 경험을 위한 디자인을 중시하며, 단순 도시가치 포장 중심이 아니라 도시의 서비스 가치를 생산하는 전략으로 변화하고 있음을 의미한다(김동욱 외, 2021). 무엇보다 기술 중심이 아니라 사용자 중심인 스마트시티 자체가 디자인사고 요소가 총집합된 것으로, 시범도시 지정도 역시 하나의 프로토타입을 테스트하는 과정으로 볼 수 있다.

둘째, 도시재생은 산업구조 변화, 인구감소, 도시의 무분별한 확장, 주거환경 노후화 등으로 쇠퇴하는 도시의 역량을 강화하고 새로운 기능을 도입하며, 지역자원을 활용하여 경제적 · 사회적 · 물리적 · 환경적으로 활성화하는 것을 말한다.[73] 초기 스마트시티는 U-City 사례에서 본 것처럼 데이터센터 구축, 전기, 교통, 수도 등 인프라의 효율적 운영을 위한 디지털 솔루션에 관심이 있었다. 그러나 사용자인 시민을 고려하지 않은 기술 위주의 솔루션은 의도치 않은 부작용을 초래할 가능성이 있다. 예컨대, 뉴욕(New York)시의 'LinkNYC' 키오스크는 무료 인터넷 액세스를 시민들에게 제공하였지만, 이에 내장된 웹 브라우저(Web Browser) 기능은 길거리에서 부적절한 콘텐츠를 스트리밍하는 행인들의 등장으로 이어졌다. 키오스크 장치 충전 포트 주변에서도 노숙자들 야영지가 늘어나는 의도치 않은 결과가 나타났다. 따라서 쇠퇴하는 도시의 활성화를 목표로 하는 도시재생에 스마트기술을 접목하는 것은 단순히 디지털 솔루션을 제공하는 것이 아니라 도시재생 과정에서 시민과 어떻게 소통하고, 어떻게 사람 중심의 혁신을 이루어나가는가에 관한 과정이 강조된다는 것이다. 도시재생에 있어서 '누구를 위한 재생인가?(regenerative, for whom?)'라는 질문을 끊임없이 물으며, 스마트기술 접목을 통해 좀 더 포용적이고 생산적인 스마트 도시재생이 될 수 있도록 해야 한다는 것이다.[74] 스마트시티를 통한 도시재생에 있어서 사용자 중심의 디자인사고는 시민 편의를

73) 도시재생 활성화 및 자원에 관한 특별법 제2조의 규정이다. 인구와 사업체는 최근 5년 간 3년 연속 감소한 경우, 20년 이상 노후 건축물이 전체의 50% 이상이면 도시가 쇠퇴하는 것으로 본다.

74) Cities Today, https://cities-today.com/industry/the-evolving-art-of-urban-regeneration/ 참조.

위한 새로운 아이디어를 생산하고, 작은 규모로 실험할 수 있게 만들며, 정책 집행을 더욱 쉽게 할 수 있는 장점이 있다. 지역공동체가 도시재생에 계속해서 참여한다면 정치적인 위험도 낮출 수 있다(Stimmel, 2021). 우리나라에서는 경기도 고양시의 스마트 드론 안심형 도시재생 사업, 세종시 조치원 원도심 살리기 프로젝트, 포항시 원도시 재생 사업 등에 스마트기술을 적용하여 지역 시민의 실질적 필요와 선호를 반영하여 진행하고 있으며, 공통적으로 스마트시티 구현과 함께 부가가치를 창출하는 데 이바지하는 것을 목표로 하고 있다.[75]

셋째, 디자인 요소가 가장 잘 드러나는 스마트시티 프로젝트 중 하나는 일상생활 실험실 또는 살아있는 실험실로 불리는 '리빙랩(living lab)'이라고 볼 수 있으며, 최근 많은 주목을 받고 있다. 기술을 이용하여 사회문제를 해결하고자 하는 목표를 가지고 있는 리빙랩은 기본적으로 사용자가 연구 대상이 아니라 직접 연구 활동의 주체로 활동하는 '사용자 중심의 혁신공간'으로 정의할 수 있다(김동욱 외, 2021). 즉, 단순 시민 참여 공간이 아니라 시민이 직접 일상생활과 관련된 정책을 개발하고 실험하는 개방형 공간으로서의 개념이다. 도시의 문제는 철저하게 도시의 상황에 근거를 두고 주민이 주체가 되어 해결해야 한다는 점에서, 그리고 작은 단위부터 실험한다는 점에서 사용자가 중심이 되는 서비스 제공을 추구하는 디자인사고와 철학과 일맥상통하며, 정부 주도가 아니라 아래로부터의 혁신을 위해 협업한다는 특징이 있다. 도시가 하나의 혁신공간으로서 그 안에서 발생하는 여러 가지 복잡한 문제에 대응하며, 미래의 도시를 만들어가기 위해 다양한 기술과 아이디어를 실험하는 스마트시티 모델로서의 리빙랩은 이미 네덜란드 같은 유럽국가 등에서는 도시정부와 민간회사, 주민, 시민단체 등 다양한 주체가 긴밀한 협력을 진행하고 있다. 우리나라에서도 이미 활발하게 리빙랩 사업이 진행되어 '리빙랩 국가'로 불릴 수 있을 정도이며, 일종의 사회혁신 운동으로 받아들여지고 있다.[76] 대학에서도 교육부의 '사회 맞춤형 산학협력 선도대학(LINC+) 육성사업'을 통해

75) 아직은 여러 스마트도시 사례가 진행 중이기 때문에 어떤 평가를 내리기는 어렵다. 그러나 아직도 관 중심의 서비스를 제공하려는 시도가 주도적인 것은 사실이며, 이를 '스마트도시 2.0'이라고 부른다. 디자인이 좀 더 중심에 있는 스마트도시형 도시재생이라면 정치와 행정이 더 폭넓은 시민참여를 용인하는 용기가 필요하다는 것이 현재의 평가다(Schulders, 2022).

76) 이로운넷, https://www.eroun.net/news/articleView.html?idxno=23419 참조.

참여대학들이 다양한 지역사회 문제를 가지고 리빙랩을 운영해 왔으며, 각 시민단체, 지방정부, 기업 등 다양한 주체가 리빙랩 활동을 하고 있다.[77] 리빙랩은 '대전시 건너유 리빙랩', '독산동 행복주차주민위원회', '광주시 청소년 화해 놀이터' 등 여러 사업이 진행되고 있으며, 정부 주도의 하향식 추진의 문제점을 극복하고 민-관-시민-전문가의 파트너십에 의한 협업이 강조되고 있다.

☛ 스마트시티즌 커뮤니티: 수원시형 리빙랩

도시문제를 종합적으로 해결하기 위해 체계적으로 리빙랩을 활용하고 있는 도시 중 하나가 수원시다. 수원시는 2019년 스마트시티 챌린지 사업에 선정되면서 도시문제 해결을 위한 스마트시티 사업에 시민원탁토론과 리빙랩 등을 도입하면서 시민 의견을 적극적으로 반영하기 시작하였다. 2023년부터는 '마을리빙랩 태스크포스팀'을 조직하여 수원시 44개 동에서 마을리빙랩 사업 45개를 선정하였는데, 추진 사업은 '우리 동네 소방서'(파장동), '오늘도 안녕, 생명을 살리는 동네 한 바퀴'(서둔동), '행궁동 생태교통리빙랩'(행궁동), '마을 산책길 만들기'(조원2동) 등 각 행정동의 사정을 가장 잘 아는 주민들이 사업을 발굴하고 해결방안을 도출하는 사업 과정 전반에 참여하였다.

여러 사업 중 행궁동 사례는 주목할만하다. 행궁동의 도시문제 해결과 시민참여 활성화, 그리고 갈등 해소를 위해서 원탁토론과 사전 수요조사, 시민설문, 인터뷰 등을 실시하여 사전에 시민과 교감을 시도하였고, 400명을 대상으로 교통, 안전, 전통시장, 취약계층 등 네 가지 현안과제를 발굴하였다. 이를 바탕으로 2019년 9월부터 12월까지 4개월 동안 실시한 리빙랩에서 네 가지 현안을 해결하기 위해 초등생부터 시니어까지 다양한 세대가 참여하여 서로 간 이해를 높일 수 있었고, 시민의 다양한 필요를 발굴하게 되었다. 발굴된 아이디어는 시민과 함께 전문가 자문을 받아 기술적 혁신성을 검토한 후 프로토타입 개발, 테스트를 진행하게 되었다. 이 과제에서 제시된 아이디어는 행궁동 관광자원 활용을 통한 전통시장 부흥, 전통시장 알리미 정보제공 시스템, 독거노인을 위한 인공지능 스피커 프로토타입 제시, 행궁동의 스마트 여정 지도(journey map) 제작, 안전지도 맵을 위한 앱 개발 등 다양하며, 이렇게 시민 참여를 바탕으로한 도시문제 거버넌스 해결을 위해 힘쓴 결과 독일의 'iF 디자인 어워드(시티즌 파트너십 부문)'와 '아시아 디자인 어워드 2020(Asia Design Award)' 소셜 임팩트 부문 수상자로 결정되었다.

출처: 한국지역정보개발원(2020), 『지역정보화』, 124: 6-9.

77) 위의 글. 2017년에는 한국리빙랩네트워크가 발족되었다.

③ 스마트시티와 디자인의 미래

오늘날 스마트시티는 우리나라의 ICT 기술 발전과 함께 매우 많은 관심을 받는 현재 진행형인 분야이고, 기술과 공간을 접목하여 도시자원의 효율적 사용과 도시문제 해결을 위해 앞으로도 디자인 요소가 접목될 가능성을 보유하고 있는 분야라고 볼 수 있다. 스마트시티 문제 해결을 위해 디자인사고의 적극적 개입이 요구될 것으로 보이고, 서비스디자인에서 신규 수요가 창출될 것으로 기대한다. 그러나 기술과 공간의 연계를 통한 하향식(top-down) 체제 구축에 초점을 맞춘다면 U-City 사례와 같이 큰 영향을 미치기는 어려울 것으로 본다. 오히려 무형의 가치를 디자인하는 사용자 경험과 서비스 디자인 등 인간 중심의 디자인사고 영역과 스마트시티가 결합할 수 있다면, 시너지 효과를 낼 것으로 기대되기 때문에 디자인의 직·간접적 준비가 필요하다고 볼 수 있다.

디자인사고는 사용자의 요구를 더 잘 수용하고, 도시의 과제를 효과적으로 해결할 수 있는 스마트시티 솔루션 개발에 유용한 방법론이며, 궁극적으로는 국가와 사회의 혁신 원동력이 될 수 있을 것으로 기대한다.

4 결어

21세기의 경험은 한편으로는 오늘날의 도전과제들이 고도로 복잡화되고 있고, 또 다른 한편으로는 이를 처리할 수 있는 민간 및 공공부문의 조직적, 절차적, 방법론적 도구와 능력 사이의 격차가 점점 더 벌어지고 있음을 보여주고 있다. 변화의 속도와 규모가 증가하고, 문제의 성격이 점점 더 복잡해짐에 따라 기존의 조직은 자체 역량으로 또는 다른 부처 및 조직에 영향을 미치지 않고 문제를 해결할 수 있는 입지가 좁아지고 있다. 지금까지는 제품이나 서비스의 본질적인 부분, 조직적 및 문화적 근거를 훼손하지 않으면서 더욱 정교한 솔루션을 개발하여 이러한 격차에 대응하는 경향이 있었지만, 이제 이러한 대처는 더는 적합하지 않은 것으로 보인다. 이제 민간부문이나 공공부문 모두 어느 한 분야의 매우 정교하게 개발된 지식에서 해답을 찾기 어렵고, 다학제적이면서도 다양한 행위자가 함께 협업하는 창의적 접근이 필요하고, 이를 위한 것이 디

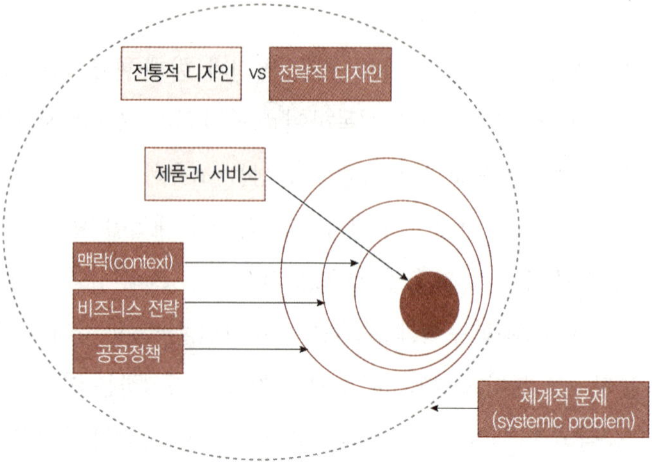

출처: The Fountain Institute 홈페이지.

[그림 6-12] 전략적 디자인과 시스템

자인사고이다.

제6장에서 살펴본 민간부문의 사례는 점점 복잡화하는 문제와 조직의 위기 앞에서 디자인사고를 통해 문제의 본질에 대한 올바른 질문을 정확하게 정의하고, 아이디어를 기민하게 생산하여 혁신적인 솔루션을 성공적으로 개발해 온 스토리이다. 디자인을 전략적으로 접목한 성공적인 조직들은 [그림 6-12]와 같이 전통적 디자인이 제품과 서비스 개발 그 자체에 초점을 맞춘 것과 달리, 그 제품 및 서비스가 어떻게 사회·문화적 맥락(context)에 광범위하게 연계되어 있으며, 어떻게 인간 중심의 접근 방식을 가진 전략 디자이너가 조직과 사용자의 교차점에서 비즈니스 및 사용자 문제 모두에 대한 솔루션을 성공적으로 설계하였나에 관한 사례들이었다.[78]

디자인의 전략적 사고는 공공부문의 사례에서도 빠르게 접목되고 있고, 덴마크, 핀란드, 영국 등 유럽국가들은 매우 효과적으로 디자인 중심의 행정과 공공서비스를 개발 및 제공하고 있다. 한국의 중앙정부 및 지방자치단체도 사례에서 살펴본 바와 같이

78) 예를 들면, 외발 전동스쿠터인 세그웨이(Segway)나 구글 글래스(Google Glass)는 개발 당시에는 세상을 바꿀 수 있는 혁신적 개발로 주목을 받았으나 결국 사회적 맥락과 문화, 정책에 대한 이해가 부족했기 때문에 주류 수단으로 올라서지 못하거나 사장되고 말았다. The Fountain Institute 홈페이지, https://www.thefountaininstitute.com/blog/what-is-strategic-design 참조.

2010년대 이후 리빙랩이 전국적으로 도입되기 시작하였고, 공공서비스 디자인 훈련이 상당히 보급되면서 전통적인 관료적 접근에 대한 도전이 가시화되고 있다. 스마트시티 프로젝트의 경우 디자인 요소와 결합하면서 사용자 중심의 서비스디자인으로 전환할 수 있는 매우 좋은 기회를 제공하고 있기도 하다.

물론 아직 전면적인 디자인사고를 통한 서비스디자인 체제는 몇 가지 측면에서 장애요인이 있을 수 있다. '디자인사고 실패론'이 나오기도 한다. 공공부문은 사업이나 서비스가 정부예산과 직접적으로 연계되었을 때 '측정할 수 있는' 성과를 보여줘야 할 필요가 있기 때문이다.79) 또한 최고 리더십이 디자인사고에 대해서 이해가 부족하거나 지원이 소홀한 경우 디자인사고 자체가 정부 조직의 운영을 도와주는 역할일 뿐, 핵심은 아니라는 인식을 할 수 있다. 공공부문은 민간과 비교할 때 지속적 혁신이나 경쟁에서는 비교적 자유로운 면이 있기 때문에 디자인의 전략화가 쉽지 않을 수 있다. 결국 공공부문 전체가 디자인사고의 마인드 셋으로 무장하고, 적절한 방법론을 사용하며, 조직 문화의 핵심 역량으로 디자인사고가 침투할 수 있어야 디자인 중심의 혁신이 가능할 것으로 기대할 수 있다.

☛ 대나무와 폴리에스테르 천으로 깨끗한 물을: 비영리 부문도 디자인을

세계적으로 영향력 있는 건축, 인테리어, 그리고 디자인 관련 온라인 잡지인 『*Dezeen*』은 2016년 11월 마치 아프리카에서 선한 의도에도 불구하고 문제를 일으켰던 물 펌프이자 놀이기구인 '플레이 펌프(Play Pump)'를 떠올리는 스토리를 실었다. 이탈리아의 건축가인 아투로 비토리(Arturo Vittori)가 에티오피아의 도제(Dorze)라는 작은 마을을 방문했다가 물을 얻기 위해 매일 수km를 왕복하는 아프리카 여성과 어린이를 목격하고 이들의 문제를 어떻게 해결할 수 있을까 고민하다가 시작한 실험에 관한 것이었다. 비토리가 생각한 문제는 이러했다. 어떻게 하면 환경을 해치지 않으면서도, 쉽게, 지속해서 주민들이 깨끗한 식수에 접근하면서도, 쉽게 구할 수 있는 재료로 어떤 장치를 만들 수 있을까였다. 그래서 궁극적으로는 개발도상국 지역공동체의 식수문제를 해결하고자 했던 것이다. 이 프로젝트는 '와르카 워터 타워(Warka Water Tower)' 프로젝트로 불렸

79) 즉, 조직의 현실적 여건이자 장애요인인 단기적 시각, 성과주의에 대한 요구, 인내심의 부족, 불확실성 등은 디자인사고에 대한 의구심을 들게 만든다. 관료주의도 큰 장애요인이라고 볼 수 있으며, 이는 민간부문이나 공공부문을 가리지 않는다. 이에 대하여는 제8장에서 논의한다.

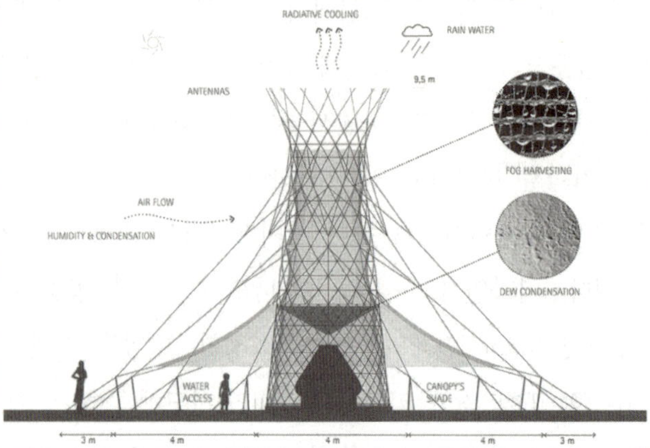

고, 지속 가능한 방식으로 물을 모으고 수확할 수 있는 환경과 다양한 가능성을 탐색하기 시작했다.

제작비가 많이 들어 아프리카 주민들이 부담스러워했던 플레이 펌프와 달리 이 와르카 워터 타워는 매우 가벼운 대나무로 프레임을 만들고 그 안에 폴리에스테르(polyester) 소재가 빗물이나 수증기를 응축하여 대기에서 물을 수확할 수 있게 되어 있으며, 크기마다 다르지만, 하루에 최대 100리터의 물을 생산할 수 있도록 목표하였다. 2012년 실험적으로 프로토타입을 개발한 후 비토리는 2015년 자신이 영감을 얻은 에티오피아 도제(Dorze)에 첫 번째 프로토타입을 설치하였고, 계속해서 버전 1.0부터 5.0까지 빠르게 설계하고 테스트하기를 반복하고 있다. 이제 그에게 남은 과제는 높이가 최대 12m에 달하는 구조물을 비와 기계 없이 손으로만 건축하도록 하는 것이다. 디자인이 완전히 끝나면 비토리를 비롯한 이 프로젝트팀은 구조물을 누구나 사용할 수 있도록 워터 타워를 만드는 것을 목표로 실험을 계속 중이다.

이처럼 많은 사회운동가, 사회적기업가, 시민단체 등이 디자인사고 마인드로 아이디어를 생산하여 여러 글로벌, 로컬의 문제를 해결하기 위하여 노력하고 있다. 디자인사고는 이제 민간 기업이나 정부 조직에 한정되지 않고 광범위하게 적용되고 있다는 것이다.

출처: dezeen.com

CHAPTER

07

민첩한 조직과 디자인: 애자일 사고

1 새로운 패러다임을 '민첩'하게

마이크로소프트(Microsoft)사가 인터넷 시대의 핵심인 웹 브라우저(web browser)로 세계 시장을 지배하던 때가 있었다. 지금은 구글(Google)사가 사용자 경험을 중시하면서 자사의 검색엔진과 연계된 웹 기반 애플리케이션을 쉽게 다룰 수 있도록 한 크롬(Chrome)이 시장을 석권하고 있지만, 1990년대 중반 이후 2000년대 초까지 세계 시장의 90% 이상을 장악했던 것은 당시 가장 고객 친화적인 것으로 알려졌던 마이크로소프트사의 인터넷 익스플로러(Internet Explorer)였다. 인터넷 태동기만 해도 웹 브라우저 시장은 넷스케이프(Netscape)가 표준으로 인정받으며 익스플로러는 기도 펴지 못할 정도로 시장에서 강세를 보이던 시기였으나, 넷스케이프를 따돌리고 강자로 등극한 것이었다.1)

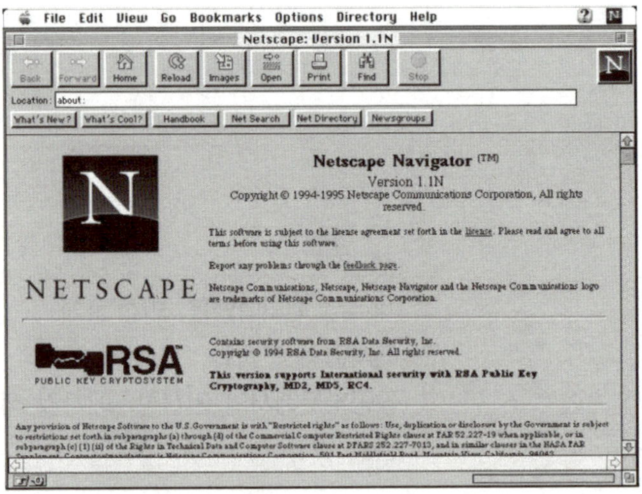

출처: arnnet.com.au

[그림 7-1] 넷스케이프 웹 브라우저

1) 당시 컴퓨터와 인터넷 관련 서적과 잡지에도 주로 넷스케이프를 기준으로 설명이 되어 있을 정도로 표준적인 오픈소스 웹 브라우저였다. 오히려 초창기 대부분의 웹사이트들이 넷스케이프를 기준으로 제작되어 인터넷 익스플로러는 구동 속도가 느리고 호환성도 떨어지는 단점도 있었다. IT동아, https://it.donga.com/27800/ 참조.

재미있는 것은 익스플로러가 시장에 등장한 방식이었다. 당시 시장의 80% 이상을 점유하면서도 가볍고 빠른 구동을 자랑하던 넷스케이프에 대항하며 성장하던 익스플로러의 개발과 성장은 어떻게 보면 전통적인 개발 방식과는 상당한 차이가 있었다는 것이다. 마이크로소프트는 익스플로러를 개발하면서 보안을 극도로 중시하면서도 3개월 만에 첫 시제품을 대중에게 선보였다. 곧이어 30% 정도가 개선된 알파버전을 공개하였으며, 그로부터 한 달 만에 또다시 60% 정도 구현된 공개 베타버전을 내놓게 된다. 두 달 후 80% 정도 구현된 베타버전 이후 1년도 채 안 된 1996년 정식 버전을 출시하는 방법을 사용하였다. 등장하는 방식이 특이하지 않은가?

이러한 인터넷 익스플로러의 등장은 민첩함을 의미하는 '애자일(agile)'이라는 이름으로 알려지게 되었으며, 제품, 서비스, 정책을 짧은 주기로 반복적으로 개발하고 실행하여 변화에 적극적으로 대응하는 것을 의미한다. 전통적인 기법은 주로 사용자의 요구에 부응하기 위해 합리적으로 대안을 분석하고 자원을 배분하며, 책임성 증대를 위해 일정한 사이클에 따라 결정하는 과정을 거친다. 그러나 마이크로소프트의 사례에서 볼 수 있듯이, 일부 성공적인 조직은 새로운 패러다임을 민첩하게 받아들이고, 사용자와 상호작용하여 작업이 반복적으로 이루어지기 때문에 제품이나 서비스를 사용자에게 지속해서 업데이트할 수 있는 방식이다. 즉, 성공하는 조직은 지휘하고 통제하는 전통적 경영방식을 버리고 새로운 가치, 원칙, 수행에 있어서 조직이 얼마나 민첩하게 대응하느냐가 21세기에 성공하게 될 것을 일찌감치 알았다는 것이다(Dennings, 2018).

이제 2000년대 이후 민간부문에서–특히, 소프트웨어 개발 분야에서–변화를 빠르게 감지하고 혁신하는 조직으로의 개혁을 추구하는 방법으로 주목받기 시작한 애자일은, 사용자 중심의 서비스를 디자인하는 조직으로 변화하기 위해 조직 전체가 민첩하게 생산기술과 과정을 반복하고, 사용자의 즉각적인 피드백을 제품과 서비스 생산에 반영하여 실패위험을 줄이고, 매몰비용(sunk cost)을 줄이려는 전략이다(Bisen, 2018). 이제 애자일은 분야와 종류에 상관없이 거의 모든 조직으로 확산되고 있으며, 행정 및 정책 분야에도 새로운 거버넌스 기법으로 『*Public Administration Review*』 등에서 소개하고 있다(Mergel et al., 2020; Moon, 2020).

그러나 사실 조직에서 실제로 적용되고 있는 애자일은 그 명칭과 형태만 해도 40여 개에 이르기 때문에 통일된 정의가 어렵고, 애자일을 모형마다 구분해 놓는 것도 큰 의미가 있다고 보기 어렵다. 따라서 애자일은 어떤 배경에서 등장하게 되었고, 어떤 방식으로 작동하는지 사례를 통해서 알아보는 것이 더 유용할 것으로 본다. 다음에서는 애자일이 각광을 받게 된 등장 배경과 디자인사고와의 유사점 및 차이점, 애자일의 운영 방식과 애자일을 위한 조직 형태를 민간부문과 공공부문의 사례를 통해서 설명하고자 한다.

1) 애자일의 등장 배경

새로운 패러다임의 등장은 종종 옛 조직 운영 및 경영기법과 충돌한다. 디자인사고와 비슷한 고객 중심의 접근 방법이면서도 '민첩하게' 프로토타입을 테스트하고 해결책을 모색하는 접근 방법인 애자일은 2000년대 이후 민간부문, 특히 소프트웨어 개발업계에서 변화를 빠르게 감지하고 혁신하는 조직으로서의 조직개혁을 추구하는 방법으로 주목을 받게 되었고, 이는 곧 전통적인 개발 방법에 대한 축적된 불만족을 의미하였다. 소프트웨어 개발 분야에서 전통적인 프로젝트 방법은 19세기 '자동차 왕' 헨리 포드(Henry Ford)가 자동차 생산 공정에 드는 비효율성과 과도한 시간을 인식하고 상황을 바꾸려는 시도에서 비롯되었다. 포드는 팀의 각 구성원에게 자동차의 매우 특정한 부분만 만들도록 배정하고, 해당 구성원이 과업을 완료하면 다음 사람에게 컨베이어 벨트(conveyor belt)로 불린 줄을 따라 이동하는 방식으로 과업을 설계하였다. 이에 따라 해당 과업 담당자가 주어진 작업을 완료하면 다음 사람이 공정을 이어서 하는 방식이었다.[2)]

[그림 7-2]에 나타난 것은 다양한 폭포수 모형의 하나일 뿐이며, 이 모형의 방식에서 파생되어 나간 많은 폭포수 모형이 존재한다. 한 시대를 풍미한 폭포수 모형의 장점은 하나의 '입증된' 방법으로써 실행에 옮기기가 매우 간단하며, 명확하게 정의된 구조를 바탕으로 순서에 따라 효율적으로 과업을 수행할 수 있다는 것이다. 그러나 단계별 과업이 100% 완료된 후에야 다음 단계로 넘어갈 수 있고, 한번 이 과정을 거쳐 완성된

2) 주지하다시피 이런 생산 방식은 대량생산이 가능하게 한 분업화 방식이며, 오랫동안 전근대와 대비되는 근대화(modernization)의 특성으로 남아 있다.

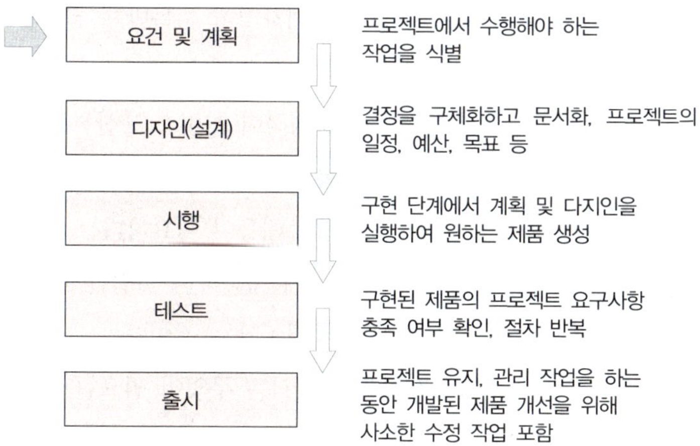

출처: rindle.com

[그림 7-2] 폭포수 모형3)

제품이나 서비스는 변경하기가 어렵다는 문제점이 있다. 또한 적어도 제품이나 서비스 개발을 최종적으로 완료할 때까지 의뢰인(client)이나 최종 사용자의 선호를 제대로 반영하기 어려운 문제가 있었다.

특히 소프트웨어 개발에 있어서 폭포수 접근법의 단점은 실제로 작동하는 프로토타입을 만들 때까지 자신의 선호를 잘 모르는 고객이 많고, 그들의 수정 요구가 잦은 소프트웨어 개발 분야에서 두드러지게 나타났다는 것이다. 애자일이 등장하기 전, 소프트웨어 개발 프로젝트의 상당수는 최종 산물이 나오기도 전에 취소되는 경우가 많았다. 어떤 소프트웨어를 개발하는 과정에서 경험이 많은 개발자들이 아무리 폭포수 접근법에 기반하여 치밀하게 계획을 세워도 일정이나 역할, 인원, 우선순위, 작업방식 등에 조금씩 변화가 실제로 있을 수밖에 없다는 것이다. 소프트웨어를 개발하는 데 있어서 하나의 단계만을 완성하는 것은 가능하지 않다는 점도 더욱 폭포수 모형에 대한 불만을 일으키는 원인이 되었다. 이런 배경에서 2000년대 이후 단순히 비용과 시간을 절감하는 것을 넘어, 민간부문, 특히 소프트웨어 개발업계에서 변화를 빠르게 감지하고 혁신

3) 폭포수 모형의 장・단점에 대해서는 rindle.com, https://rindle.com/blog/waterfall-project-management-methodology-explained-1 참조.

하는 조직으로서의 개혁을 추구하는 방법으로 애자일이 주목받게 된 것이다.[4] 이처럼 불확실한 상황에서 사용자의 필요를 만족시키기 위해 많은 이해관계자를 제품 및 서비스 생산에 참여시키고, 즉각적으로 피드백을 반영하여 서비스 생산하는 방법이 바로 애자일이다(Dennings, 2018). 불확실한 시대에 복잡한 문제 앞에서 위기에 봉착한 조직들은 빠른 비즈니스 속도를 따라잡기 위해 민첩한 대응이 필요하다는 것을 인지하기 시작하였고, 시간에 따라 변화하는 고객 요구사항에 대응하는 민첩한 아이디어의 필요성을 절감하였으며, 그로 인해 등장한 것이 애자일이라는 것이다.[5]

애자일의 등장은 오늘날 조직의 성공을 위해서는 무엇이 필요한지 잘 보여주는 것이라고 볼 수 있다. 즉, 얼마나 민첩하게 사용자인 고객의 필요에 반응하고, 단기간에 무엇인가를 개발할 수 있느냐가 성공의 핵심이며, 이제 각 조직의 경영전략으로 확산되고 있다는 것이다. 소프트웨어 개발업계는 물론이고 비교적 유행 주기가 짧은 패션업계 등도 애자일 방식에 매우 익숙하다. 예컨대, 자라(Zara)나 에이치앤엠(H&M) 등의 글로벌 패션업체들은 패션쇼 등을 통해서 다음 시즌에 유행할 물량을 준비하는 전통적 방식과 달리, 트렌드 예측에 초점을 맞춰 한번 정한 디자인은 생산물량을 15% 줄이고, 나머지 85%는 고객의 반응에 따라서 계속 디자인을 바꾸어가며 생산하는 방식을 취하고 있다. 그 목적은 고객에게 일단 파악이 가능한 프로토타입을 빠르게 선보이고 반응을 살핀 다음, 그 반응에 따라 지속해서 상품을 개선하기 위한 것이다. 또 다른 예로 한국 토종 배달업체로 성장하여 2020년 독일의 세계적 업체인 딜리버리히어로(Delivery Hero)와 합병하게 된 '배달의 민족' 사례를 보자. 원래 전화번호부용 앱으로 개발된 '배달의 민족'의 고객 담당 프로그램 개발팀은 항상 앱을 업데이트하자마자 고객이 버그를 신고하는 현상을 경험하였다. 그러나 배달의 민족은 고객의 불평을 단순한 불평으로 치

4) 좀 더 구체적으로는 2001년 소프트웨어 개발자들이 유타(Utah)주의 개발자 콘퍼런스에서 채택한 '애자일 소프트웨어 개발 선언(Manifesto for Agile Software Development)'이 시발점이다. 애자일 매니페스토 웹사이트 https://agilemanifesto.org/ 참조.

5) 이에 관해 핀란드의 디자인 연구자인 타르모 토이까넨(Tarmo Toikkanen)은 폭포수 접근법이 원래 소프트웨어 개발에 적합하지 않은 방법이지만 학자와 정부 연구자들이 잘못 인용하는 바람에 주류가 된 것이고, 애자일 방법도 이미 1950년대에 개발된 것이 다시 인기를 얻은 것이라고 주장한다. 그의 홈페이지 https://www.tarmo.fi/2005/09/09/dont-draw-diagrams-of-wrong-practices-or-why people-still-believe-in-the-waterfall-model/ 참조.

부하지 않고, '버그는 고객이 잡아내는 것이다'라는 관점에서 접근하며 즉각 피드백을 반영하여 앱을 최적화하였다. 민첩한 조직 운영으로 신속하게 실행하고, 때로는 빠르게 실패를 경험하며, 고쳐야 할 것을 배우고 다시 반복하는 과정을 거치는 애자일은 이제 매우 큰 효용을 가진 경영전략으로 자리잡게 되었다.

요약하자면, 예전에 좋은 경영방식으로 주목받았던 방법론이 이제 구시대의 시대착오적 유물로 여겨지는 시대가 되었으며, 전통적 경영방식에 무작정 빅데이터 등의 방법을 도입한다 해도 결과가 미약한 경우가 많아지고 있다. 또한 코닥(Kodak) 같은 회사처럼 시장을 선도하던 회사들이 획기적 변화의 흐름을 놓치고 사장된 사례도 많았다. 이들은 나쁜 경영방식을 따라 사장된 것이 아니라 좋은 경영전략을 따라 했음에도 성공적으로 되돌아오지 못한 사례다. 애자일은 이러한 시대적 배경하에 등장하여 민첩하게 반복하는 과정을 통해 문제를 해결하는 데 유용한 방법론으로 그 필요성이 인정되고 있고, 이제 21세기의 사업적 성공은 얼마나 민첩하게 움직이는가에 의해 좌우될 수 있을 정도로 중요성이 커졌다. 그리고 이러한 조직의 민첩성은 민간부문뿐만 아니라 공공부문에서도 점차 설득력을 얻어가고 있다.

2) 애자일의 특성과 작동방식

애자일은 결국 예측할 수 없이 급변하는 VUCA 환경에서 – 변동성(volatile), 불확실성(uncertain), 복잡성(complex), 그리고 모호성(ambiguous) – 조직이 혁신을 추구하고, 사용자 중심의 서비스를 디자인하는 조직으로 변화하기 위해 조직 전체가 민첩하게 생산기술과 과정을 혁신하는 경영기법으로 도입되고 있다(Dennings, 2018). 앞서 정의한 바와 같이 애자일은 스타트업이나 소프트웨어 개발 등의 분야에서 흔히 있는 변화적응적 방법으로, 의사결정자들이 불확실한 상황에서 사용자의 필요를 만족시키기 위해 많은 이해관계자를 제품 및 서비스 생산에 참여시켜 즉각적으로 피드백을 서비스에 반영하고 실패위험을 줄여 매몰비용을 줄이고자 하는 전략이다. 애자일 방법은 이처럼 폭포수 접근 방법과 대비되며, 전통적인 서비스 접근법을 채택한 대규모 프로젝트나 개발사업이 마지막 단계에서 실패함으로써 야기될 수 있는 엄청난 비용을 줄이는 데 유리하

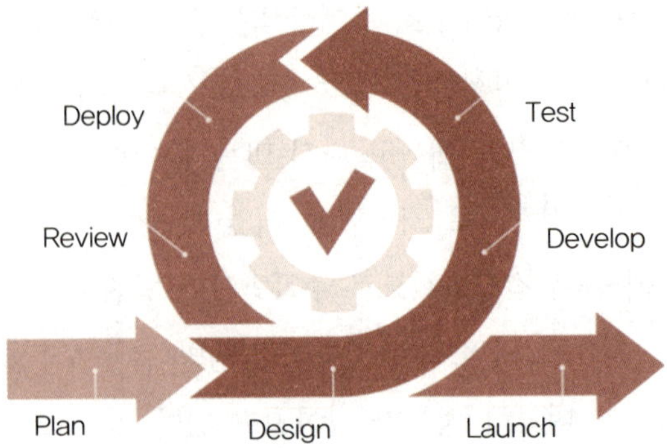

출처: decipherzone.com

[그림 7-3] 애자일의 단계

며, 프로젝트를 여러 단계로 나누고 지속적인 협업과 개선을 강조하는 방식이다.

(1) 애자일의 특징

애자일 조직은 변화에 빠르고 쉽게 적응할 수 있도록 디자인되었기 때문에 유연하고 변화적응적이며, 사용자가 주도하는 변화무쌍한 환경에 민첩하게 적응하게 된다. 앞서 밝힌 바와 같이 다양한 형태와 과정이 있으며, 어떤 표준적인 절차를 제시하기는 어렵다. 그러나 디자인사고와 마찬가지로 보통은 [그림 7-3]과 같은 단계로 나누어 볼 수 있으며, 애자일 방법의 수명주기(lifecycle)는 제품이나 서비스에 대한 고객의 요구사항을 브레인스토밍하고 계획(plan)하는 데서 시작한다. 이어서 문제 해결을 위해 정의된 고객의 요구사항에 기반한 제품이나 서비스를 디자인(design)하고, 애자일 팀이 민첩하게 실제 시험이 가능한 최소한의 베타버전 혹은 프로토타입을 만들어 대상자에게 테스트하며, 실시간으로 피드백을 받아 빠르게 반영하여 서비스를 개선해 나가게 된다. 이 과정은 만족할 만한 최종 제품 혹은 서비스가 개발될 때까지 무한 반복되며, 어느 단계로든 되돌아갈 수 있다는 점에서 디자인사고의 단계와 비슷하다(Bisen, 2018). 애자일에서의 제품이나 서비스는 언제든지 사용자의 요구에 맞춰 수정 가능한 '영원한 베타버전'이라는 사고 하에 지속해서 피드백을 반영해야 한다는 것이며, 시의적절한 과학적 증거와 데이터를 기반으로 반복적으로 테스트하고, 투명성 제고를 위해 사용자 및 이해관계자와 의사 교환을 지속하게 된다(Ling & Mao, 2018).[6]

애자일 방식은 몇 가지 공통적인 특징을 보인다. 애자일은 다양한 형태가 존재하지만, 첫 번째 특징은 기본적으로 프로젝트를 작은 단계로 나누어 쉽게 추진할 수 있도록 하는 방식이다. 또한 모든 애자일 조직이 엄격하게 비슷한 유형과 절차를 거치는 것도 아니다. 그러나 대체로 규모의 측면에서 소규모의 팀 위주로 작업을 더 작은 단위로 나누고, 각 작은 단위에서 일어나는 과정을 반복하여 위험을 최소화하고자 시도한다. 팀원들은 작은 단위에서 과업을 수행하고 반복적으로 협업하면서 시각차를 좁히고 좀 더 몰입하는 모습을 보이게 된다(Dennings, 2018). 이처럼 민첩성을 요구하는 애자일 조직은 대체로 작은 규모로 움직이며, 상대적으로 자율적이고, 기능이 칸막이를 넘어 혼합된 모습을 보인다.

애자일의 두 번째 특징은 디자인사고와 비슷하게 고객 지향적이라는 것이다. 계약과 협상을 통해 요구사항을 명확히 하는 데 초점을 두기보다는 고객과의 계속적인 협력을 강조한다. 기능 중심의 관료조직이 애초에 사용자인 고객의 요구를 전혀 고려하지 않는 것은 아니다. 그러나 관료체제를 갖춘 기업이나 공공부문에서는 주주집단 같은 내부의 눈치를 보는 데 급급하며, 조직 내부의 고객 담당자가 고객의 선호를 '아는 것'으로 간주하고 제품이나 서비스 생산을 하게 되는 하향적 방식이 매우 흔하다는 것이다. 오늘날에는 제품과 서비스 제공에 그치지 않고 고객의 경험 등의 가치를 창출하는 데 열중하고 있다. 사용자인 고객은 마치 제품이나 서비스가 그들을 위하여 맞춤형으로 만들어진 것처럼 직관적이고 번거롭지 않기를 기대한다. 애자일은 하나의 철학으로서 고객에게 가치를 전달하지 못하면 목표, 원칙, 수행방식, 프로세스 등을 민첩하게 조정하고, 가치 창출에 이바지하지 않는 부분은 과감하게 제거한다(Dennings, 2018: 56). 이는 전형적인 관료체제를 유지해 온 공공부문도 마찬가지다. 애자일은 비록 최근에 공공부문에 소개되기 시작했으나 조용하고 빠르게 '사용자 중심'의 행정서비스 체제 구축을 위해 확산되고 있으며, 서비스 개발 단계부터 사용자인 시민과 행정조직 구성원에게도 과정이 개방되어 포용적이고 투명하며, 민주적인 행정원리에도 부합하다(Mergel et al., 2020).

6) 이에 반해, 폭포수 접근법은 모든 대인의 분석과 개발과정이 종료된 후 최종상품이나 서비스에 대한 피드백을 받게 된다는 점에서 애자일과는 차이가 있다고 본다(Mergel et al., 2020).

마지막으로, 다양한 애자일 형태 가운데 공통적인 특징 중 하나는 애자일이 사용자인 고객의 필요를 충족하는 목표를 위해 협력하는 네트워크를 이루며 최적의 성과를 얻는데 집중한다는 것이다. 고객에게 새로운 가치와 경험을 제공하기 위해 끊임없이 변화하는 가운데, 애자일 조직의 구성원들은 뭉쳤다 흩어지는 네트워킹을 반복하며 학습하고 성장하는 유기체적인 조직으로 변모한다는 것이다. 수직-수평 양방향으로 네트워킹되면서 누구와도 대화하고 정보를 교환할 수 있는 조직 형태를 보인다. 이런 애자일 조직으로 탈바꿈하게 되면 어디에서든 조직 전체의 역량을 키우고 혁신을 이루어낼 수 있다는 사고방식을 공유하게 된다.

요약하면, 애자일은 디자인사고와 유사하게 고객 중심의 접근이면서도 민첩하게 고객의 만족을 위해 대응하며 가치를 창출하기 위해 등장하였다. 불확실성의 시대, 복잡성의 시대에 위기에 봉착한 조직들이 비즈니스의 빠른 속도를 따라잡기 위해 애자일을 도입하기 시작하였고, 시간에 따라 빠르게 변화하는 고객의 요구사항에 대응하는 방법으로 속도와 유연성을 강조하는 민간부문뿐만 아니라 공공부문에서도 큰 관심을 끌고 있다(박승규 외, 2021; 배유일, 2022).[7] 환경변화가 더욱 심해지면서 앞날의 예측은 어려워지고, 고객의 요구사항이 까다로워지고 있는 시대에 전략의 개발 초기에 모든 요구사항을 정확하게 정의하고 진행하기가 쉽지 않으며, 전체 계획 수립과 단계적 달성이라는 폭포수 접근은 효과적이지 않게 되었다.

☛ 포스트잇(Post-It): 애자일과 디자인을 위한 최고의 도구

스펜서 실버(Spencer Silver)라는 엔지니어는 3M에서 근무하고 있었다. 1974년 그는 자신이 1968년 개발한 접착제 화합물에 대해서 회사 내부에서 발표하게 되었는데, 그 화합물은 생각보다 접착력이 약했고, 종이 두 장을 간신히 붙일 수 있는 정도에 불과하였고, 장점이라고는 종이 표면에 접착제 잔여물을 남기지 않고 다시 붙일 수 있다는 것이었다. 그와 동료들은 이 물질을 어디에 쓸지 적절한 사용처를 찾지 못했다.

7) Project Management Institute(2017: 4)에 다르면 전 세계 기업 중 어떤 형태로든 애자일 방법을 전혀 쓰지 않는 곳은 12%에 불과한 것으로 드러났다. https://www.pmi.org/learning/thought-leadership/pulse/pulse-of-the-profession-2017 참조.

그렇게 잊혀진 듯하던 실버의 발명품은 누군가의 머리에서 다시 재생산되었다. 실버의 발표를 들었던 청중 가운데에는 3M의 종이 제품 관련 부서의 엔지니어인 아서 프라이(Arther Fry)라는 사람이 있었고, 어느 추운 일요일 아침 예상치도 못한 맥락에서 실버의 접착제를 떠올리는 '역사적' 순간을 맞이한다. 그는 교회 성가대에서 찬송가를 부르는데 그가 불러야 할 노래들을 빠르게 찾아 연습하기 위해 그의 찬송가에 작은 종이를 끼워두고는 했지만 자주 빠졌고, 그때마다 또 정확한 페이지를 찾기 위해 미친 듯이 뒤적거렸던 것이다. 바로 그 순간 프라이는 실버의 발표에서 들었던 그 '약한 접착제'를 떠올렸다는 것이었다. 프라이는 그 화합물의 접착력이 종이에 충분히 달라붙을 정도였지만 흔적도 남기지 않고 벗겨지는 성질이 있었기 때문에, 재사용이 가능한 책갈피를 만들기 위해 종이에 사용해볼 수 있겠다는 생각을 하게 되었다.

그러나 프라이가 이를 단순히 잡생각으로 여기고 지나쳤다면 포스트잇은 빛을 보지 못했을 수 있다. 그는 바로 실버와 협업하여 시제품을 만들고 테스트하여 1977년 4개 도시에서 '프레스앤필(Press'n Peel)'이라는 이름의 책갈피로 출시되었다. 처음에는 반응이 별로 좋지 않았다. 3M사가 아이다호(Idaho)주 보이지(Boise)시의 사무직원들에게 공짜로 나누어주자 그때부터 인지도가 올라가기 시작하였고, 1980년에는 미국 전역에, 이듬해에는 캐나다와 유럽에 소개되어 오늘날에 이르게 되었다.

아이디어와 그것을 적용하는 것 사이에는 차이가 있고, 창조를 한 사람 혼자서는 그 차이를 연결하기 어려울 수 있다는 점을 보여주는 사례이며, 제작자가 빠르게 아이디어를 적용하고, 테스트하여 다른 사람들에게 그 개념을 노출해야 성공 가능하다는 것이다. 포스트잇은 아이디어와 협업, 민첩한 제작과 테스트라는 애자일 마인드가 만들어낸 합작품이며, 아이러니하게도 애자일과 디자인사고에서 가장 많이 쓰이는 재료이기도 하다.

3M의 아서 프라이와 스펜서 실버.

출처: rightattitude.com

(2) 애자일의 작동방식과 기대효과

애자일 전략은 민첩한 조직 운영으로 신속하게 운영된다. 일단 작은 규모로 실행하고, 빠르게 경험하며, 고쳐야 할 것을 학습하여 다시 시도하는 방식으로 운영된다. 앞서 제5장의 프로토타입 사례로 살펴본 싱가포르의 공공 주차용 모바일 애플리케이션 개발은 일단 테스트가 가능한 미완성의 베타 프로그램을 빠르게 개발하여 시민과 여러 이해관계자로부터 피드백을 받고 수정하여 8개월 만에 완전한 앱으로 출시한 애자일의 예시이기도 하다. 하향식으로 개발된 앱을 전면적으로 출시하는 방식보다 실패의 위험이 줄어들고 고객의 요구가 개발 및 수정 과정에서 계속 반영되어 결국은 개발자와 고객이 만족하게 되는 결과를 가져오게 된다는 것이다. 대체로 애자일의 원칙은 다음과 같다.[8]

- 애자일은 초기부터 지속해서 고객을 만족시킨다(최우선 가치).
- 변화를 수용하여 고객의 요구사항 변경을 반영한다(고객 경쟁력).
- 생산주기를 짧게 하여 초기부터 조금씩 검증한다.
- 기획자와 현업, 개발자가 협업한다.
- 동기부여된 팀원들로 팀을 구성하고 안정적 환경, 물질적 지원, 대화를 지속한다.
- 정기적으로 더 효과적인 방법을 적용해보고, 그에 따라 행동을 조율하고 조정한다.

세계 시장에서 페이스북(Facebook), 우버(Uber) 등 신생 스타트업이 숨겨진 고객의 필요를 발굴하여 짧은 시간 안에 세계적 기업으로 자리를 잡은 사례는 한둘이 아니다. 그러나 동시에 많은 조직이 사라지고 있다. 이런 상황에서 조직은 경쟁력을 확보하기 위해서 기민한 조직으로 탈바꿈할 것이 기대되고 있으며, 민첩한 조직일수록 급변하는 환경에 더 빨리 대응하고 적응할 수 있다는 결과들이 나타나고 있다. 이런 조직은 대체로 조직 전체에 공유된 비전과 목표가 있고, 권한위임을 받은 네트워크 팀 구조로 되어 있으며, 빠른 의사결정과 학습 사이클, 그리고 역동적인 사람 중심의 모델을 차세대 기술의 활용을 통해 구현한다는 특징이 있다.[9]

---

8) medium.com 참조, https://medium.com/hgmin/agile-principles-%EC%95%A0%EC%9E%90%EC%9D%BC-12%EA%B0%80%EC%A7%80-%EC%9B%90%EC%B9%99-d3f386bd9839

애자일은 일을 작게 쪼개고 우선순위를 가려 중요한 것부터 반복해서 실행하는 방식이며, 이로 인해 디자인사고와 마찬가지로 시행착오가 많은 것을 당연하게 여긴다. 변화에는 민감하게, 유연하게 대응하면 되기 때문에 끊임없이 프로토타입을 만들어가면서 필요한 요구를 반영하고 수정하게 되며, 애초에 미래를 정교하게 예측하거나 계획을 세우는 데 많은 관심을 두지 않는다. 처음에 미처 고려하지 못한 것이라도 반복적으로 테스트하다 보면 결과적으로 가장 좋은 것을 얻게 된다는 것이다. 완벽하지 않더라도 실제 중요 기능을 구현한 프로토타입을 단시간에 개발한다는 것은 시장(고객)의 반응을 빠르게 얻을 수 있고, 해당 정보를 조직의 중요한 의사결정에 활용할 수 있게 된다는 것이다. 이런 상황에서 협력과 실행, 참여를 통한 개방과 효율성, 민첩성이라는 특징은 조직 목표인 고객 가치 창출에 긍정적으로 작용한다.

애자일 접근을 통해 얻을 수 있는 기대효과는 몇 가지로 요약할 수 있다. 무엇보다 끊임없는 소통을 통해 조직 칸막이를 넘어서 구성원 간 투명한 의사소통이 향상될 수 있으며, 팀원 간 협업이 증가하게 된다. 작은 단위로 일하게 되지만 결국 모든 구성원이 처음부터 마지막 단계까지 협업하면서 진행 상황을 쉽게 추적할 수 있으며, 궁극적으로는 전체 팀이 책임을 지는 구조다. 또한 초기부터 고객이 참여하고 구성원 간 협업이 이루어지면서 혹여 있을지 모르는 위험을 조기에 식별할 수 있으며, 조직의 유연한 대응이 가능하다. 사용자 중심의 디자인(user-centered design: UCD)에 기반한 애자일은 사람 중심적 제품 및 서비스 개발 사이클 중 모든 단계에서 사용자를 참여하게 하면서 고객 만족도의 향상에 지대한 공헌을 하게 되며, 결국 대형 실패의 확률이 줄어들어 비용 절감 및 생산성 향상을 기대할 수 있게 된다.

예측할 수 없을 정도로 급변하는 21세기에 조직의 성공은 얼마나 민첩하게 움직이느냐에 달려 있고, 결국 빠른 혁신으로 이어지게 된다. 디자인사고와 마찬가지로 애자일은 혁신을 가져오는 방법이다. 혁신은 오랫동안 비전이 있는 특정 사람들이 독점적, 폐쇄적 소유물로 여겨졌지만, 애자일은 혁신을 변화하는 환경 속에서 움직이는 목표로 보며, 빠르게 움직이고, 더 민첩하게 고객의 선호를 반영하여 가치를 제공하고자 한다.

9) McKinsey 보고서, https://www.mckinsey.com/capabilities/people-and-organizational-performance/our-insights/the-five-trademarks-of-agile-organizations 참조.

지금은 생존을 위해서 혁신은 필수가 되었다는 것이다. 이 맥락에서 애자일은 단순한 방법, 전략이 아닌 하나의 철학 및 생활방식일 수 있으며, 조직이 변화에 신속하게 대응할 수 있도록 요구사항, 결과 및 진행 방법을 지속해서 평가하고 개선하는 방법이라는 것이다.

물론 애자일을 도입한다고 해서 반드시 성공하리라는 보장은 없다. 애자일에서 조직은 자체적 권한으로 자기 주도적 과업 수행이 가능하고, 고객과 소통을 통해 적극적으로 개선하는 과정을 거치게 되므로 빠르게 변화하는 환경에 대응할 필요가 있는 경우 애자일은 효용이 크다. 그러나 애자일은 단순한 업무처리 방식의 변화가 아니라 디자인사고와 같은 사고방식(mindset) 변화를 추구해야 할 필요가 있다. 애자일에 대한 근본적 이해가 없이 특정 방법론만 도입해 수행한다면, 별다른 효과를 느끼지 못할 가능성이 있다. 또한 애자일이 조직 상층부의 관심으로 '방법의 측면'만 강조되어 도입된 경우, 그리고 애자일의 업무 환경이 부적절한 경우 실패할 수 있다. 우리나라도 애자일에 관심을 보이는 조직이 많아지고 있지만, 성공적으로 정착한 사례는 아직 많지 않다고 볼 수 있다. 한국 특유의 하향식 명령 하달 구조와 수동적 업무 과정에 익숙한 조직 구성원도 지적할 수 있다. 또한 애자일은 사람의 내적 동기를 우선시하고 품질을 중요하게 여기지만, 우리나라 상당수 프로젝트에서 볼 수 있는 '을(乙)'인 수주사가 '갑(甲)'인 발주사의 요구와 기한에 무조건 맞춰야 하는 관례도 애자일 정착에 장애요인이 될 수 있으며, 조직 내에 존재하는 많은 규칙은 유연화보다는 관료화에 더 공헌하게 된다는 것이다.

☛ 국내 생명보험사 최초로 애자일로 성공한 오렌지라이프

첨단 기술의 발전이 빠르게 진행되면서 디지털과 모바일 기술을 기반으로 한 비즈니스 환경변화가 일어나고 있고, 이에 따라 고객의 정보력과 필요(needs)는 점점 더 다양해지고 있는 가운데 기존의 기능 중심의, 공급자 위주의 조직구조는 협업을 저해하고 고객이 소외되는 결과를 가져왔다. 이런 환경에서 고객의 필요를 이해하고 선도적 경쟁력을 갖추는 것을 목표로 국내 생명보험사 최초로 오렌지라이프가 애자일에 기반한 조직체계를 갖추게 되었다(2018년 4월).

오렌지라이프는 조직개편을 하면서 기존의 계층적으로 구성되어 있던 회사조직을 애자일 중심의 소그룹으로 구성원 절반 정도를 '스쿼드(squad)'라고 불리는 소그룹, 여러 개의 스쿼드가 모인 '트라이브(tribe)'로 구성원들을 배치하면서 스쿼드는 짧은 기간 동안 한 업무를 처음부터 끝까지 책임지는 조직으로 만들었고, 제품과 서비스 제공에 있어서 고객의 피드백을 최대한 빠르게 반영하도록 하였다. 또한 중간 관리자 등으로 이루어진 수직적 위계를 제거하여 업무 자율성과 커뮤니케이션을 촉진하고자 하였다.

이런 애자일 방식으로의 조직구조 개편은 업무 수행방식을 완전히 바꾸어놓았다. 예를 들면, 매일 아침 6~8명의 팀원이 매일 아침 사무실에 있는 화이트보드 앞에서 15분간 그날의 업무 내용을 공유하고, 보드에 붙은 업무 내용을 살펴보는 것으로 시작한다. 두꺼운 서류철과 보고서, 회의 테이블도 없으며, PPT를 작성할 필요도 없다. 최고 경영자도 예외 없이 이와 같은 방식으로 참여한다. 이전이라면 출근해서 전자우편 확인하고 PPT 작성하며 기획안을 작성하는 것이었으나, 처음부터 다른 구성원과 업무에 대한 지식과 정보를 공유하고 조그만 소그룹(스쿼드) 중심으로 테스트 케이스를 만들고, 다른 직원들이 테스트를 운영하는 팀이 일하는 모습을 보도록 하여 자연스럽게 애자일 문화를 체화히도록 하였다. 이러한 비슷한 사례는 이제 매우 많은 조직에서 살펴볼 수 있다.

출처: 월간 『인재경영』(2019년 4월호)

3) 어떻게 나보다 더 내 취향을? 스포티파이 사례

앞서 밝힌 바와 같이 대부분의 민간 기업에서는 어떤 형태로든 애자일을 도입해왔으며, 간헐적으로 애자일 방법을 부분적으로 적용하는 형식에서 조직구조 자체를 애자일로 바꾸는 것에 이르기까지 이용 범위 또한 다양하다. 이미 소프트웨어 개발업계에서는 개발자들의 '애자일 선언' 이후 광범위하게 적용되고 있는 애자일이 이제는 관련 업계뿐 아니라 거의 모든 분야의 조직에 소개되기 시작했다. 우리나라에서도 이미 소개한 바 있는 생명보험사 오렌지라이프나 배달의 민족은 잘 알려진 사례이며, 다음에서는 가장 많이 알려진 사례 중 하나인 스포티파이(Spotify)의 경험을 간단히 소개한다.

스포티파이는 애자일 적용을 소개할 때마다 빠지지 않고 등장하는 스웨덴 국적의 음원 스트리밍(streaming) 기업으로, 세계적으로 가장 성공한 기업 중 하나이다. 각종 사례분석과 사업 성공을 논의할 때 스포티파이는 늘 '새로운 툴(tool)을 테스트하고 있다(Spotify is testing new tools)'고 소개될 정도로 고객의 만족, 가치 창출, 그리고 고객 경험을 위해 실험을 계속하고 있으며, 애자일을 정착한 조직 중 성공 사례로 소개될 만하다. 스포티파이는 이미 2008년부터 꾸준히 애자일 경영을 수용해 오다가 2010년대 중반부터 애자일 경영을 분명한 가치로 내세우기 시작하였다. 애자일을 통한 상향식 혁신으로 고객과 기업 모두에게 엄청난 가치를 지속해서 창출하는 경험을 하게 되면서, 스포티파이는 사용자들에 대한 많은 데이터를 파악 및 축적하고, 고객을 더 끌어들일 색다른 방법을 찾는 데 주력하게 되었다. 그 결과, 스포티파이는 치열한 시장에서 경쟁사를 따돌리고 계속 성장세를 보이는 것으로 나타났다. 2023년 현재 이 기업은 약 5억 천만 명의 사용자를 보유하고 있으며, 이 중 유료 구독자는 2억 천만 명, 광고가 포함된 서비스를 받는 구독자는 3억 천 명에 이른다.[10)]

애자일과 혁신의 연구에서 스포티파이 사례가 주목받게 된 것은 아마도 2015년 7월 스포티파이가 의욕적으로 내놓은 '디스커버 위클리(Discover Weekly)' 기능 때문일 것이다. 개념은 간단하다. 스포티파이 앱을 구독하는 사용자들은 매주 월요일 이전에 들어보지 못했을 가능성이 큰 새 음원 30개를 받으며 시작하는 것이다. 스포티파이는 사용자가 선호하는 장르 중에서 다른 경로를 통해서는 접하기 어려운 아티스트와 음원을 소개하여 사용자 경험을 향상시키기 원했다. 디스커버 위클리는 구독자에게 음악적 취향을 확장하는 데 큰 도움을 주었고, 이는 출시 후 5년 동안 사용자들이 23억 시간 이상을 디스커버 위클리에 저장된 재생 목록을 들으며 보낸 데이터로 증명된다. 이는 약 26년 이상의 스트리밍 시간에 해당하는 사용 기록이며, 이를 통해 고객에게 잘 알려지지 않았던 아티스트를 찾을 수 있는 플랫폼도 제공하는 역할을 하였다.[11)]

그러면 스포티파이는 어떻게 이런 혁신을 이루어냈을까? 전 세계 음원 스트리밍 서비스의 공통적인 골칫거리는 어떻게 하면 고객들이 마음에 들지도 않는 음악을 뒤지느라 시간을 낭비하지 않고, 수백만 개의 노래가 담긴 라이브러리에서 자신의 취향에 딱 맞는 음악을 바로 찾아낼 수 있을까에 관한 것이었다. 수천만 개의 곡이 있어도 원하는 음원을 찾기가 어렵다면 아무 소용이 없기 때문이다. 물론 관련 기업이 노력하지 않은

10) Techcrunch.com 홈페이지, https://techcrunch.com/2023/04/25/spotify-now-has-more-than-500m-users/ 참조.

11) *The Spokesman-Review*, https://www.spokesman.com/stories/2020/jul/16/spotifys-discover-weekly-turns-5/ 참조. 디스커버 위클리는 당해 연도 음악산업에서 최고의 혁신 사례로도 꼽힌다.

출처: idobi.com

[그림 7-4] 디스커버 위클리의 인터페이스

것은 아니다. 스포티파이는 뉴스피드 기능을 제공하면서 사용자인 고객에게 맞춤형 앨범과 아티스트를 소개해주었고, 2014년에는 디스커버(Discover)라는 기능을 통해 넷플릭스가 마치 취향을 학습한 것처럼 추천 음악을 카테고리별로 묶어서 제공하였다. 나름 혁신적 방법이었지만, 여전히 음원 에디터들이 추천해 만든 리스트의 음악을 들으며 선택하는 데 많은 시간을 쓸 수밖에 없었다.

이런 가운데 스포티파이의 소규모 팀의 두 엔지니어가 재미있는 질문을 생각해내면서 스포티파이의 혁신이 시작되었다. “만약, 사용자들이 느끼는 불편을 아예 없애 버리면? 사용자가 과거에 들었던 음악을 아예 미니 장르로 만들어버리면? 개개인 맞춤형 플레이리스트를 만든다면?”과 같은 질문 말이다. 이들은 업계 판도를 바꿀 아이디어를 가지고 최고 생산 책임자인 매트 오글(Matt Ogle)을 직접 만나 스포티파이 레퍼토리의 2천만 곡을 분류하고 사용자의 청취 습관을 수집하며, 머신러닝(machine learning)을 사용하여 얻은 분석 자료를 바탕으로 매주 30개의 재생 목록을 제공하고, 사용자가 이 제안에 어떻게 반응하는지를 학습하는 아이디어를 제안하였다는 것이다(Dennings, 2018). 전 세계 청취자들이 매주 월요일 미처 들어보지 못한 곡이지만, 자신의 취향에 딱 맞는 음악을 접하는 그런 혁신적 방안이 이렇게 시작된 것이다.

그러나 만약 이 아이디어가 기존의 관료제적, 전통적 조직에서 구현되려면 어떤 절차를 거쳐야 할까? 아마 아이디어를 구현하기 위해 비용에 관한 자세한 보고서를 써서 승인을 얻어야 하고, 수직적 경영 사슬을 거치며 여러 직급의 동의를 구했어야 할 것이다. 그러나 아이디어를 낸 스포티파이의 두 엔지니어는 그런 절차를 거칠 필요도 없었고, 최고 책임자를 쉽게 만나고 의견을 교환하였다. 매트 오글은 이 제안을 매우 흥미롭게 생각하고 좋아하였으며, 이들과 대화를 통해 문제를 명확히 할 수 있었다. 팀원 소통에 장애물도 없었기 때문에 몇 주 내에 소규모 기능 개발팀이 신속하게 기존 플레이리스트를 활용한 머신러닝 기반 인공지능의 도움으로 시제품을 개발하였고, 조직 구성원들과 기존 고객을 대상으로 테스트하여 최종 제품을 생산해낼 수 있었다.

사용자의 특성을 파악하고 필요를 신속하게 서비스를 통해 구현해 낸 스포티파이의 디스커버 위클리는 예상대로 대성공을 거두었고, 10주 만에 10억 개 음원을 재생하는 성과를 거두었다. 무엇보다 사용자 중심의 접근인 애자일 방식으로 민첩하게 고객이 원하는 음원을 규칙적으로 제공하는 성과가 있었다. 이는 사용자의 습성을 정확하게 이해한데서 비롯되었다. 매트 오글은 "음악에 조금이라도 관심이 있는 사람이라면 좋아하는 신곡이나 신인 밴드를 처음 들었을 때 짜릿함을 알 것이다. 모두 그것을 원하지만, 사람들은 그런 신곡이나 밴드를 찾으려는 노력을 잘 하지 않는다"라며, 디스커버 위클리의 장점을 설명한다.[12] 전 세계에서 가장 규모가 크고 참여도가 높은 스포티파이는 음악 애호가와 아티스트 간 상호작용에 대한 통찰력을 제공하였고, 경쟁사에도 청취자에게 개인화된 서비스를 제공할 수 있는 방안을 개발하는 동기부여를 하였다. 무엇보다도 혁신이 매우 어려운 것으로 알려진 음악산업에서 혁신적 방법을 통해 예술가와 청취자를 이어주고, 전 세계에서 일어나고 있는 음원에 대한 반응을 실시간으로 아티스트에게 알려줌으로써 음원에 대한 수요를 활용하기 위한 계획을 세울 수 있도록 하였다.[13] 경쟁사의 움직임을 이미 파악한 스포티파이는 '실험 중'이라는 메시지에서 알 수

12) idobi.com, https://idobi.com/editorials/the-state-of-music-discovery/ 참조.

13) 보통은 전 세계에서 음원이 좋은 반응을 보일 경우 음원 판매에 따른 로열티 수표가 6~18개월 후에야 아티스트에게 지불되어 해외에서 얼마나 반응이 좋은지, 어떤 추가적 활동을 해야 할지 행동을 취하기 어려운 경우가 많았으나 스포티파이는 거의 실시간으로 음원 발견과 마케팅에 활용할

있듯이 참여를 통한 상향식 혁신이 고객과 회사 모두에게 엄청난 가치를 가져다준다는 믿음을 가지고 계속해서 애자일 방식으로 민첩하게 시장에 대응하고 있다.

첨단 기술을 기반으로 하는 기업이기 때문에 애자일이 가능하다고 볼 수도 있지만, 이제는 분야와 업종을 가리지 않고 확산되고 있는 것이 애자일이다. 영국의 대표적 은행이자 영국인들의 3분의 1이 월급통장으로 거래하고 있는 바클레이(Barclays)는 무려 300년이 넘는 전통을 가지고 있고, 상당히 보수적인 파이낸스 기업으로서 어떤 혁신적 절차를 도모할 필요성을 느끼지 못했다. 오래된 절차들을 바꾸기에는 에너지와 비용이 과다 소모될 위험이 있었고, 수많은 은행 지점에서 고객의 요구에 대응하면 되었기 때문이다. 그러다 아마존이나 구글 등 새로운 기업들이 금융 거래에 뛰어들어 위협을 하기 시작하였고, 그제야 민첩한 대응과 실험적 방법의 필요성을 절실히 깨닫고 비로소 애자일에 관심을 가지기 시작하였다. 2014년 애자일을 핵심 조직 전략으로 선언한 바클레이는 그 조직의 규모와 전통 때문에 전면적으로 애자일 형태로 바뀌기에는 어려움이 있었다. 그러나 하향식과 상향식의 의사 구조가 공존하는 가운데, 사내 애자일 커뮤니티에 많은 직원이 가입하여 관심을 보이며 애자일을 수용하기 시작하였고, 애자일에 대한 심리적 수용도가 높아지게 되었으며, 대출 등 몇몇 서비스 분야에서는 상당히 급진적 변화가 이루어졌다.14) 이제 스포티파이와 바클레이 등의 애자일 사례는 다른 민간부문과 공공부문에서도 큰 관심을 끌게 되었다.

2 애자일의 조직화

애자일이 새로운 경영전략이나 기법으로 많은 관심을 불러일으키고 있지만, 개발자들의 애자일 선언문(manifesto) 등에서 이상적인 절차나 기간, 애자일 팀의 규모 등을 규정한 것은 아니다.15) 그 때문에 조직마다 다양한 형태로 애자일을 도입하게 되는데,

---

수 있는 정보를 제공하였다. idobi.com, 위의 URL 참소.

14) 예컨대, 온라인 대출팀을 개빌하여 질의-응답이 이루어지는 시간을 12일에서 20분으로 줄이는 혁신을 가져왔다(Dennings, 2018).

15) https://www.atlassian.com/agile

애자일의 조직화는 조직의 성공 여부에도 영향을 미친다. 애자일을 도입했던 많은 국내 기업들이 별다른 성과가 없이 흐지부지 끝나게 되었는데, 그 주된 이유는 애자일 마인드셋에 대한 고민 없이 몇 가지 사례, 부분만 보고 추진한 결과라는 것이다. 애자일이라는 단어에 집착하고 모든 것을 동시에 추진하려고 하면 성공 확률이 낮아질 수밖에 없다. 앞의 영국 바클레이의 경우도 처음부터 완전한 애자일 조직으로 탈바꿈한 것은 아니며, 지속적 문화 변화에는 수년이 걸릴 수 있다는 사실을 잘 이해하고 있다. 오히려 애자일이 바클레이 같은 오랜 역사의 전통적 조직에서 도입될 수 있었던 이유는 상부에서 의욕적으로 강요한 것이 아니기 때문이라는 분석이 있을 정도다(Dennings, 2018).

기업은 전례가 없는 경쟁으로 내몰리고 있고, 잠재적 경쟁자와도 싸워야 할 필요성이 있으므로 민첩한 조직으로 바꿀 필요성이 커지고 있다. 그리고 민첩한 조직이 급변하는 환경에 더 빨리 대응하고 적응할 수 있다는 결과들이 나타나고 있다.[16] 이제 각 조직에서는 경영전략의 하나로 애자일에 관심을 가지면서 전통적 계층제에서 벗어나 작은 팀으로 시작하는 조직부터 전면 도입을 시도하는 조직으로 늘어나고 있다. 이런 조직들은 공통적으로 조직 전체에 공유된 목적과 비전이 있으며, 권한위임을 받은 네트워크 구조로 되어 있고, 빠른 의사결정과 학습 사이클에 의존한다. 또한 역동적으로 사람 중심의 모형을 추구하고, 차세대 기술을 활용하는 특징을 가지고 있다. 다음에서는 대표적으로 쓰이는 애자일 조직 형태를 소개한다.

1) 스크럼

애자일은 여러 방법론과 프레임워크(framework)가 있고 대표적인 것 중 하나가 럭비에서 이름을 따온 스크럼(Scrum)이다.[17] 스크럼은 조직이 높은 위험 환경에서 생존

16) Project Management Institute, https://www.pmi.org/learning/thought-leadership/pulse/pulse-of-the-profession-2017 참조.

17) 럭비 경기 중 경미한 반칙 때문에 경기를 다시 진행할 때 각 팀이 어깨동무하고 머리를 마주 댄 상태에서 서로 밀고 나가는 자세를 취하게 되는데 이를 스크럼이라고 하며, 팀 전체가 하나로 힘을 합쳐야 밀고 나갈 수 있다. 즉, 스크럼은 팀 안에서 서로 공을 주고 받으며 하나가 되어 필드를 나가는 럭비팀처럼 일체적 방법론(holistic method)를 사용하는 것이다. 결국 스크럼은 혁신을 창출하는 역동적 아이디어 싸움에 참여하는 다기능팀을 의미한다.

을 위해 더 민첩하게 과업을 수행할 목적으로 시도되는 것이다. 1980년대 중반 일본 학자들에 의하여 최초로 소개된 이 조직 형태는 팀 구성원의 긴밀하고 일상적인 협업이 애자일 프로젝트의 핵심이라는 것을 강조하기 위해서 쓰인 용어이며, 원래 소프트웨어 개발에서 일반적으로 사용되지만, 이제는 다양한 방면에서 사용되고 있다.[18]

애자일 방법을 도입한 조직은 인력을 교차기능 팀(cross-functional team)으로 조직하고, 팀에게 권한과 책임을 부여하여 실행과 학습 중심으로 업무를 수행하게 된다. 이러한 조직의 핵심 아이디어는 복잡한 제품을 개발, 제공 및 유지하기 위해 가볍고 반복적이며 점진적으로 움직이는 것이다. 제품이나 서비스 개발과정에서 스크럼은 지속적인 피드백과 유연성을 허용하면서 고객의 요구사항이 변하거나 예측할 수 없는 상황에 대응할 수 있도록 하는 전체 프로세스이며, 여러 중첩된 단계에 걸쳐 하나의 교차기능 팀에 의하여 업무 수행을 하도록 고안되었다. 이는 마치 럭비 경기 가운데 각 팀의 스크럼이 공을 앞뒤로 패스하면서 이동하여 볼 소유권을 가져오려는 모습과 비슷하다.

[그림 7-5]는 스크럼을 통한 민첩하고 유연한 과업 수행 절차를 보여준다. 우선, 스크럼은 5~9명 정도로 구성되는 소규모 다기능 팀이 제품이나 서비스 개발을 위해 약 1주에서 4주에 이르는 기간 동안 '스프린트(sprint)'라고 불리는 업무 주기를 반복하게 된다.[19] 이 팀은 제품이나 서비스 책임자(product owner)가 관리해야 하는 일 목록에서 스프린트 동안 해야 하는 일을 스스로 결정하도록 자율권을 부여받고, 매 스프린트의 결과물을 산출해낸다. 이때 팀이 성과를 낼 수 있도록 조력하는 역할을 스크럼 마스터(Scrum master)라고 하며, 그는 팀이 과제를 완수할 수 있도록 필요한 자원을 지원하거나 장애요소를 제거하여 과정을 인도하는 역할을 한다. 또한 팀 구성원은 프로젝트 수행에 필요한 역량을 갖추고 있고, 모든 부서에서 팀원이 차출되어 함께 과제를 수행하게 된다. 제품-서비스 책임자는 해야 할 일의 목록(product backlog)에서 매 스프린

18) Wikipedia.com, https://en.wikipedia.org/wiki/Scrum_(software_development) 참조. 실제 우리나라 소규모 벤처기업에서도 스크럼은 환경변화에 기민하게 대처하기 위한 방법론으로 쓰이며, "데일리 스크럼을 진행하겠다"라는 의미는 매일 15분 이내에 각자 과업 진행 상황, 문제점, 진행률, 도움이 필요한 부분 등을 공유하는 것이다.

19) 스프린트 자체가 짧은 단거리를 전력 질주하는 것을 의미한다. 애자일에서는 짧은 기간에 집중해서 일하는 '기간'을 의미하거나, 짧은 기간에 집중해서 완료하는 '프로젝트'를 말한다.

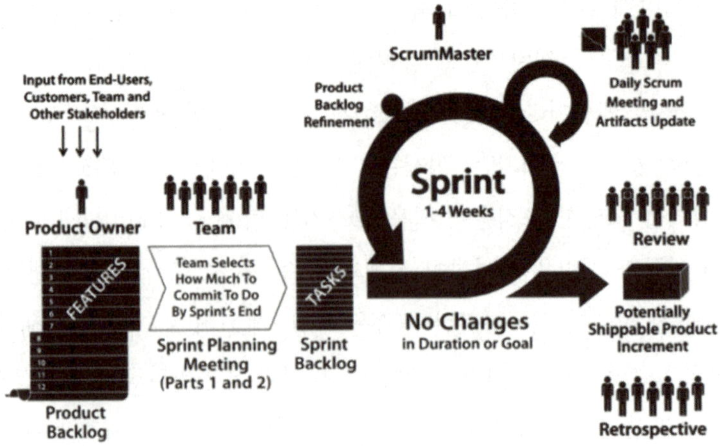

출처: jeffsutherland.org/scrum

[그림 7-5] 스크럼의 조직과 절차

트 기간 성과를 낼 수 있도록 지원한다.

이처럼 스크럼이 조직적으로 구성되면, 각 책임자와 스크럼 마스터가 참여하는 계획 회의가 매일 시작되며 무엇을 할지, 어떻게 해야 하는지 다루게 된다. 스크럼 마스터는 매일 15분 정도의 회의를 하게 되며, 주로 지난 회의 이후로 무엇을 했는가, 다음 회의 전까지 무엇을 하는가를 다루고, 스크럼 성공 및 장애요인의 무엇은 무엇이고 어떻게 해결할 수 있는가를 회의한다. 한 스프린트가 끝나면 스프린트 검토를 하고, 팀원 모두와 고객, 경영진, 이해관계자 등이 참여한 상황에서 피드백을 통해 모형을 수정하거나, 다음에 수행할 스프린트 목표와 방향 설정을 할 수 있다. 권한과 책임이 부여된 다기능 팀은 업무효율과 협업을 증진하며, 일 처리를 빠르게 하여 협업의 효과성을 향상하는 효과가 있다.

그렇다고 많은 조직이 기대하는 것처럼 스크럼이 항상 성공적인 것은 아니다. 지리적으로 팀원이 분산되어 있거나, 다기능 팀에서 보통 요구하는 T자형 인재 구조가 아니라 전문화된 기술을 보유한 경우에는 오히려 기대했던 스크럼의 이점을 살리지 못할 가능성도 있다. 그럼에도 불구하고, 스크럼은 일정 주기로 과업을 반복하는 스프린트를 수행하여 고객의 피드백과 조직의 학습을 통해 고객의 필요와 환경변화에 더욱 민첩하게 대응할 수 있을 것이 기대된다. 궁극적으로 고객 만족을 높이고 빠르게 제품이나 서비스를 내놓을 수 있게 하는 장점이 있다.[20]

☛ 스크럼으로 성공한 레고(LEGO)

디자인사고의 성공 사례로도 자주 거론되고 있는 레고(LEGO)사는 애자일 집근 경영 사례로도 알려진 케이스다. 2015년 레고는 작은 단위로 나눈 '팀 수준'에서의 일어나는 긍정적 변화를 조직에 전체에 소개하며 민첩성을 통한 혁신을 꾀하게 되었다. 레고는 먼저 20개의 생산 팀을 조직하고 그 중 먼저 5개의 팀을 스크럼이라는 자율조직으로 개편하여 운영한 후, 나머지 15개도 서서히 그 5개 조직을 따라가도록 하는 전략을 세웠다. 처음부터 이와 같은 방식이 협업을 효과적으로 하는 데 큰 도움이 된 것은 아니었다. 그래서 점차 규모를 키워서 매 8주 팀들이 미팅을 하고, 그들의 작업을 서로 공유하며 예상되는 위험과 다음 출시(release) 단계들을 토의하는 방식으로 바꾸게 되었다. 스크럼 내에서 스프린트를 운영하는 팀은 2주 간격으로 과업을 수행하고, 팀들의 팀(team of teams)이라고 불리는 프로그램(program)이 매 8주마다 큰 방에서 하루가 넘는 시간 동안 발표되며, 그보다 상위에 있는 장기 사업계획, 이해관계자, 최고 경영진이 있는 시스템의 최상의 계층은 포트폴리오(portfolio)라고 불렸다.

이러한 애자일한 방법의 결과는 무엇이었을까? 이 조직은 엑셀과 각종 문서와는 작별하는 결과를 얻게 되었다. 과도한 문서화에서 오는 낭비를 제거할 수 있었다는 것이다. 또한 개발자들이 좀 더 정확한 추정을 할 수 있게 되었고, 면대면(face-to-face) 미팅을 통해 효과적으로 커뮤니케이션이 이루어졌다. 레고사에서 애자일 전환이 시작된 후 오래지 않아 조사한 결과에 따르면, 디지털 부서의 만족도와 동기가 월등하게 향상된 결과를 보인 것으로 보고되었고, 디지털 부서의 대응 속도도 빨라졌다. 예를 들어, 개발에 8천 시간이 소요될 것으로 추산된 파이낸스 관련 상품이 있었는데 두 번의 스프린트(2주x2

20) 비슷한 유형으로 스포티파이의 '스쿼드(squad)'가 있다. 스포티파이는 팀, 본부 같은 계층적 명칭을 가진 조직 대신 6~12명으로 구성된 스쿼드라는 자기 완결적 조직으로 구성되어 마치 미니 스타트업과 같은 역할을 한다. 스쿼드에는 엔지니어, 디자이너, 프로그래머 등 여러 업무 담당자가 모이고, 프로젝트의 종류와 진행을 자유롭게 정한다. 비슷한 업무의 스쿼드가 여러 개 모여 트라이브(tribe)를 이룬다. 100명 이내로 구성된 한 트라이브 안에서 같은 직군끼리는 기술 교류 모임인 챕터(chapter)를 형성하며, 각 스쿼드에서 아이디어가 고갈되면 트라이브 내 구성원들이 한자리에 모여 이야기를 나누게 된다. 그러나 스포티파이의 스쿼드가 성공적이지 않다는 평가도 있다. 지나치게 자율성이 부여되는 바람에 실제 현장에서 협업이 쉽게 이루어지지 못하고 시간 낭비가 있었다. 계층제라고 무조건 나쁘게만 볼 수 없다는 것이다. https://www.chameleon.io/blog/spotify-squads 참조.

회) 만에 최소기능제품(minimum-viable-product)을 선보이게 되었다. 물론 레고의 모든 팀이 애자일 전환에 성공한 것은 아니지만, 스크럼 등의 방법을 조직 구성원들에게 강요하지 않았고, 오히려 2005년 무렵부터 점진적으로 이어져 온 애자일의 부분적 적용이 구성원들로 하여금 자연스럽게 익숙해지도록 하였으며, 애자일에 대한 지식과 경험을 축적하여 저항을 극복할 수 있었다.

출처: objectstyle.com

2) 린스타트업

린스타트업(lean startup)은 혁신적 제품과 서비스 개발에 효과적인 기법으로 실험, 피드백, 개선을 통해 빠르게 목표에 도달할 수 있는 방식이다. 전통적 방법이 엄밀한 시장조사와 사업계획을 통해서 완성도 높은 상품을 개발하려는 것과 비교하면 혁신을 다루는 어느 조직에나 적용이 가능한 방법이다. 원래 토요타(Toyota) 자동차 작업방식에서 영감을 얻어 시작된 기법이며, 이는 혁신을 다루는 조직이라면 어디에나 적용될 수 있는 것으로 알려졌다. 경제학에서 린(lean)은 원래 폐기물을 최소화하는 제조 방법론으로서 간단한 생산체제를 설계하고 모든 것을 측정하며, 지속적인 개선 노력을 하는 방법이다. 이를 통해서 공정을 개선하고 효율성을 높일 수 있는 성공적 방법이었다(Dennings, 2018).

린스타트업은 요약하자면 애자일과 린(lean)을 고객 개발과 결합한 것이다. 애자일의 가장 큰 관심사는 작동하지 않는 제품이나 서비스 생산을 피하는 것이다. 반면, 린은 낭비 없이 더 나은 제품을 최적으로 만드는 것이다. 이를 결합한 린스타트업의 핵심 관심사는 사람들이 '필요로 하지 않는 훌륭한 제품'은 만들지 않는다는 것이다.[21] 린스타트업은 먼저 해결할 가치가 있는 문제를 찾고 이를 중심으로 비즈니스 모델을 구축하여 고객과 함께 신속하게 솔루션을 테스트하고, 허구 데이터를 분리하며, 학습을 통해 제품과 서비스의 시장 적합성을 높이려는 과정이다. 짧은 사이클로 계획을 세우고 실험을 해보는 과정이 애자일과 유사한 부분이며, 고객도 무엇을 원하는지 정확히 모르

21) https://www.linkedin.com/pulse/difference-between-agile-lean-startup-jehan-gonsal 참조.

는 경우가 많으므로 고객 경험을 빠르게 순환시켜 고객이 반응하는 제품이나 서비스를 내놓을 수 있게 된다. 결국 린스타트업은 완전하지 않더라도 최대한 제품이나 서비스를 빠르게 만들어 고객의 반응, 요구를 학습하려고 하므로 '최소기능제품(minimum-viable-product) 만들기-측정-학습' 과정이 반복 및 순환된다. 린스타트업은 결국 전통적 접근처럼 한꺼번에 모든 것을 완비하기보다는, 사업계획의 가장 중요한 가정부터 검증하고, 이 과정에서 얻은 고객에 대한 '유효한' 통찰을 통해 제품개발에 적용하여 개선해 나가는 방법이다. 린스타트업 방법은 실험과 검증을 기반으로 개발 프로세스를 진행하면서 언제 방향 전환을 해야 하는지 알려주며 시간과 돈을 덜 낭비하도록 유도하여 효율적 조직 운영이 가능하게 해준다. 또한 실험과 학습을 추구하도록 장려하여 조직 구성원들이 계속해서 혁신하는 마인드를 가질 수 있도록 해주는 효과가 있다.[22]

3) 소결

이 밖에도 애자일을 실제로 테스트하는 방법은 크리스탈(crystal), 익스트림 프로그래밍(extreme programming), 기능 중심 개발(Feature Driven Development: FDD) 등 매우 다양하다. 각 조직의 환경과 역량 등에 따라 각기 다른 모습을 가질 수 있다. 결국 애자일 방법은 빈번한 변경을 통해 고객의 요구를 반영해야 하는 경우, 자격을 갖추고 풍부한 경험을 가진 팀이 있는 경우, 고객과 개발팀이 항상 참여할 수 있는 준비가 되어 있는 경우, 프로젝트가 소규모로 나누어 추진할 수 있는 경우 등에 적합하다고 볼 수 있다. 이러한 방법은 고객과의 커뮤니케이션을 향상시켜 효율적 설계 및 요구사항 충족이 가능하고 언제든 수정할 수 있으며, 결과적으로 전체 개발 시간을 단축할 수 있는 장점이 있다. 반면, 공식 문서의 부족으로 혼란이 발생할 수도 있고, 다양한 단계에서 내려진 중요한 결정이 언제든지 다른 팀 구성원에 의해 잘못 해석될 여지도 있다. 그럼에도 불구하고 애자일은 민첩하게 반응하고 조직 구성원의 몰입도를 높여 결과적으로 성과향상에 도움이 된다고 알려져 있다.

22) HR블레틴, https://hrbulletin.net/organizational-culture/%ec%95%a0%ec%9e%90%ec%9d%bc-%eb%b0%a9%eb%b2%95%eb%a1%a0-%e2%91%a1-%cb%a6%b0%ec%8a%a4%ed%83%80%ed%8a%b8%ec%97%85lean-startup/ 참조.

3 공공부문에서의 민첩성: 애자일 정부

1) 배경

2007년 미국 다큐멘터리 영화 감독인 마이클 무어(Michael Moore)가 자신의 영화 〈식코(Siko)〉에서 5천만 명이 넘는 인구가 건강보험이 없는 미국 의료체제의 모순을 꼬집은 것처럼 전 국민을 위한 의료보험제도 도입이 미국에서는 큰 골칫거리였다. 빌 클린턴(Bill Clinton) 정부에서 퍼스트레이디 힐러리 클린턴(Hilary Clinton) 여사를 내세워 시도했던 전 국민 건강보험제도는 제약회사 등의 로비와 정치권의 갈등으로 무산되었으나, 그 이후에도 논의는 지속되었다. 정치적 이념이 양분된 것도 한 요인이지만, 많은 사람은 관료적 병폐가 깊숙이 장애요인으로 자리를 잡고 있다고 여겼다. 결국 미국 건강보험은 2014년에 가서야 건강보험개혁법(Affordable Care Act) 또는 오바마케어(ObamaCare)로 불리는 법안이 통과되면서 시작되었다. 그런데 버락 오바마(Barack Obama) 대통령도 마냥 기쁘게 건강보험 개혁을 자축할 수는 없었다. 시행 과정에 많은 문제점이 나타났기 때문이다. 대표적인 예가 2013년 10월 의료보험 정보를 제공하기 위한 정부 웹사이트(HealthCare.gov)가 오랜 시간과 예산을 들여 개설되었음에도 수많은 오류가 발생한 것이다.[23] 약 두 달 간 수리를 거쳐 다시 오픈하였지만, 오바마케어를 공격하려는 공화당 입법자들에게 빌미를 줌과 동시에 관료제의 병폐를 드러낸 것이어서 오바마 대통령에게 큰 좌절을 안겨다 주었다.

---

23) 2013년 10월 1일부터 정부 셧다운(shutdown)이 시작되었음에도 HealthCare.gov는 개설하게 되었다. 그런데 개설되자마자 여러 기술적 문제점에 직면하게 되었는데, 예상보다 5배 많은 접속자가 몰렸고, 드롭다운 메뉴가 완전하지 않았으며, 웹사이트 디자인과 사용자 데이터도 정확하지 않은 등 많은 문제점이 발견되었다. 초기에는 기술적 문제로 보였으나 결국 미국 보건복지부(Department of Health and Human Services) 관리들이 기술 제품 출시에 필요한 경험이 부족하였고, 주요 기술 직책 충원에 성공하지 못했다는 점, 온라인 개발에 대한 지식이 거의 없었다는 점 등이 지적되었다. 또한 리더십 부족으로 주요 의사결정이 지연된 것, 2014년 1월부터 혜택을 받아야 하는 36개주 국민들을 등록시키기 위해서는 시간이 촉박했다는 점 등 관료적 문제점이 지적되었다. Wiki pedia.com 참조, https://en.wikipedia.org/wiki/HealthCare.gov#:~:text=On%20October%201%2C%202013%2 C%20HealthCare,sign%20up%20for%20health%20insurance. 결국 원래 9천 4백만 달러 정도이던 초기 웹사이트 구축 비용이 무려 2억 9천만 달러로 증가하게 되었다.

결국 오바마 대통령은 관료주의를 극복하지 못하면 공공서비스 혁신이 어렵다고 생각하고 다른 혁신적 방안을 마련하게 되었는데, 그것이 정부의 디지털 기술 분야 태스크포스(task force) 소임을 수행하게 된 '미국 디지털서비스국(US Digital Service)'과 '18F'의 설립이다. 오바마 행정부의 가장 형편없는 실패 사례로 남게 된 HealthCare.gov를 경험한 오바마 대통령은 '민첩하게' 문제를 해결하기 위해서 세계 최고의 정보통신 기술 인재들이 모인 실리콘밸리에 SWAT팀을 보내 소리소문없이 구글, 아마존, 훌루(Hulu) 등 글로벌 테크 자이언트의 기술자들을 초청하였고, 이들이 HealthCare.gov가 24시간 내내 대규모 접속을 감당할 수 있도록 작업하게 하였다. SWAT팀의 호위를 받고 워싱턴 D.C.의 어느 라운드테이블(RoundTable)에 불려간 그들은 방에서 오바마 대통령을 만나고 매우 놀랐고, 오바마 대통령은 그들에게 지금 직장을 잠시 쉬는 대신 '정부 리부트(to reboot government)'라는 거대한 미션을 위해 활동해줄 것을 부탁하게 된다. 이렇게 탄생한 팀은 '스텔스 팀(stealth team)'으로도 불렸으며, 정부가 어떻게 운용되고 행동하며, 생각하는지 재해석하는 임무가 부여되었다. 그런데 정작 이 경험은 이 웹사이트의 문제뿐만 아니라 연방정부 IT 시스템 자체에 몇 가지 문제가 있음을 밝혀내었고, 오바마 대통령은 비슷한 사태가 또 일어나는 것을 방지하기 위해 미국 연방정부 기관에 애자일 개발 개념을 가르치고 최신 기술을 탑재할 디지털서비스국과 18F을 설치하도록 한 것이다.[24)]

대통령의 이니셔티브로 탄생한 18F는 연방정부의 IT 관리를 개선하고 모든 기술의 구매, 구축 및 공유가 이루어지는 방식을 재구성하기 위한 컨설팅을 제공하는 역할을 하게 되었다. 약 200여 명이 근무하는 이 기관은 애자일을 개발하고 정부 기술 도입에 있어서 인간 중심의 디자인을 적용하고자 하는 목표를 가진 디지털 태스크포스 임무를 수행하게 되었다. HealthCare.gov 개발과 관리뿐 아니라 재향군인회가 서비스와 혜택을 쉽게 제공할 수 있도록 해당 웹사이트인 Vets.gov를 개선하였으며, 그 밖에도 미국 이

---

24) 18F는 오피스가 워싱턴 DC의 18번가와 F가 모퉁이에 위치한 데서 따온 명칭이며, 2014년 3월 미국 정부의 애자일 개발 및 인간 중심 디자인을 사용한 소프트웨어를 개발 및 구축할 수 있도록 컨설팅을 제공할 목적으로 설립되었다. 주요 멤버로는 대통령 혁신 펠로우 그렉 가느바웃(Greg Godbout), 애런 스노우(Aaron Snow), 힐러리 하틀리(Hilary Hartley) 등이다. Government Technology 웹사이트, https://www.govtech.com/civic/what-is-18f.html 참조.

민국 등 다양한 정부 부처에 디지털 서비스를 제공하였다. 특히 18F는 연방 재무성의 예산이 투입되기는 하지만 컨설팅을 제공한 부처에서 수익금을 받아 재정을 충당한다는 점에서 일종의 공공 벤처기업과 같은 구실을 하였다. 이 조직은 IT 개발자들이 여러 관계자와 협의해서 소프트웨어를 개발하고, 계획에 맞추어 개발하는 것이 아닌, 일정 주기로 끊임없이 프로토타입을 만들고 피드백을 받아 반영하는 적응형(adaptive) 방식을 취하여 애자일의 방법론을 효과적으로 사용하였다.[25)]

민간부문에서 주목을 받기 시작한 민첩성에 대한 논의는 이제 정부를 포함한 공공부문에서도 활발하게 논의되기 시작했다. 애자일 정부, 즉 민첩한 정부는 지속해서 변화하는 환경 가운데 문제에 대해서는 어느 정도 인지하고 있지만, 최종적인 해결책이 불확실한 경우, 정책 과정을 빠르게 순환하여 피드백을 받아 비록 완전하지는 않을지라도 어느 정도 사용 가능한 결과물을 내놓는 것을 의미한다. 이 결과에 대한 반응과 피드백을 통해 학습한 조직은 반복적 과정을 통해 좀 더 문제 해결에 가까워질 수 있다는 것이다. 이는 전통적 관료제에서 모든 과정이 완료된 후에야 사후평가를 하는 행태에서 벗어나 새로운 문제 해결을 도모해 볼 수 있는 방법으로 관심을 받게 되었다(박승규 외, 2021). 앞서 예시로 거론된 싱가포르 공공주차장 사례나 위의 오바마 전 미국 대통령 주도의 18F 사례 등은 앞으로 공공부문에 큰 변화가 있을 것임을 보여주고 있으며, 2020년 이후 전 세계가 겪었던 코로나-19 사례는 정부의 민첩성이 매우 중요하다는 것을 다시금 상기하고 있다.

☛ FBI! - 애자일로 성공한 수사기관

전통적으로 미국의 정부 조직은 실험과 사용자 피드백을 위한 여지를 거의 남기지 않는 하향식 소프트웨어 개발 방식을 고수해왔다. 많은 경우 수억 달러의 비용이 소요되고, 완료되는 데 몇 년이 걸리며, 사용할 준비가 미처 되기도 전에 구식이 되어버리는 일이 자주 발생하였다. 이런 상황들이 지속되자 정부에서도 이제는 반복적이면서도 사용자 피드백에 기반한 민첩한 소프트웨어 및 정부 기술개발이 필요하다는 점을 인식하게 되었다.

25) Government Technology 웹사이트, 위의 링크 참조.

미국 연방수사국(Federal Bureau of Investigation: FBI)은 컴퓨터 시스템 업그레이드를 통해서 기존의 종이 기반 케이스 파일링 방식에서 벗어나 가상 케이스 파일링(vitual case filing: VCF)이라는 최신 전자 시스템으로 교체하기를 원했다. 2001년 9월 테러 공격이 있은 이후 이러한 바램은 더욱 간절해졌는데, 그 이유는 만약 가상 케이스 파일링 체제였다면 연방수사국 에이전트들이 테러 위협을 미리 식별할 가능성이 있었기 때문이다. 그래서 의회에서도 3억 8천만 달러를 승인하였고, 연방수사국에서도 2년 이내에 프로젝트를 완료하도록 하는 계약을 개발자와 체결하였다. 그러나 너무도 익숙하게 그런 예상은 빗나갔고, 연방수사국이 완제품을 인도받고 실제 상황에서 테스트하였으나 발주시 요구사항을 충족시키지 못함은 물론, 무려 400가지가 넘는 문제점을 발견하였다. 결국 1년이 더 흐른 2005년에 가서야 이 프로젝트는 중단되었다. 이 문제로 징계를 받은 연방수사국은 VCF 대신 '센티널(Sentinal)'이라는 새 프로젝트를 시작했으나, 이내 비슷한 문제에 부딪혔고, 당시 법무부 감사관의 예측에 따르면 새 프로젝트를 완료하는 데 추가로 3억 5천만 달러와 6년이 걸릴 것으로 예상되었다.

그러나 두 번의 실패를 경험한 연방수사국은 센티널 시스템 개발을 다른 방식, 즉 민간에서 인기를 얻은 애자일 개발 방법을 채택하여 작업을 2주간의 '스프린트' 단위로 나누고, 각 스프린트는 사용자에게 하나의 구체적 기능이나 개선사항을 제공하도록 추진하였다. 스프린트가 끝나면 프로그래머는 사용자에게 피드백을 요청하고, 그것을 후속 스프린트에 통합하는 절차를 밟게 되었다. 그 결과, 연방수사국은 법무부 감사관 예측과 달리 4년이나 빠른 기간에 프로젝트를 종료할 수 있었다. 물론 애자일이 늘 성공할 수 있는 것은 아니지만, 연방수사국의 민첩한 디지털 개발사례는 정부부문에서 후일 애자일의 쓰임새가 어떨지 가늠해 볼 수 있는 기회가 되었다.

출처: vox.com

2) 공공부문의 사례: 코로나-19[26)]

싱가포르나 오바마 행정부에서의 애자일 도입 사례에 나타난 것처럼, 기존의 접근과 달리 공공부문에서도 고객의 피드백을 실시간으로 받아 반영하는 서비스를 제공하려는 경향이 강화되고 있다. 이제 공공부문에서도 행정서비스나 정책이 언제든 수정 가능한 '영원한 베타버전'이라는 사고 하에 지속해서 사용자의 요구에 맞도록 피드백을 반영해야 하고, 시의적절한 과학적 증거와 데이터에 기반하여 반복적으로 최소기능제

26) 이 부분은 『사회과학연구』(2022)에 실린 저자의 논문을 수정 및 인용하였다.

품을 테스트해야 한다는 것이다. 민첩하고 사용자 선호에 맞는 행정서비스는 이처럼 계속 확대되고 있다.

그러나 막상 공공조직에서 아무런 계기 없이 갑자기 애자일을 받아들이는 것은 상상하기 어렵다. 그런 측면에서 공공난제라고 볼 수 있는 코로나-19는 국가 자원의 대규모 동원이 필요하지만, 다른 한편으로는 보건, 경제, 외교, 인프라, 교육 등 여러 행정 및 정책 분야에서 차별화된 정책수단의 동시다발적 사용을 요구하며, 무엇보다 민첩한 대응이 요구되기 때문에 애자일 적용이 가능한 환경이 만들어졌다고 볼 수 있다(배유일, 2022). 이런 경우 정책의 전방(frontstage)과 후방(backstage)에서 계속해서 가정(assume)하고 실행하며(take action), 또 결과를 가져오는 과정을 경험하게 된다는 것이다(Lee et al., 2020). 전통적 조직으로는 시시각각 변하는 상황에 민첩하기 대응하기 어렵다는 점, 전통적 칸막이 부처체제로는 종합적 대응이 어렵다는 점, 그리고 특정 개인 또는 집단(음식점, 유흥업소, 학교 등)의 사용자 수요에 맞는 대응을 하기 어렵다는 특징이 있다. 코로나-19라는 감염병의 확산은 거의 전 거버넌스 분야에 걸쳐 정부의 자원이 투입되었고, 공공-민간-비영리 부문의 경계를 넘나드는 수준의 전 사회적 동원이 필요하다는 점에서 정부의 민첩성과 칸막이를 넘는 접근이 필요하였다.[27] 다음의 사례는 비록 민간부문에서 그러한 것처럼 '엄격한' 애자일 절차를 따른 것은 아니지만, 정부의 행정에 민첩성과 유연성, 그리고 전 부처와 공-사 경계를 넘는 협업이 반영되었다고 볼 수 있다.

(1) 코로나맵 개발 사례: 애자일 마인드

공공난제로서의 코로나-19에 대해 정부는 거의 모든 정책 분야에서 실시간으로 대응을 할 것이 요구되었지만, 정부의 대응만으로는 역부족인 것이 사실이었다. 또한 감염병의 갑작스러운 확산은 시민들에게 신뢰할 만한 정보의 제공과 민첩한 공유가 필요하였다. 2020년 1월 코로나-19 환자가 국내에 처음으로 보고된 후, 정부는 과거 메르스

27) 팬더믹으로 많은 민간 기업 또한 비자발적으로 애자일을 통한 혁신을 할 수밖에 없었다. 예컨대, 다이슨(Dyson)은 열흘 만에 새로운 환풍기를 내놓았고, 팬더믹 동안 배달 음식 주문의 증가는 각 음식점에도 감염병 확산을 피하면서 배달 과정을 진행할 방법을 내놓아야 했다. *HBR Korea*, https://www.hbrkorea.com/article/view/atype/di/category_id/2_1/article_no/218 참조.

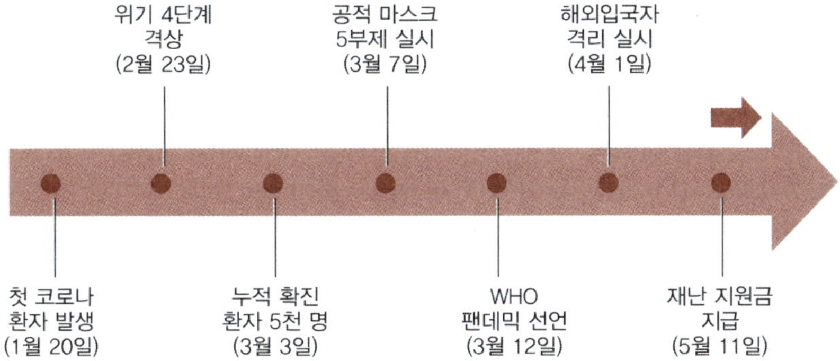

[그림 7-6] 코로나 확산 초기 정부의 주요 대응

(MERS) 등의 유사 사례에서 초기 대응에 실패한 것을 교훈 삼아 민첩한 대응을 시작하였고, 특히 1월 20일 이후 코로나-19와 관련된 중요한 데이터를 시민에게 바로 공개하는 결단을 내렸다.

그러나 막상 질병관리청(당시 질병관리본부)에서 제공하는 감염자 동선 정보(감염자 및 감염 의심자 경로)는 관계자의 브리핑과 정부 보도자료 등 서술형 자료로 개방되어 있었기 때문에 시민들이 적시에 시각적으로 공간정보를 파악하기에는 어려움이 있었고, 가짜 정보 및 부정확한 뉴스로 혼란이 발생하였다. 이에 한 대학생 개발자인 청년이 질병관리본부에서 자체 홈페이지와 공공 포털을 통해 공개한 데이터(GPS 지표)를 오픈 스트리트맵에 좌표를 입력하여 자신의 소셜미디어에 올렸고, 이를 본 몇몇 시민들에 의하여 공유되기 시작하여 코로나맵이라는 애플리케이션이 정부가 데이터를 공개하는지 하루 만에 완성되는 일이 벌어졌다(2020년 1월 30일). '코로나맵(coronamap.site)'으로 명명된 이 애플리케이션은 환자의 이동 경로와 격리장소, 확진자와 유증상자 수를 쉽게 확인할 수 있도록 하여 사용자인 시민이 쉽게 확진자와 접촉 가능성을 찾아볼 수 있게 만들었다. 이 지도가 공개되자 동시접속자 평균 5만 명, 하루 만에 240만 명이 접속할 정도로 많은 관심을 받았다.

그런데 코로나맵은 여기서 그치지 않고 빠르게 향상되었다. 코로나맵 초기 버전은 접속 숫자 면에서는 큰 성공을 거두었지만, 처음부터 완전한 애플리케이션으로 보기는 어려웠다. 그러나 코로나맵이 발표되고 시민들이 실시간으로 이동 경로 등을 개발자에게 제공해 업데이트하였으며, 갑자기 늘어난 접속자로 사이트가 다운되는 경험도 하였다. 늘어난 접속자로 인해 서버가 불안정하고 비용이 발생하자 일개 대학생이 부담하기는 어렵게 되었고, 그 소식을 알게 된 민간 기업 네이버와 카카오, 그리고 아마존웹서비스(AWS) 등에서 서버 비용 및 지도 API(응용 프로그램 인터페이스)를 지원하기로 하였다.[28] 사용자인 시민들도 가만히 있지 않았다. 코로나맵의 미비한 점들을 계속해서 지적하고 피드백을 제공하였고, 이들의 참여를 통해 점차 온전한 애플리케이션으로 발전해 나간 것이다. 또한 울산과학기술대(UNIST) 대학생들은 코로나맵의 지역 버전을 만들고, 역시 공공데이터를 활용하여 울산지역에 특화된 코로나-19 관련 정보를 제공하기 시작하였으며,[29] 한국공간정보통신과 몇몇 소프트웨어 업체는 국토지리정보원, 한국지역정보개발원, 질병관리본부(현 질병관리청), 그리고 각 지방자치단체에서 제공되는 공개정보를 활용하여 '코로나-19 종합상황지도'를 만드는 데 이르렀다.[30] 이 종합지도에는 한국국토정보공사(클라우드 이용료 지원), 교육방송(EBS, 홈페이지 안내) 등의 공공기관도 참여하였다.

결과적으로 코로나맵의 개발과정을 통한 공공서비스 제공은 질병관리청과 관계 공공기관의 민첩한 공공데이터 개방과 지원, 그리고 민간의 창의적 참여, 시민의 참여 및 피드백의 빠른 제공 등이 만들어낸 혁신 사례라고 볼 수 있다. 2015년 메르스 당시에도 IT업체인 데이터스퀘어 등 민간부문에서 코로나맵과 비슷한 지도를 개발하기 위한 프로젝트를 시작하였으나 정부가 오히려 사이트 폐쇄를 경고하는 공문을 보냈던 경험과 비교할 때, 코로나-19 기간 동안 정부가 빠르게 결정을 내리고 데이터를 개방하는 등의 조처를 한 것이 혁신적 공공서비스 제공을 위한 필요조건이었다는 것이다. 당시 정부가 맵을 개발하는 것이 더 낫지 않느냐는 비판도 있었으나 민간에서 시작된 혁신에 더해 정부가 적극적으로 협업에 나서서 민첩하고 유연한 대응 결과가 나타나게 된 것이다.[31]

28) 서울경제, 2020년 2월 4일.
29) 동아사이언스, 2020년 3월 17일.
30) 전자신문, 2020년 3월 20일.
31) 머니투데이, 2020년 2월 2일.

(2) 공적 마스크의 개발과 보급

코로나-19 첫 환자가 보고된 후 전 국민적 공포감이 커지는 가운데 드러난 공중보건 관련 이슈 중 하나는 바로 일상생활을 유지하면서도 감염을 최소화할 마스크의 보급이었다. 특히 2020년 2월부터 마스크 공급 부족은 큰 관심사이자 정부의 민첩한 결정과 행동을 요구하는 핵심 과제가 되었다. '드라이브스루(drive-thru)'와 같이 빠른 행정으로 'K-방역'과 같은 찬사도 있었던 반면, 매일 사용해야 할 마스크 수급과 공급 제한 문제는 큰 비판을 받았다(김동환 · 조수민, 2021).

출처: 경남일보, 2020년 2월 28일자.

[그림 7-7] 공적 마스크 판매 대기

정보가 별로 많지 않았던 코로나-19에 대한 두려움 때문에 마스크에 관한 관심과 수요가 갑자기 폭발하자 마스크에 대한 매점 · 매석하는 행위가 등장하고, 절대적 공급 부족으로 인해 가격이 폭등하게 되자 정부는 '마스크 및 손소독제 긴급수급조정조치'를 발동하고, 사재기와 빼돌리기를 규제하였으며, 국내 생산량 50% 정도를 약국 등 공적 판매처를 통해 공급하려 하였다. 그러나 수급 불안 문제는 계속되었고, 긴 줄서기를 해야 하는 등 시민들의 불편이 끊이지 않았다([그림 7-7] 참조). 마스크 생산을 독려하였지만, 초기에는 국내 140여 개 회사가 매일 마스크 천만 개 정도 생산하는 것이 최대치였다. 그 혼란 때문에 2019년 12월과 비교해 마스크 가격이 평균 200% 이상 상승하는 결과로 나타났다.[32)]

그러나 결국 코로나-19 환자가 처음 보고된 후 2020년 2월부터 큰 공중보건 관련 이슈로 등장한 마스크 문제는 앞서 코로나 공개정보를 이용해 개발한 코로나맵 사례와 함께 공공-민간부문 문턱을 낮추고 협업과 여러 차례의 테스트를 거쳐 문제 해결에 가까이 다가간 사례라고 볼 수 있다. 이정용 외(2021: 26)에 따르면, 당시 정부는 세 가지 해결책을 놓고 고민하고 있었다. 그 중 첫 번째 안은 기존 건강보험심사평가원(심평원)

32) 매일경제, 2020년 3월 12일자, https://www.mk.co.kr/news/it/9244819 참조.

의 애플리케이션 혹은 보건복지부의 '응급의료정보 앱'을 통해 마스크 정보를 제공하는 계획이었으나, 트래픽이 과도하게 초과되어 피해가 우려된다는 의견이 있었다. 두 번째 안은 정부가 직접 민간에 앱을 개발 요청을 하는 것이었으나 비용과 준비 기간, 역시 트래픽 초과의 우려가 있었다. 세 번째 안은 정부가 공적 마스크 데이터를 개방하고 민간은 자발적으로 앱을 개발하는 안이었다. 공공부문과 민간부문이 함께 소프트웨어를 개발하는 것은 많은 장애물이 있었으나 예전과 달리 정부의 민첩성과 민-관을 넘나드는 협업에 대한 강조가 최근 몇 년 지속되어 왔기 때문에 이를 어떻게 활용할 것인가에 대한 고민이 있었다(배유일, 2022).

이런 상황에서 마스크 문제의 해결에 대한 아이디어는 이번에도 민간에서 시작되었다. 경상북도의 한 현직 약사가 '의약품안전사용서비스(DUR)'에 주민등록번호별로 받을 수 있는 공적 마스크 개수를 등록하고, 다른 약국에서 정보에 접근할 수 있도록 하는 '마스크 중복구매 확인 시스템'을 국민청원으로 제안한 것을 시작으로 국민 1인당 매주 마스크 2매씩 구매할 수 있는 체제를 구축해 나가기 시작하였다.[33] 비록 여러 법적인 문제로 결국 심평원의 '요양기관 업무포털'을 이용하여 마스크 판매 이력을 공유하여 구매자 정보, 마스크 판매량, 보유 수량 정도를 확인할 수 있는 체제를 구축하였으나, 이 과정에서 시민들의 정책 제안은 매우 효과적이었다.[34] 그러나 여전히 마스크 공급 자체가 부족할뿐더러 개별 약국에서 벌크 마스크 포장을 개별 포장으로 바꾸어야 하는 등 애로사항이 많았고, 정보가 부족한 시민들은 약국 몇 군데를 돌아다니며 줄서기를 하는 등 큰 불편을 겪었다.

이에 몇몇 뜻있는 시민 개발자('시빅 해킹' 그룹)들이 공공데이터를 활용하여 민간의 다양한 아이디어와 기술로 데이터 시각화를 하겠다는 제안을 2020년 3월 4일 '광화문1번가'에 하게 되면서 공적 마스크 관련 애플리케이션 개발이 공식화되었다(이정용 외, 2021: 27).[35] 이 그룹에는 사회적 협동조합 빠띠, 시빅해킹 커뮤니티인 널채움에서

33) 중앙일보, 2020년 3월 3일자.

34) 이는 마스크가 의약품이 아닌 의약외품이기 때문에 '의약품안전사용서비스'를 이용하는 데 법적 요건이 부족하다는 지적이 있었기 때문이다(이재호 외, 2020: 13).

35) 문재인 전 대통령의 선거 캠페인을 계승하여 국정자문위원회 산하인 국민인수위원회에서 국민의 정책 제안이 가능한 온-오프라인 창구를 운영할 것을 국민인수위원회에 지시한 결과 설치된 국정

부터 고등학생 개발자까지 포함되었으며, 당시 공공데이터 종류가 제한되어 있고, 관리 주체별로 산재되어 있다면서 종합통계를 활용할 수 있도록 공공데이터 개방을 요청한 것이다.[36]

재미있는 것은 보통의 경우와 달리 이 시민 그룹의 요청에 대해 정부가 매우 빠르게 응답하였다는 사실이다. 그만큼 마스크 대란으로 시민의 불만과 불편이 컸다는 의미다. 광화문1번가에 제시된 민간개발자 그룹의 제안에 따라 중앙정부(과학기술정보통신부, 행정안전부, 보건복지부 등)와 심평원, 한국정보화진흥원, 대한약사회, 클라우드 기업 등 공공부문 기관 간 협의를 거친 정부는 2일 만에 공적 마스크 실시간 재고 정보 등을 API로 제공하기로 하였고, 결정이 난 후 5일째부터는 '마스크 스캐너', '굿닥', '웨어마스크' 등 각종 마스크 알림서비스 애플리케이션 100여 개가 짧은 기간에도 불구하고 출시되었다.[37] 이들 또한 초기에 접속 지연, 데이터 취합 등에 있어서 문제점을 발견할 수 있었지만 조기에 해결하였고, 마스크 판매를 완료한 약국 비율도 데이터 개방 전후로 높아졌으며, 시민들이 더는 줄을 서야 할 필요성이 없게 되었다.

이처럼 논의를 시작한 지 15일 만에 완료된 공적 마스크앱의 개발과정은 정부의 민첩한 대응과 시민의 불편을 해소하기 위한 정책 디자인을 위해 민-관이 밀접하게 협력한 결과로 볼 수 있다. 무엇보다도 개발과정에서 민간개발자와 약사, 정부 산하단체(심평원, 한국정보화진흥원), 그리고 중앙정부(과학기술정보통신부, 행정안전부, 보건복지부, 식품의약품안전처) 사이의 지속적인 협력이 있었다. 이들 행위자는 앱 개발 초기 과정에서 예상치 못한 오류 가능성을 줄이기 위해 메신저 서비스에 공개 채팅방을 개설, 시간과 장소에 구애받지 않고, 개방 데이터 항목, 오픈 API를 위한 클라우드 구조 등에 대해 진행 상황을 실시간으로 공유하며 대화하였다(배유일, 2022). 고객과 개발자가 피드백과 수정 과정을 반복하며 과업을 수행하는 애자일에 부합하는 과정이었다고 평가할 수 있다. 또한 시민과 민간 개발자를 정책 파트너로 인정하며 협업을 하였다는 점에서, 사용자의 편의성을 우선적으로 고려하였다는 점도 앞으로 공공서비스 디자인

관련 온-오프라인 소통 창구이다(IT동아, 2020년 7월 14일자).

36) 전자신문, 2020년 3월 10일자.

37) 위의 신문.

에 매우 중요한 의미를 지니고 있다(이정용 외, 2021: 30). 물론 이것이 가능했던 배경에는 코로나-19라는 급박한 상황이 중요한 맥락을 제공한 것을 부인하기 어렵다. 공적 마스크앱 개발 이후에 마스크 관련 문제가 모두 해결된 것은 아니다. 지역 공동체나 취약계층 사이에서 구매가 원활하지 않은 예도 있었다. 그러나 서울시 등 지방자치단체가 민첩하게 나서면서 대리 수령 허용이나 약국 운영시간 연장 등 주민 필요에 맞추기 위해 적시에 행동에 나섰고, 아이디어를 실험했으며, 민-관 협업을 지속하였다는 데 큰 의미가 있다.[38)]

(3) 국가가 못하면 우리가 먼저: 지방자치단체 재난지원금

코로나-19가 공공난제인 이유는 성공적 방역 여부가 국가와 국민경제에 매우 중대한 영향을 미칠 수 있기 때문이다. 따라서 코로나-19 첫 환자가 발생 후 경제에 큰 영향을 미칠 수 있는 국경봉쇄, 격리 여부를 두고 큰 논란이 벌어졌다. 정부는 전례 없이 강력한 대응으로 감염병 대응이 필요하였으나, 각기 다른 생활양식과 직업군에 따라 일상을 살아야 하는 시민으로서는 경제활동을 완전히 멈출 수 없었기 때문이다. 2020년 3월 당시 정부와 더불어민주당은 코로나-19로 침체해가는 경제 활성화를 위해 약 11조원의 추가경정예산을 편성하였으나, 민간 및 정치권, 특히 지방자치단체를 중심으로 긴급재난지원소득을 제공하자는 요구가 나오기 시작하였다. 이는 미국 정부가 최대 2천 달러에 이르는 자국민에 보조하는 것을 발표한 데 이어, 싱가포르와 홍콩, 그리고 독일 등에서 소득보조 또는 지원한 것이 자극제로 작용한 것이기도 하였다.

국내에서 재난지원에 대한 소득보조는 2020년 코로나-19 발병 이후에 공식적으로 논의가 되기 시작하였으나, 이미 일부 시민사회단체나 정치인, 그리고 민간연구소 등을 중심으로 현금복지 차원에서 기본소득의 필요성과 도입방법에 대한 논의가 활발하게 진행되고 있었다. 예를 들어, 앞서 논의한 리빙랩 개념으로 설립된 민간단체인 'LAB2050'에서는 이미 전 국민을 대상으로 일정한 기본소득 제공을 위해 재정모형 개발을 시도하고 있었다. 이 때문에 코로나-19 이후 긴급 재난지원소득 아이디어도 LAB2050의 정

---

38) 과학기술정보통신부(2020), 『2020마스크앱 백서』, https://www.msit.go.kr/bbs/view.do?sCode=user&bbsSeqNo=67&nttSeqNo=3138580

책팀장의 공개적 제안과 민간 기업의 제안 등으로 본격 논의되기 시작한 것이다.[39] 그러나 중앙정치권과 정부 부처에서는 이해관계에 따라 대체로 의견이 충돌하며 부정적 기류가 있었다. 당시 홍남기 부총리 겸 기획재정부 장관은 국가재정 건전성과 재원 부족을 이유로 전 국민에 대해 일률적으로 지급하는 방안에 부정적인 태도를 표명하였다. 야당인 미래통합당도 추가경정예산 증액 계획에 반대하면서 여당과 선별 혹은 전면지급 여부와 지급 액수에 대해서 갈등이 있었다. 이 당시 제21대 국회의원 선거와 일정이 겹쳐 재난 기본소득과 같은 민감한 사안에 관해 결정이 지연되면서 신속한 집행에 대한 목소리가 높아지게 되었다.

[표 7-1] 광역지방자치단체별 지급기준과 지원금

광역지방자치단체	지급기준	지원금
서울특별시	중위소득 100% 이하	30만~50만 원
부산광역시	영세 소상공인 지원	업체당 100만 원 등
대구광역시	중위소득 100% 이하	50만~90만 원
인천광역시	중위소득 50% 이하	40만~100만 원
울산광역시	중위소득 100% 이하	40만~60만 원
광주광역시	중위소득 100% 이하	30만~100만 원
대전광역시	중위소득 100% 이하	30만~63만 3천 원
세종특별시	중위소득 100% 이하	30만~50만 원
경기도	전 도민 1인당	10만 원
강원도	취약계층(실업자, 기초 수급자 등)	40만 원
충청북도	중위소득 100% 이하	40만~60만 원
충청남도	중위소득 80% 이하(소상공인 포함)	100만 원
경상북도	중위소득 85% 이하	50만~80만 원
경상남도	중위소득 100% 이하	30만~50만 원
전라북도	청년 실직자 1천 명 지원	월 50만 원 등
전라남도	중위소득 100% 이하(소상공인 포함)	30만~50만 원
제주도	중위소득 100% 이하	20만~50만 원

출처: 한겨레신문, 2020년 5월 9일자에서 재구성.

39) 미디어오늘, 2020년 2월 26일자. 민간 카셰어링(car sharing) 업체인 쏘카(SOCAR) 대표인 이재웅의 경우 50만 원을 재난 기본소득으로 제공하자고 공개적으로 주장하였다.

이처럼 중앙 정치무대에서 재난지원에 대한 논의가 교착상태에 빠진 가운데, 재난 기본소득이 전 국민에게 지급될 수 있도록 한 것은 지방자치단체의 역할이 매우 컸다고 볼 수 있다. 유력 지방자치단체장들이 앞장서서 각종 인터뷰를 통해 대통령에게 건의하고 소셜 네트워크에서 차별 없는 재난 기본소득이 국민을 불합리하게 차별하지 않으면서 사회통합과 경제적 격차 완화에 도움을 줄 수 있다고 주장하면서 중앙정치권을 압박한 것이다.[40]

이러한 주요 지방자치단체장의 리더십과 담론 주도는 실제로 아래로부터의 정책실험으로 나타났다. 중앙정부와 정치권에서의 재난지원소득 논의가 지연되는 가운데, 코로나-19로 인한 경기침체가 가속화되면서 경제적인 어려움을 겪기 시작한 시민의 필요에 먼저 대응하기 시작한 것이다. 시민과 가장 가까운 거리의 기초지방자치단체가 먼저 신속하게 지원을 시작하였다. 2020년 3월 3일에는 전주시가 재난 기본소득을 최초로 지급하였으며, 3월 11일 경기도 화성시가 피해 자영업자에 먼저 약 200만 원의 재난 생계수당을, 일용직 및 택시기사 등에게 평균 50만 원의 지원을 하는 등 손실보전을 시작하였다. 경기도는 전 도민에게 1인당 10만 원의 '경기도형 재난 기본소득'을 지급하였으며, 서울시는 저소득층 근로자 중심으로 선별적인 '재난 긴급생활비'를, 가장 피해가 심했던 대구시가 저소득층 대상 '긴급생계지원' 예산을 지급하는 등 3월 말까지 광역단체 17개 중 12곳에서 재난소득 현금을 지급하였다.[41] 기초지방자치단체가 누구에게 어떤 방식으로 지급할 것인가에 대해 실험적인 아이디어를 먼저 제공한 것이다. 재난소득, 재난긴급생활비 등 명칭도 다양하고, '전주형', '경기도형' 재난 기본소득 등 지방자치단체별로 지급 대상과 지급방식도 다양하게 실험되었다([표 7-1] 참조).

이렇게 볼 때, 시민의 경제적 어려움을 해결하기 위해 문제 정의(대상과 액수)부터 합의하기보다는 일단 빠르게 초기 아이디어를 기초자치단체에서 실험하고 상향식으로 전 국민으로 확대하는 결정 및 집행 과정은 애자일의 특성을 갖추고 있다고 볼 수 있다. 중앙정치권은 제21대 국회의원선거가 시행된 4월 중순 이후에야 지급을 합의했고, 그 가운데서도 하위 70% 혹은 전 국민 지급 여부에 관한 논쟁을 계속하다 4월 22일에

40) 연합뉴스, 2020년 3월 19일자.
41) 이로운넷, 2020년 3월 25일자.

고소득층이 자발적으로 기부할 방안 마련을 조건으로 전 국민 지급을 확정하였다. 이에 따라 5월 4일에 취약계층에 대한 긴급재난지원금이 먼저 지급되고, 나머지 전 국민에게 13조 원이 차례로 지급되었다.

지방자치단체를 통한 재난지원금 지급방식도 그동안의 행정방식과 달리 매우 사용자 중심으로 디자인되었다. 지원금 수급자마다 처한 상황, 일하는 시간, 지리적 특색도 존재하기 때문에, 상황에 맞게 여섯 가지 방식, 즉 신용카드 혹은 체크카드 충전, 선불카드, 지역사랑 모바일 상품권, 지역사랑 상품권카드, 지역사랑 상품권 지류 등으로 구분하여 유연하게 디자인하였다.[42] 지원신청 또한 수령자 상황에 따라 온라인은 물론 읍·면·동 주민센터에서 방문신청이 가능하게 하였다. 이 경우 사용자인 시민의 필요를 세세하게 구분하고 편의를 제공하기 위해 여러 방식으로 다분화하였으며, 지역에서의 실험을 바탕으로 여러 가지 방법을 디자인하였음을 짐작할 수 있다.

재난지원금이 지방자치단체별로 다양하게 시행된 것에 대해 중앙정부의 일괄지급이 필요하다는 의견도 있으나, 일단 다양한 정책실험과 디자인이 민간의 제안에서 시작하여 지방자치단체에서 실험적으로 이루어진 것은 결과적으로 상향식으로 중앙정부에 재난지원금 지급 결정에 압박을 주었을 뿐 아니라, 시민과 좀 더 가까운 기초단체에서 사용자 편의성을 고려해 정책이 디자인되었다는 것은 큰 의미가 있다고 볼 수 있다. 결과적으로 정부와 지방자치단체에서 지급한 재난지원은 위기 시 시민들의 필요를 인지하고 민첩하게 수행한 효과적인 정책으로 평가받았다.[43]

4 결론 및 과제

애자일의 핵심은 혁신이다. 민간 기업의 경우 수개월 동안 시간을 들여 시장조사를 하고, 그 내용을 기반으로 기획을 하며, 조직의 승인을 받아 제품과 서비스를 개발해왔

42) 한국경제, 2020년 5월 4일자.
43) 경기복지재단의 2020년 7월 여론조사 결과는 지방정부의 재난지원금에 대체로 긍정적인 만족도를 보였다. 보편지급을 받은 경기도민의 경우 75.5%, 선별지급을 받은 서울시민은 67.8% 정도로 조사되었다. 한국리서치, https://hrcopinion.co.kr/covid-19/article?board_name=board5_4&order_by=fn_pid&order_type=desc&vid=28 참조.

다. 공공부문의 조직도 비슷한 관료적 의사결정의 사다리를 거치는 것이 의례적인 절차였다. 그러나 시장과 환경이 빠르게 변화하면서 조직은 더는 수개월의 시간을 쓸 수 없게 되었고, 경쟁에서 뒤처지거나 시간상으로 매우 늦은 대응을 할 수밖에 없게 된 것이다. 애자일은 이런 면에서 전통적 방법론과 다르게 단계적으로 모든 것을 기획하고 개발하지 않으며, 사용자인 고객에게 맞는 최소한의 핵심만 갖춘 기능을 우선 기획하고 개발하여 사용자로부터 피드백을 받아 수정하거나 기능을 추가하는 방식이다. 즉, 무수히 많은 '기획-디자인-개발' 과정을 반복하는 방법론이다. 혁신을 추구하고, 민첩하게 대응해야 하는 조직에는 이제 애자일이 필수적으로 적용되고 있다. 애자일은 작은 팀 단위로 유연하게 대처할 수 있으며, 사용자인 고객과 시민의 선호를 반영하여 제품과 서비스를 수정-개발하는 방식으로 혁신을 추구한다. 애자일은 접근 방법이기도 하지만 조직문화의 DNA와 같은 것이며, 만약 조금이라도 하는 것이 낫다면 주저 없이 실행에 옮기고, 결정하며, 잘못을 발견하였으면 즉각 변경하는 민첩함이 필요하다.

이미 민간에서는 오랫동안 애자일 접근 방식을 기업에서 받아들이고 있었고, 스크럼, 린 등의 방식으로 조직의 과업 수행에 많이 쓰이고 있으며, 애자일 관리를 위한 방법이 개발되어 널리 보급되었다. 공공부문에서도 이미 세계경제포럼(World Economic Forum) 등에서는 일찌감치 미래 정부에서 정부의 기민함 또는 민첩함을 예상치 못한 상황에 신속하고 유연하게 대응하는 데 필요한 역량으로 지적하고 있다.[44] 이러한 배경에서 많은 연구는 한국 정부가 코로나-19 상황을 비교적 안정적으로 관리하고, 드라이브 스루(drive-thru)나 코로나맵 개발 등에 있어서 민첩하게 대응하였으며, 민-관 협업을 적극적으로 수행하는 등 유연한 행정 체제를 구축한 것으로 평가하고 있다(배유일, 2022; Moon, 2020).

그러나 애자일 조직에 대한 선호에도 불구하고 모든 조직이 성공적으로 애자일을 수행하고 있는 것은 아니다. 특히 자신의 조직에 적합한 애자일 방법을 알아내는 것이 쉽지 않고, 뿌리 깊은 관료주의와 변화에 대한 저항은 애자일이 조직에 뿌리내리는 데 장애요인으로 작용할 수 있다. 주지하다시피 애자일 팀은 권한 위임을 받은 작은 규모

44) World Economic Forum(2012), https://www.weforum.org/reports/future-government-fast-and-curious/ 참조.

의 자율적 조직으로써, 과업 목표를 스스로 결정하고 결과를 책임지는 조직이다. 또한 애자일 팀의 성과는 유효한 학습으로 측정하며, 실패가 발생하더라도 장기적으로 고객 요구에 맞으면 가치가 있는 것으로 볼 수 있다. 그러나 애자일 방식을 잘 이해하지 못한 경우, 조직 최상층부에서 이전에 해오던 방식대로 하향식 관리를 하는 경향이 있으며, 일부 리더는 즉각적으로 결과물(성과)을 가져올 것을 기대한다.[45] 또한 애자일로 많은 조직이 성공해 온 반면, 모든 조직이 전면적으로 도입하고 있는 것도 아니며, 처음과 달리 계속되는 소규모 임무형 조직으로 지속해서 운영되는 경우, 짧은 과업주기 때문에 조직 구성원이 상당한 피로감을 보인다는 것도 문제점으로 지적되고 있다. 애자일이 만병통치약은 아니라는 것이다.[46]

결론적으로 애자일은 전통적 방식, 폭포수 접근보다 더 좋은 성과와 혁신을 가져오는 것이 사실이지만, 모든 조직이 약속된 대로 성공하는 것은 아니며, 또한 모든 조직이 애자일화할 필요도 없다. 이미 효과적인 운영 기법을 가지고 있는 조직까지 유행을 따라 무조건 애자일을 따라 할 필요는 없을 뿐만 아니라, 자신의 조직에 적합성 여부를 따져야 한다는 것이다. 특히 일상적, 반복적 업무를 수행하거나 무엇을 해야 하는지 명료한 조직, 변화 가능성이 낮은 조직에서는 큰 효과를 기대하기 어렵다. 다음과 같이 자가 테스트를 해보는 것이 필요하다.

- 위험이 높은 중대한 사업에 주력하고 있는가?
- 구체적 결과에 책임을 지는가?
- 자율적으로 업무를 수행하는가?(의사 결정권과 자원)
- 다방면의 전문가로 구성되어 있는가?
- 애자일의 가치, 원리, 기법을 적용하는 것에 구성원이 열성적인가?
- 고객과 친밀하게 협업할 수 있는 권한을 위임받았는가?
- 빠른 최소기능제품의 제작과 피드백 순환이 가능한가?
- 장애물 제거, 팀의 업무 인정 등 조직의 고위층에서 지원을 받는가?

45) 애자일 도입에 있어서 장애요인은 다음 제8장에서 소개한다.
46) *Harvard Business Review*, 2016년 5월, https://hbr.org/2016/05/embracing-agile 참조.

이처럼 애자일 도입의 성공을 보장하는 지름길은 없고, 필요성을 느끼는 조직에 한하여 조직의 상황과 특성에 적합한 애자일 방식을 찾아 나가야 한다. 소규모의 안정적인 팀을 구축하여 업무 권한 부여 및 책임을 유도하고, 모든 계층의 애자일 리더를 신속하게 훈련시키며, 일선 관리자에 대한 적절한 코칭과 지지해야 할 필요성이 있다. 마지막으로, 애자일 체제로 이행하는 것은 많은 시간이 소요될 수 있으니 인내와 끈기도 필요하다.

☛ 블록체인 정부와 애자일

블록체인(blockchain) 기술은 비즈니스 네트워크에서 거래를 기록하고 자산을 추적하는 과정을 쉽게 할 수 있도록 하는 공유된 불변원장, 즉 데이터의 원 기록이 변경되지 않은 기록을 말한다. 기록이 분산되어 온라인으로 블록에 기록되어 모든 참여자에게 네트워크를 통해 전달되며, 블록을 체인으로 연결하여 투명한 거래가 가능하게 하는 것이다. 『블록체인, 정부를 혁신하다』(2017)의 저자 전명산은 블록체인 기술을 정부 서비스에 도입하기 시작한 에스토니아, 스웨덴, 영국, 두바이, 싱가포르 등을 방문하여 관계자들과 대화를 나누던 중 민간부문뿐만 아니라 공공부문에서도 정부 서비스에 블록체인 기술을 적용 노력이 상당한 진도를 보인다는 것을 알게 되었고, 네덜란드 같은 곳은 블록체인 기반으로 신원정보 시스템을, 싱가포르에서는 실시간 금융거래 청산 시스템을, 스웨덴은 스마트 계약기술을 사용해서 블록체인으로 부동산 계약 및 거래를 자동화한 것을 관찰하게 되었다. 특히 놀라운 점은 이들이 모두 작은 스케일로 실험을 하고, 프로토타입을 만들어 테스트하는 애자일 방식으로 하고 있다는 것이었다. 사실 민간에서도 쉽지 않은 애자일 방법이기에 정부부문에서 하고 있다는 점에 놀라게 되었다는 것이다. 애자일로 실패 확률을 줄이고 보다 높은 결과물을 얻기 위해 노력하고 있다는 점은 앞으로도 블록체인 정부 서비스 개발을 위해 애자일이 활성화될 가능성이 있다는 점을 시사한다. 블록체인 정부 서비스 개발에 애자일이 공헌하는 방법은 다음 몇 가지로 요약할 수 있다. 첫째, 반복적 개발로 작은 단위나 스프린트로 작업하여 지속적인 개선과 사용자 피드백 및 변경 요구에 빠른 적응을 가능하게 한다는 것이다. 둘째, 교차기능적 협업이 가능하게 한다는 점이다. 부서 간 칸막이를 넘어서 다양한 분야의 이해관계자를 모아 프로젝트에 협업으로 참여시킬 수 있으며, 사용자 중심의 솔루션을 구현할 수 있다는 것이다. 셋째, 블록체인 정부 프로젝트에서 가장 중요한 기능이나 사용 사례를 우선적으로 식별하고 먼저 적용할 수 있는 통찰력, 유용성을 가능하게 한다. 넷째, 애자일은 정기적인 회고와 피드백 루프를 통해서 지속적 개선을 장려하므로, 다음 반복 과정에서 학습한 부분을 반영할 수 있다는 것이다. 비록 블록체인 정부와 애자일 방법론이 개념상 차이가 있으나 효율성, 적응가능성, 혁신 등에 관심을 두고 있다는 점에서 좀 더 투명하고 책임성 있으며, 시민 중심의 거버넌스를 가능하게 할 수 있다고 볼 수 있다.

우리나라 정부에서도 블록체인 기술을 정부 업무를 위해 도입을 고려하고 있는 가운데 전자투표, 전자화폐, 전자시민권, 소유권 기록, 기록물 관리 등 다양한 분야에 확장 가능성이 있는 만큼, 한번에 폭포수 접근으로 이런 프로그램을 개발하기는 어려울 것으로 보이며, 애자일로 반복(iterate)하는 과정이 필요할 것으로 보인다.

출처: 전명산(2017), 『블록체인, 정부를 혁신하다』

CHAPTER

08

디자인과 애자일을 위한 조직과 도전과제

1. 관료제의 장벽
2. 디자인사고로 무장한 리더십
3. 적극행정
4. 결어

노벨 경제학상 수상자 허버트 A. 사이먼(Herbert A. Simon) 교수가 그의 저서에서 디자인이란 '기존의 상황'을 더 '선호하는 상황'으로 바꾸는 것이라고 정의한 것처럼 (Simon, 1988), 디자인사고는 인간이 처한 문제와 필요에 집중하여 문제를 해결하고 혁신을 달성하는 사고방식으로 큰 관심을 받아왔다. 디자인사고가 가져다주는 긍정적인 면이 알려지게 되면서 많은 조직 전문가나 컨설팅 기업에서는 조직 내에서 디자인을 하나의 기법으로 상업화하고 판촉하는 활동으로 선전해오게 되었다. 이제는 어떤 열린 공간에 많은 사람이 모여 벽에 각종 색깔의 포스트잇이 화려하게 붙은 모습을 가리키며 치열하게 토론하는 모습을 보고, 디자인사고를 통한 혁신적 사고를 기대하는 사람들이 늘어나게 되었다. IDEO사의 팀 브라운(Tim Brown)이나 여러 컨설팅 회사들은 누구나 디자인사고의 절차를 따르면 디자이너가 될 수 있으며, 공감 및 문제 정의를 통해 문제를 명확히 하고 고객과 함께 하는 과정을 거쳐 나온 아이디어를 프로토타입으로 만들어 테스트하면 창의적인 해결책에 이를 수 있다는 장밋빛 전망을 디자인사고 전파의 '판매 포인트(selling point)'로 잡은 것도 사실이었다. 'T'자형 인재에 대한 강조는 특별한 전문성이 없어도 원하는 목표를 디자인으로 구현할 수 있다는 자신감을 전파하기에 충분했다는 것이다.

그러나 최근 몇 년 간 디자인사고를 앞다투어 도입했던 조직들이 씁쓸한 좌절을 겪었다는 보고가 늘어가고 있다. 2010년대 초 샌프란시스코 인근에서 학교 정원 가꾸기와 영양가 있는 급식을 제공하기 위한 프로젝트를 추진 중이던 카일 콘퍼스(Kyle Cornforth)가 IDEO사의 사무실에 방문했을 때 느낀 것은 온통 사무실에 가득한 포스트잇과 프로토타입이 협업과 창작을 위해 어떤 장(場)이 마련된 것 같다는 것이었다. 그러나 막상 IDEO에서 학교 급식에 대해 재구상을 하는 가운데 목격한 디자인사고 과정은 사실 일선 교육자 공동체의 전문적 시각에서 본다면 현실과 동떨어진 부분을 상당히 많다는 것이었다.[1] 이와 같은 모습은 디자인사고의 유용성에도 불구하고 성공하지 못하는 조직에서 흔히 볼 수 있는 모습이다. 어떤 조직에서는 아이디어에 대한 단기적인 초점을 강조하는 바람에 비현실적인 혹은 근거가 부족한 해결책에 도달한 사례도 있었

1) *MIT Technology Review*, https://www.technologyreview.com/2023/02/09/1067821/design-thinking-retrospective-what-went-wrong/ 2023년 2월 9일자 참조.

고, 파일럿 프로그램 진행 시 유망한 것으로 보였던 아이디어가 실제로는 그 이상의 영향력을 보여주는 데 실패한 경우도 있었다. 그리고 조직에서 디자인사고 과정을 통해 생성해낸 수많은 포스트잇과 브레인스토밍 세션에도 불구하고, 종국(終局)에는 몇 명의 핵심 관계자가 개별적으로 만든 아이디어로 작업한 것이 최고 관리자에게 채택되는, 사실상 예전의 방식으로 운영되는 경우도 많았다는 것이다. 많은 경우, 상업적으로 단기간의 성과를 요구하는 제도와 정책의 효과에 대한 장기적 평가 사이에는 큰 불일치가 있을 수 있다. 결국 디자인사고의 성공 여부를 결정짓는 큰 우려와 장애요인을 요약하면, 디자인사고 자체가 조직 구성원을 창의적으로 만들어주지 않으며, 오히려 결과도 없이 훈련비용만 과다하게 책정될 수 있다는 것이다. 디자인사고는 단순히 다양한 조직 구성원들이 모여 칸막이를 넘어 브레인스토밍하고 벽면에 많은 포스트잇을 남긴다고 되는 것이 아니다. 이런 점은 애자일의 경우에도 마찬가지다. 애자일을 도입하여 과업을 수행하더라도 항상 빠르게 대응할 수 있는 것은 아니고, 기존의 업무형 조직과도 충돌 가능성이 늘 존재한다.

이 장에서는 디자인사고와 애자일의 장점에도 불구하고, 실제 조직에 적용되고 사용되는 경우 맞이할 수 있는 어려움을 관료체제의 장벽, 리더십의 장벽, 그리고 소극적 행동의 장벽이라는 측면에서 다루어보고자 한다. 민간부문에서는 꽤 오래 적용되어 온 것이지만, 비영리 부문과 공공부문에는 확산 과정에 있어서 잠재적 문제점을 살펴보는 것은 잠재적 위험과 갈등을 인지하고, 예방적 대비책을 마련하는 데 의미가 있을 것으로 본다.

1 관료제의 장벽

조직 개편, 특히 유연한 조직으로의 전환을 통해서 성공한 스토리는 수없이 많다. 일본의 패스트패션 브랜드인 유니클로(Uniqlo)는 1994년 상장 이후 조직이 점차 커지다 보니 어느새 본사의 특정 부서가 핵심 부서로 자리매김하게 되었고 매장을 통제하기 시작했다. 그러다 보니 고객의 필요에 맞춰 융통성 있게 대응하는 장점이 사라지고,

본사에서 내려온 매뉴얼대로 움직이는 수동적 태도가 발생하게 되었다. 이런 문제가 심화함에 따라 유니클로는 점포 자립 중심으로 조직 운영을 전환하고 점포 직원들이 고객의 필요에 더 귀 기울이며, 직접 다양한 아이디어를 낼 수 있도록 혁신하는 조처를 하게 되었다. 유사한 사례로 온라인 신발 유통 전문기업인 자포스(Zappos)는 피라미드 형태의 조직으로 많은 중간관리자를 보유하고 있었으나 계층제를 줄이고 구성원 자율성을 기반으로 하는 홀라크라시(holacracy)를 선언, 구성원이 자율적으로 모이는 서클형 조직을 구성하고, 구성원이 직접 의사결정에 참여하는 조직 형태로 전환하게 되었다.[2] 세계 최고의 항공우주 및 방위산업체인 록히드마틴(Lockheed Martin) 또한 특정 프로젝트나 부서 중심으로 조직 내 관료적 통제를 벗어날 수 있는 특별한 제도적 장치를 마련한 사례에 해당한다. 한때 IBM이나 아마존(Amazon) 등에서도 창의적이고 혁신적인 조직의 대명사로 알려졌던 록히드마틴의 '스컹크 워크스(Skunk Works)'는 약 50명의 인원으로 아예 본사와 따로 공간을 마련하여 조직의 통제를 벗어나 일하도록 만든 조직으로, 소수의 인원이 빠르게 임무를 완성하고 혁신적 성과를 내는 데 성공한 조직 형태였다. 즉, 관료정치에서 격리하고, 다양성을 갖춘 소수 구성원으로 조직하며, 폭넓은 재량권을 부여받아 자유로운 토론과 빠른 실행이 가능한 조직으로 역할을 할 수 있었다는 것이다.[3] 제2차 세계대전 당시 143일 만에 미국 공군 최초의 제트 전투기를 만들었던 스컹크 워크스의 조직 역량이 2000년대에도 스텔스 전투기 개발까지 지속되며, 소수의 혁신적 팀 역량을 그대로 유지해오고 있는 사례이다.

1) 관료주의의 한계

위 사례들에서 공통적으로 언급하고 있는 것은 무엇일까? 앞 장에서 디자인사고로

2) 홀라크라시(holacracy)는 분산형 관리 및 조직 거버넌스 방식으로 알려져 있으며, 관리계층에 의사결정에 대한 전권을 주기보다는 자율적으로 조직된 팀 중심의 '홀라키(holachy)'를 통해 권한과 의사 결정을 분산하는 것을 의미한다. Holacracy.org, https://www.holacracy.org/ 참조.

3) Lockheed Martin 홈페이지, https://www.lockheedmartin.com/en-us/who-we-are/business-areas/aeronautics/skunkworks.html 참조. 스컹크 워크스의 소개란 중 하나는 '빠른 프로토타이핑(rapid prototyping)'이 있으며, 빠르고, 위험을 인내하는 스마트한 작업방식을 추구한다고 한다. 실패를 두려워하지 않고 빠르게 디자인하고, 개발하여 혁신적 솔루션을 테스트한다는 것이다. 디자인사고와 애자일 사고의 특징이 드러난 작업 전략이라고 볼 수 있다.

혁신을 이룩한 사례들은 대체로 관료주의에서 오는 문제를 성공적으로 극복한 사례들이다. 펩시코나 P&G 등 여러 회사의 성공적 사례에서 나타난 것은 피라미드 조직구조에서 오는 협업의 부재와 정보 공유의 실패, 시간 등 여러 측면에서 효과적이지 않은 문제가 있었고, 디자인사고를 통해 이를 극복한 것이었다. 관료주의는 구조화되고 위계적인 형태의 조직을 말하며, 관료조직은 일반적으로 엄격한 구조와 규칙, 표준운영절차, 고정된 역할 할당 및 명시적인 작업 설명으로 구성된다. 이러한 관료적 관행은 기업가적 정신이나 비일상적인 과업에 대한 참여 의욕을 꺾고 제한하며, 결과적으로 혁신을 제한하는 경향이 있다고 보고되기도 하였다(Hirst et al., 2011: 627). 또한 창의성에 관한 연구는 관료주의가 높은 조직구조와 비교할 때, 대체로 관료주의가 낮은 조직에서 창의성이 더 쉽게 생성된다는 것을 보여준다(Hirst et al., 2011: 637). 관료주의가 모든 죄악(실패)의 근원은 아니지만, 적어도 디자인사고와 애자일의 접근 방식을 채택하고 구현하는 데 일정한 저해 요소가 분명히 존재하며, 대체로 다음과 같이 나누어 볼 수 있다.

첫째, 관료제는 경직된 계층 구조의 복잡한 의사결정 프로세스를 특징으로 하는 경향이 있는 반면, 디자인사고와 애자일은 유연성, 변화 적응성, 민첩성을 바탕으로 하는 의사결정을 강조한다. 여러 단계의 '승인' 구조와 과도한 관료적 절차는 디자인사고와 애자일 과정의 반복적 특성을 늦춰 지연과 기회 상실로 연결될 수 있다는 것이다(Nonaka & Takeuchi, 1995).

둘째, 관료주의는 종종 의사결정 권한을 집중화하고 개인의 자율성을 제약할 수 있다. 관료주의 환경에서는 구성원이 엄격한 규칙으로 제약을 받는다고 느낄 수 있으며, 이는 디자인사고와 애자일 접근 방식에 내재한 창의성과 혁신성을 제한하고 오히려 위험회피적 태도로 연결될 수 있다(Clegg et al., 2016).

셋째, 관료조직은 일반적으로 별도의 부서와 전문화된 역할이 있는 기능적 구조로 되어 있으며, 이러한 '칸막이' 구조는 부서 간 협업을 방해하고 디자인사고와 애자일 과정에 필수적인 정보와 아이디어의 자유로운 흐름을 방해할 수 있다(Cross, 2006). 디자인사고는 여러 분야의 협업과 다양한 관점의 의견을 장려하고, 애자일은 여러 부서가 통합된 방식으로 함께 일하기를 강조하기 때문에 관료적 구조가 지나치게 견고할 경우,

디자인사고와 애자일의 장점을 살리기가 어려울 수 있다는 것이다.

다섯째, 관료적 체제는 종종 규정을 준수하고, 프로세스를 표준화하며, 실험과 혁신에 대한 통제를 우선시하는 경향이 있다. 이렇게 규정을 준수하고 통제를 강조하면 관료제의 병폐(pathologies)에서 논의하는 바와 같이 위험을 회피하는 현상(risk-aversion) 또는 과잉동조(over-conformity) 현상이 나타날 수 있다. 이는 반복적, 탐색적 접근 방식을 장려하여 고객의 요구와 시장의 변화에 신속하게 대응하는 능력을 강조하는 디자인사고와 애자일의 능력을 제한할 수 있다(Leavy, 2018). 또한 디자인사고와 애자일은 모두 최종 사용자인 고객을 이해 및 공감하고, 이들의 요구와 불만 사항을 해결하는 솔루션을 만들기 위해 그들의 참여와 반복된 피드백을 중요한다. 반면, 관료적 조직은 고객 중심의 접근 방식보다 내부의 프로세스와 계층 구조를 더 우선시할 수 있고, 이는 사용자 중심의 디자인사고 및 애자일 원칙과 어긋나는 결과를 초래할 수 있다.

여섯째, 잘 알려진 것은 관료체제가 기존 구조와 절차, 업무처리 방식으로 인해 변화에 저항하는 경우가 많다는 것이다. 디자인사고와 애자일 과정은 변화를 수용하고, 실험하며, 지속적으로 개선하려는 의지가 필요하지만, 현상 유지가 뿌리 깊게 박혀있는 관료적 환경에서는 변화를 가져오는 것에 상당한 저항을 할 가능성이 있다는 것이다(Kotter, 1996).

이러한 특성은 공공부문에서도 하나의 딜레마로 나타난다. 관료적 특성이 강하게 나타나는 공공부문에서는 직접적으로 성과가 나타나거나 측정이 어려운 경우가 많으므로 재정의 지속적 투입에 대한 갈등이 있을 수 있고, 민간부문과 비교하면 정부부문이 비교적 혁신과 경쟁에서 자유로운 편이라 볼 수 있으며, 지금까지는 서비스디자인이나 애자일이 공공부문 운영을 '도와주는' 역할이지 핵심적 부분은 아니라는 인식이 있으므로, 디자인사고나 애자일의 적용이 어려울 수 있다.

결국 디자인사고와 애자일 관행 혹은 문화를 육성하기 위해서는 조직이 혁신을 장려하고, 팀에 일정 수준 이상의 자율성과 권한을 부여하며, 의사결정 프로세스를 간소화하여 칸막이를 허물고 실험과 학습을 장려하여 관료주의적 경향을 극복해야 한다. 이를 위해 디자인사고와 애자일 방법론의 원칙에 부합하는 보다 유연하고 적응력이 뛰어나며, 고객 중심적인 접근으로 전환해야 한다.

2) 어떻게 극복할 수 있는가?

지금까지 논의한 바에 따르면 관료주의가 조직의 창의성이나 혁신을 방해한다고 결론 내릴 수 있으나, 사실 관료주의가 디자인사고와 애자일을 통한 조직 혁신을 제한하는 이유는 적절한 방식으로 사용되고 있지 않기 때문이라고 볼 수 있다.[4) 즉, 관료제가 무조건 나쁘다고 보기 어렵다는 것이다. 많은 조직에서 디자인사고나 애자일이 과도하게 상업화되고 홍보되면서 잘못된 이해와 적용으로 이어져 실패하는 예도 상당히 많다. 예를 들어, P&G는 전 세계의 지점에서 디자인사고 관련 워크숍을 개최하여 훈련하는 시도를 해왔으나, 결국 일회성의 단기적 훈련 프로그램으로는 한계가 크고, 보다 근본적이고도 광범위한 조직변화가 필요하다고 인식하게 되었다. A. G. 래플리(A. G. Lafley) 회장은 이런 문제를 인지하고 아예 '최고혁신담당관(Chief Innovation Office)'이라는 직책을 신설하고 디자인 매니저 수를 500% 이상 늘렸으며, 혁신센터인 P&G 이노베이션 짐(P&G Innovation Gym)을 설립하여 조직의 체질적 전환을 시도하였다. 또한 외부와 활발하게 상호작용할 수 있는 C&D(Connection and Development) 개념을 정립하여 혁신과 디자인을 조직의 핵심 전략 자체로 승격시켰다는 것이다.[5) 펩시코(Pepsi Co.)의 인드라 누이(Indra Nooyi) 회장도 비슷한 관점에서 조직 구성원에게 적어도 2~3개월의 시간을 주면서 디자인사고에 대한 마음의 준비를 하도록 주문하였다. 조직 구성원이 문화적으로 진화할 것을 기대한 것이었다. 이런 조직의 노력은 피라미드 형태의 조직구조로는 협업의 부재와 정보 공유의 문제, 적절한 시간 관리 등의 측면에서 비효율성이 크기 때문에 조직구조 자체가 개편되어야 함을 자각한 것 때문이었다.

결국 관료적 제약 요인을 극복하고 디자인사고와 애자일을 정착시키기는 쉽지 않은 과업이며, 각 소식에 적합한 접근과 전략이 필요하다. 디자인사고나 애자일에 매료된 조직의 수장이 지시형으로 조직을 탈바꿈하려는 시도는 효과적이지 않을 수 있다.[6)

4) Fast Company 홈페이지, https://www.fastcompany.com/90257718/ideo-breaks-its-silence-on-design-thinkings-critics 참조.

5) Bloomberg.com, https://www.bloomberg.com/news/articles/2009-09-24/change-by-design#xj4y7vzkg 참조.

6) 위의 홈페이지. 즉, 많은 조직이 이미 더 창의적이고 혁신적일 필요가 있다는 데 공감하기 때문에 이 목표를 달성하기 위해 빠른 방법을 찾고 있으므로, 디자인사고나 애자일의 원칙을 무시하고 보

즉, 누이 펩시코 회장의 접근법과 같이 어떤 큰 변화를 조직에 가져오기 전에 조직의 문화와 가치, 마인드셋을 깊게 이해하는 것이 필요하다. 이 과정을 통해 디자인사고와 애자일을 도입하는 과정에서 맞이하게 될 관료적 장애물이나 저항의 수준을 인지하고 대비할 수 있게 된다(Laloux & Wilber, 2014).

또한 디자인사고와 애자일을 조직에 소개하는 과정에서 있을 수 있는 관료적 저항에 대해, 디자인사고와 애자일의 적용으로 얻을 수 있는 이점을 어필하는 설득력 있는 주장을 개발하고, 이러한 접근법이 가져올 효율성, 성과, 혁신, 그리고 고객의 만족도 향상을 강조하며, 실제 다른 조직이 성공적으로 수행했던 사례와 증거를 수집하는 전략이 필요하다(Lockwood, 2009). 우선, 비교적 변화에 열린 태도를 가진 팀이나 부서를 선택하여 작은 규모로 시작하고, 조금씩 성공하면서 긍정적 결과와 명확한 성과를 보여준다면 신뢰를 구축하고 보다 넓은 범위로 적용할 가능성이 커진다고 볼 수 있다(Ries, 2017).

보다 근본적으로는 전 조직 구성원의 참여를 끌어내기 위해 디자인사고와 애자일 방법론의 원리와 기술을 이해하도록 교육하고 훈련하는 것도 관료주의를 극복할 방법이다. 사례나 실제 있었던 경험담을 통해 디자인사고 혹은 애자일이 어떻게 조직의 문제와 도전을 이겨내고 혁신으로 이끄는지 알아야 한다. 결국 조직 구성원의 DNA까지 바꾸는 정도의 조직 개편이 있어야 한다는 것이다. 이는 조직 구성원이 위험을 감수하고, '실험'을 장려하는 조직문화로 전환할 필요가 있으며, 조직의 상황과 맥락에 대한 깊은 이해가 필수적으로 요구된다는 의미이기도 하다.

☛ 일본 Tokio Marin & Nichido Systems(TMNS)의 '일하기 행복한 곳' 프로젝트

"많은 관료조직을 봐왔고, 그동안 본 것 중 가장 관료적인 조직은 지방 정부였는데, 이 회사는 그보다 더 나쁩니다"라는 평가를 받은 TMNS(東京海上日動)는 도쿄해상화재보험에서 100% 출자한 솔루션 제공업체로써 외부 컨설팅을 받아야 할 정도로 조직 내 환경이 정체되어 있었고, 기능적으로도 장애요인이 많았다. TMNS는 원래 1970년 도쿄

여주기식으로 진행되는 문제점이 있다는 것이다. 이를 실제로 혁신이 일어나고 있지는 않지만 뭔가 일어나고 있는 것과 같다는 의미에서 '혁신의 극장(theater of innovation)'이라고도 한다.

해상화재보험의 자회사로 설립되었지만 2004년 10월에 도쿄 마린시스템 서비스 및 니치도 소방시스템 개발과 합병을 하게 된 것이었다. 이 과정에서 구성원들이 스트레스로 매우 힘들어했고, 회사 전체가 침체되는 결과가 나타났다. 이에 이 회사의 시스템 엔지니어이던 히데키 이와이(Hideki Iwai)가 외부 컨설팅 회사에서 조직 진단을 받아볼 것을 제안하였고, 그 결과로 나온 것이 위와 같은 평가이다. 컨설팅 결과 TMNS가 지나치게 수직적이고, 직원들의 업무 스타일은 소극적이었으며, 새로운 기술이나 시스템을 사용하는 최종 사용자에 관한 관심이 너무 적었다는 점이었다. 당연히 자발적 활동은 없었고, 직원들도 업무 성취감은 느끼지 못하는 그야말로 위기의 조직이었다.

이 결과에 충격을 받은 이와이씨는 2005년 자발적으로 30~40대 직원들로 구성된 "작업 스타일 개혁 위원회(Work Style Reform Committee)"라는 조직을 만들고 조직의 사일로(silo) 장벽을 넘어 기업문화를 바꾸고 경영층과 함께 변화의 주체가 되도록 유도하게 되었다. 보고서에 위기감을 느낀 고위 경영층도 함께 참여하기로 한 것이다. 이후 미래 센터(Future Center)라는 곳을 만들고 장벽을 없애 구성원이 자유롭게 토론하는 환경을 제시하게 되었다. 미래 센터는 일상 업무와 의도적으로 분리하기 위해 회사의 메인 건물에서 도보로 5분 거리에 마련하였으며, 토론방은 벽에 화이트보드로 둘러싸이도록 구성되었다. 그리고 '정사각형' 형식의 사고방식을 피하기 위해 일반적 직각 모양이 아닌 테이블을 갖춰두었다. 누구나 어젠다가 있을 때 이 미래 센터를 사용할 수 있지만, '일반적인 비즈니스 미팅'에는 사용할 수 없도록 하여 창의적 사고를 촉진하고, 소속부서를 고려하지 않는 생각을 하도록 독려하였다. 이 밖에도 사용자를 직접 방문하여 사용자의 목소리를 듣는 프로그램, 조직 간 자발적 프로젝트인 '넥스트 드림(Next Dream)' 등 새로운 방법들을 많이 발굴하였다.

출처: managementexchange.com

2 디자인사고로 무장한 리더십

디자인사고와 애자일에 기반한 제품과 서비스는 VUCA 환경 속에서 잠재적 실패확률을 줄이고 대규모 매몰비용의 발생을 방지하며, 창의적 해결책을 가져오기 위한 유용한 방법이고, 두 가지 방법 모두 과정 혹은 마음가짐으로 받아들여질 수 있다. 또한 디자인사고와 애자일은 기존의 제품이나 서비스 제공과 달리 사용자인 고객을 협업의 중요한 파트너로 참여시키며, 그들의 피드백에 기반하여 좀 더 나은 서비스를 개발하게 된다. 그러나 두 가지 방법에는 어떤 미세한 차이점도 존재한다. 애자일이 이미 정의된 문제의 해결을 위해 빠르게 사용자 중심으로 시안(試案) 테스트를 반복하며 원하는 결과에 점증적으로 다가간다면, 디자인사고는 페르소나 만들기, 민속지학적 관찰 등 여러 방법을 통해 사용자인 시민의 요구를 명확히 밝히고 문제를 재정의하는 데 더 중점을 두고 있기 때문이다.7) 따라서 애자일이 '어떻게' 해결책에 도달하느냐를 보여준다면, 디자인사고는 '무엇이' 최적의 선택이냐에 초점을 둔다.

이러한 디자인사고와 애자일의 문제 해결에서의 유사점과 차이점은 오히려 혁신적인 해결책을 찾아낼 수 있는 시너지(synergy) 효과의 가능성이 있는 것은 사실이지만, 두 가지 방법을 민간 및 공공부문에서 효과적으로 적용하기 위해서는 위로부터의 지지와 리더십이 필요하다. 보통 민간부문에서 혁신이 기업가적 정신으로 무장한 리더나 개인에 의해 촉발된 것으로 알려져 왔고, 조직의 영웅(hero)을 찾는 데 주목해 왔기 때문에 공공부문에서도 어떤 정부혁신의 새로운 아이디어를 가져다줄 정치적 영웅의 출현을 기대하기도 한다. 그러나 이는 대부분 신화이며, 심지어 민간부문의 혁신도 연구 및 개발(R&D) 혹은 혁신 기업들 간의 전략적 연대(strategic alliance)에 의존한 바 크다(Sørensen & Torfing, 2013). 디자인사고와 애자일로 조직을 바꾸고 혁신을 주도 및 촉진할 수 있는 문화적 · 제도적 · 정치적 환경을 조성하고, 관료주의의 한계를 극복하기 위해서는 결국 조직 내외부의 변화에 적응하는 리더십이 필요하다.8)

민간 기업의 예를 들어보자. 오랫동안 합리적이고 객관적이어야 한다는 지시에 익숙한 조직 구성원들에게는 디자인사고나 애자일의 방법이 고객과의 관계가 지나치게 주관적이고 개인적인 것으로 보일 수 있다. 기업에서는 고객을 이해하기를 원하지만, 디자인으로 사고하여 고객과 연결하려는 노력은 조직 구성원에게 불편한 감정을 불러일으키고, 때로는 부정적 영향을 미칠 수도 있다는 것이다. 또한 디자인사고는 일정부분 확산적 사고에 의존하기 때문에, 직원들이 마지막 단계를 향해 달려가기보다는 좀

---

7) 디자인사고는 잘 정의된 문제에서 출발하지 않는다. 대신, 여러 방법을 통해 더 정확한 정의를 내리는 노력이 있어야 한다는 것이다(Minstrom & Luetjens, 2016).

8) 최근의 연구 경향도 기존의 리더십 특성론, 과업-인간관계 지향의 리더십론, 변환적 리더십론 등에서 벗어나 공공부문의 다양한 상황변수를 고려한 효과적 리더십에 주목한다(Fernandez et al., 2010).

더 폭넓은 시각으로 문제를 볼 것을 요구한다. 이 때문에 명확한 방향성과 비용 절감, 그리고 효율성을 중시하는 데 익숙한 사람들에게는 매우 어려운 요구일 수 있다는 것이다.[9)]

앞서 언급한 수많은 민간 기업의 리더는 물론이고, 공공부문에서도 복잡하고 깊숙한 문제 원인을 파헤치고, 증상을 제거하여 문제를 해결하기 위해서는 공공서비스와 정책의 모든 단계에서 광범위한 영향력을 발휘하고 정치적인 위험을 제거하는 강력한 리더십이 필요한 것은 마찬가지라는 것이다. 다양한 이해관계자의 요구를 수용 혹은 관리하고, 때로는 거버넌스 체재의 재조정 및 입법과정에서의 정치적 주도권까지 필요하기 때문이다(McConnell, 2018: 172-173). 그러나 권위주의 국가가 아닌 민주주의라는 정치적 현실에서 이러한 형태의 강력한 리더십은 기대하기 어렵다. 다만, 복잡한 문제의 해결을 위해 디자인사고와 애자일을 적용하는 데 필요한 리더십으로 범위를 좁혀 논의하면 몇 가지 기대를 생각해볼 수 있다.

리더는 조직 내에서 디자인사고와 애자일 프로세스의 사용을 지원하고 촉진하는 데 중요한 역할을 할 수 있다. 앞선 장에서 논의한 여러 사례는 공통적으로 리더십이 조직의 혁신 문화를 조성하는 데 중요한 역할을 하고 있음을 보여준다. 첫째, 리더는 창의성, 위험 감수(risk-taking), 실험을 장려하는 환경을 조성하여 디자인사고와 애자일 관행의 도입을 촉진할 수 있고, 혁신 팀이 문제 해결을 위한 혁신적 접근 방식을 수용하도록 영감을 주어 현상유지 본능에 도전할 힘을 실어줄 수 있다는 것이다(Brown, 2009). 공공기관 종사자인 공무원들의 경우, 합리적으로 정해진 목표에 따라 공공서비스를 제공할 것을 요구받아왔다. 즉, 전통적 정부 조직의 원리인 합리적 사고방식과 명확한 지식, 효율성에 길들어 있다는 것이다. 그러나 디자인사고와 애자일은 공공조직이 그동안 피하려고 노력해 온 실험과 실패를 통한 학습에 기반한 문제 해결을 추구하므로, 실패로부터의 학습에 익숙하지 않은 조직 구성원들을 독려하는 것이 리더의 책무이기도 하다(Bason & Austin, 2019; Sørensen & Torfing, 2013). 이런 측면에서 디자인사고와 애자일은 결국 집단적 사고과정을 거치게 되므로, 리더는 '옳은 해결책'을 제공하

9) *Harvard Business Review*, https://hbr.org/2019/03/the-right-way-to-lead-design-thinking 참조.

기보다는 '옳은 질문'을 통해 구성원들이 성공적으로 위키드 문제를 해결해나가도록 하는 것이 중요하다(Grint, 2010: 171).

둘째, 위와 관련하여, 디자인사고와 애자일은 반복적, 점진적, 적응적 업무 과정을 기반으로 하므로, 리더는 팀이 아이디어를 반복하고, 지속해서 개선하여 변화를 수용하는 데 편안함을 느낄 수 있는 환경을 조성해야 한다. 이를 위해 리더는 일일 미팅, 정기적인 회의, 스프린트(sprint) 계획 세션과 같은 디자인사고나 애자일 방식을 이해하고 지원할 수 있는 것이 바람직하다. 또한 계속되는 피드백에 개방적이고, 새로운 정보를 바탕으로 하여 계획을 조정하며, 조직 내 학습문화를 장려할 것이 요구된다(Ghosh & Moitra, 2020).

셋째, 디자인사고와 애자일을 위한 효과적 리더는 헌신적인 시간과 필요한 자원을 지원해주는 것이 필요하다. 리더는 팀이 과업을 추진하는 데 있어서 예산, 시간, 숙련된

☛ 아이디어 발상을 독려하는 리더십

아이디어의 발상 과정을 지켜보는 리더는 아마 답답함을 자주 느낄 것이다. 언제든 개입하고 싶은 마음을 억제하느라 답답할 것이다. 그러나 디자인사고와 애자일을 성공적으로 이끈 다수의 리더들은 조직 구성원들에게 아이디어를 창출할 수 있는 공간과 시간을 할당하고, 전반적인 방향을 유지하도록 하는 리더십을 보였다. 덴마크의 홀백(Holbæk)에 있는 스텐후스(Stenhus) 고등학교 교감은 9명의 교사로 구성된 팀을 짜고 학교 프로그램에 변화를 주기 위한 아이디어를 짜라고 지시하였다. 이 과업을 수행하는 동안 교감은 진행 상황을 면밀히 주시하고 자주 업데이트를 요청하며, 과업을 신속하게 완료하도록 압박을 가할 것으로 예상되었으나, 그런 흔한 관행을 스스로 중단하였다. 팀 구성원들은 이때쯤 개입할 것 같았던 교감이 아무런 행동을 하지 않자 당혹스러웠고, 더 많은 아이디어를 내놓기 위해 반복적으로 팀에 파견되었다. 그 교감도 아마 개입하고 싶은 마음을 억누르느라 힘들지 않았을까? 어쨌든 과업이 완수되고 난 후 반응은 상당히 긍정적이었다. 통제력이 상실되었다고 느꼈지만, 그것은 아이디어를 발상하도록 만들기 위한 긍정적인 통제력 상실이었다는 것이다. 이 사례에서 나타난 것처럼 리더는 적절하게 분권을 할 필요가 있는 반면, 팀원이 너무 빨리 아이디어 수렴에 이르지 않도록 속도 조절을 할 필요가 있다.

출처: *Harvard Business Review*(2019), 3~4월호

인력 등 필요한 지원을 할당하는 데 중요한 역할을 한다. 이는 전통적 조직에서 폐쇄성 때문에 협업을 앞세운 조직조차 정보나 책임, 예산공유 등에 적극적이지 않은 문제가 있기 때문이다. 이러한 장애물을 제거하는 데 있어서 디자인사고와 애자일은 실질적 협력을 독려하는 리더십에 많은 부분 의존한다고 볼 수 있다(Lindberg & Luttropp, 2014). 이를 위해 재량권이 없다고 느끼는 조직 구성원에게 권한을 일정부분 이양하고 역량을 강화하는 것도 디자인사고-애자일의 중요한 리더십이다(Boisvenue-Fox & Meyer, 2019).

넷째, 앞선 장에서 논의한 바와 같이 오늘날 복잡한 문제에 성공적으로 대처하기 위해서는 전통적 민간-공공조직의 경계를 넘나드는 협업 네트워크가 필요하다. 이는 각기 다른 이해관계자들과 조직의 행태를 조율하고 관리하는 리더십이 필요하다는 것을 의미한다. 전통적 계층조직과 공식적 형태의 권위는 복잡한 문제를 풀어야 하는 현 시대의 리더십을 더는 설명하기 어렵다는 것이다(Yukl, 2002). 기본적으로 공공부문과 정부 조직을 넘어서 사용자인 시민과 전문가 등의 적극적 참여를 권장하는 디자인사고와 애자일 방법론은 조직 경계를 허물고 협업을 장려하는 리더십이 필수적이다.

다섯째, 목표 지향적 조직 구성원의 관점에서 지속적인 참여와 피드백을 중심으로 다양한 의견을 흡수하려는 확산적 사고(divergent thinking)는 매우 애매하거나 불확실하다고 느낄 수 있으므로, 심리적 안정감을 확보할 수 있는 리더십이 필요하다. 비판으로부터 운신의 폭이 좀 더 넓은 정치적 리더들이 앞장서서 조직 구성원을 보호해줄 필요가 있다. 또한 디자인사고와 애자일 과정에서 계속된 실패를 경험하면서 높아질 수 있는 깊은 회의감(skepticism)을 줄이고 적극적으로 지지해야 한다는 것이다(Bason & Austin, 2019). 이를 위해서는 리더 스스로 단순히 명령을 내리는 것이 아니라 디자인사고 및 애자일과 관련된 행동과 사고방식을 구현하며, 새로운 아이디어에 개방적 태도를 보이며 혁신을 주도할 수 있는 자질을 가질 것이 요구된다.

여섯째, 디자인사고와 애자일을 추구하는 과정에서 목표가 비교적 명확하다면 우선순위를 정하고, 핵심성과지표(KPI) 및 성공 지표를 제시하여 조직을 이끄는 것이 리더의 역할이지만, 그렇지 못한 위키드 문제의 경우 좀 더 유연한 태도가 필요하다. 즉, 위키드 문제는 복잡한 환경 가운데 완벽하게 제거하거나 해결이 어렵고, 더 나은 혹은 더 나쁜 결과만을 기대할 수 있다. 따라서 어떤 중요한 순간에는 정치 이데올로기를 배격하고, 명확한 기준에 기반한 정치적인 결단을 내리거나 타협하는 리더십이 필요하다(Grint, 2010). 예를 들면, 코로나-19 사례에서 재난 기본소득을 전 국민 혹은 소득 하위 50% 그룹 등 선택적으로 할 것인지에 관해 단순 정파적 이념이 아닌 누구나 이해할 만한 명확한 기준에 의해 결단하는 정치적인 리더십이 필요하다는 것이다.

리더는 디자인사고와 애자일 프로세스를 조직의 관행에 통합함으로써 이러한 접근 방식의 잠재력을 최대한 발휘하고 팀과 조직 전체에 혁신과, 협업을 촉진할 것이 기대된다. 문제 해결을 위한 애자일과 디자인사고 방법은 전통적인 조직관, 정부관, 정책 과정, 조직구조와 충돌 가능성이 크기 때문에, 의미 있는 결과를 얻기 위해서는 적극적인 리더십의 역할이 중요하다. 특히 VUCA 시대에 남아 있는 위키드 문제의 긴급성과 규모는 계속된 실패가 조직을 위축시킬 수 있고, 위험회피적 관료 병폐를 야기할 수 있으므로 조직 내·외의 압력으로부터 보호해주는 정치적 리더십이 필요하다는 것이다. 또한 절차와 실험의 장기화로 인한 사기 저하를 방지하기 위해 작은 부분에서의 지속적 성공을 추구하는 것도 필요하다고 볼 수 있다.

3 적극행정

> "일하다 접시를 깨는 일은 인정할 수 있어도, 일하지 않아 접시에 먼지가 끼는 것은 용인할 수 없다." (제46대 정세균 국무총리 취임사, 2020년 11월 14일)

산업심리학이나 경영학 등 사회과학 분야에서 조직 구성원의 동기를 어떻게 부여하여 성과를 향상할 수 있을까에 관한 고민을 오래 해왔고, 행정학도 그 영향에서 벗어날 수 없었다. 특히 공공부문에서는 공무원들의 소극적 행태로 인해 일어나는 국민 권익 침해나 비효율성이 항상 공직사회를 향한 비판의 한 가운데 있었다. 소극적 행정은 무엇인가를 하지 않거나 직무에 태만한 태도로 인해 국민의 권익을 해치거나 국가 재정에 상당한 손해를 가져오는 행위를 말하며, 적당히 행동하는 것, 합리적 이유 없이 주어진 업무를 불이행하는 것, 법이나 환경변화에도 불구하고 과거 규정에 따라 일하는 불합리한 관행, 부당한 직무권한의 사용 등을 포괄한다.[10] 그러나 만약 민간 기업의 구성원이나 공직자가 적극적으로 문제 해결을 위해 나서게 된다면 어떤 일이 벌어질까?

조직 구성원과 사용자의 아이디어 발상과 사용자인 고객의 피드백과 참여를 기반으로 하는 디자인사고와 애자일 프로세스에 이들의 적극적인 참여는 필수적인 조건에 해당한다. 앞의 리더십에 관한 논의도 결국 디자인사고와 애자일을 피상적으로 도입하여 '혁신의 극장'처럼 혁신이 일어나는 것과 같이 보이게 눈속임하는 것을 방지하고자 조직의 문화 자체를 바꾸고 동기를 부여하기 위한 것이다. 공직자의 경우 헌법 제7조 제1항의 "공무원은 국민 전체에 대한 봉사자이며, 국민에 대하여 책임을 진다"는 규정과 국가공무원법 제56조의 "모든 공무원은 법령을 준수하며 성실히 직무를 수행하여야 한다"는 규정에 따라 국민의 삶과 현장에서 일어나고 있는 많은 문제를 더 창의적, 능동적으로 해결해야 하는 것이 헌법에서 부여한 의무이다. 그러나 민간 기업과 비교해 상대적으로 동기를 부여할 만한 인센티브가 부족한 공공부문에서는 시대가 변화함에 따라 기존의 법과 제도 및 정책만으로는 해결하기 어려운 복잡다단한 문제가 등장하기 시작하면서 현장의 필요와 동떨어지는 경우가 다수 생기게 되었고, 복잡한 현실 앞에서 적극적으로 나서기보다는 소극적으로 현실에 안주하는 현상이 생기게 되었다는 것이다.

이처럼 공무원을 소극적 집행자에서 현장의 문제점을 인식하고 적극적 문제 해결자로 거듭나게 하려는 조치가 적극행정이다. 우리나라 정부의 경우 2009년 감사원이 공직사회에 적극적 행위를 유도하기 위해 적극행정 면책제도, 즉 적극적으로 행정을 수행하다가 목표한 바를 이루지 못한 경우 심사를 거쳐 책임을 면제해주는 제도를 도입했으나 현장에 뿌리내리지 못했고, 문재인 정부에 들어와서야 「적극행정 운영규정」과 「적극행정 운영지침」이 마련되어 중앙정부와 각 지방자치단체에 전담부서가 마련되었다(2019년). 이들 규정에 따르면 공무원이 불합리한 규제를 개선하는 등 공공의 이익을 위해 창의성과 전문성을 바탕으로 적극적으로 업무를 처리하는 행위를 적극행정으로 정의한다.

조직 구성원의 적극적 행동은 문제의 상자 속에 갇힌 생각을 벗어나 창의적으로 문제를 해결해보려고 노력하도록 만든다. 제1장에서 소개한 '장수의자' 사례는 적극행정

10) 「적극행정 운영규정」 제2조에 규정된 소극행정의 정의이다.

의 모습이기도 하다. 즉, 남양주시의 어느 교통경찰관이 어르신 보행자의 횡단보도 이용 때 사고가 많은 것을 보고 어떻게 도와줄 수 있을까 고민했고, 그냥 지나칠 수 있었던 문제에 관해 적극적으로 해결책을 찾아보다가 생각해낸 것이 장수의자였다. 어르신들과 대화 중 다리가 아파서 횡단보도 건너는 것이 어려운 노인이 많다는 것을 알게 되었고, 자비를 들여 먼저 제품을 생산한 뒤 결과물로 내놓게 되었다는 것이다. 그 결과, 어르신 보행사고는 감소하였고, 전국적으로 확산하였다. 자칫 시간이 오래 걸리거나, 예산 배정을 받지 못하는 등 어려운 점이 있을 수 있었지만, 한 경찰관의 집요한 적극성은 많은 어르신의 교통사고를 예방하는 데 도움이 된 것이다. 이처럼 적극행정은 사용자인 고객의 편의를 위해 현실에 안주하려는 조직 구성원에게 동기부여를 할 수 있는 중요한 개념이라고 볼 수 있다. 동기부여를 위해 우리나라 정부는 사안에 따라 징계를 면책하기도 하고, 성과가 우수한 경우에는 우수공무원으로 선발하거나 인사상 인센티브를 부여하는 방향으로 개선되고 있다. 이러한 제도변화는 결국 [그림 8-1]의 인식조사처럼 소극행정이 주로 처벌 또는 보상 구조에 민감한 현실을 반영한 것이다.

물론 적극행정이 디자인사고와 애자일의 도입 과정에서 나타나는 문제의 만능 해결책이 되기는 어렵고, 적극행정 추진 자체도 하나의 과업으로 인식되어 형식화될 가능성도 있으므로 적극행정이 '혁신의 극장'으로 전락하지 않도록 하는 노력이 필요하다.

출처: 한국행정연구원(2019). 『2019년 공직생활 실태조사』.

[그림 8-1] 공무원의 소극적 행정에 미치는 요인

실제로 우리나라 정부는 적극행정을 불편 해소형, 선제대응형, 협력 강화형, 신규 발굴형, 성과 고도화형 여러 가지 유형으로 나누고 적극적인 행정을 조직에 뿌리내리기 위해 노력하고 있지만, 적극행정 자체가 목적이 되어 수단과 대치될 가능성도 있다는 것이다. 따라서 디자인사고와 애자일을 통해 창의적인 결과를 얻기 위해서 많은 과정과 절차를 관리하고 진행 상황을 추적할 수 있는 전략을 갖는 것이 적극행정을 최대한 활용하는 방법이다. 조직의 디자이너와 리더는 적극적 활동을 통해 나타나는 창조성과 지나치게 엄격하지 않은 규칙 사이에서 균형을 유지해야 한다.[11)]

☛ 스파이더 범죄를 막은 적극행정 공무원

앞서 장수의자를 개발해 유명해진 유석종 경찰관은 그보다 먼저 국내 최초로 도입하여 유명해진 것이 있다. 바로 연립주택이나 원룸 단지에서 흔히 볼 수 있는 가스 배관 등에 도포한 형광물질이다. 그가 경기도 구리 경찰서에 근무할 당시, 구리시의 토평동 일대의 원룸촌에서 상당히 많은 주거침입 범죄가 있었고, 주로 가스배관을 타고 올라가 주거시설에 무단 침입하는 것으로 알려졌다. 이 문제의 해결책을 고민하던 윤소장은 해외사례를 눈여겨 보다가 영국 경찰이 절도 범죄 예방을 위해 형광물질을 도포한다는 사실을 알아내고 구리시 의원들을 설득하여 추경예산을 받아 형광물질을 수입하였다. 형광물질은 평소에는 눈에 띄지 않다가 주거침입자가 만지거나 밟으면 효과가 나타나고, 특수조명을 비추면 지문과 족적을 확보할 수 있는 유용한 아이디어였다. 이 아이디어는 시행되자 상당한 효과를 나타냈고, 토평동 원룸단지의 주거침입 건수가 2012년 40건에서 2013년에는 한 건도 발생하지 않는 놀라운 효과를 거두었다. 이 아이디어는 타 지역에도 알려져 전국 지방자치단체에서 사용하고 있다. 범죄자를 잡는 것도 아닌 예방하는 일에 적극적으로 나서기는 어렵다. 별로 티가 나지 않기 때문이다. 한 경찰공무원의 적극적 행정이 범죄율을 크게 낮추는 아이디어를 구현하는 결과로 나타났다.

출처: 중앙일보, 2019년 4월 1일자

11) fastcompany.com 홈페이지, https://www.fastcompany.com/90257718/ideo-breaks-its-silence-on-design-thinkings-critics 참조.

4 결어

디자인사고가 두각을 나타내기 시작한 지 거의 20년이 지나면서 디자인사고에 대한 회의감이 고개를 들고 있다. 애자일도 마찬가지다. 회의적인 태도를 가질 수 있는 몇 가지 이유는 결국 익숙하지 않기 때문에 나타나는 관료조직의 저항이라는 문제로 귀결된다. 디자인사고나 애자일을 과거에 그래왔던 것처럼 일시적으로 유행하는 것으로 간주하고 원칙과 잠재력을 충분히 이해하지 못한 채 수박 겉핥기식으로 시도했을 경우 나타나기 쉽다는 의미다. 디자인사고의 고객과의 공감에 대한 강조는 주관적으로 모호한 것으로 보일 수 있으며, 반복적이고 탐색적인 과정은 시간에 쫓기는 조직 구성원에게 매우 비효율적으로 인식될 수도 있다.[12] 혁신적인 솔루션을 찾았더라도 성과에 대한 양적인 측정을 하지 못하는 경우, 디자인이 얼마만큼의 공헌을 한 것인지 논란이 있을 수도 있다.[13] 결국 이 모든 것을 요약하면 디자인사고와 애자일로 가져올 수 있는 변화에 대해 기존 조직이 저항하는 것으로 볼 수 있다.

그러나 이러한 회의적인 태도는 부정적인 것만은 아니다. 오히려 디자인사고와 애자일에 대해서 비판적인 사고를 촉진할 수 있으며, 건강한 회의적 태도는 오히려 디자인사고와 애자일 방법론을 개선하고 저항을 완화하는 데 도움이 될 수 있다. 리더십이 조직의 사정을 이해하고, 크고 작은 성공 사례를 어필함으로써 조직의 우려를 해소하여 디자인사고와 애자일에 대한 이해 및 수용을 촉진하는 것이 중요하다. 결국 디자인사고와 애자일도 조직과 환경변화에 맞게 진화해야 한다는 것이다. 사실은 디자인사고와 애자일이 아니더라도 많은 조직이 비슷한 도전에 직면하고 있다고 해도 과언은 아니다. 즉, 디자인사고와 애자일이 두 가지 방법에 대한 본질적인 비판은 아니라는 의미다.

---

12) 애자일에 대한 부정적 인식 중 하나는 지나치게 빠른 사업주기, 즉 반복과 계속적인 과정이 조직의 피로감을 높일 수 있다는 것이다(De Carvalho et al., 2019). 이는 조직 구성원의 워라벨(work-life-balance)에 영향을 미치고 결국은 조직 전체에도 부정적 영향을 미칠 수 있다.

13) 민간 기업의 경우 디자인의 투자 수익(성과)에 대한 엄격한 지표는 파악하기가 매우 어렵지만, 그 가치는 다른 방식으로 분명히 측정할 수 있으며, 예를 들어 Design Management Institute에서 조사한 '디자인가치 지표(Design Value Index)'에 따르면 디자인 중심의 기업은 지난 10년 간 S&P500을 219% 상회하는 실적을 냈다. McKinsey.com, https://www.mckinsey.com/capabilities/growth-marketing-and-sales/our-insights/building-a-design-driven-culture 참조.

궁극적으로는 디자인사고와 애자일이 환영받을 만한 문화가 없는 조직이라면 엄격한 형식성과 창의성의 사이에서 균형을 맞추기 쉽지 않을 것이다. 마이클 핸드릭스(Michael Hendrix)는 디자인사고가 실패하는 방향으로 가는 요인이 신뢰 때문이라고 지적하기도 한다. 동료들 간 두터운 신뢰를 바탕으로 아이디어를 공유할 수 있어야 하지만, 브레인스토밍 중 악의적으로 '네이세이어(naysayer: 비판, 반대를 주로 하는 사람)' 역할을 하려고 하거나, 회의장에서 똑똑한 사람이 되려고 노력하는 동료가 있다면 신뢰가 깨질 수밖에 없다는 것이다.[14] 가장 똑똑한 사람에게 보상을 주는 문화는 디자인사고나 애자일 같은 방법론에 적합하지 않다. 결국 조직 전체가 디자인사고와 애자일이라는 놀이를 허용하는 문화로 체질 개선을 할 필요가 있다.

14) fastcompany.com 홈페이지, https://www.fastcompany.com/90257718/ideo-breaks-its-silence-on-design-thinkings-critics 참조.

CHAPTER

09

디자인사고와 애자일로 여는 미래

1. 디자인사고는 미래에도 유용한가?
2. 디자인사고와 데이터의 활용
3. 맺음말: 미래의 디자인사고

1 디자인사고는 미래에도 유용한가?

디자인사고와 애자일이 소개된 이후 많은 조직에서 환영을 받으며 조직이 처한 복잡한 문제를 해결하고 혁신을 가져오는 방법으로 인식되었고, 조직을 바꾸기 위해 많은 컨설팅 회사와 디자인 혁신을 주도하는 인사들이 앞다투어 그 장점을 내세우며 선전하여왔다. 앞 장에서 밝힌 바와 같이 회의적인 시각도 존재하고, 관료적 저항도 있으며, 또한 실제로 수행해보고 실패한 조직도 있지만, 여전히 디자인사고와 애자일의 미래는 지속적인 성장과 진화로 특징지어질 것으로 예상된다. 동시에 21세기 오늘날의 환경은 너무도 빠르게 변화하고 있으므로, 아날로그 시대에 출현한 디자인사고가 여전히 유효할지, 어떤 영향력을 발휘할 수 있을지 의문이 들 수밖에 없다. 다음 [그림 9-1]도 인공지능 앱을 사용하여 앞으로 상용화될 자율주행차를 그려 본 것이다. 인간 중심적, 고객 중심적 사고는 과연 미래에도 유효한 것인가?

[그림 9-1] 인공지능으로 창조한 미래 자율주행차 이미지[1)]

1) 저자가 마이크로소프트 이미지 앱(https://www.bing.com/creator)을 사용하여 그린 자율주행차 이미지다.

디지털 제품, 서비스, 모형이 사회에서 더욱 유비쿼터스화됨에 따라 어떻게 하면 인공지능과 다양한 자동화 기술이 사용자 경험을 돕거나 방해할 수 있는지 고려하는 것이 필수 사항이 되고 있다. 신기술은 이미 우리 예상보다 빠르게 정착되어 삶에 영향을 미치고 있으며, 음식점에는 키오스크(Kiosk)가 사람 대신 주문을 받고, 로봇이 주문한 음식을 가져다주는 식당이 늘고 있을 정도다. 자율주행차와 트랙, 취약층과 결식아동을 찾아가는 배달식 케어 프로그램, 지방 소멸을 막는 로컬 크리에이터 육성 등 우리 삶의 미래를 바꿀 섬세한 서비스가 등장하고 있고, 이는 모두 디자인사고 요소와 함께 디지털 혁명의 요소를 갖추고 있다는 것이다. 즉, 디지털 신기술로 축적되는 정보에 기반하며, 정책 목표의 설계, 집행, 모니터링, 분석, 재설계가 이루어지는 시대를 살고 있다. 이런 가운데 디자인사고의 유용성에 관한 질문은 매우 중요하다고 볼 수 있다.

예를 들어, 디지털 혁신으로 최근 주목받고 있는 자율주행차와 각종 '스마트' 문구가 붙은 최첨단 전자기기를 살펴보자. 자율주행차의 경우 자동차끼리 스스로 커뮤니케이션을 하고 주차를 하며, 우리를 픽업하는 상황이 올 것이다. 디지털 혁명이 일어나기 전에는 사람들 간의 관계가 경험 향상을 위한 핵심이었다면, 이제는 디자인 기준이 점차 확장되는 모습을 보게 된다. 자율주행차와 사용자가 어떻게 관계하느냐로 기준이 확장된다는 의미다. 최근 가전제품을 보면, 스마트 TV, 스마트 냉장고 등 스마트가 붙은 최첨단 기기들이 출시된다. 문을 열지 않고 어디에 어떤 음식이 저장되어 있는지 알려주는 냉장고, 시간과 에너지 절약을 해주는 가전, 휴대폰으로 조절 가능한 실내 온도 등 라이프 스타일을 빅데이터로 패턴을 학습하여 최적의 서비스를 제공하는 기기들이 등장한다. 공통적으로 볼 수 있는 것은 모두 사람의 사용 편의성을 고려했다는 점이다. 이는 디자인사고가 디지털 전환 시대에도 역할을 할 것이라는 기대를 할 수 있게 하는 대목이다.

1) 누구를 위한 디지털 전환인가?

제4차 산업혁명이 진행되면서 디지털 전환이 누구를 위한 것인지 고민이 깊어진다. 소외되는 사람이 많아지기 때문이다. 반대로 너무도 빠르게 적응하여 전환을 가속하는 사람들도 있다. 가까운 주민센터에 한번 가보자. 창구에서 공무원과 실랑이를 벌이는 사람은 상당수 민원24나 키오스크를 잘 활용하지 못하는 사람들, 즉 디지털 전환 소외자에 해당한다. 그런데 공공서비스에서 그런 분들을 소외시킬 수 있는가? 은행 고객도 마찬가지다. 모든 세대에 걸쳐 사용자가 있으며, 장애우, 고령자 등 고객이 매우 다양하다. 디지털 전환으로 인해 이들이 각기 맞이하게 될 디지털 경험은 매우 다양할 수밖에 없고, 디지털에 취약한 이들은 점차 소외되는 방향으로 전환이 진행된다는 것이다. 이런 상황에서 우리는 '모두를 위한' 디지털 전환을 어떻게 디자인할 것인지 고민할 필요가 있다.

디지털 기술은 연령층, 사회계층 등 다양한 기준으로 디지털 고객 경험을 향상할 수 있도록 하는 기회를 제공한다. 30대 이하가 태어나면서부터 디지털 기술에 능숙한 '디지털 네이티브(digital native)'는 오히려 아날로그 기술에 익숙하지 않지만, 60대 이후의 연령층은 소외층으로 분류되어 디지털 전환에 적응하는 데 어려움을 겪고 있다. 소위 정보 격차(divide)로 구별 짓기가 진행되고 있는 가운데, 디자인사고는 각 연령층의 욕망을 찾아내 공감하고, 예민한 관찰을 통해 고객이 진정 어려워하고 힘든 점을 찾아내는 역할을 할 수 있으며, 창의적인 아이디어의 발상을 통해 다양한 해결책을 제시할 수 있다. 제시된 아이디어에 기반하여 제안된 문제 해결책 가운데 가장 효과적인 아이디어를 실제 기술로 구현하는 작업은 디지털 전환으로 가능하게 된다. 창의적이고 기발한 아이디어가 디지털 전환 기술로 실제 구현이 가능하게 되었다는 의미다. 이처럼 디지털 전환 시대에도 디자인사고는 충분한 역할을 할 가능성이 있다. 결국 디자인사고와 디지털 전환이 함께 만들어가는 미래의 대전환은 고객이 무의식적으로 표현하지 못하는 상태의 욕구를 새로운 기술로 구현하여 시장을 순식간에 재편하는 혁신을 가져오게 된다는 것이다. [표 9-1]에서 제시된 '빅뱅 디스럽션(big bang disruption)'이 그에 해당한다. 앞선 장에서 논의한 블록버스터(Blockbuster)사가 넷플릭스에 밀려 결국 시장에서 퇴장하게 된 것은 고객의 잠재적 욕구를 파악하지 못하고 빅뱅 디스럽션에 대처하는 데 실패했기 때문이었다.

[표 9-1] 디자인사고와 디지털 전환이 가져올 미래[2)]

표현	욕구의 수준	혁신의 형태
"이거 불편해요! 고쳐주세요"	명시적 욕구(explicit needs): 불편이나 욕구를 명확히 표현함	**존속적 혁신**: 문제가 잘 정의되어 있고, 기존의 시장 공략이 향상되며, 비용을 절감하고, 점진적 변화가 일어남. 고객은 예측할 수 있음
"딱 꼬집어서 말하기는 어려운데 불편합니다"	묵시적 욕구(tactic needs): 불편이나 필요한 요구가 있어도 습관 또는 문화에 비어 있어 표현하기 어려운 욕구	**파괴적 혁신**: 문제가 무엇인지 모르고, 신시장을 개척하는 상황이며, 게임의 룰을 뒤집어 극적인 변화를 가져오는 것이 목적. 고객과 시장을 예측하기 어렵고, 전통적 비즈니스 활용이 어려움
"없는 것 같아요"	잠재적 욕구(latent needs): 불편이나 필요한 욕구가 있어도 무의식적으로 가지고 있어서 인지하지 못하고, 표현도 할 수 없는 상태	**빅뱅 디스럽션**: 고객이 무의식적으로 표현하지 못하는 상태의 욕구를 새로운 기술을 사용하여 구현하고 시장을 순식간에 재편하는 혁신

2) 미래 방향성

성공적인 디지털 시대로의 전환에 대해 흔한 오해가 '기술 중심(technology-first)'이라는 사고방식이다. 언뜻 보면 성공적 디지털 전환을 위해 첨단기술 개발에 집착하는 기업을 흔하게 접하지만, 상당수 기업은 막대한 인력과 재정을 낭비하고 결국 시장에서 철수하는 경험을 하게 된다. 무엇이 문제였을까? 제럴드 케인(G. Kane) 등이 저술한 『기술의 오류(*The Technology Fallacy*)』에 따르면 디지털 혁신 시대에 살아남기 위해서는 조직이 경쟁을 이겨낼 새로운 기술을 찾는 것에서 답을 찾는 것이 아니라 기술의 힘을 제대로 활용하기 위한 조직변화와 업무수행방식에 중점을 두어야 한다고 주장한다. 디지털 혁신에 대응하는 가장 좋은 방법은 조직문화를 보다 민첩하고 위험을 감수하며, 실험을 반복하는 조직으로 변화시키는 것이라고 주장한다(Kane et al., 2022). 즉, 디지털 전환은 결국 사람이 주도하는 것이고, 사람을 위하는 것이라는 주장이다. 『하버드 비즈니스 리뷰(*Harvard Business Reivew*)』(2019)에 의하면 성공적 디지털 전환을 위해 다음의 다섯 가지 체크리스트를 제시하고 있다.

2) Samsung SDS 홈페이지, https://www.samsungsds.com/kr/insights/designthinking-1.html 참조.

- 디지털 전환을 시도하기 전에 전략을 먼저 정의할 것
- 조직 내부 구성원이 가진 이점을 활용할 것
- 고객의 심층적인 의견을 수렴하여 외부의 의견을 반영할 것
- 조직 구성원의 '디지털 전환'에 따른 두려움을 인지할 것
- 실리콘 밸리 스타트업과 같은 문화를 조직으로 가지고 올 것

결국 종합해보자면 디지털 전환 시대에도 사람이 먼저이며, 디자인사고의 역할이 기대되는 부분이 있다. 수준 높은 공감 기술과 마인드가 형성된 상태에서 본질적 문제를 찾고 해결하게 되는데, 이때 사람들이 수용 가능한 기술을 적용하여야 한다는 것이다. 디지털 전환의 시대에도 디자인사고는 여전히 활용도가 높다고 볼 수 있다.[3)]

다른 한편, 디자인사고는 오늘날 많은 문제를 해결하고 그 안에 있는 기회를 활용하는 만큼, 대부분의 디자인사고 과정에서 잘 드러나지 않는 부분은 먼 미래에 대한 방향성이다. 공감지도, 고객 여정 지도, 최소기능제품 등을 통해 '오늘'의 문제를 해결하는 데 집중하고 있으므로, 먼 미래에 초점을 맞추지 않을 가능성이 있다는 것이다. 이는 일론 머스크(Elon Musk)의 테슬라(Tesla) 같은 미래 지향의 선구적 기업들이 디자인사고를 다루는 글에서 잘 언급되지 않는 이유이기도 하다. 디자인사고는 문제 중심적이므로 '현재'에 단단히 고정되어 현재의 기술을 활용하여 이바지하므로 혁신적 구현을 위한 기회 창출을 목적으로 미래 기술을 적극적으로 활용하는 데 한계가 있다. 따라서 디자인사고는 미래의 과제, 미래 고객의 요구사항 및 새로운 기술을 해결하기에는 부족하다는 지적이 있다. 이에 따라 전략적 예측(strategic foresight) 등의 동적 기능을 결합하여 미래 변화를 유도하는 요인을 식별 및 관찰하고 해석할 수 있는 능력을 갖출 필요가 있다는 주장도 나온다(Schwarz et al., 2023). 여기서 핵심은 우리가 열망하는 미래

3) 물론 디자인사고는 공감과 같은 과정을 통해서 사용자의 '과거' 이야기에 크게 의존하기 때문에 미래형 사고(future thinking)와 어떻게 조화를 이룰 수 있는가에 대한 고려가 필요하다. 이 경우 과거의 데이터 포인트, 즉 사용자가 이야기한 과거에 대한 데이터를 현재 및 미래와 연결하여 궤적을 밝히고 사용자의 현실과 행동이 과거 데이터 포인트와 비교해 어떻게 진화했는지 확인하여 사용자를 더욱 깊이 이해할 수 있고, 미래의 추세를 정하는 데도 유용할 것으로 본다. medium.com 홈페이지, https://medium.com/@anna.roumiantseva/the-fourth-way-design-thinking-meets-futures-thinking-85793ae3aa1e 참조.

를 만들기 위해 현재의 필요에 맞는 디자인을 넘어 경계선을 바라보고 우리의 역량에 맞는 변화를 조금씩 시도해야 한다는 것이다. 디자인사고의 장점인 공감과 실험은 여전히 필수적이지만, 미래에는 예측 기법과 시나리오 계획(scenario planning) 등 미래 예측에서 비롯된 도구와 방법론도 결합할 것이 요구된다.

2 디자인사고와 데이터의 활용

디자인사고는 직관적 사고와 분석적 사고를 결합한 형태이고, 특히 고객과의 공감 등 직관적 통찰을 매우 중요시하기 때문에 빅데이터(big data), 데이터 애널리틱스(data analytics) 시대에 디자인사고를 어떻게 활용할 수 있을지 고민할 필요가 있다. 그동안 디자인사고는 직관적 통찰이 매우 중요한 질적인 방법으로 알려져 왔기 때문이다. 즉, 디자인사고는 기본적으로 사용자인 고객에 더 나은 솔루션을 제공한다는 명목으로 여러 프로젝트나 서비스 개발에 적용할 수 있는 방법으로서 고객에 공감하고, 아이디어를 발상하며, 실험을 진행하는 것 등이 본질적으로 질적 방법론이라고 소개되었다는 것이다. 나쁘게 말하면 고객과 상호작용을 하는 동안 '우연히' 발견하게 되는 통찰로 폄훼되기도 한다.

그러나 '분석적 측면'을 강조하는 디자이너라면, 그리고 데이터 분석에 능숙한 사람이라면 굳이 분석적 데이터 분석을 배격할 필요가 없고, 오히려 겉으로 드러나지 않은 잠재적 필요까지 알아내어 더욱 효과적으로 솔루션을 디자인할 수 있게 된다. 예를 들어, 에이블런(2023: 14-15)에 소개된 다이슨(Dyson)의 사례는 사용자에 공감하기 위해 데이터 분석이 얼마나 효과적일 수 있는지 보여준다. 다이슨의 헤어디자인용 에어랩(airwrap)은 시상가격이 60만 원에 해당하는 고가임에도 불구하고 품귀현상을 보일 정도로 인기를 끌었고, 그 비결은 바로 데이터 분석을 효과적으로 했기 때문이라는 것이다. 다이슨은 신제품 출시를 앞두고 전 세계 80개 미용실에서 400명 이상의 전문 미용사가 진행한 11억 건의 데이터를 분석하여 고객이 진정으로 필요로 하는 문제를 정의하고, 이를 기반으로 페르소나를 작성한 후 에어랩을 개발할 수 있게 되었다. 에어랩은 출시 후 다이슨 역사상 최대인 1조 6천억 원의 영업이익을 안겨주었다.

디자인사고에서 데이터를 적용하는 주요 이유는 디자인사고는 "혼란스럽고, 실망스럽고, 멋진(muddy and frustrating, and worderful)" 프로세스가 될 수 있기 때문이다. 즉, 디자인사고 과정에서 혼란이 있을 수 있고, 비효율성적인 부분이 많지만, 또 동시에 매우 창의적인 솔루션을 개발하는 데 도움이 될 수 있으며, 올바르게 수집된 데이터의 적절한 처리는 디자인사고 과정에서 혼란스러운 부분을 제거할 수 있기 때문에, 디자인사고에서 데이터 분석을 적절히 구현하면 엄청난 이점을 얻을 수 있다는 것이다. 실제로 네이버 키워드 검색이나 카카오 데이터 트렌드(datatrend.kakao.com)를 활용하여 연령별 데이터 혹은 지역별 특성 등을 검색할 수 있으며, 소셜 데이터를 분석하여 사용자의 선호나 특성을 분석하여 시간을 절약할 수 있다. 이 같은 데이터 수집을 통해 페르소나를 작성한 후 특정 사용자의 수요에 맞는 제품과 서비스를 제공할 수 있게 된다. 디자인사고에 데이터 분석을 활용하는 이점은 대체로 다음과 같이 요약할 수 있다.[4)]

- 사용자에 대한 통찰: 데이터 분석으로 사용자의 행동, 선호도 및 요구사항에 대한 통찰을 도출하는 데 유리. 사용자 행동 데이터, 설문조사, 웹 분석 등 다양한 데이터 소스 분석
- 상호작용(interaction) 분석: 제품 및 서비스와 사용자 간의 상호작용을 이해하는 데 유리. 사용 시 특이사항, 사용 패턴 등을 분석하여 사용자 경험 개선
- A/B 테스트: 대조 분석을 통해 다양한 디자인 선택지나 기능을 비교하고 평가하는 데 활용하고, 최적의 디자인 결정을 내리는 데 유리
- 페르소나 개발: 데이터 분석으로 사용자 페르소나 개발. 사용자 데이터와 통계를 분석하여 다양한 사용자 그룹을 식별하고, 그룹별 특성 파악
- 경쟁분석: 경쟁사나 시장 동향을 분석하는 데 데이터 분석이 활용. 소셜 미디어 트렌드, 경쟁사 데이터 등을 통해 시장 상황을 파악하여 경쟁 우위 확보

4) 에이블런(2023); towarddatascience.com 홈페이지, https://towardsdatascience.com/design-thinking-improves-your-data-science-4c4aaaa9204a 참조.

디자인사고나 애자일은 모두 직관이 매우 중요하다고 볼 수 있으나 고객의 잠재적인 필요까지 이해하기 위해서는 적절한 데이터의 활용이 필수적이라고 할 수 있다. 위에서 설명한 대로 데이터 사이언스는 고전적 디자인사고 과정을 강화하는 기계적 개입보다 훨씬 더 많은 유용성을 제공해 줄 수 있다. 질적 접근과 양적 접근을 대립시키거나 어느 접근법이 더 낫다는 논쟁을 할 필요도 없다. 그러나 정량적 방법이 정성적 방법보다 늘 우위인 것도 아니다. 데이터에서 잡지 못하는 부분을 정성적 평가가 잡아낼 수 있기 때문에 균형을 맞추는 것이 필요하다. 디자인사고, 전략 및 데이터 과학을 신중하게 결합하여 개념적으로나 경험적으로 탁월하고 성공 가능성이 높은 디자인 솔루션이 가능하다. 이처럼 데이터 분석의 중요성은 아무리 강조해도 지나치지 않으며, 데이터 기반의 디자인사고가 앞으로 주도적인 위치에 올라설 가능성이 높다는 사실은 부인할 수 없는 사실이다.

3 맺음말: 미래의 디자인사고

지금까지 살펴본 바와 같이 디자인사고의 미래는 조직이 복잡한 문제를 해결하고 혁신하기 위한 가치를 인식함에 따라 지속적인 성장과 진화로 이어질 것으로 예상된다. 디자인사고가 민간부문과 공공부문, 그리고 비영리 부문까지 뿌리내리기 위해서는 다가오는 제4차 산업혁명 기술과 밀접하게 결합할 것이 예상된다. 인공지능과 기계학습(machine learning), 가상현실과 증강현실과 같은 새로운 기술은 데이터 수집, 사용자 경험 시뮬레이션 및 디자인 반복을 위한 새로운 방법을 제공하여 디자인 프로세스를 향상시킬 수 있을 것으로 기대된다. 예를 들면, 지방인구소멸로 인해 외국인 인구가 급격히 늘어난 지방자치단체 신입 공무원이 VR(virtual reality)에 탑재된 프로그램으로 이국인 신분으로 낯선 땅에서 생활하면서 겪을 수 있는 여러 어려움을 실제 사례에 가까운 시나리오로 체험할 수 있는 훈련 기회를 부여한다면, 이전에는 미처 경험하지 못한 공공서비스를 개발 및 제공할 수 있을 것으로 기대할 수 있다.

디자인사고는 그동안 주로 제품 또는 서비스디자인과 연관되었으나, 앞으로는 비저통적 영역으로 확장될 것으로 예상된다. 이미 공공정책, 보건, 교육, 사회 혁신 등의 분야에 적용하고 있는 국가들이 있으며, 이를 통해 해당 분야에서 사용자 중심의 솔루션을 창출하고 있다. 대학교 커리큘럼도 이미 많은 대학에서 디자인사고를 반영하고 있다. 이를 위해서 디자인사고는 좀 더 다양한 학문분과 간 협업이 필요하다. 심리학, 인류학, 공학, 경영학, 행정학 등 다양한 분야의 전문가와 협업하여 다양한 관점과 기술을 결합하여 복잡한 문제 해결에 참여할 것이 기대된다.[5] 어떤 형태로 디자인사고가 진화하건 인간 중심이라는 중심 철학은 큰 변화 없이 지속될 것이 기대된다.

5) Brown(2009)에 제시된 현재 진행형 디자인사고 프로젝트는 조직의 재디자인을 포함, 도시 재디자인, 민주주의 재디자인 등 분야를 가리지 않고 광범위하게 진행되고 있음을 보여준다.

참고문헌

[연구논문]

김동환 · 조수민(2021). 코로나19 방역을 위한 마스크 정책의 딜레마: 딜레마에 대한 대응과 제도 그리고 표준. 『정부학연구』, 27(1): 139-158.

김현준 · 김선희 · 안상훈(2019). 공공서비스 디자인을 통한 대안적 행정 모형의 탐색. 『한국행정연구』, 29(2): 85-121.

박승규 · 김대형 · 문명재(2021). 정부의 민첩성이 정부성과에 미치는 영향: 소통의 조절효과를 중심으로. 『지방정부연구』, 25(2): 157-178.

배유일(2022). 공공난제와 정부 민첩성, 그리고 디자인사고: 코로나-19 대응을 중심으로. 『사회과학연구』, 33(2): 355-378.

배유일 · 주유민(2021). 싱가포르의 이주노동자와 코로나-19 대응: 이주노동자 정책변화와 중대 전환점을 중심으로. 『현대정치연구』, 14(3): 239-274.

송희준(2008). 공공난제 해결을 위한 행정학지식의 활용방향. 『한국행정학보』, 42(4): 69-93.

안세윤 · 김소연 · 주한나(2019). 스마트시티의 User Centered Design 개념 설계 및 활용. 『한국콘텐츠학회논문지』, 19(12): 440-451.

윤영근(2013). 정책의 난제(Wicked Problem)화에 관한 연구: 성매매 문제를 중심으로. 『한국사회와 행정연구』, 23(4): 143-165.

이성은 · 권리라 · 윤연희(2004). 초등교사의 전문성에 관한 참여 관찰 연구. 『한국교원교육연구』, 21(3): 5-27.

이재호 · 조세현 · 차세영 · 김준형(2020). COVID-19 이후 국가 · 사회 회복력(Resilience) 향상을 위한 정부혁신 방향. 『Issue Paper』, 2020-05.

이정용 · 이정현 · 김용희(2021). COVID-19 공적 마스크 앱 개발과정에서 e-거버넌스 네트워크 연구. 『정보화정책』, 28(3): 23-48.

이종명(2021). 광장 정치와 집회 유투버의 활동. 『한국언론학보』, 65(6): 147-201.

임도빈(2000). 신공공관리론과 베버 관료제이론의 비교. 『행정논총』, 38(1): 51-72.

조세현 · 정서화 · 함종석(2019). 정책랩(Policy Lab)의 개념, 동향, 그리고 시사점 『Issue Paper』, 통권 제75호. 서울: 한국행정연구원.

주재현(2011). 한국 행정문화의 지속과 변화에 관한 연구: Grid-Group 문화이론의 적용. 『정부학연구』, 17(1): 1-33.

최현주(2020). 디자인 씽킹 기반의 '리빙랩'을 적용해 공공서비스 발굴: 수원시, 공공서비스에 시민 중심의 창의적 방법론을 적용하다. 『지역정보화』, 124: 6-9.

An, B. & Tang, Y.(2020). Lessons from COVID-19 Responses in East Asia: Institutional Infrastructure and Enduring Policy Instruments. *The American Review of Public Administration*, 50: 6-7: 790-800.

Ansell, C. & Gash, A.(2008). Collaborative Governance in Theory and Practice. *Journal of Public Administration Research and Theory*, 18(4): 543-571.

Auld, G., Steven B., Benjamin, C., & Levin, K.(2021). Managing Pandemics as Super Wicked Problems: Lessons from, and for, COVID-19 and the Climate Crisis. *Policy Sciences*, 54: 707-728.

Bason, C. & Austin, R. D.(2019). The Right Way to Lead Design Thinking. *Harvard Business Review*, 97(2): 82-91.

Besant, Hanisha(2016). The Journey of Brainstorming. *Journal of Transformative Innovation*, 1(2): 1-7.

Boisvenue-Fox M. & Meyer, K.(2019). Not What You Expected: Implementing Design Thinking as a Leadership Practice. In *Supporting Entrepreneurship and Innovation*, 7-20. Bingley, UK: Emerald Publishing.

Boyer, B.(2020). Helsinki Design Lab Ten Years Later. *She Ji: The Journal of Design, Economics, and Innovation*, 6(3): 279-300.

Brown, T.(2020). Design Thinking, In Harvard Business Review(ed.), *On Design Thinking*. Boston, MA: Harvard Business Review.

Buchanan, R.(1992). Wicked Problems in Design Thinking. *Design Issues*, 8(2): 5-21.

Carstensen, H. V. & Bason, C.(2012). Powering Collaborative Policy Innovation: Can Innovation Labs Help? *The Innovation Journal: The Public Sector Innovation Journal*, 17(1): 1-26.

Christiansen, J. & C. Bason(2011). Profil af det offentlige laboratorium [Profile of the public-sector lab]. *Økonomistyring & Informatik*, 26(4): 323-348.

Dorst, K. & Cross, N.(2001). Creativity in the design process: co-evolution of problem-solution. *Design Studies*, 22(5): 425-437.

Dunne, D.(2018). Implementing Design Thinking in Organizations: An Exploratory Study. *Journal of Organization Design*, 7(1): 1-16.

Fernandez, S., Cho Y. J., & Perry, J. L.(2010). Exploring the link between integrated leadership and public sector performance. *The Leadership Quarterly*, 21(2): 308-323.

Grint, K.(2010). Wicked problems and clumsy solutions: the role of leadership. In Stephen Brookes & Keith Grint(eds.), *The New Public Leadership Challenge*, 169-186. New York: Palgrave Macmillan.

Head, B. W. & Alford, J.(2015). Wicked problems: implication for public policy and management. *Administration & Society*, 47(6): 711-39.

Hinrichs-Krapels, S., Bailey J., Boulding, H., Duffy, B., Hesketh, R., Kinloch. E., Pollitt, A., Rawling, S., van Rij, S., Wilkinson A. B., & Pow R.(2020). Using Policy Labs as a Process to Bring Evidence Closer to Public Policymaking: A Guide to One Approach. *Palgrave Communications*, 6(1): 1-9.

Hirst, G., Van Knippenberg, D. Chen, C., & Sacramento, C. A.(2011). How Does Bureaucracy Impact Individual Creativity? *Academy of Management Journal*, 54(3): 624-641.

Howlett, M.(2014). From 'Old' to the 'New' Policy Design: Design Thinking Beyond Markets and Collaborative Governance. *Policy Sciences*, 47(3): 187-207.

Immelt, J., Govindarajan, V., & Trimble, C.(2009). How He is Disrupting Itself. *Harvard Business Review*, 87(10): 56-65.

Kolko, J.(2015). Design Thinking Comes of Age. *Harvard Business Review*, September: 66-71.

Lagreid, P. & Rykkja, L. H.(2015). Organizing for "Wicked Problems": Analyzing Coordination Arrangements in Two Policy Areas. *Internal Security and the Welfare Administration*, 28(6): 475-493.

Lee, S., Hwang C., & M. J. Moon(2020). Policy learning and crisis policy-making: quadruple-loop learning and COVID-19 responses. *Policy and Society*, 39(3): 363-381.

Ling, C. C. & Mao, D. L.(2018). Governance amid Technological Disruption: A Vision for an Agile Public Service. *Ethos*, 18(January): 14-15. https://file.go.gov.sg/ethos-issue-18.pdf

McConnell, A.(2018). Rethinking Wicked Problems as Political Problems and Policy Problems. *Policy & Society*, 46(1): 165-180.

Mergel, I., Ganapati, S., & Whiford, A. B.(2021). Agile: A New Way of Governning. *Public Administration Review*, 81(1): 161-165.

Minstrom, M. & Luetjens, J.(2016). Design thinking in policymaking processes: opportunities and challenges. *Australian Journal of Public Administration*, 75(3): 391-402.

Moon, M. J.(2020). Fighting Against COVID-19 with Agile, Adaptive, and Transparent Government: Wicked Policy Problems and New Governance Challenges. *Public Ad-*

ministration Review, 80(4): 651-656.

Norton, M. I., Mochon, D., & Ariely, D.(2012). The IKEA Effect: When Labor Leads to Love. *Journal of Consumer Psychology*, 22(3): 453-460.

O'Flynn, J. Buick F., Blakman, D., & Halligan, J.(2011). You win some, you lose some: experiments with joined-up government. *International Journal of Public Administration*, 34(4): 244-254.

Rittel, H. W. J. & Webber, M. M.(1973). Dilemmas in a General Theory of Planning. *Policy Sciences*, 4(2): 155-169.

Schulders, M.(2022). Co-Creating Smart Cities-Design Thinking for 21st Century Urban Planning. *European Research Studies Journal*, 25(2): 301-315.

Simon, H. A.(1988). The Science of Design: Creating the Artificial. *Design Issues*, Jan(1): 67-82.

Sørensen, E. & Torfing, J.(2013). Enhancing Social Innovation by Rethinking Collaboration, Leadership and Public Governance. NESTA Paper(2013): 1-10.

[저서 및 북챕터]

강준만(2017). 『넛지 사용법: 소리없이 세상을 바꾸는 법』. 서울: 인물과사상사.

김동욱 · 김경우 · 김민천 · 김성부 · 김준형(2021). 『스마트시티의 정책 이슈』. 서울: 윤성사.

김선희(2022). 『공공서비스의 공동 생산과 협업적 창의성: 서비스 디자인 맥락에서』. 고려대학교 대학원 박사학위논문.

김철원(2020). 『슬기로운 공무원 생활』. 서울: 마인드빌딩.

문명재 외(2019). 『미래정부 혁신사례집』. 고양: 문우사.

박수영(2015). 『달동네 화장실 문고리 좀 달아주세요』. 서울: 다움북스.

송동주 · 박재호 · 강상희(2017). 『디자인싱킹』. 서울: 페가수스.

에이블런(2023). 『데이터 드리븐 디자인씽킹』. 파주: 위키북스.

이대희(2007). 『감성정부: 감성적 지성의 행정』. 고양: 대영문화사.

이창길 · 최진욱 · 문명재 · 노종호 · 박순애 · 이환범 · 임승빈 · 박진 · 원숙연 · 윤태범 · 이근주 · 장용석 · 정국환 · 조선일 · 최도림 · 최상옥(2015). 『대한민국 정부를 바꿔라』. 서울: 올림.

장수연 · 이지윤 · 김지연(2022). 『디자인씽킹 스킬』. 파주: 청년정신.

전명산(2017). 『블록체인, 정부를 혁신하다』. 서울: 클라우드 나인.

최태현(2022). 『모두를 위한 사회 연구: 과학, 방법, 민주주의』. 서울: 법문사.

한국디자인진흥원(2020). 『디자인 코리아: 50가지 키워드로 본 한국 디자인 진흥 50년』. 서울: 한국디자인진흥원.

한상일(2015). 『전략적 기획론: 공공부문 관리자를 위한 개념과 사례』. 고양: 대영문화사.

Ansell, C.(2011). *Pragmatist democracy*. Oxford: Oxford University Press.

Brown, T.(2009). *Change by Design: How Design Thinking Transforms Organizations and Inspires Innovation*. New York: Harper Business.

Clegg, S. R., Pitsis, T. S., & Mount, M.(2016). *Managing and Organizations: An Introduction to Theory and Practice*. Washington D.C.: SAGE.

Covey, S.(1991). *The Seven Habits of Highly Effective People*. Provo, UT: Covey Leadership Center.

Cross, N.(2006). *Designerly Ways of Knowing*. London: Springer.

DeGraaf, L.(2013). *Edison and the Rise of Innovation*. New York: Sterling Signature.

Dennings, S.(2018). *The Age of Agile*. New York: HarperCollins.

Dorf, B. & Blank, S.(2012). *The Startup Owner's Manual: The Step-By-Step Guide for Building a Great Company*. California: K & S Ranch Inc.

Jain, M. & Harris, J.(2008). *GE Healthcare in India: An Ultrasound Strategy?* Darden Business Publishing.

Kane, G., Nguyen, A. P., Copulsky, J. R., & Andrus, G. R.(2022). *The Technology Fallacy: How People Are the Real Key to Digital Transformation*. Boston: The MIT Press.

Kelley, T. & Kelley, D.(2013). *Creative Confidence: Unleashing the Creative Potential within Us All*. London: William Collins.

Kotter, J. P.(1996). *Leading Change*. Boston: Harvard Business Review Press.

Laloux, F. & Ken, W.(2014). *Reinventing Organizations: A Guide to Creating Organizations Inspired by the Next Stage in Human Consciousness*. Nrussels, Nelson Parker.

Lawson, B.(2005). *How Designers Think*. London: Routledge.

Lewrick, M., Link, P., & Leifer, L.(2018). *Deisgn Thinking Playbook: Mindful Degital Transformation of Teams, Products, Services, Businesses and Ecosystems*. Hoboken, NJ: John Wiley & Sons, Inc.

Lockwood, T.(2009). *Design Thinking: Integrating Innovation, Customer Experience, and Brand Value*. New York: Allworth Press.

Martin, R. L.(2009). *The Design of Business: Whjy Design Thinking is the Next Competitive Advantage*. Boston: Harvard Business Press.

Martin, R. & Martin, M.(2018). *Agile Principles, Patterns, and Practices in C#*. New York: Pearson.

Mattesich, P., Murray-Close, M., & Monsey, B.(2001). *Collaboration: what makes it work: a review of research literature on factors influencing successful collaboration*. Saint

Paul, MN: Amherset H. Wilder Foundation.

McKim, R. H.(1972). *Experiences in Visual Thinking*. Belmont, CA: Brooks/Cole Publishing Company.

Moore, M. H.(1995). *Creating Public Value: Strategic Management in Government*. Cambridge, MA: Harvard University Press.

Nonaka, I. & Takeuchi, H.(1995). *The Knowledge-Creating Company: How Japanese Companies Create the Dynamics of Innovation*. Oxford: Oxford University Press.

Pine II, B. J. & Gilmore, J. H.(1999). *The Experience Economy*. Boston, MA: Harvard Business Review Press.

Ries, E.(2017). *The Startup Way: How Modern Companies Use Entrepreneurial Management to Transform Culture and Drive Long-Term Growth*. New York: Currency.

Schwartz, J. O.(2023). *Strategic Foresight: An Introductory Guide to Practice*. Lonon: Taylor and Francis.

Shergold, P.(2015). *Learning from Failure: Why Large Government Policy Initiatives Have Gone So Badly Wrong in the Past and How the Chances of Success in the Future Can be Improved*. Canberra: Australian Public Service Commission.

Simon, Herbert A.(1969). *The Sciences of the Artificial*. Cambridge, MA: The MIT Press.

Yukl, G. A.(2002). *Leadership in Organizations*. Englewood Cliffs, NJ: Prentice Hall.

[신문기사 및 잡지]

경영전략(2021). “[Case Study] P&G, 185년 된 회사가 혁신적인 이유.” 2021년 7월호. http://www.chiefexe.com/news/ArticleView.asp?listId=3063&sacid=4401&srowCnt=1 (2023.4.4. 접근).

뉴스톱(2017). “기적의 ‘빵빵이’는 왜 흉물이 되었나?” 5월 23일자. https://www.newstof.com/news/articleView.html?idxno=78

데일리 카(2018). “기아차 텔루라이드, 뉴욕 패션위크서 공개 … 미 디자이너와 협업.” 9월 10일자. http://dailycar.co.kr/content/news.html?type=view&autoId=31014

동아사이언스(2020). “UNIST 재학생, 지역 ‘코로나19 정보’ 지도 웹사이트 공개.” 3월 7일자. http://dongascience.donga.com/news.php?idx=35178

매일경제(2020). “코로나 확산전 온라인판매자 9배↑… 5부제 후 마스크값은 53% 올랐다.” 2020년 3월 12일자. https://www.mk.co.kr/news/it/9244819

머니투데이(2023). “독거노인 TV · 조명이 며칠째 안 꺼져요 … 고독사 막는 IoT 복지.” 1월 25일자. https://news.mt.co.kr/mtview.php?no=2023012515004714110

______(2020). “대학생이 만든 코로나 맵, 왜 정부는 못 만드나요?” 2월 2일자. https://news.

mt.co.kr/mtview.php?no=2020020215540970802

______(2019). “경험경제시대! 어떤 경험을 주느냐가 기업의 실력이다.” 8월 23일자. https://news.mt.co.kr/mtview.php?no=2019082117370377359

미디어오늘(2020). “재난 기본소득을 검토해보자.” 2월 26일자. http://www.mediatoday.co.kr/news/articleView.html?idxno=205470&page=15&total=388

______(2014). “질문 안 하는 기자들? 안 하는 게 아니라 못하는 것.” 2월 3일자. http://www.mediatoday.co.kr/news/articleView.html?idxno=114621

서울경제(2020). “네이버 · 카카오 · AWS, 대학생이 만든 ‘코로나 맵’ 서버 지원.” 2월 4일자. http://www.sedaily.com/NewsView/1YYSJPWILN

서울신문(2016). “[달콤한 사이언스] “한국 공감능력 63개국 중 6위.”” 10월 16일자. https://www.seoul.co.kr/news/newsView.php?id=20161017009023

연합뉴스(2023). “[톡톡 지방자치] 자립준비청년의 버팀목 … 수원 ‘셰어하우스CON.’” 3월 6일자. https://www.yna.co.kr/view/AKR20230303057700061

______(2020). “이재명 “전국민 재난기본소득 꼭 실현해달라” 대통령에 공개요청.” 3월 19일자. https://www.yna.co.kr/view/AKR20200319116900061

______(2019). “어르신들 무단횡단 막는 ‘장수의자’ 등장.” 4월 21일자. https://www.yna.co.kr/view/MYH20190421002200038#:~:text=%EC%98%A4%EB%9E%98%20%EC%84%9C%20%EC%9E%88%EA%B8%B0%20%EB%B2%84%EA%B1%B0%EC%9B%8C%20%EB%AC%B4%EB%8B%A8,%EC%A2%8B%EC%9D%80%20%ED%9C%B4%EC%8B%9D%ED%84%B0%EA%B0%80%20%EB%90%A9%EB%8B%88%EB%8B%A4

______(2017). “시민이 직접 디자인 … 한강시민공원 ’괄호등‘을 아시나요.” 1월 7일자. https://www.yna.co.kr/view/AKR20170116190800004.

월간 디자인(2016). “소방 관련 법을 변경시킨 디자인 공모전: 로투노 Low2No.” 4월호. https://mdesign.designhouse.co.kr/article/article_view/102/73588

월간 인재경영(2019). “업계 최초 애자일 도입한 오렌지 라이프.” 4월호. https://www.abouthr.co.kr/news/articleView.html?idxno=3692

이로운넷(2021). “한국 리빙랩 운동의 현황과 전망.” 3월 10일자. https://www.eroun.net/news/articleView.html?idxno=23419

______(2020). “‘코로나19 재난기본소득’ 전국 확산 … “우리 지사체는 얼마나?” 3월 25일자. https://www.eroun.net/news/articleView.html?idxno=10937

전자신문(2020). “공공부터 민간까지 … 코로나19 사태로 빛난 데이터셋.” 3월 20일자. https://m.etnews.com/20200324000220?obj=Tzo4OiJzdGRDbGF%20zcyI6Mjp7czo3OiJyZWZlcmVyIjtOO3M6NzoiZm9yd2FyZCI7czoxMzoid2ViIHRvIG1vYmlsZSI7fQ%3D%3D

______(2020). “[코로나19 함께 넘자] 공공데이터, 민간이 제안하고 정부가 답했다.” 3월 10일

자. https://www.etnews.com/20200310000101

중앙일보(2020). “경북 약사의 ‘마스크 묘책’ … 하루만에 홍남기를 움직였다.” 3월 3일자. https://news.joins.com/article/23720994

______(2019). “‘노인사고 막자’ 경찰 집념 … 횡단보도 옆 ‘장수의자’ 탄생.” 4월 1일자. https://www.joongang.co.kr/article/23428139

파이낸셜 뉴스(2013). “해외서 상용화한 무세제 세탁기 국내선 외면.” 5월 19일자. https://www.fnnews.com/news/201305191700244990

한겨레신문(2022). “디자인 바꿨을 뿐인데 … “급식카드 꺼낼 때 쭈뼛거림 줄었어요.” 9월 25일자. https://www.hani.co.kr/arti/area/honam/1060032.html

______(2020). ““숨은 쉬게 됐다” 재난기본소득 한 달 이야기.” 5월 9일자. https://www.hani.co.kr/arti/politics/politics_general/944246.html

______(2016). “똑같은 집에 ‘인지건강디자인’ 입혀보니 … 어르신들 ‘만족.’” 11월 1일자. https://www.hani.co.kr/arti/area/area_general/768252.html

한국강사신문(2019). “일상생활에서 절정의 순간을 찾아라! 디자인 씽킹! 관찰을 통한 통찰의 힘.” 7월 1일자. https://www.lecturernews.com/news/articleView.html?idxno=21340

한국경제(2022). ““웃돈 많이 붙어 비싸도 산다” … 미국서 ‘인기 폭발’한 한국차.” 9월 28일자. https://www.hankyung.com/economy/article/202209282260g

______(2020). “맥도날드가 ‘가짜메뉴’ 맥스파게티를 선보인 이유는.” 11월 28일자. https://www.hankyung.com/economy/article/202011270733i

______(2020). “Q&A로 풀어보는 긴급재난지원금.” 5월 4일자. https://www.hankyung.com/news/article/2020050440675

______(2018). “조직혁신의 조건 … 디자인을 기업 DNA로 만들라.” 10월 18일자. https://www.hankyung.com/economy/article/2018101872571

한국일보(2019). “노인 무단횡단 막는 ‘장수의자’ … 동네 파출소장 아이디어였다.” 4월 2일자. https://www.hankookilbo.com/News/Read/201904021528012560

IT동아(2020). “주어진 시간은 일주일, 코로나19 마스크앱을 개발하라?” 7월 14일자. https://it.donga.com/30761/

______(2018). “[브랜드 흥망사] 인터넷 여명기를 개척하고 사라진 웹 브라우저, 넷스케이프.” 6월 4일자. https://it.donga.com/27800/

Beverage Daily(2014). “Scaled-Down Pepsi Spire Could Hit Heights in US Homes.” 5월 29일자. https://www.beveragedaily.com/Article/2014/05/30/Scaled-down-Pepsi-Spire-could-hit-heights-in-US-homes

Bloomberg(2009). “Change by Design.” 9월 25일자. https://www.bloomberg.com/news/articles/

2009-09-24/change-by-design#xj4y7vzkg

Business Insider(2023). "Blockbuster: The Rise and Fall of the Movie Rental Store, and What Happened to the Brand." 4월 25일자. https://www.businessinsider.com/rise-and-fall-of-blockbuster

Financial Times(2014). "Nelson Peltz to Take Pepsi Break-up Case to Shareholders." 2월 21일자. https://www.ft.com/content/f58988cc-9a47-11e3-8232-00144feab7de

Forbes(2019). "The Power of Purpose: How Procter & Gamble is Becoming 'a Force for Good and a Force for Growth' PT1." 7월 16일자. https://www.forbes.com/sites/afdhelaziz/2019/07/16/the-power-of-purpose-how-procter-and-gamble-is-becoming-a-force-for-good-a-force-for-growth-pt1/?sh=68ff5a8d31c2

______(2012). "How Kodak Failed." 1월 18일자. https://www.forbes.com/sites/chunkamui/2012/01/18/how-kodak-failed/?sh=30482f5f6f27

______(2011). "How Netflix Innovates and Wins." 3월 17일자. https://www.forbes.com/sites/chunkamui/2011/03/17/how-netflix-innovates-and-wins/?sh=9db9cce61f3f

Fortune(2016). "Can P&G Find Its Aim Again?" 6월 9일자. https://fortune.com/longform/procter-and-gamble-david-taylor-fortune-500/

NBC News(2013). "Smartphone Users Check Facebook 14 Times a Day, Study Says." 3월 29일자. https://www.nbcnews.com/technology/smartphone-users-check-facebook-14-times-day-study-says-1C9125315

New York Times(2023). "Netflix Will End Its DVD Service, 5.2 Billion Discs Later." 4월 18일자. https://www.nytimes.com/2023/04/18/business/media/netflix-dvds-earnings.html

______(2003). "The Guts of a New Machine." 11월 30일자. https://www.nytimes.com/2003/11/30/magazine/the-guts-of-a-new-machine.html

The Sun(2021). "MCWHAT? What is McSpaghetti and Why is It Trending?" 8월 12일자. https://www.thesun.co.uk/money/15855787/what-mcspaghetti-why-trending/

TTimes(2021). "나이키의 제시, 알렉스, 크리스와 룰루레몬의 오션, 듀크의 공통점." 6월 9일자. https://www.ttimes.co.kr/article/2021060915227775599

[온라인 아티클 및 블로그]

Adobe(2017). "Putting Personas to Work in UX Design: What They Are and Why They're Important." https://blog.adobe.com/en/publish/2017/09/29/putting-personas-to-work-in-ux-design-what-they-are-and-why-theyre-important (2023.2.23. 접근)

Bisen, A.(2018). The path to "agile" policymaking. Government Innovators Network Blog. https://www.innovations.harvard.edu/blog/path-agile-policymaking (2020.1.21. 접근)

BuiltIn(2020). "Supercharge Your Design Ideation with Sketchstorming." https://builtin.com/design-ux/supercharge-your-design-ideation-sketchstorming (2023.2.23. 접근)

Chameleon. "Why Spotify Squads Are a Popular Failure for Product Teams." https://www.chameleon.io/blog/spotify-squads (2023.6.3. 접근)

CitiesToday(2021). "The Evolving Art of Urban Regeneration." https://cities-today.com/industry/the-evolving-art-of-urban-regeneration/ (2022.12.22. 접근)

Columbia Climate School(2010). "The PlayPump: What Went Wrong?" https://news.climate.columbia.edu/2010/07/01/the-playpump-what-went-wrong/ (2021.7.23. 접근)

Condens. "User Interview Analysis-Turning Raw Data into Insights Effectively." https://condens.io/user-interview-analysis/ (2023.2.20. 접근)

Creativity at Work(2019). "Design Thinking as a Strategy for Innovation." https://www.creativityatwork.com/design-thinking-strategy-for-innovation/ (2023.1.18. 접근)

David Lee Edtech.org(2014). "IDEO's Innovation and Design Process (Design Thinking)." https://davidleeedtech.wordpress.com/2014/05/11/ideos-innovation-and-design-process/ (2023.1.18. 접근)

Designdb(2016). "정부를 위한 디자인." https://www.designdb.com/?menuno=790&bbsno=30867&siteno=15&act=view&ztag=rO0ABXQAOTxjYWxsIHR5cGU9ImJvYXJkIiBubz0iNTkxIiBza2luPSJwaG90b19iYnNfMjAxOSI%2BPC9jYWxsPg%3D%3D#gsc.tab=0 (2023.3.23. 접근)

Design Kit. "Share Inspiring Stories." https://www.designkit.org/methods/share-inspiring-stories.html (2023.2.20. 접근)

Design Singapore Council(2019). "Three Tips towards Design Being." https://designsingapore.org/stories/three-tips-towards-design-being/ (2023.5.18. 접근)

Dezeen(2016). "Arturo Vittori's Warka Water Towers Harvest Clean Drinking Water from the Air." https://www.dezeen.com/2016/11/10/video-interview-arturo-vittori-warka-water-tower-ethiopia-sustainable-clean-drinking-water-movie/ (2023.5.25. 접근)

Envato Tuts(2018). "How to Practice Immersive Empathy in Design Thinking." https://webdesign.tutsplus.com/articles/how-to-practice-immersive-empathy-in-design-thinking-cms-31217 (2023.2.20. 접근)

EPAM Continuum(2016). "Augmented Reality Glasses: Designing for the Future of First Response." https://www.continuuminnovation.com/zh-CN/how-we-think/media/augmented-reality-glasses (2023.2.18. 접근)

European Commission(2013). "Innovative Thinking on How to Run Public Services." https://ec.europa.eu/research-and-innovation/en/horizon-magazine/innovative-thinking-how-run-public-services (2023.5.13. 접근)

FastCompany(2018). "Ideo Breaks Its Silence on Design Thinking's Critics." https://www.fastcompany.com/90257718/ideo-breaks-its-silence-on-design-thinkings-critics (2023.6.15. 접근)

Harvard Ash Center(2018). "Design Thinking for Better Government Services." https://medium.com/innovations-in-government/design-thinking-for-better-government-services-cceb99d8cdf9 (2022.12.20. 접근)

Harvard Business Review(2019). "The Right Way to Lead Design Thinking." https://hbr.org/2019/03/the-right-way-to-lead-design-thinking (2023.6.18. 접근)

______(2016). "Embracing Agile." https://hbr.org/2016/05/embracing-agile (2020.8.23. 접근)

______(2015). "How Indra Nooyi Turned Design Thinking Into Strategy: An Interview with PepsiCo's CEO." https://hbr.org/2015/09/how-indra-nooyi-turned-design-thinking-into-strategy (2023.1.18. 접근)

______(2015). "PepsiCo's Chief Design Officer on Creating an Organization Where Design Can Thrive." https://hbr.org/2015/08/pepsicos-chief-design-officer-on-creating-an-organization-where-design-can-thrive (2022.11.15. 접근)

______(2015). "Design Thinking Comes of Age." https://hbr.org/2015/09/design-thinking-comes-of-age (2023.4.2. 접근)

______(2014). "How Netflix Reinvented HR." https://hbr.org/2014/01/how-netflix-reinvented-hr (2023.3.9. 접근)

______(2011). "How I Dit It: Blockbuster's Former CEO on Sparring with an Activist Shareholder." https://hbr.org/2011/04/how-i-did-it-blockbusters-former-ceo-on-sparring-with-an-activist-shareholder (2022.10.21. 접근)

______(2008). "Design Thinking." https://hbr.org/2008/06/design-thinking (2023.12.20. 접근)

______(2002). "How Snapple Got Its Juice Back." https://hbr.org/2002/01/how-snapple-got-its-juice-back (2023.4.5. 접근)

______(1998). "Welcome to the Experience Economy." https://hbr.org/1998/07/welcome-to-the-experience-economy (2023.2.27. 접근)

Harvard Business Review Korea(2020). "코로나 때분에 어썰 수 없이 '애사일'을 맛봤다면?" https://www.hbrkorea.com/article/view/atype/di/category_id/2_1/article_no/218 (2023.6.7. 접근)

Helsinki Design Lab. "What Is Strategic Design." http://helsinkidesignlab.rip/pages/what-is-strategic-design.html (2023.5.19. 접근)

______. "Low2No: Strategies for Carbon Neutrality." Case Study on the Low2No Competition,

Helsinki, Finalnd. https://helsinkidesignlab.rip/peoplepods/themes/hdl/downloads/Low2No_Case.pdf (2023.5.27. 접근)

HR블레틴(2018). "애자일 방법론 ②: 린스타트업(lean startup)." https://hrbulletin.net/organizational-culture/%ec%95%a0%ec%9e%90%ec%9d%bc-%eb%b0%a9%eb%b2%95%eb%a1%a0-%e2%91%a1-%eb%a6%b0%ec%8a%a4%ed%83%80%ed%8a%b8%ec%97%85lean-startup/ (2023.6.3. 접근)

IDEO. "Reimagining the Shopping Cart." https://www.ideo.com/post/reimagining-the-shopping-cart (2023.1.7. 접근)

______. "Design Kit: The Human-Centered Design Toolkit." https://www.ideo.com/post/design-kit (2022.12.18. 접근)

______. "Designing the Future Vision for HBO." https://www.ideo.com/case-study/designing-the-future-vision-for-hbo (2023.3.11. 접근)

______. "Designing for Public Services." https://www.ideo.com/post/designing-for-public-services (2023.5.11. 접근)

IDEO U Blog. "The Journey from Design Thinking to Creative Confidence." https://www.ideou.com/blogs/inspiration/from-design-thinking-to-creative-confidence?_pos=1&_sid=65fd6cd4c&_ss=r (2021.3.15. 접근)

______. "Claudia Kotchka on Innovation and Creativity." https://www.ideou.com/blogs/inspiration/claudia-kotchka-on-innovation-and-creativity?_pos=1&_sid=6b50f8164&_ss=r (2023.4.5. 접근)

Idobi(2016). "The State of Music Discovery: Why Spotify's Discover Weekly in the Music Industry's Greatest Innovation of 2015." https://idobi.com/editorials/the-state-of-music-discovery/ (2021.5.20. 접근)

IMD(2016). "Beyond the Beautiful: How Design Thinking Shaped P&G's Strategy." https://www.imd.org/research-knowledge/strategy/articles/beyond-the-beautiful/ (2023.4.5. 접근)

INC(2015). "The 5 States of Making Your Company More Design Friendly." https://www.inc.com/ilan-mochari/5-ways-to-become-more-design-friendly.html (2023.4.15. 접근)

Interaction Design Foundation. "The History of Design Thinking." https://www.interaction-design.org/literature/article/design-thinking-get-a-quick-overview-of-the-history#:~:text=Early%20glimpses%20of%20design%20thinking,changing%20environment%20of%20that%20era (2022.12.17. 접근)

______. "Define and Frame Your Design Challenge by Creating Your Point of View and Ask "How Might We." https://www.interaction-design.org/literature/article/define-and-fra

me-your-design-challenge-by-creating-you-point-of-view-and-ask-how-might-we (2022.7.22. 접근)

______. "Worst Possible Idea." https://www.interaction-design.org/literature/topics/worst-possible-idea (2023.2.23. 접근)

______. "5 Whys." https://www.interaction-design.org/literature/topics/5-whys (2023.2.23. 접근)

______. "Design Thinking: Get Started with Prototyping." https://www.interaction-design.org/literature/article/design-thinking-get-started-with-prototyping (2023.2.27. 접근)

______. "Stage 5 in the Design Thinking Process: Test." https://www.interaction-design.org/literature/article/stage-5-in-the-design-thinking-process-test (2023.3.3. 접근)

KDI 경제정보센터(2021). "국내 스마트시티 현황과 시사점." https://eiec.kdi.re.kr/policy/domesticView.do?ac=0000160246 (2022.12.22. 접근)

Kelley, Tom & David Kelley. "Creative Confidence Summary and Review." https:// lifeclub.org/books/creative-confidence-tom-and-david-kelley-review-summary (2023.1.14. 접근)

Kensa Creative(2012). "Design Inspiration: Dyson Air Multiplier." May 15, https://www.kensa-creative.com/blog/design-inspiration-dyson-am01-air-multiplier/ (2023.3.2. 접근)

Knowledge at Wharton(2013). "How LEGO Stopped Thinking Outside the Box and Innovated Inside the Brick." July 1, https://knowledge.wharton.upenn.edu/article/how-lego-stopped-thinking-outside-the-box-and-innovated-inside-the-brick/ (2022.1.11. 접근)

Knowledge Insead(2017). "The Strategic Decisions that Caused Nokia's Failure." November 23, https://knowledge.insead.edu/strategy/strategic-decisions-caused-nokias-failure (2023.1.19. 접근)

Learning Forward(2020). "Empathy Interviews." https://learningforward.org/wp-content/uploads/2020/10/tool-empathy-interviews.pdf (2023.2.18. 접근)

LEGO. "The LEGO Foundation to Donate LEGO MRI Scanners to Hospitals Globally." https://www.lego.com/ko-kr/aboutus/news/2022/february/lego-foundation-donation-mri?locale=ko-kr (2022.11.13. 접근)

LinkedIn(2019). "Netflix-Digital Transformation and Artificial Intelligence." https://www.linkedin.com/pulse/netflix-digital-transformation-artificial-jahn-%C3%A5svald-einarsmo (2023.3.13. 접근)

______(2015) "The Difference Between Agile, Lean and Lean Startup." https://www.linkedin.com/pulse/difference-between-agile-lean-startup-jehan-gonsal (2023.6.5. 접근)

Management Innovation Exchange(2011). “Story: From Bureaucratic, Divided, Passive, and Exhausted to Productive, Creative, Autonomous, and Happy Company.” https://www.managementexchange.com/story/new-story-06-wed-2011-0 (2023.6.15. 접근)

McKinsey&Company(2020). “An Experiement to Inform Universal Basic Income.” https://www.mckinsey.com/industries/social-sector/our-insights/an-experiment-to-inform-universal-basic-income (2023.3.23. 접근)

______(2018). “The Five Trademarks of Agile Organizations.” https://www.mckinsey.com/capabilities/people-and-organizational-perfor mance/our-insights/the-five-trademarks-of-agile-organizations (2023.5.31. 접근)

______(2015). “Building a Design-Driven Culture.” https://www.mckinsey.com/capabilities/%20growth-marketing-and-sales/our-insights/building-a-design-driven-culture (2023.5.27. 접근)

Medium(2020). “Design Thinking-Brainstorming through the ‘Ideation’ Phase.” https://medium.com/neemz-product/design-thinking-brainstorming-through-the-ideation-phase-4612b3cf723a (2023.2.20. 접근)

______(2019). “Inspiration for Service Design.” https://medium.com/danish-design-centre/inspiration-for-service-design-41bd150543a4 (2023.5.10. 접근)

______(2018). “Agile Principles.” https://medium.com/@dylanavery720/agile-principles-f005c726ad7d (2023.2.12. 접근)

______(2016). “The Fourth Way: Design Thinking Meets Futures Thinking.” https://medium.com/@anna.roumiantseva/the-fourth-way-design-thinking-meets-futures-thinking-85793ae3aa1e (2023.6.15. 접근)

MindTheSystem. “Agnes Kwek: Founder & CEO, MindTheSystem. https://mindthesystem.com/agnes/ (2023. 5.17. 접근)

MIT ID Innovation(2022). “What is The Role of Brainstorming in Design Thinking.” https://mitidinnovation.com/recreation/what-is-the-role-of-brainstorming-in-design-thinking/ (2023.1.15. 접근)

MIT Technology Review(2023). “Design Thinking was Supposed to Fix the World. Where did It Go Wrong?” https://www.technologyreview.com/2023/02/09/1067821/design-%20thinking-retrospective-what-went-wrong/ (2023.6.11. 접근)

Nielsen Norman Group(2018). “Empathy Mapping: The First Step in Design Thinking.” https://www.nngroup.com/articles/empathy-mapping/ (2023.2.20. 접근)

Nippon(2013). “Fuifilm Finds New Life in Cosmetics.” https://www.nippon.com/en/features/c00511/ (2023.2.23. 접근)

Objecstyle(2018). “5 Success Stories That Will Make You Believe in Scaled Agile.” https://www.objectstyle.com/agile/scaled-agile-success-story-lessons (2023.6.3. 접근).

Product Discovery Methods. “Story Share and Capture.” https://pdmethods.com/story-share-and-capture/ (2023.2.20. 접근)

Public Service Division. “Trainsformation: How Design Thinking Can Change Your Commute.” https://psdchallenge.psd.gov.sg/people/profile/trainsformation-how-design-thinking-can-change-your-commute (2023.5.23. 접근)

PXD Story. “레고회사로부터 창의성과 혁신 배우기.” https://story.pxd.co.kr/964 (2022.11.13. 접근)

Rindle(2021). “Waterfall Project Management Methodology Explained.” https://rindle.com/blog/waterfall-project-management-methodology-explained-1 (2020.8.18. 접근)

Samena(2017). “Visa to Implement Mobile Payment Standards to 12 Other Countries Including Egypt.” https://www.samenacouncil.org/samena_daily_news?news=%2063720 (2023.3.6. 접근)

Samsung SDS(2018). “디자인 씽킹 ①: 디자인 씽킹으로 디지털 트랜스포메이션에 날개를 달자.” https://www.samsungsds.com/kr/insights/designthinking-1.html (2023.2.21. 접근)

SingleStone. “Understand Design Thinking in Under Five Minutes” https://www.singlestoneconsulting.com/blog/understand-design-thinking-under-five-minutes (2023.2.24. 접근)

SITRA(2016). “Low2No-A Sustainable Building Design Competition That Led to the Change of the National Fire Code.” https://www.sitra.fi/en/articles/low2no-sustainable-building-design-competition-led-change-national-fire-code/ (2023.5.27. 접근)

______(2012). “Strategic Design-Finland's New Approach to Problem Solving.” https://www.sitra.fi/en/articles/strategic-design-finlands-new-approach-problem-solving/ (2023.5.20. 접근)

Smithsonian Magazine(2019). “The Accidental Invention of Play-Doh.” November 12. https://www.smithsonianmag.com/innovation/accidental-invention-play-doh-180973527/ (2023.3.7. 접근)

Spotify Design(2019). “The Story of Spotify Personas.” https://spotify.design/article/the-story-of-spotify-personas (2023.2.23. 접근)

Sutherland(2018). “Inclusive Design: How to Make Design Thinking a Process That Includes All.” https://www.sutherlandglobal.com/insights/technology/blog-designing-inclusivity-how-to-%20make-design-thinking-a-process-that-includes-all sutherland (2023.3.7. 접근)

TechCrunch(2023). "Spotify Passes 500M Users, but Its Premium Subscriber Portion Falls to 40%." https://techcrunch.com/2023/04/25/spotify-now-has-more-than-500m-users/ (2023.6.1. 접근).

The Decision Lab, "Why do We Place Disproportionately High Value on Things We Helped to Create?," https://thedecisionlab.com/biases/ikea-effect (2022.12.18. 접근).

The Fountain Institute(2020). "What is Strategic Design?" https://www.thefountaininstitute.com/blog/what-is-strategic-design (2022.12.22. 접근)

The Spokesman-Review(2020). "Spotify's Discover Weekly Turns 5." https://www.spokesman.com/stories/2020/jul/16/spotifys-discover-weekly-turns-5/ (2021.5.25. 접근)

Think Design. "Extreme User Interviews." https://think.design/user-design-research/extreme-user-interviews/ (2023.2.20. 접근)

This is Design Thinking(2015). "Redesigning Employment Pass Application in Singapore." https://thisisdesignthinking.net/2015/06/re-designing-employment-pass-application-in-singapore/ (2022.12.21. 접근)

Today I Found Out(2016). "Who Invented the Computer Mouse." https://www.todayifoundout.com/index.php/2016/03/surprisingly-old-origins-computer-mouse/ (2023.2.28. 접근)

TowardsDataScience(2022). "Design Thinking Improves Your Data Science." https://towardsdatascience.com/design-thinking-improves-your-data-science-4c4aaaa9204a (2023.6.18. 접근)

The Straits Times(2000). "Parliament: $60 Billion to Expand and Rene Rail Network in Next Decade." 3월 5일자. https://www.straitstimes.com/politics/parliament-60-billion-to-expand-and-renew-rail-network-in-next-decade

______(2014). "Study: Singapore's Public Transport System One of World's Most Efficient." 6월 2일자. https://www.straitstimes.com/singapore/transport/study-singapores-public-transport-system-one-of-worlds-most-efficient

Today(2014). "Buskers, Themed Cabins for a Better MRT Experience." 6월 30일자. https://www.todayonline.com/singapore/buskers-themed-cabins-better-mrt-experience (2023.5.28. 접근)

Toikkanen, Tarmo(2005). "Don't Draw Diagrams of Wrong Practices-or: Why People Still Believe in the Waterfall Model." https://www.tarmo.fi/2005/09/09/dont-draw-diagrams-of-wrong-practices-or-why-people-still-believe-in-the-waterfall-model/ (2023.5.31. 접근)

Vox(2016). "Here's Obama's Plan to Prevent Future IT Disasters Like the Healthcare.gov

Rollout." https://www.vox.com/2016/4/20/11439754/agile-programming-it-reform (2023.6.7. 접근)

Workshopper. "Design Thinking's Exciting Third Phase: Ideating." https://www.workshopper.com/post/design-thinkings-exciting-third-phase-ideating (2022.12.9. 접근)

World Economic Forum(2022). "This is How Africa is Reducing Its Child Mortality Rate." April 12. https://www.weforum.org/agenda/2022/04/infant-mortality-africa-safer-future/ (2023.2.18. 접근)

______(2012). "Future of Government-Fast and Curious." https://www.weforum.org/reports/future-government-fast-and-curious/ (2020.8.22. 접근)

[정부 · 공공기관 보고서 및 발간물]

감사연구원(2019). 『적극행정 활성화 장애요인 분석』. 서울: 감사원.

과학기술정보통신부(2020). 『2020마스크앱 백서』. https://www.msit.go.kr/bbs/view.do?sCode=user&bbsSeqNo=67&nttSeqNo=3138580

대한민국 정책브리핑(2020). "스마트시티(지능형 도시)." https://www.korea.kr/special/policyCurationView.do?newsId=148863564.

서울특별시(2020). 『실무자를 위한 사회문제 해결 디자인 사업 가이드라인』. 서울: 서울특별시.

한국디자인진흥원(2020). 『디자인 코리아: 50가지 키워드로 본 한국 디자인 진흥 50년』. 서울: 한국디자인진흥원.

한국행정연구원(2020). 『2019년 공직생활 실태조사』. 서울: 한국행정연구원.

Land Transport Authority(2018). RE: Think-Designing for Wayfinding. Singapore: LTA. https://www.lta.gov.sg/content/dam/ltagov/who_we_are/statistics_and_publications/books/pdf/REthink_190918web.pdf

OECDiLibrary(2020). "Experimental Finland." https://www.oecd-ilibrary.org/sites/336216c4-en/index.html?itemId=/content/paper/336216c4-en

Project Management Institute(2017). Pulse of the Profession 2017. https://www.pmi.org/learning/thought-leadership/pulse/pulse-of-the-profession-2017

Right Attitudes(2021). "Creativity-It Takes a Village: A Case Study of the 3M Post-It Note. https://www.rightattitudes.com/2021/04/15/creativity-case-study-post-it-note/ (2023.5.31. 접근)

UK Design Council · Danish Design Center · Design Wales · Alto University(2013). Design For Pubilc Good. https://adp.cat/web/wp-content/uploads/Design-For-Public-Good-May-2013_.pdf (2023.4.18. 접근)

[홈페이지]

나무위키. https://www.namu.wiki
디자인서울. https://www.design.seoul.go.kr
보건복지부. https://www.mohw.go.kr/contents/13/130101.html
온국민소통. https://sotong.go.kr/front/board/boardContentsListPage.do?mode=W&%20searchtxt=&board_id=51&pcaa=&searchkey=T&searchkey2=C&addon_year=&searchtxt2=&miv_pageNo=1
한국디자인진흥원. https://www.kidp.or.kr/?menuno=897
한국민족문화대백과사전. https://encykorea.aks.ac.kr
행정안전부. https://www.mois.go.kr/frt/sub/a06/b02/govServiceDesign/screen.do

Agile Manifesto. https://agilemanifesto.org/
David Lee Edtech. https://www.davidleeedtech.org
Embrace Global. https://www.embraceglobal.org
Gamstorming. https://gamestorming.com
Holacracy.org. https://www.holacracy.org
Interaction Design Foundation. https://www.interaction-design.org
Mauro Porcini. https://www.mauro-porcini.com/
Monash Health. https://monashhealth.org/services/monashwatch/
Netfix. https://help.netflix.com/en/node/100639
Singapore Management University SMU-X. https://x.smu.edu.sg/
The MindLab Denmark. https://mind-lab.dk/en/cases/when-skat-deferred-mobil-tastselv
Wikipedia(English). https://www.wikipedia.org

찾아보기

ㅇ

ㅈ

ㅎ

기타

저자 소개

배유일(裵維一)

University of Southern California 정치학박사
Fulbright University Vietnam 정책대학원 교수
Singapore Management University 사회과학부 조교수
National University of Singapore 리콴유정책대학원 박사후연구원
한국행정학회보, 한국정책학회보, 한국조직학회보 등 학술지 편집위원
한국행정학회 국제협력위원장
한국지방정부학회 총무위원장 등
(현) 동아대학교 행정학과 교수

[저서]

Multilevel Democracy: How Local Institutions and Civil Society Shape the Modern State(2020, Cambridge University Press, 공저)
한국의 이중적 지방 민주주의: 아이디어와 제도, 그리고 다양한 지방분권(2018, 문우사)
Mega-Events and Mega Ambitions: South Korea's Rise and the Strategic Use of the Big Four Events(2017, Palgrave Macmillan, 공저)

[수상]

Korean Studies Association Australasia 최우수발표논문상, 2015년
한국지방자치학회 저서상, 2019년
세종도서학술부문 선정, 2019년

[E-Mail]

ybae@dau.ac.kr

디자인사고와 애자일로 푸는 공공서비스 혁명

펴낸날 제1판 제1쇄 2023년 8월 31일
지은이 배유일
펴낸이 임춘환
펴낸곳 도서출판 대영문화사
주소 (본사) 사무실: 경기도 고양시 일산서구 주화로 70
우신프라자 307호 (㊌ 10387)
(본사) 물류센터: 경기도 고양시 일산서구 덕산로
107번길 68-50 (㊌ 10205)
등록 1975년 12월 26일 제3-16호
선화 (031) 913-3062, (031) 914-3884~5
팩스 (031) 913-3830
홈페이지 http://www.dymbook.co.kr

ISBN 978-89-7644-913-9
값 24,000원